文化震撼之旅

澳大利亚

AUSTRALIA

（英国）伊尔萨·夏普 著
李学兵 马 辉 译

北京·旅游教育出版社

北京市版权局著作权合同登记章图字：01-2014-8067
策　　划：丁海秀　安颖侠
责任编辑：安颖侠
图片提供：微图网、中国图库、壹图网

图书在版编目（CIP）数据
澳大利亚／（英）夏普著；李学兵，马辉译. -- 北京：旅游教育出版社，2015.4
（文化震撼之旅）
ISBN 978-7-5637-3114-5

I.①澳…　II.①夏…②李…③马…　III.①澳大利亚—概况　IV.①K961.1

中国版本图书馆CIP数据核字（2015）第011245号

文化震撼之旅

澳大利亚

（英国）伊尔萨·夏普　著
李学兵　马　辉　译

出版单位：旅游教育出版社
地　　址：北京市朝阳区定福庄南里1号
邮　　编：100024
发行电话：（010）65778403 65728372
　　　　　65767462（传真）
本社网址：www.tepcb.com
E-mail：tepfx@163.com
排版单位：北京旅教文化传播有限公司
印刷单位：北京嘉业印刷厂
经销单位：新华书店
开　　本：720毫米×1000毫米　1/16
印　　张：28
字　　数：440千字
版　　次：2015年4月第1版
印　　次：2015年4月第1次印刷
定　　价：88.00元

（图书如有装订差错请与发行部联系）

感受文化震撼

任何人一旦离开自己熟悉的舒适环境，骤然进入陌生的环境，就会感到迷失了方向，这种迷惑的状态就是文化震撼。“文化震撼之旅”是一套信息可靠的著名丛书。几十年来，一直都有助于移居国外或长期访问居留者减轻初到一个新国家（地区）所感到的文化震撼的冲击力。

这套丛书的作者都曾经在相关的国家（地区）生活过，并且亲身体验过文化震撼。他们和大家分享一切必要的信息，以便大家能更有效地解决种种迷惑。丛书的写作风格简单易懂，话题广泛，能够给读者足够多的忠告、提示与建议，以使他们能够重新尽可能正常地生活。

每册书结构一致。首先介绍不同的游客对某个城市或者国家（地区）的第一印象。要想了解一种文化，就必须首先了解其人民——他们来自何处，是什么身份，遵循什么价值观和传统，以及他们的风俗习惯和社交礼仪怎样？这些构成了书的前半部分。

接下来是各种实用的生活常识——告诉您如何最为舒适地定居下来。作者带领读者，先是了解如何寻找住处，如何把水、电、气、通信等各项设施开通，继而了解如何给孩子注册入学，以及如何保持健康生活。当然，还不仅这些。一旦解决了和基本生活有关的问题，就要出去尝试当地的饮食，享受更多的文化生活，并且到其他地区旅游。然后，在更深入地了解经济生活之前，还要透彻地掌握该国（地区）的语言。

在最后一章，作者先给出一些方方面面的基本信息，再测验读者对该国（地区）风俗习惯与社交礼节了解掌握的程度。为了方便读者，还列出了实用性的词汇与短语、综合全面的信息资源指南和查询更多信息的参考书目。

CONTENTS 目录

目录 CONTENTS

第二章
基础篇

CONTENTS 目录

第三章 人民

第四章 澳大利亚社会

目录 CONTENTS

第五章 定居

CONTENTS 目录

目录 CONTENTS

CONTENTS 目录

目录 CONTENTS

CONTENTS 目录

第八章 语言

目录 CONTENTS

第九章 在澳大利亚工作

第十章 生存篇（“自己动手”的澳大利亚，A到Z）

附录

FORWORD 前言

我希望此书能够对初来乍到澳洲定居的人和旅游者更好地理解澳大利亚有所帮助，因而来消除一切“文化差异”，增加人们之间的相互理解、认同和友谊。我个人也特别希望澳大利亚和亚洲的联系更加紧密。

我还希望此书能够为澳大利亚人竖起一面镜子，通过外人的眼光来看这个民族，有助于澳大利亚人认识他们自己，使他们能够理解是什么使他们拥有独特的文化。

最后，如果我的陈述因为我个人作为西澳大利亚州人的偏见（因为我住在珀斯）而有所偏颇（尽管我已尽了最大的努力）；或作为一个“新来者”，有任何疏忽和错误的话，要请求澳大利亚人民谅解。

伊尔萨·夏普

珀斯，西澳大利亚州

2012 年

鸣 谢

没有澳大利亚人民的帮助，或者说没有许多在“澳大利亚观察”方面颇有声誉的作家的帮助，没有很多朋友和相识的人的帮助，我不可能完成此书。如果我因为疏忽而漏掉了任何人的名字，我深表歉意。

我特别要感谢如下几部参考书（出版社的详情等请参阅书后的“更多阅读信息”）：

■《企鹅澳大利亚百科全书》（*The Penguin Australian Encyclopedia*）

■ 玛格丽特·尼科尔森（ Margaret Nicholson）著《澳大利亚简明事实手册》（*The Little Aussie Fact Book*）

■ G. A. 维尔克斯（G A Wilkes）著《澳大利亚口语词典》（*A Dictionary of Australian Colloquialisms*）

■《麦夸里引用语词典》（*The Macquarie Dictionary of Australian Quotations*）

■《麦夸里大事记》（*The Macquarie Book of Events*）

■ 唐纳德·霍恩（Donald Horne）著《幸运之邦》（*The Lucky Country*）

许可权(感谢允许我使用以下资料)

■ 关于肉饼的照片 The Daily News，Western Australia–Barry Thornton，Deputy Editor

■ 关于Dame Edna Everage的照片John Timbers of John Timbers Studio，London

■ 引用部分选自Macquarie Dictionary of Australian Quotations，已获得出版社 The Macquarie Library Pty Ltd. 再次印刷的许可。

鸣谢

西澳大利亚州，珀斯

■ 感谢Siva Choy的耐心帮助，以及我们幸福的婚姻。

■ 感谢Dan（园艺好友）， Cally（散步好友）， Troy和Marina Nelson夫妇的帮助，好处之多无法在此列举。

■ 感谢 Sandra an和 John Theseira夫妇，除了食物，要感谢的还有很多，饭菜的确很美味。

- 感谢Danny 和Jocelyn Stacey夫妇以及 Denise和Joyce 的真诚友谊。
- 感谢Loyola'Souza。感谢El: za Ghani
- 感谢 Titus和 Sandra Wumkes夫妇，我们在山上的伙伴。
- 感谢 Brian Balen的建议、款待和照片。
- 感谢园艺伙伴Adil Mistry的深思熟虑。
- 感谢Sam 和Winnie Davamoni夫妇的陪同、款待以及一起观鸟的乐趣。
- 感谢西澳大利亚欧亚俱乐部（现为西澳大利亚欧亚人协会）的会员们，和你们在一起度过了美好的时光。
- 特别要感谢Harvey Fitzgerald和Kay Klass，George Bentley，ColinClark，Eddie和Barbara Fernandez夫妇，Patric Cornelius，Priscilla和Max Clutton夫妇，Jim D'Oliveiro，Royston St..，Maria及家人，Teresa和Bernard Noronha夫妇，Maureen Lewis，Derek，Yvonne和Elsie Nunis夫妇；以及已故的Ivan和Veronica Fitzgerald夫妇，Ivan叔叔和Peter Richards，Maurice和Estelle Pestana夫妇，Ivy和Harry Klass夫妇。
- Brian和 Vivien Ward夫妇。
- 已故的Herman Aroozoo。
- Wilma和已故的Len Bridge。
- Winston和 Betty Wal ters 夫妇。
- Dev Govindasamy，信息的源泉。
- Gina Knight，一个快乐的人；Denielle Pender，舞蹈天才。
- Faridha Ali。
- Tony Shotam。
- Marilyn Hardoon。
- Herbert和Angela Teo夫妇。
- Alfonso和 Pat Soosay夫妇。
- Carlos Eapon。
- Ismail和 Geraldene Ahmad夫妇。
- Manjeet Kaur。
- Narinder Kaur。
- Dhevika Rani和她母亲Yasotha。
- Matthew和 Joyce Chin夫妇。

- Gudrun和 Edward Benjamin夫妇。
- Edmund 和Janice Teo 夫妇。
- 已故的Lorna Ollson。
- John O'Brien。
- Hema和 Claudia Peiris夫妇以及已故的 Lucia Peiris。
- Rudy和 Chris Riduan夫妇。
- 已故的Roland Sharma。
- Helen Stirling，Steve Rattenbury，Sreetha Rajalingam和Roger White在我们外出时，忠实地为我们看管房子。
- Frank和 Yolanda Caddy夫妇；Stephanie，Wayne，Shamone和Courtney Eade；Ashok，Neelam，Manav和Aditya Bhalla 我们的邻居。
- Sarjit Singh Gill，鞋匠哲学家。
- Kerryn Franklin。
- Kenny和 Anne Barker 夫妇。
- David Morrison 一段时间曾是我的老板，非常有耐心。
- Steve Quill。
- Chris Lewis和 Pam Lanzell，感谢帮助和款待。
- Janis Hadley。
- Lorraine McMillan和 Babs Lawson。
- Dr Eric Tan，澳大利亚科廷科技大学前校长，西澳大利亚州中国商会荣誉会长。
- 中华协会。
- Dr Garry Rodan教授，以及默多克大学亚洲研究中心的领导和全体职员。
- 绿色澳大利亚协会，感谢帮助我了解了土地和植物。
- 《西澳大利亚州人》，企业联合组织部。
- 澳大利亚鸟类协会的所有成员，感谢在一起度过的美好户外时光。
- 新加坡—西澳大利亚州广播网（SWAN）委员会成员。
- 西澳大利亚州新加坡商务委员会（WASBC）和前会长Cecilia Wee夫人。
- 爱莎女士健康多元文化中心及Shobhana Chakrabarti主任和全体职员。

西澳大利亚州以外地区

- 荷兰Weller一家，感谢照片和快乐的时光。

■ 英国John Halliwell，感谢照片和可靠实用的帮助。

■ 已故的Hugh Mabbett，非常想念的朋友和顾问。

■ 堪培拉的Christine Moulet和Ted Knez。

■ 昆士兰的Liz Blyth。

■ 悉尼的David和 Amanda Landers夫妇。

■ 墨尔本的Peter和 Betty Game夫妇，Babe Mitchell-Dawson；已故的来自悉尼的Ian Newton；达尔文Diamond Beach Casino Hotel 的James Osborne；塔斯马尼亚Balfe's Hill Farm的Tony和Chris Lewis夫妇，澳大利亚旅游局（原澳大利亚旅游委员会），在国内和新加坡、澳洲航空公司(快达)各州的旅游委员会，感谢我在澳旅游期间（1985—1991）所给予的照顾。

■ 新加坡的Philip Conn，香港的 Barry Whalen，堪培拉的 David Townsend，阿德莱德的Jonathan Stone和墨尔本的Bruce Wilson，感谢对我首次介绍澳大利亚以及一直以来的帮助。

■ 感谢悉尼的Iain Finlay和Trish Sheppard以及过去所度过的时光。

■ 悉尼的Augus Finney，感谢告诉我塔斯马尼亚岛和作为他自己的本色。

■ 悉尼的Sophie Galstaun和已故的Arshak。

■ 达尔文的Kenny Minogue，感谢告诉我关于贡德瓦纳大陆的事情。

■ 达尔文的Peter Dawson。

■ 达尔文的Peter Saltmarsh，感谢向我介绍澳大利亚的野生世界。

■ Bronwen 和Gareth Solyom，塔斯马尼亚/印度尼西亚/夏威夷。

■ Sally Taylor，美国/法国，感谢友谊和建议。

■ Zainon Ahmad，马来西亚《新海峡时报》，感谢出版我20世纪90年代在澳大利亚专栏上的信函。

新加坡

■ 新加坡澳大利亚商务委员会的所有成员，澳大利亚高专署和澳大利亚贸易委员会的所有职员。

■ Margaret 和 Ben Cunico 夫妇。

■ Beth Kennedy。

■ Michael de Kretser。

谨对以上人员表达我深深的谢意！

题 献

谨以此书献给

令人尊敬和热爱的澳大利亚

一个具有远见卓识向陌生人敞开大门的国家

一个有勇气实行多元文化的国家

第一章

第一印象

“一个坚韧、富饶的国度——
不热爱她的人
永远也理解不了她。”

——澳大利亚诗人多萝西娅·麦凯勒
（Dorothea Mackellar）
选自《我的祖国》，一首关于澳大利亚的赞美诗，每个刚来澳大利亚的人都应该通读的一首诗

对一个地方的第一印象往往比后来的印象更为真实。后者通常是经过折中、补充或多次权衡后的看法。对澳大利亚的第一次感受可能不会是故事的全部，但它却是一个很好的提纲，只待以后补充细节。我这里所写的第一印象是按照澳大利亚给我所留下印象的深刻程度写的，各个主题之间不一定存在逻辑联系。

地理：土地和阳光

1989年4月，我和丈夫作为移民从西澳大利亚州（简称“西澳州”）的弗里曼特尔（Fremantle）码头初次踏上了澳大利亚这片土地。我们是以一种很古老的方式抵达澳大利亚的：乘坐一艘（俄罗斯）游船，带有大量的行李物品，包括我的宝贝传真机。一位澳大利亚海关官员用十分怀疑的眼光检查着我们的大包小包。他盯着照相机的长镜头问：“哇，这是什么？”“啊”，我丈夫说：“是广角镜头。”这位官员似乎没有睡醒，眯缝着眼睛看着我们，简单地说：“是呀，对。在这里你们当然需要广角镜头，对吧？”

他知道，我们也知道，澳大利亚很大，很大。实际上，大多数普通的广角镜头

悉尼情人港铁塔

很难拍摄到她的整个画面。澳大利亚诗人多萝西娅·麦凯勒在她的诗歌《我的祖国》里把澳大利亚称作“广袤的棕色的土地”。这个比喻至今广为传诵。也许，你首先注意到的澳大利亚就是她的风光，她那极具传奇色彩的阳光，炽热的太阳挂在碧空如洗、万里无云的蓝天上。一切看起来都是那么明亮，棱角分明，就好像用偏光镜头拍摄的一张照片，你在电脑里刚调配出它的对比度，色彩分明。

澳大利亚的旷野

我丈夫是（南部印度）泰米尔马来亚利人。他来自国土很小、十分拥挤的岛国新加坡。新加坡是地球上城区高度集中的国家之一。因此，这也许一点儿也不惊奇，我丈夫说他最喜欢澳大利亚的是她那无限延伸的地平线，没有一幢摩天大楼，或任何建筑物影响他的视线（尽管他想象中的“外出旅游”是足不出户，在开阔的灌木丛中开车）。的确如此，澳大利亚留给人们的永久印象是她的“旷野”。

随之而来的是距离感——“严酷的距离（the tyranny of distance）”是用来形容澳大利亚的又一常用语。很难想象包括南部岛屿塔斯马尼亚在内的澳大利亚面积多达750万平方公里（或将近300万平方英里）。这意味着，澳大利亚的面积与美国（阿拉斯加除外）面积相当，是英国面积的24倍。如果你住在西澳州的珀斯，是不可能“开着车”去悉尼的，反之亦然；你就像“出了一趟国”。你也许可以同样“开车”去亚洲，去那倒要更近些。

所以澳大利亚人根本不把开车几个小时去看望某亲戚，去吃顿饭，或者参加一个例行的商务活动当回事。他们也离不开车。这个国家的高速公路四通八达，到处可见长途货运大卡车，一般限时速为 110 公里。美国人对这一切会很熟悉。

国民：谈吐直率，容易相处，穿着随便

第一印象中第二个最深刻的应该是善谈、友好的澳大利亚人。他们谈吐十分直率，不讲客套，而且似乎也不怎么在意自己应该穿什么，或不穿什么。在居民区的商店里，在街上或者在公共汽车上，你会很困惑，不知道要等待多长时间才能得到你所需要的服务，因为柜台服务人员正在跟排在你前面的人聊天，你会发现与陌生人进行友好的交谈或得到陌生人的帮助是多么容易。其中传递的信息是："别着急，跟我聊会儿。"

在一些本来不愉快的场合，同样慷慨的微笑也可以使事情得到很好的解决。例如，如果柜台服务人员带着甜甜的微笑，并耸耸肩告诉你，"噢，对不起，那些东西我们昨晚 / 上周 / 上月卖完了。"客人不会因为商品目录上清楚地标着还有存货，而货已售完而感到不高兴。如果管工或者修理工比约定的时间晚了两天才上门，并满脸带笑地说："呀，对不起，伙计，有好几件事要做呢。"这种情况经常出现，有什么可生气的呢？

打开收音机或者电视，你会听到 / 看到一些记者当面"拷问"外交部长，毫不顾忌其地位或者身份，甚至称呼他为"你这个自负的笨蛋"（这是真的），或"史蒂夫"（游戏中一种已被废弃的人类生物名称——编者注），或者在晚上 8 点半这样较早的时间就看到电视节目（特别是 SBS 频道）里过分裸露和猥亵的言行。听到或看到这些，一部分人可能会心脏病复发。你在街上也许会听到粗俗的言语，而且还带有脏字。到了澳大利亚，你就不能期望人们尊重权势，表现出谦逊或者遣词造句。但有时候你会有获得解放的感觉，因为在澳大利亚你可以想怎样无礼就怎样无礼。去旁听议会开会，欣赏一下议员们是怎样打嘴仗的吧！

热情友好的澳大利亚姑娘

不穿鞋，光着膀子或者几乎只穿内裤的白人让那些刚从被称之为发展中国家来到澳大

澳大利亚黄金海岸

利亚的移民或者难民感到十分困惑。为什么会在街上、公共场合看到那么多发怒、大喊大叫的场面，这些本来是不该让外人知道的争吵呀。个中原因，无人知晓。有些人把这归咎于在澳大利亚这块粗糙的土地上曾发生过的许多暴力事件。

语言

你一踏上澳大利亚的土地，独特的澳大利亚英语（又称澳洲英语）就会扑面而来。你会对餐馆的着装要求（No Thongs）感到困惑：是指不要穿那种遮羞布式的比基尼裤，还是不要穿日式凉鞋（一种只能夹住脚指头的人字拖鞋）？（其实是指后者）你也可能因为别人让你带“一个盘子”（是食物，傻瓜！）来用“茶”（Tea，是晚餐而不是喝茶），而你把一整套的餐具带到聚会场所而感到无地自容。从这一刻起，澳大利亚英语会让你着实头疼好长时间。如果你想为你喜欢的足球队喝彩助威，你要用“barrack”，而不是“Root”（后者在澳大利亚英语中是“性交”的意思），否则就是在用猥亵之词。再看某车场告示牌：You Beaut Utes，Lay-bys。其最为接近的译文是：性能良好的小货车（用来运载轻型货物的小卡车），无息分期付款购买。

“Catchya”是另一个人们喜爱的临别短语，对某些人来说可能难以理解，它的意思是“待会儿见（Catch you later）”。

澳大利亚英语使来自非西方国家的人感到茫然的另一个方面是：如果找不到更合适的词汇，澳大利亚人特别注意使用“政治上正确（politically correct）”的委婉语。到了澳大利亚，别再继续用“handicapped（残废）”这个词，而改用“disabled”，“differently abled”，或者“challenged”（有缺欠的，意思皆为“残疾”，但更为含蓄）；别用“blind（瞎子）”，而要用“visually impaired”或者“visually challenged

（视力不好）”；别用“chairman（主席——男性，有性别歧视之嫌）”，而总要用“chairperson（主席）”；别用“丈夫、妻子、配偶、女朋友、男朋友”，而改用“partner（伴侣，这个词可用来表示以上各种关系，甚至还可用于同性恋者。当然引起混淆的是你可能不敢确定business partner究竟是何意思，business partner指商业合作伙伴，与性取向无关——译者注）”；不要用“natives（指澳大利亚土著人）”，而要用“indigenous Australians”，“traditional owners”或者“Aboriginals（原始居民）”；不要用“prostitute（妓女）”，而要用“sex worker”，“working girl（性工作者）”。

看另外一个例子。“CALD”是习惯使用术语的社会服务业所使用的一个特殊的词语，意思是“不同文化和语言”，但实际是“阿拉伯人”（Wog，英俚，贬义）或“非白种人”(Non–white) 的代号。如果你是白种人或盎格鲁－凯尔特人，在回答正式表格上的问题“你是否来自文化和语言不同的背景？”你应该回答“不是”。但世界上谁能说一个盎格鲁－凯尔特背景的白人不会有文化和语言的不同？同样的例子是NESB，另一个“外国”的代号，或非英语语言背景：即使你来自印度或新加坡说英

珀斯国家公园风光

最具讽刺意味的

在西澳大利亚州，当我看到那些受过良好教育、倾向于左翼、自由的白澳大利亚人搜肠刮肚地想一个合适的词的时候，总是感到忍俊不禁。西澳州有一种常见的奇异树种。这种树“长满长发”，树干呈黑色，因此曾被称为黑孩树（Blackboy）。由于这个词有种族歧视之嫌，为了对土著人表示尊重，这个词已经被改为更为中性的“Grass Tree（草树）”，甚至还用最原始的土著语言“Balga”来表示。然而极具讽刺意味的是，你会听到土著人很高兴地用“Blackboy”来指上面所说的那种树。这个词是土著人最早从欧洲人那里知道的，对他们来说没有什么不便。

语很好的国家，你的回答也应该是“是”，你是 NESB。

澳洲串烤肉

口音

说到语言就必然涉及口音的问题。很快你就会学着澳大利亚人在每句话的后面提高你的音调。你会像女主角凯斯（Kath Day-Knight）在电视连续剧《凯斯和吉姆》（冤家母女，*Kath and Kim*）那样跟人打招呼“G’day”(Good-die)（你好！）；或问别人时间时说“What toime(time)is it？”（几点了？）此电视剧现在已经不播了。（《凯斯和吉姆》电视连续剧非常精彩，是一个有关在“人人平等”的澳大利亚阶级差异的喜剧；这些女孩子们很快会在电影 *The kath & Kim Filum* 中再次出现。）

但在初到澳大利亚的几周内，你会注意到街上有各种口音：澳大利亚的多元文化就展现在你眼前，首先，毕竟这个国家 27% 的人口是在国外出生的，在澳大利亚出生的人口中有 26% 的人至少有一方父母是在国外出生的。亚洲（包括中东）是常住居民的主要来源，2009—2010 年占总人口数的 48%，而相对欧洲只占 18.5%（不包括特别商务、工作、难民或政治避难签证人员）。出租车司机有很重的伊拉克口音或者南斯拉夫口音；医生的接待员或者喋喋不休的电话推销员操有印度口音；你的房产代理商则有很明显的法国口音；你的保洁员或者熨衣服的小时工是波兰口音；那个电视台记者难道不是南非来的吗？微风中从远处传来的澳大利亚未来一代人的声音各不相同，

相反的情况

在这个乐于助人的社会，矛盾的是，在乘车时却没有人会站起来给“女士”让座，或者为她开门。最近，《西澳大利亚人报》的一封来信称，根据公共汽车公司的规定，请求他人让座，包括让年轻人站起来，为他人，甚至为身体不太好的老年人让座，是一种“歧视”。所以，如果你在公共汽车上或者火车上站起来为一妇女让座，别人可能认为你比较怪，甚至可能惹麻烦。

有穿黑色长袍戴面纱的人的声音，有在社区活动厅排练锣鼓的非洲人的声音，有从附近的锡克寺庙里传出的祈祷的声音，有豪华饭店中举行晚宴的当地成功华商的声音。

风俗

每个社会都有其内在的行为准则。在亚洲，你温文尔雅的主人不会批评你进了屋没有脱鞋，但你不脱鞋就等于把自己永远孤立于他们及他们的文化之外。当然，在澳大利亚，如果你真的脱鞋了，别人会觉得你有点怪，没有一个澳大利亚人进屋会主动脱鞋。但是澳大利亚人也有其潜在的规则。如果你注意不到，就有可能显得无礼。你一到澳大利亚就可能注意到一些细小的规则。比如，客人不但要离开房间，而且要走出房屋，到院子里去抽烟。还有吃饭后，你至少要把你用过的杯子和盘子收拾到厨房的洗碗池里，而且还要表示你要帮助洗刷（这里没有佣人，明白了吧？）。又如，如果你赴宴，要带瓶葡萄酒或者啤酒；如果是参加自带食品的百乐餐（pot-luck dinner），你还得按要求带些食物呢；再比如，男士去烧烤而女士忙着在厨房里做色拉等。有时候，聚会时男女自动分开，可能男人在一块儿谈体育，而女士则在一起谈孩子或者其他事情。还有其他的一些规则，比如，不大声谈论自己的收入或者财产，

澳洲小龙虾

不过度地炫耀自己的成就。吃饭结账的时候，每个人都要付钱；如果你的朋友请你喝过酒或者饮料，你也要为对方买一次。还要记住核实一下，要去的餐馆是不是要“自带酒水（Bring Your Own）”。如果是这样，就不要忘记带瓶酒赴宴。开车并线时要提前打灯，提醒后面的司机。而且要停下车帮助陷入困境的司机，或者闪一下车灯，让对面的司机知道前面有查超速的摄像机或者查酒后驾车的警车（booze bus）。记住，如果你的停车票还没有到时间，一定要留给将要在那停车的人，因为对方也会做同样的事情。

颠倒过来的国度：自然与环境

对于任何喜欢自然和户外活动的人，初到澳大利亚就会被澳大利亚的奇特环境所折服。首先，每个来自北半球及温带地区的人都会觉得很奇怪：“一切都颠倒过来了”，往南走突然意味着更冷，在这里 12 月成了夏季，而 7 月成了冬季。你会很快发现，如果某个夏天的温度是 27℃左右（华氏 80 度以上），这算“温和”，而不算很热。

你会发现这里有其他地方没有的奇花异草和珍禽异兽。是的，这里有袋鼠（Kangaroo）、毛鼻袋鼠（Wombat，又译为胖袋鼠）、小袋鼠（Wallaby）、巨蜥（Goanna）及蓝舌（Blue-tongue）！你只有到了澳大利亚才能亲身体会到澳大利亚的生物群是多么繁杂多样和独特，它完全可以与世界上任何其他热带雨林地区（澳大利亚也富有热带雨林）的生物群相媲美。从全球的角度来看，它的价值无法估量。在澳大利亚的2万多种花草中，93%的物种是澳大利亚所独有的；而澳大利亚有袋动物（marsupial，如袋鼠）中的89%，其他动物的73%为澳洲所独有。单孔类动物（monotremes，如鸭嘴兽和针鼹——又译为鼹鼠，则只有澳大利亚和新几内亚（现在的巴布亚新几内亚。——译者注）有。

袋鼠

凭其外观及浓厚的树脂味，你不会把澳大利亚“胶”（桉）树（eucalyptus）——无论是软软的树皮可以剥离树干的纸皮树

一个美国移民眼中的澳大利亚

美国人纳娜·奥莱伦肖与一个澳大利亚人结婚，于1965年移居澳大利亚，当时她22岁。下面的短文发表在2005年的《周末澳大利亚人报》。纳娜承认，自她移居澳大利亚以来，澳已发生了很多变化，但是她的许多看法至今仍站得住脚。

我的兄弟拼写Sydney(悉尼)时用“i”代替“y”。我父母的一些朋友以为再也见不到我了。(我刚到澳大利亚时)他们问，“那儿有超市吗?”

我总是把澳大利亚与美国相比，说什么事总是先说，“在美国，我们……”直到有一天一个直率的好朋友制止了我……

聚会时，男士和女士分开，就像用锋利的切肉刀将肉分成两块一样。男的讨论体育和政治，女的则讨论购物和孩子。我找不到与我讨论简·奥斯汀(Jane Austin)的人。我取笑澳大利亚人使用像“crook”(澳大利亚英语：生病)、“Strides”(澳大利亚英语：裤子)及“come a cropper”(澳大利亚英语：意外失败，摔倒)这样的词。“直接”(directly)怎么可能是“不是立刻”(not immediately)的意思呢? 我学着不用“I am stuffed”(我吃饱了)或者“fall on my fanny”(我摔倒了)这样的词。在美国，“fanny”的意思是你的“屁股”，但他们却委婉地称之为你的“seat”(本意是座位)。看来，清教徒的传统还在。除了语言，还有其他的不同之处，比如只有一层的砖平房、拐角酒吧、纪念雕像、冷漠的白炽灯[诗人约翰·贝杰曼(John Betjeman)曾说:“像在一颗钻石里面。”]，以及悬挂的桉树叶、陌生的星星、奇异的动物等。

四季变成了两季，从拥有山川众多的国家到了平地，在这里，光和热成为大自然的武器。作为一名教师，我对澳大利亚人对体育的重视程度感到惊讶不已。我知道我在这里是与众不同的。在澳大利亚人中间，我感到自己很严肃，不开心。我生活在约束中，而他们却随心所欲……

我也变了，几乎成为一个澳大利亚人了，我自己国家的人肯定认不出我来了。看到阿库拉帽子(Akubra)，在国外机场听到粗糙、简洁的澳大利亚声音，都会让我屏住呼吸……所以，我们已经变了。像变色蜥蜴一样，我们所处的环境是什么颜色，我们就变成了什么颜色。

澳大利亚人聚会时，男女是分开的

（Papperbark），还是柠檬香味扑鼻的胶树错认成其他的树。你也不会错把澳大利亚库卡巴拉（Kookaburra，笑鸟）歇斯底里的笑声，或者白鹦鹉（Cockatoo，又译美冠鹦鹉）、吸蜜鹦鹉（Lorikeet）的尖叫当成欧洲的黑鹂或者燕雀的叫声。在我西澳州郊区的住所周围，可以听见不同鸟类的叫声。我可以听见喜鹊咯咯咕咕的叫声，澳大利亚又黑又大的渡鸦（Raven）威胁的叫声，百灵鸟悦耳的鸣叫，黑白相间的扇尾鸽的啁啾声，蜜雀（Honey-eaters）欢快的唧喳声，粉灰相间的桃红鹦鹉的尖叫声，成群结队的黑色卡纳比美冠鹦鹉（Carnaby’s Cockatoos）响亮而急促的叫声。对我来说，这一切都以其独特的方式告诉我这是澳大利亚。另一点给你留下深刻印象的是澳大利亚的野鸟比较温顺，它们有时会离人很近，这主要是因为几乎没有人伤害它们。可以说，澳大利亚用笼子养鸟的文化不如亚洲发达。

澳大利亚金合欢树

你可能同样被普通澳大利亚人对野生动植物的热爱所感动。高速路上有提醒驾车者注意减速的标志，因为有鸭子或者袋鼠穿越公路。1 000 名志愿者站在刺骨的齐胸深的海水里挽救 100 只在海岸上搁浅的鲸鱼，使它们免于死亡（西澳州，2005 年，此后也曾多次发生）。这是多么壮观的场面啊！类似这样的情景把澳大利亚人崇高的利他主义精神表现得淋漓尽致。

在你感触最深的那些第一印象中必然还有这种感觉：澳大利亚人酷爱园艺。当你在乡村的街上漫步时，两边永远是鲜花绽放的花园和摇曳的树木。可以看得出，这一切都是精心培育、修剪过的。你肯定会感受到一种全民园艺热。无论是在你的花园里，还是附近的公园里，或者是街边，随处可见的是各色品种的开满红花的瓶刷子树（Bottlebrush，有的称之为问荆花）或银桦（Grevillea plant），或者是一棵浅绿色的茶（Tea）树，或者是落落大方的薄荷树，开满小花的班克西亚（Banksia），如果你幸运的话，还可能看到一棵花穗似长矛，直指天空的草树，没有一种树像欧洲的树。一个新移民也许花费了很多时间和精力才知道，澳大利亚园艺的条件与其他地方完全不同。如果你已习惯了在北半球温和的气候或者热带气候条件下侍弄园艺，到了澳大利

秋季的葡萄园

亚后你肯定会吃惊的。你原来的经验在这里都不适用了。澳大利亚有很多关于园艺的电视节目。在这些节目的帮助下，过些年以后，你就会明白澳大利亚当地的植物已经特别适应当地的自然环境：它们可能不需要那么多的水，可能根本不喜欢太多的氮肥（这可能过于简单化）；它完全有可能在春天和冬天开花，而夏天却不开。对于西澳州珀斯平原上沿海沙地的类似土质，园艺新手可能会犯难。他们需要与 38℃ ~40℃ (华氏 100 度至 104 度) 的酷热作斗争，因为这时花草水分失去很多，直到有一天他们会明白自己需要的是所谓的保湿材料。当然其中最需要的是足够的小木片或者石块之类的覆盖物。在夏季，养花的挂篮里土壤表层会结一层硬痂，水就会像从鸭背上流走一样，根本不会渗到花根上。解决办法？你相信吗？用普通的洗涤液清洗！

当然，这是一个有趣的学习过程，但要紧的是，你是在澳大利亚，它与别处哪儿都不一样。

第二章

基础篇

“你一直在开车，什么也看不到，
直到最后你简直要放弃看到什么东西的念头。
但是，感觉仍是不错。
在我去过的所有地方中，这个地方，
似乎是最适合深思的地方。”

—— 选自英国小说家安冬尼・特罗洛普 (Anthony Trollope) 的纪录片《澳大利亚和新西兰》，1873 年

澳大利亚的国土

不管这个澳大利亚人是城市的还是乡村的，澳大利亚的土地都在他（她）的潜意识里。土地对他（她）来说，可能是喜悦，也可能是敬畏或者是恐惧。

凡生活在澳大利亚的人无不受到其国土、地貌及其孕育的特色生态的影响。同澳大利亚土著人一样，澳大利亚白种人也以某种特殊的方式与澳大利亚的国土联系在一起。澳大利亚的土地也是他们的母亲。只是澳大利亚白人不像土著人那样将这种潜意识的情感清晰地融入其文化中。

这种潜意识的主旋律反映在澳大利亚的山水画中（最早期的殖民时期的画除外，那时，画里的澳大利亚风景与英格兰的牧场、橡树林极其相似）、电影里及澳大利亚白种人的伟大文学中。19 世纪晚期，当澳大利亚的电影业处于起步阶段的时候，通常的做法是电影长时间地停留在澳大利亚的土地上，广袤无垠，充满诗情画意。在外国人，特别是西方的白种人看来，澳大利亚的环境特别艰苦、空旷，不利于人类生存，但是澳大利亚的土著人却不这么看。

澳大利亚国土的基本情况

首先，让我们来看一下澳大利亚广博的土地。澳大利亚的国土与美国相当（阿拉斯加除外），是大不列颠诸岛的 24 倍。从数字看，澳大利亚占地 770 万平方公里，

墨尔本大教堂

澳大利亚人始终记得伯克（Burke）及威尔斯(Willis)1860 年探险之旅的厄运，并对他们充满敬意。伯克和威尔斯试图自南向北穿越澳洲，最后饿死在可怕的旅途中。

陆路边界线东西长达 3 983 公里，南北长达 3 138 公里。西澳州的首府珀斯及北部地区首府达尔文距亚洲的距离，比它们距离其他澳大利亚城市还要近。

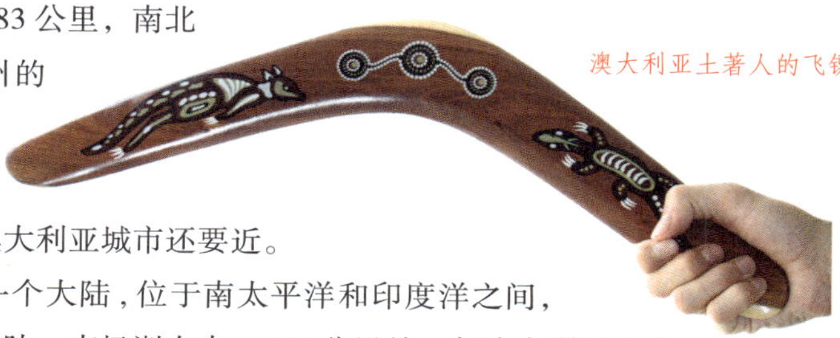
澳大利亚土著人的飞镖

澳大利亚本身就是一个大陆，位于南太平洋和印度洋之间，南回归线横贯澳大利亚大陆。南极洲在南 2 000 公里处，与澳大利亚大陆相望。“Australia”（澳大利亚）这个词源自拉丁文 Australis，意思是“南方大陆”。南十字星座作为澳大利亚的民族标志已经被印在澳大利亚的国旗上，因为只有从南半球的最南端才能看到由五颗星组成的南十字星座。

澳洲是地球上最为干燥的大陆。据记载，有的地方温度高达 53℃。澳大利亚的沙漠地区仍有人热死。即使现在，读读报纸，就会发现每年都有多起这样的事情发生。澳洲现在还有一些令人伤感的地名，记录早期探险者的磨难，如一个干涸的湖的名字叫做“失望湖”（Lake Disappointment）。

澳洲的气候和地貌多种多样，北方葱郁的热带地区有常年被季风雨湿润的热带雨林和红树林沼泽地，南方有寒带森林，新南威尔士州和维多利亚州有滑雪山坡。

岩石与山脉

史前，澳洲曾是超级大陆“贡德瓦纳”的一部分。约 1.5 亿年前，这块大陆开始断裂并形成了澳大利亚、南极洲、南美洲、非洲、印度、马达加斯加和新西兰。澳大利亚在距今约 7 000 万年至 4 500 万年的时候与“贡德瓦纳”大陆分离。这就意味着澳洲是一块十分古老的大陆。其地质史可追溯到前寒武纪时期，距今 6 亿多年前。相比之下，欧洲及美国的地形形成于 6 500 万年前。在此后的 8 000 万年里，澳洲大陆没有发生过火山爆发或者其他地形变化，你今天看到的澳洲也就是史前的地形原貌。

澳洲基本上是一个平坦的大陆，也是地球上最为平坦的大陆之一，只有东部的大分水岭是个例外，它从昆士兰州北部绵延到南部的维多利亚州。大分水岭包括台地、阿尔卑斯山脉、高原及山脉，其中包括位于昆士兰州的著名的阿瑟顿台地、新南威尔士州的蓝山山脉及维多利亚州的格林皮亚山脉。例如，澳大利亚的最高峰科西阿斯科峰（Mount Kosciusko）位于新南威尔士州的雪山山脉，高 2 230 米。

在澳大利亚还有一些十分特别的，相对于较为平坦的风景线不同的景观。最为著名的是 335 米高、从平地上凸起的艾尔斯岩 (Ayers Rock) 石柱山。鲜红色的奥尔加斯巨石 (Olgas) 被早期的探险者称作“巨大的粉色干草堆”，也位于北部地区，它和艾尔斯岩石柱山都地处乌卢鲁（Uluru）国家公园。

其他的景观还包括尖峰石阵（the Pinnacles），位于珀斯北部约 200 公里处；数千个形状各异的石灰岩柱子挺立而出，高达 2 米；还有地处西澳大利亚州金伯利偏远地区由古老的砂岩构成的“嘣咯嘣咯山脉（Bungle Bungle Range）”，高出周围草原 450 米。

“十二使徒”岩风光

乡村

澳大利亚巨岩

将近90%的澳大利亚人住在联邦首都、州首府城市或者其他城镇。乡村或著名内地小镇艾利斯斯普林斯(Alice Springs)周边的干旱、尘土飞扬的“红色中心”区域很少有人居住，更不用说在那里工作。

现在仍可以捕捉到这种老式的浪漫景色：透过尘雾可以看见牛仔赶着成群的牛穿过灌木丛［可参阅巴兹·鲁尔曼（Baz Luhrmann）2008年的电影《澳大利亚》(别译名《澳洲乱世情》)］，孤寂的平原上星星点点的是只有一条街的镇子，只有两个房间的车站。偶尔听到“Coo-ee”的吆喝声，这种古老的土著居民的吆喝声连接了相距甚远的人们，也被白种人所采纳。(邻居？他住的地方都听不见她的吆喝声！)澳大利亚也是对气候变化最无能为力的国家之一，“极致天气”时常发生。位于西部的珀斯变得越来越潮湿，其炎热的夏季越来越难以让人忍受。而东部维多利亚的墨尔本2009年1月接近45℃的高温让人们感觉酷热难耐，这是自1908年以来最热的。2010年9月到2011年2月，特大洪水席卷了维多利亚大部，使成千上万的人撤离该地区，仅农业一项就造成了20多亿澳元的损失。从长远看，澳大利亚的海滨城市化进程将受到海水上升的威胁。

但澳大利亚的乡村在流血，因为年轻人到城里去寻找欢乐去了。仍留在农村的人则要面对很多困难：除了频发的自然灾害，如干旱、火灾、洪水以及最北部地区的飓风外，他们还要与高利息，以及农产品（如羊毛）正失去海外市场等困境进行抗争；还有盐碱化的威胁。具有讽刺意味的是，盐碱化正是由于白人农民使用耕作方法不当而造成的。尽管如此，备受推崇的《经济学人智库》（EIU）将澳大利亚的诸多城市列为最适宜人类生活城市。2011年EIU的宜居指数显示，墨尔本位居榜首，高于维也纳和温哥华，其后是悉尼（第6位）、珀斯（第8位）和阿德雷德（第9位）。据EIU澳大利亚的城市入围多，是因为它们出色的基础设施，人口密度低，

飞行医生

澳大利亚农村生活的特点催生了世界上最为有名的空中医疗服务体系，其正式名称为皇家飞行医疗服务队。一位澳大利亚籍长老会传教士约翰·福林（John Flynn），人们称他为“内地的福林”，于1928年创立了这一志愿性组织。该医疗队的经费来自国家拨款以及其他捐助。该体系用一套复杂的无线电系统将各农场与医院和飞机联系起来。

犯罪率相对较低以及有大量的娱乐活动。乡村的萧条与自毁现象是表面看来富有田园风光的澳大利亚农村的另一面。

据政府科学家预测：到2050年，大约170万公顷的澳大利亚土地将会变成盐碱地。

火灾

由于其独特的生态环境，澳大利亚极易发生火灾。土著人早就知道这一点，而且还利用大火来控制或者改善自己的环境。在炎热的夏天，火灾经常发生。维多利亚州1851年的“黑色星期四”及1939年的“黑色星期五”、南澳大利亚州及维多利亚州1983年的“星期三灰烬”都是一些可怕的火灾例子。在“星期三灰烬”大火中有70人丧生。2005年1月在南澳大利亚州艾尔半岛发生的一次大火中，4万公顷的土地变成人间地狱，造成9人死亡。2009年1月，气温冲高到47℃，成百上千的人在快速蔓延的丛林大火中丧生，这在维多利亚州前所未有，创出最新、最灰暗纪录。

大火通常发生于干旱季节。那时，澳大利亚夏季正处高温，许多当地的植物像桉树含油量很大，像是火上浇油，极易着火。从北部吹来的热风又加剧了火势。不过大火好像也促进植物的生长。

澳大利亚乡村

近些年来，发生火灾除自然的原因外，还与纵火有关。最近的调查显示，发生在澳大利亚的森林火灾中有一半是有人故意纵火。除生命损失外，估计每年造成约7 700万澳元的损失。要是听到消防员这个职业吸引了纵火狂，

橡胶树

你会觉得毛骨悚然。毫不奇怪，不少纵火者出自消防员。他们很清楚怎样燃起特别危险的大火。那些不是纵火狂的动机也很常见。他们说，纵火是为了吸引注意力、得到承认、刺激或者只是无聊的发泄，或者表示气愤之情，或者干脆就是一种粗心大意的破坏公共财产的行为。从纵火者的生活看，他们有的家庭关系存在问题，有的没有正常的社会交流，有的就业或者学业出了问题。

自不必说，在火灾高发的夏季（完全禁火期间）纵火是一种犯罪行为。这就意味着篝火或家庭烧烤都是不安全的。2011 年 2 月，在禁火期间，一个热衷自己动手制作的家庭，他们的角向磨光机迸出的几个火花就引起了一场火灾，烧毁了西澳大利亚州 72 个住所。现澳大利亚已经拓展了非常棒的志愿者网络系统，例如国家应急服务站，来与大火抗争，甚至在暴风雨时为家庭提供援助。实际上，只需一个电话，这些出色的人们便会在深夜从床上一跃而起，参加战斗。

植物

澳大利亚的“旗舰”植物莫过于桉树，桉树属桃金娘科——特别是可以剥光树皮的那种，人们通常称这种树为胶树（Gums）。

桉树通常很高，树干细长，树叶分散在像稻草人一样的树枝上，极有特点。桉树散发着一种很特殊的树脂香味。当夏季的微风将这种香味吹到你的鼻端的时候，你会感到这就是澳大利亚。如果用手用力挤捏柠檬味或者薄荷油味的桉树树叶，还会产生香味。

在澳大利亚的东部还有绳皮桉树（其树皮粗糙）和主要生长在热带的铁皮桉树。位于西澳大利亚州西南部的卡里（Karri）森林里的卡里树（一种红桉树）是世界上第二高的树，仅次于美国加利福尼亚州的红杉树。同卡里树源自同一地区的红柳桉树（Jarrah）的木材呈红色木纹，西澳大利亚老式住宅经常用它做抛光地板。塔斯马尼亚有世界上最棒的寒温带雨林，其中有松树、山毛榉及早于澳洲大陆胶树的桃金娘科其他树种。如前所述，这些树种产生于 6 000 万年前贡德瓦纳大陆时代。这也是一些绿色环保组织抗议在塔斯马尼亚岛进行伐木的原因。

桉树林

珀斯的夏天最引人入胜的美景是数不尽的开满了鲜花的紫薇树（一种很久以前从南美洲引进的紫薇科兰花楹属植物），其花像紫蓝色的云彩。

12 月的一天，在珀斯，我丈夫很激动地告诉我，“你看，前面有我们自己的圣诞树。”那是一棵瓶刷子树，开满高高的红花，像是燃烧的红蜡烛。瓶刷子树也属桃金娘科植物。

澳大利亚共有 1 300 多种桃金娘科植物。其中还有一种纸皮树，在澳大利

国家象征

澳大利亚一个著名的国家象征是含羞草科金合欢属植物金合欢树。大家都非常熟悉它那黄灿灿的花朵。澳大利亚全国共有 900 多种金合欢树。

亚通常被称作纸皮树属植物。他们的树皮像纸，极易脱落。其他熟悉的桃金娘科植物还有茶树，是茶树属植物，其中包括有柠檬香味的茶树。

在西澳大利亚州，每年春季（10—11 月），旅游者和居民都会在乡下或者树丛中欣赏到五彩缤纷的野花。形象地说是到处鲜花盛开。

当然，在澳大利亚的植物中，也有很多“不速之客”。一些移民在不知情的情况下将它们带入澳大利亚，而它们可能对澳大利亚独特的生态带来伤害。各地都会有很多自告奋勇的“除杂警察（Weed Police）”不厌其烦地对你说教。但如果你能够明白水仙、马樱丹、黑莓、“佩特森的诅咒”（一种美丽的紫花，牧民认为这种紫花吞噬牧草，毒害牲畜，因而得名。——译者注）等进口植物对当地生态所造成的危害，你可能就会理解他们的心情。

瓶刷子树

袋鼠和魔鬼

澳大利亚长期与其他大陆分离，造就了许多独特的生物。新几内亚及南美洲存在类似生物特种的事实说明古代超级大陆贡德瓦纳大陆的存在。

澳大利亚最独特的动物当然属卵生，但无乳头的哺乳动物，即单孔目动物。单孔目动物只有三种：鸭嘴兽、两种食蚁猬及有袋动物（大袋鼠最为著名）。

一个鲜为人知的事实，有些有袋动物的阴茎是分叉的，个中原因无人知晓。对濒危动物进行繁殖试验的一位澳大利亚动物园园长告诉我，“这样，也许我们繁殖成功的几率可翻一番。”

澳大利亚有袋动物共有 19 类，包括大袋鼠、小袋鼠（又译沙袋鼠），也有生活在树上的动物，如考拉（不是考拉熊，考拉熊系讹传）及负鼠，还有各种大小老

两个小动物的详情

鸭嘴兽可能看起来可爱，讨人喜欢，但实际上，雄性鸭嘴兽的踝关节上长有毒刺；“考拉”是土著语，意思是“不饮水”——考拉从它吃的树叶中获取水分，当然有时也饮水。与其长相不同，考拉实际上并不是那么“可爱”——它们的脾气很坏，容易发怒，多数情况下动作迟缓。

考拉

鼠、胖袋熊及“土生猫”（更像猫鼬）。澳大利亚 250 多种哺乳动物中有一半是有袋动物。

胖袋熊是一种奇特的动物，矮壮，像小熊，重约 40 公斤。另一种恐怕你不会想去抱的动物是塔斯马尼亚“魔鬼”，一种体形较小、身体黑白色相间的食肉有袋动物。塔岛“魔鬼”会发出令人毛骨悚然的吼叫。它们几乎什么都吃，包括死鱼，其爪子锋利，能把硬骨变成像脱皮小麦那样的碎粒。

某些袋鼠类有袋动物的名字极其漂亮，如长鼻袋鼠（Potoroo）、岩大袋鼠（Wallaroo）、短尾矮袋鼠（Quokka，仅存于离珀斯不远的西澳州的罗特奈斯特岛），还有小型沙袋鼠 (Pademelo)（这些词都源自澳大利亚土著语）。

对于负鼠，你可能并不想知道很多，但你往往知道得不少。因为它们虽然无害，却令许多住户伤透脑筋。它们经常会在家中的屋顶上或天花板上打洞做窝，在城里也是如此。它们到处乱窜，晚上会发出令人讨厌至极的噪声。

在澳大利亚，所有当地特有的动物都受到联邦法律的保护。但是由于野生袋鼠繁殖过快，政府时不时地准许捕杀。特别是当地农民把它们看作害兽，因为它们与家养牲畜争夺饲料。在澳大利亚，猎杀袋鼠是一件牵动人心的事。

很遗憾，最近一些疾病的爆发危及这些特有的动物。有人觉得这一定是因为人类伤害了它们或者是它们的环境造成的。塔岛“魔鬼”患上一种面部肿瘤，颇似癌症，发病时臭不可闻；而鸭嘴兽则患有一种感染性的皮肤病，体内器官因此受到损害。考拉则容易受到衣原体细菌的感染，可能已有很多年的历史了。胖袋熊则经常与汽车相撞。

鸸鹋和桃红鹦鹉

澳大利亚有700多种鸟。1788年，首批白人移民抵达澳大利亚，当他们的船进入今天的悉尼港时，他们当中的一个人——外科医生亚瑟·鲍斯·斯密斯注意到，树上百鸟欢唱，长尾小鹦鹉、吸蜜鹦鹉、美冠鹦鹉、金刚鹦鹉在空中飞翔，一切看起来令人赏心悦目。

从这些鸟身上，你再次看到了贡德瓦纳大陆的痕迹。澳大利亚鸸鹋与世界上其他不会飞的鸟，如南非鸵鸟、新西兰几维鸟十分相似。其他特有的澳大利亚鸟包括黑天鹅。这种反面形象的鸟据说给日本人带来不小的麻烦，因为日语中“天鹅”一词只指“白天鹅”。当然，在所有澳大利亚鸟中，会笑的库卡布拉（笑鸟）是最为有名的。笑鸟有点“厚颜无耻”，有好几次当我在珀斯的国王公园烧烤时，总会有几只较大又挺好看的笑鸟落在我的身边，像是乞求我给它们几片肉吃。这些鸟原产于东部各州，因而对于西澳州来说，它们是外来之客。

桃红鹦鹉

非常具有澳洲特色的是50种鹦鹉。它们包括色彩鲜艳的锦鹦、有着多种颜色的彩虹吸蜜鹦鹉（我悉尼的朋友阿谢克会将这些彩虹吸蜜鹦鹉呼唤到他的花园里喂食。一群彩虹吸蜜鹦鹉站在他的身上，形成迷幻般的景象）、黑顶黄颈的绿色的“二十八”鹦鹉、颈部有在澳大利亚英语里，桃红鹦鹉是白痴的同义词，如“疯得像站满桃红鹦鹉的胶树（Mad as a gumtree full of galahs）”。如果你表达对某人的鄙视，就说“一只傻桃红鹦鹉（a silly galah）”。

鹈鹕

色环围绕的鹦鹉及大家十分熟悉的美冠鹦鹉。

还有其他更多品种的鹦鹉，美冠鹦鹉是身体呈白色、鸟冠呈硫黄色的那种（通常也被译为白鹦鹉），在西方动物园鸟舍里很常见（这种鸟已受到保护，但通常被大多数澳大利亚人看作是宠物）。除此之外，还有红顶的美冠鹦鹉（Gang Gang）及桃红鹦鹉（读“Galah”时重音要放在“lah”上，前半部则一带而过），以及漂亮的黑美冠鹦鹉品种，比如昆士兰的棕榈凤头鹦鹉及西澳大利亚州独有的卡纳比美冠鹦鹉。

我们当然还不能忘记栖息在维多利亚州菲利普岛上的神仙企鹅（又称蓝企鹅）。它们在夜里进行的“游行”让许多游客流连忘返。我个人喜欢的澳大利亚的鸟包括随处可见的气度不凡的鹈鹕，作为北部地区象征的1.5米高的高贵的澳洲鹤，还有从我花园的红色银桦花里吸取蜜汁的乖巧的吸蜜鸟，以及脖子上垂片不断晃动、能发出咯咯笑声的篱笆鸟和个较大长得像乌鸦的白黑相间的喜鹊。当我在珀斯的时候，喜鹊发出的悦耳的铃声般的叫声总是让我有“家”的感觉。

有鳞动物及细长动物

在澳大利亚有一些不同寻常的蜥蜴，共有450种，包括像恐龙似的巨蜥（好吃）、龙蜥（飞蜥科）——如澳大利亚北部的皱褶脖蜥蜴，以及小得多的能在屋顶上跑的壁虎。但最为人所关注的爬行动物还是蛇及鳄鱼。

不可否认，澳大利亚的蛇比世界上其他地方的蛇更令人恐惧，在澳大利亚近 160 种蛇中，有毒蛇多于无毒蛇。有些蛇列属于世界上最为危险的种类，如大棕蛇、北方的太盘蛇、东南部的虎蛇、铜头蛇及各种海蛇。但像这样极为危险的蛇只有 15 种。

有许多关于这些蛇的可怕传说，例如棕蛇或者红肚皮黑蛇，在交配季节不仅不怕人，甚至会攻击和追赶人。你一定要与任何蛇保持相当大的距离，以确保安全。

鳄鱼是许多澳大利亚传说的源泉，而且是与史前的地球有重要联系。自从 20 世纪 70 年代以来，澳大利亚政府对鳄鱼实行完全保护政策。由于这些保护措施，鳄鱼的数量增长很快。有人估计，现在澳大利亚咸水鳄鱼总数约为 10 万只。

令公众最为恐惧的当然是咸水鳄（俗称 Saltie）。这种鳄鱼可以吃人，而且在公众的场所已经多次吃过人，为很多人亲眼所见。从 1985 年到 2005 年的 20 年里已经发生过 15 次鳄鱼攻击人的事件，至于鳄鱼攻击人未果的事自然就更多了。鳄鱼是致命的杀手：通常用其爪子把猎物逮住，再拖之水下，将其淹死，在这个过程中不断地摔打，然后将杀死的猎物储藏在水下，数日后再享用。有些船上的旅游者将死鸡高举在水面上引诱鳄鱼。这样做可能使鳄鱼越跳越高，因此增加了鳄鱼对人的威胁。一般的小渔船对鳄鱼来说根本不算什么。

看似动作迟缓的咸水鳄在陆地上可以飞快地移动。它不动时隐藏得是如此之好，以至于你完全看不到它。在陆地旅行，特别是在西澳大利亚州的北部、北部地区或者昆士兰州旅行时，当接近河口、沼泽地甚至是比较靠近内陆的大河的时候要特别小心。在游泳之前要三思。不要每天在同样时间、同一地点做同样的事情（如每天下午 5 点到河边用旅行壶灌水），最好经常换野营住宿的地方。鳄鱼是相当狡猾的，它们可能观察你几天，掌握了你的习惯后再实施攻击。

鳄鱼

在海里游泳也很可怕。一大真正的危险是受到鲨鱼的攻击。但像鳄鱼一样，致命率相对较低。在过去 20 年里，在澳大利亚海域，鲨鱼杀死了 24 人。近几年，西澳大利亚州死亡人数位居首位。

已驯服又放养的动物及其他不受欢迎的“客人”

人类有时候把已经家养的动物放回荒野或者沙漠。这些动物可能祸及澳大利亚的生态，也不断让人想起早期的白人移民的无知。

（顺便说个离题的话，你可能会经常听到“feral”这个词。这个词的原意是已经驯养又放至野外的动物。在澳大利亚，这个词还有其他的用法。它通常是贬义，用于指所有左翼的人士、“嬉皮式”和与众不同的人，例如绿色环保人士，他们经常抗议、反对某些做法，或者过着一种双重方式的生活。这个词的引申意义经常是指那些肮脏、不洗澡、失业或者领取福利的人）

在澳大利亚，经驯养又被放至野外的动物包括水牛、马、驴、兔子、鸟，如八哥，也许最令人忧心忡忡的是狗和猫。如果你是新移民，看到农村街上的小猫，千万不要像对待你朋友家的宠物一样热情地对待它。如果它是一只流浪猫，它可能会像一只小老虎。体重很大的水牛及野马经常对绿地及土壤造成重大的损害，有蹄类的动物造成的损害尤其大。

兔子是白人移民考虑不周的另外一个遗产。兔子随着“第一船队”于 1788 年来到澳大利亚。但是从 19 世纪中期开始随着一些新的品种的引进，兔子迅速繁殖，达到了无法控制的地步。他们与牛羊争草，对农牧业形成巨大危害。人们不得不在其农田牧场边上建起防止兔子“入侵”的围墙（护栏），总长达数千公里。第二次世界大战后，澳大利亚引进了黏液线瘤病，一段时间内比较成功地控制了兔子的迅速繁殖。但兔子对这一疾病正产生一定的抵抗力。新办法是使用兔子“钙病毒”

澳洲的蛇

蟾蜍的故事

因为引进国外动物品种而引起麻烦的例子还有1935年甘蔗蟾蜍的引进，这件事让澳大利亚大失脸面。甘蔗蟾蜍又称大蟾蜍或昆士兰蟾蜍，是从其原产地南美洲经夏威夷引进到昆士兰州北部的。美国人对这种蟾蜍应该比较熟悉。当时，甘蔗园对于昆士兰州的经济较为重要，引进这种蟾蜍的意图是用它们来控制甘蔗园的甲虫害虫。

但蟾蜍并不怎么“敬业”，却在昆士兰北部很快扩散，并开始吃当地的小动物。蟾蜍皮肤上有毒腺，对可能会成为其天敌的动物也构成危害。有报道称，美国的一些吸毒者当毒瘾上来时会去舔活蟾蜍，以获取其毒腺提供的毒素。在澳大利亚，有人称，昆士兰州的吸毒者把干蟾蜍皮作为迷幻剂来吸。可见，人类的行为有时比动物更为古怪而无不及。

当然，关于甘蔗蟾蜍的故事还有很多。实际上，在澳大利亚，甘蔗蟾蜍已经受到一些人的顶礼膜拜，只不过充满负面的感情色彩。有人还出了一部就叫《甘蔗蟾蜍》的纪录片，真的很不错，信息量很大，获过奖。可从当地的录像店租一部来看，要了解非主流澳大利亚社会，这是必须做的。而且竟然还有一份地下政治报纸是根据甘蔗蟾蜍命名的。政治漫画讽刺家经常把不受欢迎的政治家画成甘蔗蟾蜍。此外，甘蔗蟾蜍还在继续“前进”呢。2009年，连地处偏远的西澳大利亚州也在焦虑地观察着其北部边境，因甘蔗蟾蜍的侵袭是越来越近了。

（calcivirus）。这种病毒不会对澳大利亚其他动物造成任何危害。

比引进兔子情况更糟的是欧洲狐狸的引进。19世纪40年代，人们不过是为了狩猎之欢引进了狐狸，但狐狸对澳大利亚的许多特有的小动物造成了灾难性的危害。

可爱的兔子竟然会成为澳大利亚农牧业的危害

失踪的袋狼

澳大利亚动物学的一大难题之一是关于袋狼，它也被称为塔斯马尼亚虎。它是已知的世界上最大的食肉有袋动物。袋狼是否绝迹一直是个不解之谜。

人们所知道的最后一只袋狼于1936年死于塔斯马尼亚的霍巴特动物园。大约从1830年起，白人移民就悬赏捕杀袋狼，因为后者经常伤害其羊群，最终致使袋狼绝迹。

但即使现在，在西澳大利亚州东南部，即数千年前袋狼出没的地方，还时常有人声称看见过袋狼。20 世纪 80 年代，人们曾经非常认真地讨论关于看到袋狼的事，英国著名科学杂志《新科学家》予以刊登。现在许多人仍乐此不疲地寻找、报道袋狼，这几乎成了一件令人愉快但又愚蠢的事。一部基于此事的恐怖电影《猎人》（*The Hunter*，由威廉 · 达佛（Willem Dafoe）主演，2011—2012 年公映）。你也可以来探探险，遗憾的是 2005 年，澳大利亚全国性新闻周刊《公报》（*The Bulletin*）出资 150 万澳元，悬赏寻找一只活袋狼的活动已经结束了。你不妨试试，不过你读到本书时可能活动已经结束。而澳大利亚博物馆却不满足于等待人们活捉袋狼。该馆正在实施一项克隆袋狼的计划，即从他们 1866 年收藏的一只袋狼幼崽标本（现保存在酒精中）克隆袋狼，以此让袋狼重生。如希望了解详细情况，请访问 http://www.amonline.net.au/thylacine。

大海、海滩、太阳

澳大利亚白人喜欢澳洲大陆，但他们更喜欢其周围的大海，虽然大海里不乏令人讨厌的东西，如鲨鱼、鳄鱼、水母、海蛇等。遗憾的是，目前还有一些人为的破坏，例如，悉尼著名的邦迪海滩附近的水域现在已受到严重的污染。

澳大利亚很少有人不会游泳。如果你是新移民，而且不会游泳，赶紧报个班，学习游泳吧。

澳大利亚夏季海洋景观

澳大利亚的冲浪救生员具有澳洲最为阳刚的形象——肌肉发达、皮肤黝黑、品质高尚。他们确实值得人们赞扬：从 1907 年到 2011 年，澳大利亚的冲浪救生协会这个国家此类协会中最大的志愿者共挽救了 60 万人的生命。总数比前两次世界大战中澳大利亚的死亡人数还多得多。

在澳大利亚，人们对冲浪的挚爱，使冲浪运动发展成为一种全面的次文化，有自己的特定用语，有自己的出版物和自己的价值观。如果你想让你的儿子留在学校通过考试的话，就别让他过多地卷入冲浪这个过于男性化、阳刚的“神秘”活动。

与死亡碰运气

澳大利亚作家约翰·皮尔格 (John Pilger) 说过，由于澳大利亚人经常瞥视太阳，他们的脸变得如此“明了”，微笑总是不匀称，眼睛总是永久的斜视。当然，在澳大利亚也能看到许多明亮的蓝灰色的眼睛，眼周围有许多皱纹。

在 19 世纪与 20 世纪的世纪之交，典型的澳大利亚人表现出过一种有一定的享乐主义的异教徒的精神。到了海滩，他们会毫不犹豫地脱光，把自己晒黑。拥有日晒后的褐色皮肤是澳大利亚梦的最基本的一部分。有些海滩允许妇女不穿上衣、袒胸露乳地进行日光浴，以早日拥有日晒后的褐色皮肤，进一步巩固异教徒的形象。你可不能盯着看哟。

晒太阳的文化继续保持了下来，但现在已经变得越来越“古董”。现在成长起来的新一代澳大利亚人在上学的时候就接受了全身涂抹防晒霜的教育，游泳要穿连体游泳衣，还要戴一顶可防沙漠风沙的或者“外国志愿军”式保护性宽边的大帽子。帽檐一直能遮盖到脖子后面。这就是说人们都已经深知“爱太阳”的危险。

这当然很有道理，因为患皮肤癌的危险始终存在。澳大利亚皮肤癌的发病率是世界上最高的，是美国的 3 倍，英国的 6 倍。在每年新诊断的癌症患者中，皮肤癌大约占 80%。皮肤癌最致命的一种是（恶性）黑素瘤（Melanoma），它是这个国家第四大多发癌症，每年新发病例 1 万多。患皮肤癌自然是因为年轻时就留下了隐患。三个澳大利亚人中有两个人 70 岁前会患皮肤癌，而澳大利亚人患皮肤癌的几率是得其他癌症的 4 倍。许多澳大利亚人给我看他们的胳膊上因为切除肿瘤而留下的很深的疤痕。我听说一些患皮肤癌的病人需要用他们的头皮向鼻子或者前额处进行皮肤移植。欲了解更多信息，请访问：http://www.health.gov.au/internet/skincancer/publishing.nsf/Content/home。

澳大利亚离南极上空的臭氧洞太近，它经典的蓝色天空根本无法过滤有害光线。皮肤细腻，蓝眼睛（小心白内障），很多黑痣或雀斑是皮肤癌的高发因素。在户外时，除了在身体暴露部位涂抹防水、防晒的乳霜（防晒指数 30 倍或以上），重要的是尽可

海滩晒太阳

在澳大利亚，我发现我需要更多的保湿霜。任何曾经生活在潮湿的热带气候的人，如果改变了环境，其皮肤都会有小皮屑脱落。嘴唇容易裂，让你感觉极不舒服。很多澳大利亚人外出旅行时随身携带唇膏。

帽子可以防止太阳暴晒

能遮盖身体，戴太阳镜和帽子。上午 10 点到下午 3 点之间避免太阳照射。令人惊奇的是，仍能看到许多愚蠢的澳大利亚人光着上身在烈日下，或在海边半裸着身体，不要学他们！要尽量遮阳，但在澳大利亚身体缺乏维生素 D 也是很普遍的，在一天的安全时段，皮肤还是需要几分钟的太阳照射以促进这种重要的骨骼构建维生素的吸收。如果你皮肤黑的话，每天可能比白种人需要更多时间晒太阳来增加维生素 D。

坏消息是，身体不裸露在太阳下的部分仍可能患上最厉害的皮肤癌，即恶性黑素瘤。后背是一个危险区，因为很少有人知道后背出了什么问题。找个朋友经常检查一下后背，看有无明显变化。当然，好的方面是皮肤癌在早期就看得见，容易被人发现，而且是可以治愈的。因为澳大利亚非常注重这方面的问题，治愈率也是世界上最高的。只是需要注意观察皮肤的变化。患皮肤癌痛苦很少。最重要的是要培养孩子从小保护自己不受太阳曝晒的习惯。

女士要特别避免澳大利亚的太阳。这样说有性别歧视之嫌，但的确如此。澳大利亚的阳光能使人皮肤干燥，增加皱纹，让女人看上去像是老了许多。有一位 25 岁的冲浪救生员，一生一半的时间是在海边度过的。经医学检测，其皮肤与 60 岁正常人的皮肤相似。

自不必说，你需要高质量的太阳镜——能够过滤像紫外线等有害光线的那种（如能 100% 吸收紫外线），应该是完全极化 (fully polarised) 的，设计成“四周包起来”

高质量的太阳镜能很好地防护眼睛

的很酷的那种（35% 的紫外线是从太阳镜的边上钻进来的）。最好要贴有澳大利亚防癌协会认可标签的，对眼睛的防护系数是10的太阳镜(提供99% 的防护）。需要指出的是关于儿童需要什么时候戴太阳镜还有争议，因为他们需要部分紫外线的照射，以提高防护的机能。

澳大利亚人特别喜欢帽子，这是防护皮肤或者眼睛不受太阳侵袭的有趣的一面。为了真正起到保护的作用，你需要宽边的帽子。其中的选择很多：从“朴实”的澳洲丛林居民帽（其中最著名的是阿库布拉帽）到带有饰带和嵌花的漂亮的草帽，以及特意为墨尔本杯赛马会、婚礼、盛大野餐会等特殊场合精工制作的帽子（上层社会喜欢佩戴的那种古怪、薄如蝉翼的装饰帽子（fascinator)，很抱歉说是帽子，起不到一点防护太阳的作用。在来澳大利亚之前，我从来没有听说过这种装饰帽，而现在在一些全国性的一流社交场合，到处可以看见这样的帽子）。

弥补过去的错误

像澳大利亚白人需向土著人还债一样，澳大利亚人对于他们对澳大利亚环境所造成的伤害也深怀内疚。由于拓荒、采矿及引进外来动物等的共同影响，在欧洲人移居澳大利亚的过程中，澳大利亚丧失了至少 20 种本地特有的动物品种。约 65 种，接近所有特种的 1/4 动物处于濒危之中。

虽然对于一般人来说，澳大利亚基本上仍是荒凉无人问津的土地，但其实它深受人类之害；地表水受到化学物质的污染；一半以上的土地需要进行土壤改良，以对付盐碱化、酸化及土壤流失。

为了改变过去的这一切，现在澳大利亚一般的年轻人或者学生都知道最基本的环境保护责任。小孩都可能“教训”你不要使用塑料袋，或者要回收易拉罐（南澳大利亚州是第一个宣布全面禁止使用塑料袋的州，从 2008 年起生效。迹象表明澳大利亚全国都有可能出台同样的决定。在处置塑料袋方面目前存有很多困难，而且塑料袋对野生动物的威胁很大）。

超市的货架上摆满了“保护环境”的物品，诸如此类的东西包括不含磷、可生物降解的洗衣粉和洗碗液以及回收后可再利用的未经漂白的手纸或面巾纸（澳大利亚人马克·林奇的一幅卡通画讲述了这样一个故事：两位家庭妇女盯着回收后加工再利用的手纸说，我认为埃瑞克不会喜欢别人已经用过的手纸）。如有可能，在付款处，收银员会将你买的东西装进纸袋（有些商店会对塑料袋收费）。有责任心的消费者购物时还特意带上自己的帆布袋或者编织的袋子，以省下超市的塑料袋。

澳大利亚的汽车基本都是用液化石油气作动力

每个居民区都有分类垃圾桶，分别装玻璃、易拉罐、报纸、旧衣服等。地方政府还会派人收集分类的垃圾，一些园艺组织会教你如何制造有机肥。只要你想做，没有什么不能回收的。

澳大利亚是最先禁止使用含铅汽油及可能破坏臭氧层的氟利昂的国家之一。澳大利亚比较早地将液化石油气（LPG）用于汽车，代替常规汽油。现在澳大利亚 1/4 以上的交通工具使用液化石油气。澳大利亚当然是液化石油气的主要生产国。

太阳能是另外一种令人兴奋的可替代能源。西澳大利亚州 1/5 的家庭使用太阳能热水器，而在阳光充足的北方领土地区，近 3/4 的家庭这样做。但就全国范围而言，仅有低于 1/10 的家庭使用太阳能。

澳大利亚工党政府 2007 年 12 月批准关于温室气体排放的《京都议定书》。但是气候变化和可再生能源仍是极具争议的议题，可以从澳大利亚著名经济学家、前驻华大使郜若素（Ross Garnaut）教授主编的《郜若素气候变化报告》（2008 年）及其更新版（2011 年）中获得更多背景信息 (www.garnautreview.org.au)。

“绿色”运动的黑暗面

在过去的 30 年里，“绿色”运动名声大噪，富有活力，有时甚至十分“好战”。它们现在已有相当大的政治影响。实际上，没有一个政治家敢采取明显的“不绿”的政治倾向。

环境组织几乎每天都在与采矿公司、锯木厂、合板厂、房产及旅游开发商等对着干，死缠硬泡。“绿色人士”什么事都能做得出来：他们包围或者骚扰停靠港口的运载核物质的船只或者渔船，或者将自己捆在树上或者将土埋到自己的脖子，阻挡推土机工作。他们富有奉献精神，很认真，情绪化。不幸的是，经常是对抗性的气氛，不是讨论性的。

澳大利亚主要的环保组织有澳大利亚保护基金会、荒野协会（源自塔斯马尼亚，现为全国性组织）绿色和平组织，后者在保护鲸鱼与海豚以及核能等问题上都极其活跃，还有各州的保护委员会。此外，在州及地方层面上还有许多各种各样的组织，其中不少是政治倾向不大的自然漫步（nature-rambling）俱乐部。

环保政治家们，如最近刚退休的原塔斯马尼亚州联邦参议员鲍勃·布朗（Bob Brown），他是1992年创建的澳大利亚绿党的主要创建人，在一系列环境问题上发挥强大作用，最为显著的是在20世纪80年代初期围绕富兰克林河大坝争议问题上发挥的作用。当时有计划在塔斯马尼亚州最为荒凉的地区之一的富兰克林河上修建水坝。联邦工党支持环保主义者（反对建坝）的立场，结果该党得到了环保主义者的选票而赢得1983年选举。工党上台后取消了修建水坝的计划。环保组织还成功地使昆士兰州北部的雨林及北部地区的卡卡杜（Kakadu）国家公园列为世界遗产。目前，围绕卡卡杜地区是否开采铀的事还时有争议。

2010年，澳大利亚举行联邦选举，产生了无多数议会。4名独立众议院议员、1名国家党议员和1名绿党议员的倒向成为关键。工党在4名独立议员和1名绿党议员的支持下组成脆弱的少数派政府，作为工党领袖的吉拉德任澳大利亚总理。吉拉德在此前的党内权力斗争中成功了挑战陆克文的领袖地位，任工党领袖。吉拉德任

澳大利亚采矿区的恶劣环境

命陆克文为新政府外交部长。在参议院，9 名绿党参议员的作用举足轻重，有权修订或拒绝众议院通过的新立法。这就使澳大利亚绿党及其新任领导人克里丝蒂·米尔恩参议员在政策制定和监督（“使坏蛋诚实”）上比以前具有了特殊的重要作用。因此，工党政府在政策考量上时常受到绿党的掣肘。

2011 年 11 月，澳大利亚议会通过了“碳税”（实为碳价）或清洁能源法。2012 年 7 月生效，3 年后由碳排放交易机制取代。澳大利亚议会就碳税立法进行了长达一年的激烈辩论。在这个议题上，工党政府显然屈从了绿党的压力。上述立法的前景极不确定，反对党自由党领袖托尼·阿博特（Tony Abbot）声称，如该党在 2013 年选举中上台执政，将废除碳税及碳交易机制（自由党及其盟友国家党已经在 2013 年 9 月选举中获胜，阿博特任总理——译者注）。根据工党政府提出的碳税法，污染者每排放一吨碳，需支付 23 澳元，在 2015 年建立碳交易机制前逐年递增。澳大利亚在世界主要排放大户美国、中国和印度之前采取激进减排措施，在澳引起巨大争议。普通澳大利亚人担心，虽然政府给予一定补贴，低收入家庭的负担仍可能增加。但政府希望该法能够促使污染企业采用更清洁、更先进的技术，使用可再生能源，减少对煤等碳能源的依赖。

生存指南

如何在澳大利亚偏僻的内陆或者沙漠地区生存是一项必须掌握的技能。这样的

野营篝火往往是引起森林火灾的隐患

课程和书籍很多。虽然澳大利亚的情况比较特殊，但是基本生存技能都是一样的，在美国、加拿大或者英国学到的生存技能也是相似的。但以下几招或许对那些粗心大意的野营者、驾车者、徒步旅行者在面临困境时有所帮助。

火

首先，如果报纸、收音机、电视预报说，某地火险级别“高”或者属于禁火区，不要再去偏僻的或者未开垦的灌木或者森林地带做徒步旅行。等到夏季以后再做长途的徒步旅行也不迟。

如果遇到火，不要惊慌失措，不要跑，除非非跑不行，因为火通常蔓延得很快，比我们跑得还快。因为火势都是往上走，所以不要往山坡上跑。尽量躲避辐射热，因为它通常比火焰和烟还要危险。藏在低洼处，如车轮压出的车沟里，盖上毛毯，甚至土壤会更安全。

这可能令人难以置信，但即使大火向你袭来，如果你待在车里或者房子里，你生存下来的机会比你跑出去要高许多。这意味着你不必开车逃离，2005 年南澳大利亚州森林火灾中死亡的多数原因是人们开车逃离火灾时造成的。

有证据表明，你的油箱不会爆炸。你只需要忍受从你身上经过的大火的高峰期——一般最多是 4 分钟。如果你惊慌失措而逃，你会精疲力竭，而且辐射热会要了你的命。所以最好保持身体低位，把自己盖起来。

关于澳大利亚大火的最可怕的消息是在一年大约 30 000 起火灾中，有近一半是纵火犯出于娱乐或精神疾病故意纵火。澳大利亚犯罪学研究所 2009 年公布了这个数字，并统计出纵火犯引起的这些火灾一年要损失大约 16 亿澳元。

蛇

首先，徒步旅行时要穿长裤子和不露脚面的鞋。其次不要靠近蛇，更不要主动长角血蜱可能已经“光顾”过了，你可能根本不知道。如果你在树林中旅行后走路困难，或者身体协调出了问题，应该去看医生。长角血蜱可能已经离开了你，但其毒素仍在。可参阅更多信息，例如：

www.fesa.wa.gov.au/safetyinformation/fire/bushfire/pages/travelinformation.aspx

www.dse.vic.gov.au/fire-and-emergencies/teachers-and-students/publications/brochures-and-fire-notes/traveller-safety-information

去惹它。

一旦被蛇咬，不要根据通常的做法做出以下壮举：用刀片将被咬处划破，使血流出来，将毒排出，然后再在被咬处以上的地方缠上止血带，阻止血液流向心脏。这样做有很大的危险性。止血绷带（实际上应该每30分钟就松开一次）只适用于被漏斗网蜘蛛、蓝网章鱼及箱水母咬伤的情况。

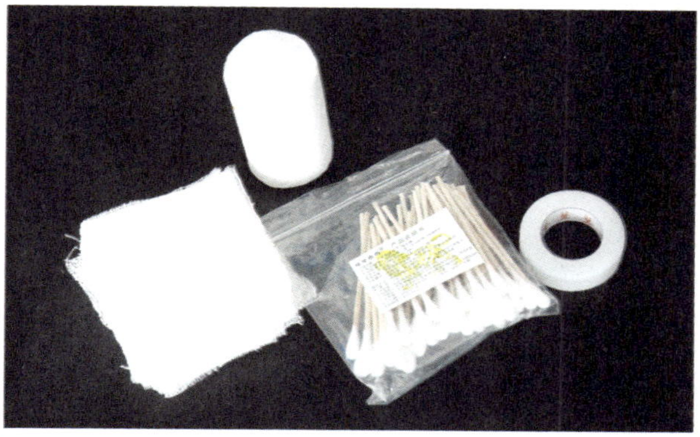

徒步旅行受伤后的急救用具

正确的做法是被咬后，迅速用绷带将受伤处缠紧。如果没有绷带，从衬衣上撕一块布也可以。不要活动受伤的肢体，在绷带的外面用硬棍做成夹板，将受伤肢体固定。病人应该尽量不要动。

长角血蜱

在东部潮湿的地方，被长角血蜱咬伤是司空见惯的事。它不会致命但会让你病得很厉害（如蜱斑疹伤寒、局部麻痹）。

被咬后，不要试图将其拔出来，那样做会造成伤口败血。用热火柴头碰一下长角血蜱，或者用煤油或甲基化酒精拍它。当它从你的肉里往外退的时候，用手指抓住或者镊子夹住，小心翼翼地将它的头连同身子一起拔出来。

水蛭

水蛭

水蛭本身基本无害，但是水蛭是吸血虫，可以在人身上形成伤口，很容易感染。它们主要存在于潮湿的地方，比如雨林地区。被咬了后，一定要保持伤口卫生。可以涂抹驱虫剂，防止被咬。但用盐或者烟草很容易将驱虫剂弄掉。

丛林徒步旅行

按照地图标出的路线行走最为安全，但指南针和地图不一定就保证你能万事大吉。它们也可能出问题。最终你也可能要靠自己的感觉和常识，或者你是否进行很好的准备来走出困境。

即使在南方温带森林里旅行，你也要当心。比如，有一种很可怕的叫做“水平灌木（horizontal scrub）”的东西。有些树枝垂下来，层层水平重叠，形成具有一定弹性的“地面”。它实际上可能比真正的森林地面高出一两米。如果旅行者毫无警惕性，可能从“水平灌木”上摔下去，而一旦摔下去就很难抽身。

你一定要带上上等的盛水容器，当然最好也带上水。你还得准备生火的东西。“我只去半天，不需要水、食物或药物”的态度要不得。如果你迷了路，又没有水或者食物，你就麻烦了。无论你准备走多远，都要带上些食物、水及药物。高温时，你每天需要5升的水，但是不要喝，除非你真的需要喝水。有证据表明，走路的时候，喝水太多或者只活动不喝水都不行。有时只要润一润你的嘴唇就行。

当然，你要是同土著人一起学过识别林中食物，在遇紧急情况时，你能够靠野生食物生存。但为稳妥起见，最好带上食物。

你应该特别注意恶劣的天气变化。这在塔斯马尼亚等南部地区是经常发生的，在其他地方也能遇到。气温骤降是最大的威胁。

净化水、药片、盐、羊毛或者绳子（标记走过的路线）、塑料防潮布（可以晚上用来收集浓缩水）、手电筒、刀子，一切都可能派上用场。但不要带得太多，否则背包太重也很痛苦。

总是把最重要的东西放在腰包里一直带着。急救包也要随身带，不能留在宿营地。

徒步野外需要带很多专业装备

如果迷了路，你要边走边留下标记。或者你在离开宿营地的时候就应留下话——如在地上写几个字，点一堆能发出浓烟的火，引导救援飞机。在地上写出求救的话，每个字要2.5平方米大，让飞机能够看到。当然，更重要的是，如果你步行或者开车走游客不常走的路线，一定将你的行程及返回日期告诉某人，比如当地的护林员、警察、旅馆老板或者酒馆主人，并且按照原定日程活动。这样的话，你要是没有按时返回，有人就会惦记。

最后，当然不要担心，这样的事不会发生。注意以上各点就可放心地去做丛林游了。这可是生活、居住在澳大利亚的最重要的原因之一。

民族感

如前面已经提到的，澳大利亚人知道如何自嘲。但如果你是外人，要取笑他们，你就会发现，规则突然变了。这种敏感对于年轻国家来说是很自然的。白人的澳大利亚不过只有200年的历史，在世界上算是年轻的。

别在“加里波里(Gallipoli)”上犯傻

从澳大利亚人幽默的角度来看，讨论什么都可以：从跛子到十字架上的耶稣。这没错，但是加里波里或者“澳新军团”却是例外。

加里波里？如果你想吃透澳大利亚人的心理，你一定不能在加里波里这个问题上犯傻。如果你在澳大利亚停留时间较长，赶上4月25日澳新军团日这个全国假日，就会明白它的重要性的。

在这天，无论你所在的那个澳大利亚城镇多么小，你肯定会看到当地的游行。游行都是在当地的战争纪念碑前举行，有激昂的演讲，有铜管乐队，小孩牵着爸爸的手，都戴着澳大利亚士兵戴的一边折起的宽边软帽（cocked slouch hat）。[自第一次世界大战以后，“Digger（挖掘者）”就成了澳大利亚士兵的代名词，但没有人知道这是为什么，可能因为太多的澳大利亚人是矿工？澳大利亚矿产资源相当丰富，其中包括金矿。]

加里波里是第一次世界大战中发生在土耳其境内的一次重要战役。不过，像第二次世界大战中发生在法国的敦刻尔克战役一样，这是一次失败和大撤退，不是一个伟大的胜利。

英国今天还充满自豪地纪念敦刻尔克大撤退，美国人也许以同样的心情纪念19世纪卡斯特将军与苏族印第安人最后的一战（卡斯特被杀），或者第二次世界大战中麦克阿瑟从菲律宾撤退。他们可能会理解澳大利亚为什么要“庆祝”加里波里的失败。

对于其他人，特别是讲“面子”的亚洲人，他们可能需要较长一段时间来明白个中原因。你如果听了我讲述的关于加里波里战役的故事，当每年的4月25日报纸、电视台、电台都在讨论加里波里的时候，你就不会感到困惑了。澳大利亚专栏作家马

澳新军团大道

地理及澳洲的形状本身就是澳大利亚人自我感和国家感的支柱之一；其他方面包括历史、种族和文化等。

克斯·哈里斯（Max Harris）在《周末澳大利亚人报》评论说，“澳大利亚人认为，因为诚实而获得的失败乃是成功之根本。我们是一群怪异的人。”

澳新军团日纪念澳大利亚和新西兰士兵组成的澳新军团在第一次世界大战中的加里波里战役中经历的巨大磨难。他们于1915年4月25日在土耳其的加里波里登陆，试图攀登和控制这里的悬崖峭壁，同年12月19日撤退。其间，约8 000名澳大利亚士兵（及2 000多名新西兰士兵，还有部分法国和其他国家的士兵）阵亡，1.9万人受伤。澳大利亚士兵在胜利几乎无望的困境中表现出的勇敢精神为他们赢得了持久的荣誉。今天仍是如此。澳大利亚士兵的勇敢在其他地方也同样得到体

现，1942 年的新加坡战役，及此后在越南（20 世纪 60 年代）、伊拉克和阿富汗的战争就是如此。

加里波里的真正意义，与其说是宣扬澳大利亚人在努力争取做几乎不可能的事情上表现出的坚忍不拔，以及他们在面对死亡时表现出的具有传奇色彩的哥们情谊，不如说他们在为大英帝国政府作战，服从大英帝国政府的命令这一事实。当时，澳大利亚已于 1900 年宣布独立，并于 1901 年成立澳大利亚联邦政府，并在同年举行了首次联邦议会选举。

加里波里战役的失败归咎于当时英国战时领导人温斯顿·丘吉尔。澳大利亚人在这次战役中所经历的被遗弃感代表着澳大利亚结束与“母国”英国关系的开始。澳大利亚导演彼特·韦尔（Peter Weir）1981 年拍摄的电影《加里波里》就表现了上述主题。如果可以的话，找一盘录像来看。

每年的澳新军团日庆祝活动所表现的并非是反对土耳其情绪（相反，时下的做法是双方的幸存者相互拥抱），而是强烈的反英情绪，以及一种“和其他所有的人一起激动”的情绪。

加里波里的一处建筑

爱尔兰人传统上对英国的憎恨更加加深了澳大利亚人的反英情绪。澳大利亚最初的囚犯移民一大半是爱尔兰人（英国人注意，当你们在澳大利亚要开爱尔兰人的玩笑之前，一定确认你主人的祖籍）。加里波里体现的是国家、民族的感觉，因此即使是在讲笑话的时候，加里波里也具有神圣不可侵犯的地位。澳大利亚人就是澳大利亚人，有自己独立的人格，他不是翻版的英国人。他们的国家比大不列颠群岛大24倍。

但有些人有不同看法，认为没有必要过分看重澳新军团精神。读一读玛里琳·雷克（Marilyn Lake）、亨利·雷诺兹（Henry Reynolds）和马克·麦克肯纳（Mark McKenna）、乔伊·达姆乌西（Joy Damousi）合著的《澳新军团日之错》(《新南图书》出版，2010年)，就明白了。撰写该书是需要勇气的。

库克船长雕塑

历史性里程碑

即使在16世纪，许多西方探险家相信地球上存在一个“南方大陆”。他们其中的几个人发现了澳大利亚的某些部分，但没有意识到他们发现的重大意义：1606年荷兰人威廉·杨茨(Willem Jantz)到了约克角半岛附近，1616年他的同胞迪克·哈托格（Dick Hartog）到过西澳州，1642年另外一个荷兰人艾贝尔·塔斯曼（Abel Tasman）发现了塔斯马尼亚岛。此外，1688年英国人威廉·丹皮尔(William Dampier)到过西北海岸，1696年威廉·德弗拉明（Willem de Vlamingh）发现珀斯的斯旺河。

1770年　英国人詹姆士·库克(James Cook)船长在植物湾登陆，将（澳大利亚）东海岸命名为新南威尔士。

1788年　总督阿瑟·菲利普（Arthur Philip）率领的“第一船队”抵达植物湾，船上载有首批囚犯移民——548名男性，188名女性。

1793年　首批自由移民抵达。

1828年　首次人口普查显示，当时有3.6万囚犯和自由移民，2 549名士兵。

1840年　停止向新南威尔士运送囚犯。

1851年　首次发现金矿，在新南威尔士。

1876年　特鲁加尼尼(Truganini)，最后一位完全血统的塔斯马尼亚土著人死亡。

1883年　新南威尔士布罗肯希尔 (Broken Hill) 发现银矿。

1900年　澳大利亚各州组成联邦；澳大利亚宣布拟从英国独立。

尤里卡起义

外人很少听说过发生在1854年的“尤里卡围桩事件(Eureka Stockade)”，但多数澳大利亚人十分清楚该事件在澳大利亚政治史上的重要意义。该事件代表了左翼和社会主义的澳大利亚，是点燃澳大利亚民主之火的火星之一。其意义可与法国的攻占巴士底监狱及美国的阿拉莫战役相提并论。

南十字星座是澳大利亚国旗的一部分

“我们在南十字星座下宣誓，我们将并肩战斗，捍卫我们的权利和自由”，成千上万的淘金者在维多利亚州的巴拉腊特（Ballarat）举行抗议集会时如是说。淘金者宣称，“要人们遵守法律，就必须在制定法律的过程中有他们的声音，这是每个人不可剥夺的权利……征税但不给代表权就是暴政。”淘金者要求赋予他们投票权，反对为议员设定财产标准。淘金者的起义可能是澳大利亚士兵赢得他们引以为豪的“Diggers”称号的原因。但实际上，当时生活在巴拉腊特的2.5万名淘金者属多元文化群体，包括来自美国、爱尔兰、欧洲和中国等地的人。他们中很少有人出生在澳大利亚。

这些反叛的淘金者把南十字星座旗作为其旗帜，这是南十字星座旗首次在澳大利亚上空飘扬；今天，南十字星座是澳大利亚国旗的一部分。淘金者的南十字星座旗至今还十分自豪地悬挂在巴拉腊特美术馆。即使今天，由于各种各样的原因，示威者有时仍旧使用简单的南十字星座旗。

尤里卡围桩事件是淘金者反对政府压迫的正义斗争，它本身就代表了澳大利亚人抵制权威的传统。负责管理早期维多利亚金矿的官员在行使其权利时十分残酷，在颁发和管理采矿执照上十分蛮横和腐败。

淘金的实际过程更是特别艰苦和危险。淘金者与其压迫者之间发生了多次严重的摩擦后，数千淘金者揭竿而起，并向政府宣“战”。在彼特·拉劳（Peter Lalor）的领导下，他们中的激进好战者游行到了爱尔兰人聚居的叫“尤里卡”的地方，并且在那里围桩固守。当时（1854年12月3日），围桩内只有数百人，政府部队轻易地攻破了其脆弱的防线，逮捕了围桩内的淘金者，杀害了20~30人，并很快宣布军管。但是该事件被看作是澳大利亚民主发展史上的转折点。1855年，13名被捕的淘金者被无罪释放，而且就该事件成立的调查委员会对金矿当局提出了严厉批评。不久，矿工的许多要求也得到了满足，其中包括他们获准参与议会民主选举。彼特·拉劳还当选议员。

1901 年　人口普查显示澳大利亚（白人）人口 380 万。

1902 年　妇女获得联邦选举的投票权。

1908 年　堪培拉被确定为联邦首都。

1914 年　第一次世界大战爆发，澳大利亚军队前往欧洲作战。

1915 年　澳大利亚新士兵 4 月 25 日在加里波里登陆，但 12 月 19 日撤退。

1920 年　根据官方数字，澳大利亚白人人口达 540 万。

1932 年　悉尼港大桥投入使用。

1940 年　澳大利亚军队被派往国外参加第二次世界大战。

1941 年　北部地区首府达尔文市遭到日本轰炸。日本潜艇进入悉尼港。

1947 年　澳大利亚新移民潮开始，起初主要是面向英国和欧洲。

1949 年　澳大利亚公民权法开始实施，赋予了所有澳大利亚人公民权。罗伯特·孟席斯（Robert Menzies）领导的自由党政府上台。

1952 年　北部地区发现铀矿。

1956 年　墨尔本举办奥运会。

1961 年　西澳大利亚州的皮尔巴拉（Pilbara）发现铁矿。

1964 年　澳大利亚首份真正意义上的全国性报纸《澳大利亚人报》诞生。实施国民服役制度，为期两年。澳大利亚军人首次可以派往海外，这使他们参加越南战争成为可能。

澳大利亚国立大学艺术学院

土著人的迪吉里杜管

1965 年　澳大利亚步兵营被派往越南。土著学生查尔斯·波金斯（Charles Perkins）组织悉尼大学学生乘汽车访问新南威尔士州农村地区贫困土著居民点，记录和揭露了这些地区广泛存在的种族主义，当地白人针对土著人的暴力、种族仇恨震惊全国。这次旅行史称“自由之行”，类似美国的民权运动，提高了人们对种族问题的重视程度，为今后改革奠定基础。

1966 年　罗伯特·孟席斯爵士——澳大利亚执政时间最长的领导人（1939—1966 年，除 1941—1949 年）退休。澳大利亚开始使用十位制货币，并逐渐实行公制度量衡。

1967 年　澳大利亚举行全民公决，废除针对土著人的各种歧视。

赌博—盗窃犯罗纳德·赖恩成为澳大利亚最后一个被处绞死的人。他在企图越狱时将一监狱看守捅死。赖恩被处以绞刑遭到许多人的反对，因此出现许多情绪化的公众抗议和街头游行。

哈罗特·霍尔特（Harold Holt）总理在维多利亚州海域失踪。

1968 年　自由党领袖约翰·戈顿（John Gordon）成为总理。

1969 年　鲍勃·霍克（Bob Hawke）当选澳大利亚工会理事会主席。

妇女获得同工同酬待遇。

1972 年　高夫·惠特拉姆（Gough Whitlam）领导工党在选举中获胜。这是工党在野 23 年后再次执政。工党获胜受益于公众的变革心理，工党提出的口号是“是（变的）时候了”。

“白澳”政策正式终止。

取消征兵政策，代之以小规模的职业志愿部队。

1973 年　选民年龄降至 18 岁。

英国女王伊丽莎白二世开始被称为“澳大利亚女王”。悉尼歌剧院启用，这是在选定最初设计方案 16 年之后的事情。

1974 年　圣诞节当天，“特蕾西”台风袭击北部地区首府达尔文，风速达每小时 300 公里，造成巨大破坏（至少 50 人死亡，3 万人被迫迁移），整个城市需要重建。

1975 年　惠特拉姆政府遭到总督约翰·克尔（John Kerr）解散。马尔科姆·弗雷泽 (Malcolm Fraser) 领导的自由党为首的联合政府执政。

1979 年　土著土地信托委员会 (Aboriginal Land Trust) 拥有了 144 处财产的所有权，即原土著人保留地的所有权。

澳工会理事会发动澳大利亚历史上第二次全国性罢工。

1980 年　关于澳大利亚金融体制的坎贝尔调查。

努根汉德（Nugan Hand）银行破产。

1982 年　塔斯马尼亚富兰克林大坝之争爆发，这是澳大利亚历史上最大的“绿色”之战。

1983 年　弗里泽总理获准解散议会两院，两院随后举行选举。鲍勃·霍克领导的工党掌权。

南澳大利亚州和维多利亚州发生“星期三大火”森林火灾，造成 75 人死亡，8 000 人无家可归。

澳大利亚赛艇“澳大利亚Ⅱ号”赢得“美国杯”。

澳大利亚发现首例艾滋病死亡案例。到 2010 年末，据统计，有 2.1 万各年龄段澳大利亚人感染能够导致艾滋病的艾滋病毒。

12 月，澳元首次可以自由浮动汇率交易。

土著田径运动员凯西·弗里曼（Cathy Freeman）点燃奥林匹克圣火。弗里曼后获悉尼奥运会金牌。

悉尼歌剧院

2001 年　澳大利亚板球大王唐·布莱德曼（Don Bradman）爵士 2 月 25 日逝世，享年 92 岁。

被坦帕号挪威船救起的难民欲在澳大利亚寻求避难，霍华德领导的自由党政府利用公众害怕外国难民涌入的心理大做文章，以争取在 11 月 10 日举行的联邦大选中获得连任，并扩大本党在议会多数席位。

霍华德访问美国期间，“基地”组织恐怖分子利用劫持的民航飞机撞毁美国世界贸易中心双塔楼。此次恐怖袭击事件后，澳美进一步深化了传统盟友关系。

具有 66 年历史的澳大利亚国内航空公司安捷航空宣布破产，1.6 万人失去工作岗位，震惊全国。

1984 年　政府、商界及工会领袖就价格、收入政策签署“协定”。

艾尔斯岩的控制权交给当地的土著人。

1985 年　作为放松金融管制政策的一部分，澳大利亚联邦财政部允许 16 家外国银行申请在澳大利亚开展银行业务执照。

1986 年　英国女王伊丽莎白二世访澳时签署一项声明，为澳大利亚脱离英国铺平道路。英国议会同年通过的《与澳大利亚关系法》即表达了上述精神。

由保罗·霍根（Paul Hogan）主演的电影《鳄鱼邓迪》（*Crocodile Dundee*）成为澳大利亚历史上票房收入最高的电影，也是在美国上映的票房收入最高的外国电影。

1987 年　工党在联邦选举中获胜继续执政。

1988 年　澳大利亚白人庆祝英国“第一船队”抵澳 200 周年，而澳大利亚土著

澳大利亚的海洋跨岛大桥

人则举行大规模抗议，反对白人庆祝对澳大利亚的“侵略”。

1990 年　工党连选连任。

1991 年　12月，备战1993年选举的工党内部发生“逼宫”事件，保罗·基廷(Paul Keating)取代霍克任工党领袖和政府总理。

1996 年　3 月，约翰·霍华德（John Howard）领导的自由党在选举中获胜，上台执政，结束了工党执政 13 年的历史。

1997 年　全国发生森林火灾。

皇家委员会结束了长达 370 天的关于警察腐败问题的调查。

1998 年　亚洲金融危机及印度尼西亚的政治动荡破坏了澳大利亚的经济和信心。

1999 年　联邦议会宣布国家对土著人受到的不公正待遇表示“深切和真诚的遗憾”，但拒绝像许多土著人和其他澳大利亚人期望的那样做出明确的道歉。

澳大利亚就是否成立共和国（以由议会任命的总统代替女王）举行历史性全民公决，55% 的人反对，君主立宪制得以保留。

由于澳大利亚倡议并领导了联合国驻东帝汶维和部队，澳大利亚与亚洲的关系及在亚洲的作用发生变化。刚刚获得独立的东帝汶原为印度尼西亚领土。

2000 年　7 月 1 日，备受争议的重大税收改革（包括开征 10% 的消费税）开始生效。

9 月，悉尼举办奥运会。

2002 年　10 月 12 日，印度尼西亚巴厘岛夜总会遭受恐怖袭击，造成 202 人死亡，209 人受伤。遇难者中包括 164 名外国人，88 人为澳大利亚游客。澳举国哀悼。

2003 年　澳大利亚人口超过 2 000 万。

3 月，美英等国发动伊拉克战争。霍华德政府派兵支持。

2005 年　印度尼西亚巴厘岛再次发生恐怖袭击，两处旅游点受到攻击，包括 4 名澳大利亚人在内的 20 人遇难，包括 19 名澳大利亚人在内的 129 人受伤。澳再次举国震惊和哀悼。

2007 年　到 6 月底，澳大利亚人口超过 2 100 万。

澳联邦选举前夕，霍华德政府实施“北部领土地区紧急反应计划”，对 73 处陷入瘫痪的土著人居民点进行干预，基于这些居民存在严重的虐待儿童的报道，派军队进入。该计划包括下述紧急措施：停止福利发放，强制征收土著集体土地（town lands），限制售酒等。上述计划已有所调整，但仍受到工党政府的支持（该党政府已于 2013 年 9 月下台——译者注）。许多人认为霍华德政府的做法仓促、有种族主义色彩、不公正地惩罚了土著人、有家长制倾向。

11 月 24 日澳举行联邦选举，结束了自由党霍华德政府长达 7 年的执政，陆克文领导的澳大利亚工党获胜执政。

2008 年　2 月 13 日，澳联邦议会开幕，陆克文代表澳政府对澳土著民族历史上所受到的不公正对待表示正式道歉。这具有历史意义。

11 月 9 日，3 名发动巴厘岛恐怖袭击的罪犯被执行死刑。

塔斯马尼亚鹰颈湾

2009 年　2 月，澳大利亚维多利亚州发生有纪录以来最为严重的山林火灾，大火席卷了 272 000 公顷森林，173 人遇难，2 000 多幢房屋遭到破坏，估算经济损失 44 亿澳元。此次火灾被称为“黑色星期六”。

2010 年　6 月，澳大利亚工党领袖、政府总理陆克文被其副手吉拉德逼下台。吉拉德宣布 8 月举行联邦选举。选举后出现无多数议会，工党在独立议员和绿党议员的支持下组成少数政府。

澳大利亚人口在年底达到 2 250 万。净移民占新增人口的一半。

2011 年　新年伊始的水灾造成价值约 10 亿澳元的经济损失，35 人死亡，对 70 个城镇的约 25 万人的生活造成影响，主要在昆士兰州。紧随其后，维多利亚州也发生水灾，造成约 20 亿澳元的经济损失。

10 月至 11 月，澳大利亚受到全球关注。先是英联邦政府首脑会议在西澳大利亚州珀斯举行，后是美国总统奥巴马对澳大利亚进行了 27 个小时的访问，就美将其外交政府重心转向亚太地区发表重要讲话。澳是美亚太战略的重要伙伴。美军事力量将更多参与地区事务，美将向北部领土的达尔文市以轮流驻防的方式派驻 250 名海军陆战士兵，此后逐渐增至 2 500 人。美军舰还将更频繁地访问西澳大利亚州港口。虽然美澳一再否认，但许多人认为，美国这么做是为了遏制不断崛起的中国。

10 月底，澳大利亚快达航空公司（Qantas）劳资纠纷升级，公司决定停飞其全球航班 3 天。此事件发生在很多外国领导人在澳大利亚参加英联邦政府首脑会议期间。这场纠纷最后受到仲裁，但快达航空公司

的前景未卜，其发展前景可能在海外，在亚洲。

10 月至 11 月，澳大利亚议会通过“碳税”或清洁能源立法，这是澳长期就气候变化问题进行激烈争论的结果。下院，即众议院还通过了同样具有争议的资源租赁税（旧称超级利润税）法。这意味着矿业繁荣时期从开采不可再生的资源，如铁矿石（大多卖给了中国和印度）中获取巨大利润的超大规模矿业公司最终必须通过向联邦政府缴纳特殊矿业税的形式为国家的长远发展作出贡献。此前，矿业公司已被要求向所在州的政府缴纳特许开采税。

不同的标准

1991 年前，各州对于香肠的成分有不同的规定，因而不能跨州销售。同一种商品在不同的州经常需要贴上不同的标签或者使用不同的包装。关于面包的定义有三种；一个州要求销售人造黄油时必须使用立体包装。

拼图国家

很少外人能够意识到很长时间以来，澳大利亚不过是原各自为政的殖民地的组合，“国家”是新鲜的事。

澳元纸币

更糟糕的是，多种因素严重影响着澳大利亚的内部交流与理解。如澳大利亚国土广袤无垠，自东向西近 4 000 公里（2 500 英里），自北向南达 3 000 多公里（1 864 英里）。还有诸如在国内乘飞机往返两地与飞往国外的费用相近的奇怪的经济现象。

早期殖民体系的残余——这体现在六个州政府的独立性上——现在才被不断清除。例如，到了 1991 年，澳大利亚才决定成立全国性机构，来统一全澳大利亚的司法程序、电力、道路体系及铁轨的规格等。但上述计划能否得以实现还不得而知。多年来，州与州之间的差异严重妨碍了澳大利亚的经济发展，也影响了澳大利亚防治犯罪。

关于州与州之间摩擦的例子很多，如保护主义措施使东部的土豆到不了西澳大利亚州。联邦政府政策鼓励竞争，但一些州对此则很不情愿。

电工、管工、医生和律师到其家乡以外的州工作需要执照。要将一个铁路货物集装箱从东部的悉尼运至西部的珀斯，途中需要更换火车机车四次，使用五种安全系统、六种装载规格，由于更换车组、进行检查等，还要在铁路侧线等候 12 小时。

各州可以通过课税来获得财政收入，但 1942 年各州征收个人所得税的权利被联邦政府夺走。联邦政府开支的 80% 来自税收。联邦政府和州政府经常就“水平财政均化”（horizontal fiscal equalisation），即联邦向各州拨款上（联邦消费税所得），打得不可开交。这已经成为澳大利亚政治经济生活中的常态。

澳大利亚人的精神生活

包括约翰·霍华德及波林·汉森（Pauline Hanson）等在内的保守派人士经常宣称，信奉正式的宗教，特别主张要去教堂的基督教是澳大利亚社会的根基。在澳大利亚，对正式宗教的信仰显著下降。虽然 68% 的人宣称是基督教徒，但实际上去教堂的人却比预想的少得多。如果看一下教堂的圣会，你会认为只有靠大量虔诚的移民基督徒，特别是来自亚洲的移民教徒的光顾，教会才能生存下去。教会很难发展年青一代。2005 年，参加珀斯教堂弥撒的天主教人数达 25 年来最低，周末参加弥撒的天主教徒不到所有天主教徒的 1/3。为了应对这种去教堂人数减少的现象，当地的圣公会教堂甚至考虑在星期天以外的其他时间举行宗教活动，以便与当地家庭的社会活动和工作时间表相衔接。珀斯的天主教教会甚至在当地的报纸《西澳大利亚人报》上做广告，说服信徒重返教堂。其他宗

澳大利亚一个教堂内部

澳大利亚人是怎样看待自己的

1999 年 11 月 6 日，澳大利亚就是否改行共和体制举行全民公决。自由党首相霍华德将增加《新宪法序言》作为公投的第二个问题（下面关于英国的部分有更详细的叙述），遭到澳大利亚人民的完全反对。

虽然如此，这份命运不佳的《新宪法序言》为我们了解澳大利亚人是怎么看待他们自己及自己的国家的，提供了很有趣的启示。将土著人与土地的关系、移民的贡献写入宪法，及在宪法中提上帝及“哥们儿情谊”不无争议。

“带着对上帝的希望，澳大利亚联邦由所有主权平等的公民构成。

澳大利亚民族由拥有不同祖先和在不同时代来到澳大利亚的人民组成。我们广阔的澳洲大陆/岛塑造了我们联邦的命运及人民的精神。

从街头不同的肤色和脸孔，可以看出澳大利亚是个移民国家

早在远古时代，澳洲大陆上就居住着土著人和托里斯海峡岛民，他们创造了悠久的文化并延续至今。

一代又一代的移民极大地丰富了我们民族的生活。

澳大利亚人可以自由地选择为其国家和传统感到自豪，可以自由地追求个性，可以自由地追求其希望和梦想。我们尊重公正、卓越、独立性，同样看重哥们儿情谊。

澳大利亚的民主、联邦制政府依法保护所有澳大利亚人，使他们享有同等的尊严，永远不受偏见、个人癖好或者意识形态的侵犯，永远不会因为歧视而在成功的路上受到羁绊。

本着这种精神，我们澳大利亚人民，愿意遵守本宪法。”

教的发展比基督教还快，现占澳大利亚人口（2006 年普查）的 5.6%。1996—2006 年的 10 年间，发展最快的宗教是印度教，信徒翻番，占全国人口的比例升至 0.7%。同时，佛教信徒也翻番，占澳大利亚人口的比例超过 2%。值得一提的是，现在 19% 的澳大利亚人宣称他们不信奉任何宗教，比 1996 年上升 2%，而在 1971 年，这个数字只有 7%。非基督教信徒主要集中在悉尼和墨尔本。虽然一些澳大利亚人仍坚持认为自己是典型的基督教盎格鲁 – 凯尔特人，但近年来，这一形象越来越弱化了。

有时，语气可能很恶。《周末澳大利亚人报》（1993 年 9 月 25~28 日）的一个标题如下:《该死的法国人》。

澳大利亚人是如何看待他人的

第一章和第二章谈到了对澳大利亚及澳大利亚人典型形象的习惯看法（stereotype）。很明显，澳大利亚人在试图确定自己身份的同时，他们对于其他民族、种族、信仰和文化也有自己通常的习惯看法。了解澳大利亚人对“外人”的看法有助于你在与澳大利亚人打交道时更好地找准自己的定位。

法国人

澳大利亚人对于法国人怀有很大敌意。这主要是因为澳大利亚的家门口就有法国的核武器，而且澳大利亚人普遍认为法国人不可依赖。不可思议的是，在争论这个问题时，很少有人提到或者有人记得英国曾于 1852 年及 1958 年在澳大利亚进行核试验。

这种讨厌法国的情绪固然与澳大利亚的英国情结有关，但澳大利亚的“文化自卑（Cultural cringe）”也是部分原因——当面对欧洲所谓的高度发展、历史、文化或者其他任何东西时所产生的一种自卑感。所以，当澳大利亚人咒骂法国佬时，只不过是因弄不懂法国菜谱而自惭形秽而已。但是，现在澳大利亚人是笑着骂法国人的，让你感到他们对法国人的揶揄比以前要善意得多了，甚至现在大家对于所谓的“法式”更加钦佩。

英国人

对澳大利亚人，英国人是“英国佬”[Poms 或者 Pommies，据信这个词来自 POHM，即英语女王陛下的囚犯（Prisoner of Her Majesty）的缩写，指英国将囚犯运送至澳大利亚的历史]。澳大利亚人经常指英国人为“英国佬杂种”或者“会抱怨的英国佬”。澳大利亚人认为英国人擅长抱怨。澳大利亚工会运动中的工会代表多由英国人担任，说明英国人的“抱怨水平”极高。

实际上，1997 年，新南威尔士州反歧视委员会发现他们接到的投诉多数（22%）来自英国人，而非亚洲人。2007 年，澳大利亚著名板球明星代言的谷物早餐品牌

“澳大利亚人是刚离开温室的最为小心眼的、渺小的、民族主义的、易怒的、过于敏感的室内植物”。

——英国和澳大利亚人的论战，这是伦敦《旗帜晚报》发表的社论，回应1997年澳大利亚关于“英国佬爱抱怨”的报道。

Weetbix广告中使用了Pom一词，有人就此向澳广告标准局投诉。澳广告标准局未予支持，并表示：“广告标准局研究了澳大利亚人使用Pom的性质和Pom通常的意图，认为澳大利亚人在使用该词时总体上是没有敌意的，是调侃而且经常充满善意。标准局觉得，澳大利亚人使用Pom一词时并无恶意，更不是诽谤，符合澳大利亚人喜欢幽默的特点，谈及板球时使用该词，尤其如此。”

英国绅士

澳大利亚民间称，英国佬不经常洗澡。因此有这样一个词组，“干燥得像英国佬的浴巾或者浴垫”。这个词出自喜剧演员巴里·汉弗莱斯（Barry Humphries）创作的人物巴里·麦肯齐之口。

英国加入欧洲共同体后，英澳两国的传统联系削弱了许多。英国在澳大利亚最重要的出口市场中的排名逐渐下降。有的T恤衫上甚至印上了这样的话：“保持澳大利亚的美丽——打死一个英国佬”（“Keep Australia Beautiful, Shoot a Pom”）或者“种自己的毒品——种一个英国佬”（“Grow your own dope, Plant a Pom”）。人们喜欢拿霍华德自由党政府外交部部长亚历山大·唐纳（Alexander Downer）开一些挖苦人的，有时甚至是下流的玩笑，原因之一是，唐纳似乎很像一个英国化的小孩子，还带着英国口音。唐纳毕业于牛津大学，其父被封为骑士，其母玛丽因此被称为玛丽夫人（Lady Mary）。漫画家笔下的唐纳常常穿网状筒袜，暗指青年时代任性的唐纳可能穿过异性衣物。这里暗指的是来自英国私立学校所谓的同性恋文化（gay culture）的反常英国人的形象。在英国私立学校被称为“公共（public）”学校。

这种态度的矛盾之处在于：2万多公里（1.25万英里）以外的英国女王也是澳大利亚女王，澳大利亚总督是她的代表。联邦各州也如此炮制。此外，虽然澳大利亚联邦于1901年宣布成立，但只有到了1986年，《澳大利亚法案》的实施才使澳断绝了与英国的大多数联系。该法案废除了英国为澳大利亚制定法律或者行使任何政府职责的权力，规定澳大利亚的官司不再上诉到英国枢密院。

从邮票可以看出英女王仍是澳大利亚国家元首

1999年11月6日，澳大利亚就是否改行共和制进行全民公决，置女王于十分尴尬的境地。但是55%的选民赞成女王继续作为澳大利亚的国家元首。这再次说明澳大利亚人最怕变革，因而丧失了一次以崭新的面貌迎接新千年及联邦百年诞辰的历史性机会。

当然，如果对澳大利亚人公正一点的话，是当权者的政治手腕使结果有点“扭曲”。公决不是简单地要求选民投票支持或反对“成立共和国”，而是要求选民决定是否成立所谓的总统由议会任命的“政治家共和国”。多数澳大利亚人主张民主，希望总统由直选产生，他们因此否定上述提议，而不一定是因为反对实行共和。

公决的问题是：你是否赞成通过一项法案修改宪法，成立共和制的澳大利亚联邦，由议会以2/3多数任命的总统取代女王及总督？

55%的选民说“不”。但无人能单从这一点知道共和制获得多大支持。近期的民意调查显示，对于共和制的支持在下降。考虑到近些年来英国王室的不很光彩的表现，这很令人费解。这也可能表明，大家对此类问题的兴趣在下降，因为他们认为还有更为重要的事情去操心。实现共和的下次机会，可能需要等待很长时间。

美国人

澳大利亚白人与美国人有许多共同的民族发展轨迹和历史经历（比如淘金热）。两国与新西兰根据1952年的安全条约组成澳新美军事同盟。美国在澳大利亚偏远的内陆地区设有不无神秘色彩的卫星监听和国防设施。两国自由贸易协定于 2005 年生效。虽然这给一些制药业、食品标签及创意服务业的从业者带来一些问题，但总的说该协定巩固了两国业已稳固的贸易关系。2010 年双边贸易总额接近 500 亿澳元，美国是澳大利亚第五大贸易出口市场，价值超过 90 亿澳元；是澳大利亚第二大服务出口市场，价值超过 50 亿澳元（2010 年）。美国是澳大利亚最大服务进口来源地，价值近 100 亿澳元，是澳大利亚第二大贸易进口来源地，价值超过 250 亿澳元。澳大利亚贸易赤字接近 210 亿澳元。

两国人民都同样外向，都比较随便，甚至有点莽撞，好喧哗，毫不掩饰自己的观点和看法。他们都是大国（澳大利亚的面积相当于除阿拉斯加以外的美国大陆），都有一些险峻的地形。

澳大利亚白人也有牛仔，而美国也有土著人印第安人（北美土著居民）。美国的印第安人保留区与澳大利亚土著人居住区面临一些共同的社会问题。也许值得一提的是，在许多援助代表团中，有一个来自美国印第安人保留区的代表团访问了澳大利亚土著人居住区后，两个地方都存在同样的社会问题，这个代表团就如何解决一些社会问题，如解决嗅汽油成瘾的问题提出了建议。两国人民在谈论自由、人权和民主时都具有同样的激情。虽然，2001 年美国纽约发生“9·11”恐怖袭击以来，世人发现美澳并非完美。

美国有西部牛仔，而澳大利亚白人也有牛仔

两国人民的语言和文化——从不离开车（drive-in）就能得到的各种服务，从汉堡包到乡村－西部音乐，当然还有电视节目的引进——越来越接近。一位澳大利亚报纸专栏作家最近生气地抱怨说，他还没有注意到，有人就已偷偷地把过去的英国英语词“torch（手电）”改成美国英语的“flashlight”。

总的来说，两国有一种天然的

亲近感。虽然澳大利亚人纷纷抱怨美国的文化渗透，但澳大利亚的确羡慕美国。对于美国这个世界大国的优势的羡慕有时表现为一种负面的形式，即是“文化自卑”。但大家普遍认为，澳大利亚人也是如此，在第二次世界大战中，美国拯救了澳大利亚，使其免受日本的残酷统治。

当澳大利亚著名演员保罗·霍根（鳄鱼邓迪）与他的美国妻子结婚时，每个人——不管是赞成还是反对这桩婚姻的——都很高兴。它的象征意义很大。[对很多人来说，霍根的继承人“鳄鱼猎手”斯蒂夫·欧文与他的加拿大妻子特里（Terri）结婚情况类似。]从消极的方面来看，一些左翼的澳大利亚人不赞成澳大利亚与美国保持密切的防务安全联系，更反对美国对澳大利亚政治进程的渗透。“9·11”恐怖事件后，霍华德总理对当时美国总统布什“忠心耿耿”，因而引起一些澳大利亚人疑神疑鬼。而2010年以来，吉拉德总理与美国总统奥巴马建立了密切关系，反而使这种猜疑减少了。

要想更好地了解这些消极的思想及人们不常讨论的澳大利亚的其他方面，请参阅旅英记者约翰·皮尔格著的《一个秘密的国家》（*A Secret Country*）。该书对澳大利亚进行了无情的批判，充满争议。

意大利人和希腊人

很多关于意大利人或希腊人的玩笑都是善意的。毕竟不少澳大利亚人的祖先来自意大利或者希腊（分别是4%和2%以上）。维多利亚州的墨尔本是世界上第二大希腊人城市。澳大利亚人公开地拿意大利口音寻开心，其中不无夸张的成分。珀

希腊圣托里尼岛

斯电视台一档一度深受欢迎的广告节目中，“路易基”（任天堂视频游戏虚构人物、马里奥的兄弟）告诉观众如何“Sava Dava Moni”。特别节目广播公司（SBS，民族台）系列情景剧《比萨饼》（故事情景发生在一比萨店里）因其对各少数民族形象的刻画而广受欢迎。这部剧对少数民族的刻画有点“政治上不正确”，引起一部分人的不悦。这些少数民族形象包括地中海的阿拉伯人（Wogs，现在这个词几乎是爱称了）、上门收购旧货的黎巴嫩人、一个澳大利亚白人“小无赖”、新西兰毛利人、华人等。一般来说，凡是带新古典门廊、柱子、塑像、狮子像的澳大利亚房舍，通常属于意大利裔澳大利亚人或者由怀旧的意裔澳大利亚人设计。根据我的观察，事实确实如此。

新西兰人

你可能认为澳大利亚人对新西兰人会有某种亲近感，因为他们是近邻，而且还是军事盟友。

新西兰木雕

并非如此。对于澳大利亚人来说，新西兰人抢走了他们的工作——持新西兰护照的人凭自动获得的特殊类别签证可自由进入澳大利亚并可在澳大利亚就业，目前有50万新西兰人在澳大利亚工作。与越南人相似，他们导致澳大利亚犯罪增多。或者几乎是这样。

澳大利亚人还憎恨新西兰人所表现出的优越感（与澳大利亚人不同，新西兰人的祖先并非囚犯）和“英国方式”。澳新之间彼此憎恨，无好感可言。在澳大利亚日常生活中，常有一些粗俗的玩笑称新西兰人常与他们的羊进行性亲近，或模仿新西兰人的苏格兰口音（比如把“fush”读成“fish”）。

塔斯马尼亚人

塔斯马尼亚风光

这个话题有些尴尬。塔斯马尼亚人（被诙谐地称为 Taswegian）是澳大利亚人。但当你听澳大利亚大陆人谈论他们时，你不会这样认为。

塔斯马尼亚（经常被亲切地称为 Tassie）是澳大利亚最小的州，一个小岛，在澳洲大陆东南角 240 公里处。塔州人口不足 50 万，分散居住在 67 000 平方公里的土地上。这是一个荒凉、美丽的地方，深受艺术家、摒弃社会习俗、追求简朴生活的人们所喜爱。

塔斯马尼亚人在澳洲大陆是永恒的笑柄。每个玩笑都是挖苦塔斯马尼亚人是山地人、乡巴佬（包括那些习惯于古怪的性行为的寂寞的农场主），近亲结婚为他们带来了严重的生理和心理问题。因此许多玩笑称塔斯马尼亚人长着“两个脑袋”或者“尖脑袋”（皆为贬义）等诸如此类。

澳大利亚搞种族主义吗

我前面所提到的都是为了能够回答这个问题：“澳大利亚人是种族主义者吗？”

我在 20 世纪 90 年代初期第一次写此书时，工党政府执政。那时，澳大利亚的官方政策是致力于多元文化。我当时的答案是，“澳大利亚人不是种族主义者，他们对每个人都一样地粗鲁，不管什么肤色或者种族”。

我也指出，土著澳大利亚人遭受澳大利亚种族主义之害最深。我要求读者仔细检查一下本国的“玻璃房子”（本国的缺点和不足。——译者注）。我还指出，由于澳大利亚实行言论自由，与更多受到言论限制的社会相比，澳大利亚可能会更多地、更激烈地公开讨论种族等敏感问题。

以上所谈至今仍站得住脚。但是自从 1996 年霍华德领导的自由党政府（1996—2007 年执政）取代了基廷为首的工党政府后，以前不幸受到压制的一些观点得以释放。其中一种排外、持有种族主义的声音来自独立派议员、昆士兰州人波林·汉森。

汉森后来被判处徒刑，本书另有详述。霍华德当然没有积极或者公开鼓吹排外主义或者种族主义，但许多人认为，他对排外或者种族主义观点袖手旁观，未加限制，等于间接地纵容。

汉森阵营曾强烈反对亚洲移民，反对给予土著人财政援助和福利，反对某些形式的外国投资。汉森显然代表的是普通澳大利亚白人——受教育不多的一类人。她本人经营一家快餐店，卖炸鱼和薯条，但她的言论反映的是更为复杂、深刻的问题。

但汉森的单一民族党现在已不成气候。自 2004 年以来，该党在联邦政治中已无任何代表，内部困难重重。

人们可能想说汉森的政治死亡意味着澳大利亚埋葬了老式种族主义。不幸的是并非如此。新近调查显示，曾报告因少数民族背景或长相而遭遇过种族歧视事件的人数从 2007 年的 9% 上升到 2011 年的 14%。受种族歧视最多的民族每 10 年有所变化，这当然取决于什么是最新的、最奇怪的：20 世纪 50 年代，可能是意大利人和希腊人；20 世纪 70 年代，变成越南人；过去 10 年及现在，最主要的是穆斯林及中东人，有时是印度人；目前，主要针对来自索马里和苏丹的非洲人。作为岛国，澳大利亚仍有不少空旷的土地，人口相对较少，有着令人垂涎的资源，对强大的、人口众多的亚洲存有恐惧似不可避免，难以烟消云散。澳大利亚人的内心深处仍担心“澳大利亚的生活方式”被“他们”所改变。在这种心理下，印度尼西亚备受关注。

澳大利亚的亚洲移民越来越多

近年来特别是由于 1999 年东帝汶从印度尼西亚独立后，澳大利亚向东帝汶派部队使两国不睦增多。2005 年印度尼西亚一法院以贩毒罪判处澳大利亚女青年夏佩尔·科比 (Schapelle Corby) 有罪，在澳大利亚引起轩然大波。人们做出了强烈、无知、情绪化的反应。这再次表明，澳大利亚对亚洲之恐惧可能达到十分危险的程度。他们坚持认为：(a) 科比是无辜的；(b) 她被印度尼西亚人当作了牺牲品；（c）印度尼西亚的法院无能、腐败。澳大利亚人都这么说，甚至到了辱骂的程度。更为恐惧的是，有人还将白色粉末夹在信里寄向印度尼西亚驻澳大利亚使馆。起初担心这是炭疽粉末，其实只是无害的滑石粉。

这一切都是为什么呢？试着理解他们的处境吧。汉森之类的人代表20世纪50年代的澳大利亚的余痛。试想，当你沉浸于舒适的盎格鲁－凯尔特梦想时被突然惊醒，被迫在世界上寻找自己的位置，更糟糕的是在亚洲寻找位置，在经济死亡的地方寻找自己的位置，会是怎样的痛苦？或者突然之间不知道、不了解你的近邻是谁——刚刚抵达的外国人。对于像波林·汉森这样倍感不安的人，规则被突然地改变了，黄金时代一去不复返了，这一切看起来很不公平。于是出现“让世界停止，我们要下车”的呼声。

但是请尽管放心，种族主义不是澳大利亚的未来。放松点，不要过于敏感，一切都会是美好的。澳大利亚人享有充分的言论自由和法治，在澳大利亚的街头，礼貌、热情、关心无处不在，你会得到公正的对待。澳大利亚人权委员会（www.humanrights.gov.au）公布了2012—2015年反对种族主义国家战略。你如果遇到种族歧视，可以举报。

亚洲人

我们在讨论澳大利亚人对于亚洲人的态度之前，首先要弄清亚洲人在澳大利亚的意思：这里“亚洲人”几乎只指华人和越南人，也许有时候也包括日本人。比如，它一般不用于指印度人。换句话说，“亚洲人”指蒙古人种。对于种族主义者，“亚洲人”是“slanteyes”（本意是斜视的人，这是称呼亚洲人的污辱性用语）的委婉语。而在英国，如伦敦、伯明翰，“亚洲人”主要指南亚人。

亚裔小姑娘

澳大利亚的一些人努力使澳大利亚融入亚洲的

那个年代对外来移民的态度也使一系列特殊的消费品应运而生，如金羊毛香皂。它的广告词说，该香皂能“使澳大利亚保持白色”。到 1973 年，澳大利亚才废除白澳政策。此前，澳大利亚人接受的教育是要对来自北方的“黄祸”（西方诬指所谓来自亚洲的威胁，尤指来自中国的威胁。——译者注）提高警惕，不管是日本人还是印度尼西亚人。忘掉这些警示需要时间。

随着中澳商贸关系的发展，汉语学习越来越受重视

梦想成真。从 1996 年起，政府实施了一项特殊的计划，让澳大利亚的小学生在校学习汉语、日语、马来语、印度尼西亚语等。但不幸的是，自 2002 年以来，霍华德政府大幅度减少了对该计划的资助，因而学习亚洲语言的人数下降。此外，政府对于面向亚洲的澳大利亚广播电台等对外宣传节目的态度多变，至少到 2007 年底前，关于增进跨文化了解的前景并不看好。当然，需要指出的是，许多学术研究机构和“思想库”致力于加强澳大利亚与亚洲的联系。

2007 年 11 月联邦大选后，汉语流利的陆克文任总理。他迅速拿出 6 200 万澳元的预算，用于学校的亚洲语言学习和研究。大家以为这可以扭转不重视亚洲语言学习和研究的态势，但霍华德政府所丧失的重要势头仍难以挽回。目前，只有不到 20% 的澳大利亚学生在学习一门亚洲语言，12 年级以下的学生中仅有 6% 在学习亚洲语言。澳大利亚学生在 12 年级参加大学入学考试。考虑到作为近邻的印度尼西亚对澳大利亚政治上十分重要，以及中国是澳最重要的贸易和商业伙伴（2010 年双边贸易额达 1 050 亿澳元），上述形势十分令人担忧。陆克文后来被吉拉德赶下台。吉拉德总理 2011 年下半年才重视这个问题，已经有些晚。她请专家撰写了《亚洲世纪中的澳大利亚》白皮书，2012 年 10 月发布。

受到很好的待遇

出于好奇，我一定要说一说我的一位华裔澳大利亚朋友和一位斯里兰卡裔澳大利亚朋友的经历。他们两个都是1973年以前来到西澳大利亚州的。他们告诉我，他们受到的待遇不错，“像客人，像新鲜人物”。即使今天，我也可以告诉你，一个华裔朋友的澳大利亚邻居为他举行了欢迎茶会；另外一个华裔女士还经常与她澳大利亚邻居互相交换炒菜，她还炒菜给为她修理房子的工人吃。

白澳大利亚政策

19世纪40年代，大批廉价华人劳工涌入澳大利亚金矿。1901年澳大利亚颁布了禁止非欧洲的移民进入澳大利亚的《限制移民法案》。这标志着白澳政策的开始。

这一政策造成了许多后果。它引发了许多可笑的事情。如父母是跨国家或跨种族的情况：一对双胞胎兄弟中的一个像印度人，另一个像欧洲人。你很容易地猜对谁获准入境，谁遭到拒绝。当时，许多南欧人因为肤色有点黑而被拒绝入境。在20世纪五六十年代，只有能够证明有直接的欧洲血统的亚洲人才能获准入境，如印度的英印度裔或者新加坡、马来西亚的欧亚裔。澳大利亚移民官员有时只凭观察申请人的肤色就做出是否允许其入境的重大决定。

当然，确有一部分澳大利亚人相信，越南人的到来使澳大利亚的犯罪率上升(实际上他们所引起的犯罪小于其人口比例)；其他亚洲人将肺结核、乙肝等疾病带入澳大利亚；亚洲移民抢走了澳大利亚人的工作。你会在经历大量移民涌入的其他国家遇到类似的错觉。

鲍鱼越来越少之谜

还有一个问题是西澳海边的鲍鱼问题。几十年来，普通的澳大利亚人都能捕捞到相当数量的鲍鱼。他们在捕捞时严格遵守这样的规则，或者他们至少这样宣称：每人每天最多只能抓20只鲍鱼，留着小鱼，让其长大，以保证总有鲍鱼。

但1991年，西澳大利亚州政府被迫宣布当年禁止抓鲍鱼，因为已没有鲍鱼可抓，将来很可能也没有多少鲍鱼可抓。是谁干的？一些澳大利亚人说，“越南人。”一些人说，“中国人。”还有人说，“所有亚洲人。”亚洲人一致说，“不是我们，是那些大人物，用鲍鱼做买卖的澳大利亚人。”

很明显，当时的西澳大利亚州渔业部部长戈登·希尔（Gordon Hill）认为，是

鲍鱼

不讲英语（可能指母语不是英语。——译者注）的人干的。因此，他在宣布休渔的同时宣布了一项对渔民进行教育的多语种计划。

专栏作家迈克尔·罗恩菲尔特 (Mike Roennfeldt) 在《西澳大利亚人》上写道：“每个人，包括媒体，唯恐被贴上种族主义者的标签，结果忽视了最明显不过的事实。对我来说，即使是小心翼翼的，如果这件事是围绕‘鲍鱼的问题完全由亚裔澳大利亚人造成的’，它本身就比正视事实更加种族主义。”自 2004 年以来，着眼鲍鱼资源的可持续性，西澳大利亚州政府对鲍鱼的捕捞实施了许多限制措施。如规定了多大的鲍鱼不能抓，每次最高限量，禁止在特定时间和区域捕捞，等等。到 21 世纪中期，每年有 2 万多休闲性垂钓者领取捕捞鲍鱼执照，一年可捕捞 40 吨上等品质的鲍鱼。对于那些还记得可随意捕捞时代的人们，他们憎恨当今时代这种严格的捕捞限制。

且不论该案的是非，这个例子可以说明为什么一些澳大利亚人可能对亚洲人有所“保留”。

澳大利亚人感觉不痛快的相似的另一件事是印度尼西亚“偷猎”澳大利亚珍贵的圆锥形螺壳(trochus shell)。1989—1991 年，澳大利亚花费数百万澳元制止其捕捞。其间，澳大利亚海岸巡逻艇共扣留 150 艘在澳大利亚水域内作业的渔船。这些船多数来自苏拉威西。澳方上述行动发挥了一定作用。根据澳方记录，来澳大利亚水域非法作业的印尼渔船数量有所下降，从 2006 年的 365 只降至 2007 年的 121 只。即使如此，目前在靠近印尼水域的澳大利亚北方领土地区达尔文市监狱，任何时间，都可能有 250 名从事非法捕捞的印尼渔民等候“处理”。

在印度尼西亚渔民看来，在澳大利亚附近海域捕鱼（贝、圆锥形螺壳、海蛤蝓等）是几百年来一直享有的权利。在很多情况下，他们是经过与澳大利亚土著人的友好协商获得的这种权利。另外，他们很穷，什么都不在乎，因此会一直来捕捞。

澳大利亚地大物博，很受投资者青睐

此外，澳大利亚人普遍认为亚洲社会因为缺少社会和政治自由应该受到谴责。简而言之，亚洲因为与澳大利亚不同而应受到谴责。

这是我的地盘

一些新的因素引起澳大利亚人的紧张，它们包括亚洲的迅速繁荣，特别是中国对澳大利亚地产业以及大片农地的投资。人们担心中国投资者将来会将农地变成矿山。20 世纪 80 年代，日本大量投资昆士兰州房产，引发澳大利亚人担忧。这已成往事（而且能够记住第二次世界大战中日本发动的残酷的太平洋战争的一代人大多去世）。《澳大利亚人报》提供了许多有趣的数据，其中包括中国煤炭巨头神华集团旗下神华沃特马特（Watermark）煤炭公司在 2009 至 2011 年期间花高价购买了南威尔士州小麦产区 43 个农场，而以新加坡为基地的奥拉姆 (Olam) 国际公司现在控制着澳 45% 的杏树种植园。似乎没有人知道外国拥有澳土地的整体情况，但吉拉德政府 2011 提出对外国拥有澳土地进行审计，因为人们日益担心，澳大利亚会失去对本国土地以及粮食安全的控制。

澳大利亚曾因人权问题、澳人携带毒品、恐怖主义威胁或者言行举止不当（如澳总理保罗·基廷 1993 年批评马来西亚总理“顽固不化”）等同马来西亚和印度尼西亚等政治上交恶，但在官方层面，澳大利亚同两国的关系不断成熟和深化。多数普通澳大利亚人明白澳因紧邻东南亚大国印度尼西亚而产生的地缘政治，也清楚他们的生计很大程度上依赖一个繁荣的、对澳矿产资源有大量需求的中国。别的不说，年产值 330 亿澳元的旅游业需要亚洲。澳大利亚官方预测，到 2020 年亚洲入境游客（包括中东地区）将占新增入境外国游客的一半，消费达总值的 61%，仅中国就将占旅游出口总产值的 28%。

月牙的挑战

伊斯兰教，是一个令许多澳大利亚人小心翼翼的话题。这种反应源于无知、偏见和盲目的恐惧。并非只有澳大利亚人是这样。在澳大利亚的街头，穿着中东服饰的人，特别是戴着面纱的妇女，太与众不同了。2006年澳大利亚人口普查显示，穆斯林人口为34万，其中仅12.9万为本土出生。其中最大的穆斯林社区是由黎巴嫩裔组成，他们中的3万多人生于黎巴嫩。另外2.3万澳大利亚穆斯林生于土耳其。其他重要穆斯林移民来源国分别为阿富汗（1.6万人）、巴基斯坦（不到1.4万人）、孟加拉国（刚过1.3万人）。2001年9月11日发生在纽约的恐怖主义袭击和2002年、2005年的巴厘岛爆炸(被认为是反澳大利亚的)是完全不能帮助这些社区与当地人进行融合的。产生并加剧了人们的这种惧怕。像美国和其他国家一样，由于此类恐怖事件，澳大利亚政府也做出必要的反应，加强了安全措施，一些个人自由也因此受到了些许损害。自2002年以来，澳大利亚安全情报组织(ASIO)的权力由监控扩大到不需任何指控就可以逮捕或者对嫌疑人进行审问，取缔被禁止的组织。其中，恐怖主义和叛国罪的定义被扩大了，使惩罚更加重了。其影响体现在穆罕默德·汉尼夫（Mohammed Haneef）案中，他于2007年被错误逮捕（详见第十章）。

这些措施，进一步加深了澳大利亚伊斯兰人和非伊斯兰人之间的裂痕。消除上述裂痕，双方都需要极大的耐心和容忍。

当你听到澳大利亚东部的居民对他们的居民区可能建清真寺的反应时，你会感到十分的震惊。他们坚决反对，原因是他们认为，建了清真寺后，房产价格会下降（不幸的是，这是可能的）。“孩子们在回家的路上就不安全了。”大街上一个妇女对电视镜头如是说，其偏见令人震惊。一个参与电台访谈节目的人，

阿拉伯妇女

不同的态度

2005 年，夏佩尔・科比在巴厘毒品案中被判有罪后不久，在一个周末市场，我的一个祖籍马来西亚的欧亚裔朋友与同她合作卖珠宝的印度尼西亚女孩用印度尼西亚语聊天。一个正在看他们商品的澳大利亚白人突然对他妻子说：“你知道他们在说什么语吗，我们快离开这里。”他们愤怒地离开了，觉得很高兴有机会抵制印度尼西亚人。但其实这两个摊主，早已是澳大利亚人了。

但是有一次我将这个故事告诉了我的新加坡—马来西亚穆斯林朋友。他同一个信奉罗马天主教的意大利裔澳大利亚女孩辛迪结了婚，住在珀斯（像澳大利亚其他城市一样，珀斯有许多伊斯兰“哈拉尔”屠宰场）。辛迪现在已成为一个虔诚的穆斯林。他们在珀斯找到了一个清真寺，每周五都要去。在每年的穆斯林重要节日——开斋节，她都准备好吃的马来西亚食物，穿传统的马来西亚服装。

她是否因为改信伊斯兰教而受到挖苦或者骚扰呢？“不，不，根本没有”，她微笑着说。谈话就此结束了。穆斯林想提高其在澳大利亚主流社会的接受程度需要一定时间。起初也受到责难的意大利人和希腊人，及以后的越南人都曾走过这条路，并且取得成功。非洲人将会是下一轮。2008 年，澳大利亚民族电视台曾播放反映澳穆斯林生活的喜剧萨拉姆咖啡馆，此类创意有助于改善穆斯林在澳公众中的形象。我想与大家分享我 2011 年遇到过的一件事。我到了某超市买肉，那些肉不可能是哈拉尔食品（按伊斯兰教规，穆斯林能吃的或者接触的肉，必须是请阿訇或懂得伊斯兰教宰牲规戒的穆斯林来宰的）。售肉的是一位戴着穆斯林头饰的姑娘，可能是打工的学生。这本身就十分有趣。她出了点小差错后，像任何澳大利亚 10几岁的孩子一样，大叫，“oh, Jesus”（我的天哪，直译为耶稣——译者注）。我感到十分惊奇。我想，这就是澳大利亚，不信神、复杂、文化多元——而且在变化中。

澳大利亚的清真寺

在讨论另外一个问题时，直截了当地说："我觉得我们的国家不应该有阿拉伯人，我觉得他们很疯狂。"

一些穆斯林神职人员的不当言论严重恶化了上述氛围。原澳大利亚伊斯兰教领袖谢赫·塔杰·艾尔－希尔达里（Sheik Taj Din al-Hilali）2006年曾说，着装裸露或者不戴面纱的穆斯林妇女等于请人强奸，相当于暴露在外、不加遮掩的肉容易招来流浪猫一样。某清真寺神职人员萨米尔·阿布·哈姆扎（Samir Abu Hamza）2009年1月说，丈夫可以"收拾"妻子，如同房的要求遭到拒绝，可以强行同房，不算婚内强奸（澳大利亚法律明确规定，如未获女方同意，仍属强奸）。澳大利亚总理陆克文表态称，现代澳大利亚难以容忍上述言论，反映了多数澳大利亚人的心声。

谅解但缺乏友善

澳大利亚人知道即使仅仅是为了经济生存，也必须处理好与亚洲的关系。欧洲和美洲已经把贸易转向别处，而且相互之间的贸易也正在增长。澳大利亚的公司现在也明白了游戏的规则。但是旧习难改，还有许多澳大利亚出口商盯着讲英语的国

澳大利亚军队

家。英国《经济学家》周刊 1989 年指出："麻烦在于，除了政治家在亚洲地区飞来飞去，澳大利亚人没有搞明白如何应对人们对亚洲的关注。"

1999 年，当东帝汶人民争取从印度尼西亚独立时，东帝汶陷入了混乱，这震动了澳大利亚。澳大利亚人民要求霍华德总理发起并领导联合国支持维持和平部队到东帝汶维和。该部队从 1999 年 9 月起在东帝汶巡逻维和，直到 2000 年 6 月将职责转交给联合国部队。

这是澳大利亚自越南战争以来在海外部署的最大规模的部队（约 5 000 人），而且更为重要的是，这是首次在没有和美国携手的情况下，在亚洲地区进行的一次军事行动。它再次燃起了澳大利亚人对澳大利亚军队所表现的自豪感，这与对澳新军团的感情相似。印度尼西亚、马来西亚等因此指责澳大利亚宣扬胜利主义。

人们由此怀疑澳大利亚这次行动的真正动机。近年来，澳大利亚和东帝汶之间就油田开采权和收入分配出现的对峙使这种怀疑不是空穴来风。因此，澳大利亚与亚洲，特别是与印度尼西亚和中国的关系十分微妙，在澳美近期不断深化军事同盟的背景下尤其如此。

许多澳大利亚人意识到，两国的命运越来越联系在一起，想与印度尼西亚保持距离是不可能的。但是他们仍为如何处理这一关系而感到烦恼。其矛盾心理表现如下：2004 年 12 月圣诞节翌日，东南亚遭受海啸袭击后，澳大利亚立即慷慨解囊相助，提供了上亿澳元的捐款。但是在 6 个月以后，当科比在巴厘岛因贩毒而被判刑时，澳大利亚人又义愤填膺，对印度尼西亚人咬牙切齿，有的甚至要求追回他们的捐款。

在政治方面，保罗・基廷 1995 年执政时，曾与印尼政府签订安全条约。霍华德政府上台后，澳大利亚与印度尼西亚的关系出现很大变化，保罗・基廷取得的成果几乎丧失殆尽。由于在应对 21 世纪恐怖主义上，东南亚国家政府与澳大利亚有共同利益，在政治层面上，而非在澳大利亚的街道上，情况有所改善。澳大利亚于 2007 年主办亚太经济合作组织会议。这标志着澳大利亚与亚洲地区各组织，包括东南亚国家联盟地区论坛、东盟—澳大利亚论坛及东亚峰会的关系进一步发展。2008 年 2 月，澳大利亚与印度尼西亚的关系进一步改善。陆克文政府同印度尼西亚政府签署了澳大利亚、印度尼西亚安全合作框架协定，又称龙目（Lombok）条约。该文件确定了两国在防务、反恐、执法、海上安全、紧急行动计划等关键领域进行合作的框架。

国土、历史和种族这些因素都显示了澳大利亚的特性。像其他任何国家一样，澳大利亚的工作问题及工作上的态度也是如此。

第九章将讨论这个问题。某种程度上讲，澳大利亚人对工作的看法又受到他们对体育的痴迷的影响，不论参与还是观赏。这确实是着迷。我不是太爱运动的人（这点不像澳大利亚人），周末，当体育大比拼充斥着从广播电台到电视台的各种媒介的时候，有时我真想抱本书找个洞钻进去。但你无处躲藏。有人说，如果你不能打败他们，就加入他们，但我想那样做会使我感到很怪异的，我甚至巴不得星期一早点到来。

工作以外的时间

澳大利亚人的工作时间和休闲时间界线分明。他们玩的时候也很卖力。他们最喜欢的娱乐形式是体育运动，无论是作为观众还是直接参与。体育——包括亲身参加的体育活动和体育知识——是你赢得澳大利亚人心的最保险、最简便之路，是你

板球

与澳各阶层人士谈话的最安全的话题。

澳大利亚政治家努力将自己与体育赛事联系在一起，并且想在电视上让人看起来是这样。霍华德本人经常出现在电视上，提出他对板球及澳式足球现状的看法（但主要是关于板球），通过这样做提高其受欢迎程度。他甚至将对英国的访问安排在国际板球锦标赛的时候。不管从哪个角度看，体育都在澳大利亚的外交中扮演了重要的角色。

澳大利亚足球比赛

澳大利亚在主要体育赛事的表现也似乎是政界关心的问题，多数时候其成绩可圈可点。2008 年北京奥运会上，澳大利亚奖牌总数位居第六，仅次于中国、美国、俄罗斯、英国和德国。共获得 46 枚奖牌，其中金牌 14，银牌 15，铜牌 17，金牌总数位居第五。一半以上的奖牌来自游泳和跳水项目。

因为澳大利亚多数人口集中在沿海地带，水上运动很重要，如游泳、帆船、冲浪板冲浪、风帆冲浪、滑水、划船及白浪划筏（中国叫漂流）等。

由于澳大利亚的冬天通常较短而且气候温和，许多运动项目几乎可全年进行。但澳大利亚规则足球，又称澳大利亚足球联赛（Footy ）及竞争性项目——欧式足球（Soccer）则具有明显的季节性。联赛是 3 月至 8 月，即秋季与冬季，而后者则在 10 月至次年 2 月，即春季与夏季举行。板球和赛马是澳大利亚另外两项最重要的运动，在夏季进行。关于赛马，值得再次强调的是，你应该注意到在弗莱明顿举行的“墨尔本杯”比赛（11 月的第一个星期二）是一件具有重大意义的全国性赛事，虽然只在墨尔本公共假日这一天，但这一天不要与澳大利亚人（即使是在海外）讨论任何其他事情。“墨尔本杯”比赛耗资 600 万澳元。

每年人们花在这场比赛上的赌资达 2 亿澳元左右。最著名的赛马当属 Makybe Diva，它是唯一三次在“墨尔本杯”赛中获胜的马，最后一次是在 2005 年。但“黑马”是迄今无对手的澳大利亚赛马 Black Caviar，这匹马是短跑健将，很不适应墨尔本杯赛场 3 200 米（两英里）赛道，迄今还未在这个比赛上参赛。

最著名的训马师，“墨尔本杯赛之王”是巴特·卡明斯（Bart Cummings），他训练的赛马共12次赢得墨尔本杯。最近一次是2008年，时年他71岁。

由于澳大利亚一流选手伊冯娜·古拉贡·考利（Evonne Goolagong Cawley）、帕特·卡什（Pat Cash）和当前世界二号网球运动员莱顿·休伊特（Leyton Hewitt）以及今日新星萨曼莎·斯托瑟(Samantha Stosur)等在温布登网球赛等世界大赛中的出色表现，网球在澳大利亚也很流行。

打高尔夫球在许多其他的社会里是有钱人的特权，而在澳大利亚，每个人都可以享受，花费也不大。澳大利亚产生了许多出色的高尔夫运动员，格雷格·诺曼（Greg Norman）（59岁）就是世界体坛上最有实力的“品牌”之一。

澳大利亚参加世界体坛赛事已近1个世纪，最初是作为英帝国板球运动的一部分，后来作为国际社会独立的成员——1956年奥运会在澳大利亚（墨尔本）举行，澳游泳运动员夺取了游泳项目14枚金牌中的8枚。2000年悉尼奥运会也是如此。

每年一度的一级方程式国际汽车大奖赛1985—1996年在阿德莱德举行，1996年移至墨尔本。

板球

墨尔本板球俱乐部成立于1838年。板球的首次比赛于1854年在当今的标志性建筑墨尔本板球场（MCG）举行，该板球场能容纳10万观众。1877年3月，澳英首场对抗赛(Test matches)在此举行，澳大利亚队以45分(跑)的成绩战胜英格兰队。实际上，澳大利亚人在上述重要赛事之前就已经开始玩板球了。板球本是与英帝国

板球比赛

和英国上层社会紧密联系在一起的体育运动，能够很容易地在澳大利亚这个“罪犯被流放”之所和英国的原殖民地印度扎根，看起来有点奇怪，但板球确实是澳大利亚人酷爱的运动。

如果你不是来自板球运动盛行的国家，我建议你在讨论澳大利亚板球之前先读些关于板球的书，这是一个不太容易搞懂的运动项目。

自澳大利亚与英国之间的首场板球对抗比赛在墨尔本板球场举行以来，两国之间板球比赛的奖杯总是叫“灰烬杯”——代表已经“死去”的 1877 年首场比赛的灰烬。很久以来，对澳大利亚运动员来说，澳英板球比赛是个敏感话题，直到 1989 年，艾伦 · 博德（Alan Border）率领的澳大利亚板球队从英国手中赢回“灰烬杯”。这是自 1934 年以来，澳大利亚首次夺回“灰烬杯”，澳大利亚一直保住了该杯，直到 2005 年又被英国夺回。2006—2007 年锦标赛中，澳大利亚将奖杯夺回。英格兰队在 2009 年及 2010—2011 年比赛中获胜。

国际板球界对于澳大利亚板球名人耳熟能详，如唐纳德 · 布拉德曼 (Donald Bradman)（在 1928—1948 年期间的澳英对抗赛上共赢英格兰队 28 000 分，创造了一个赛季赢 1 448 分的纪录，并保持至 1971 年）、里奇 · 贝纳德 (Richie Benaud)、因 · 查普尔 (Ian Chappell)、丹尼斯 · 利勒（Denise Lillee）、杰夫 · 汤姆森（Jeff Thomson）、格雷格 · 查普尔（Greg Chappell）和艾伦 · 博德，明星投球手沙恩 · 沃恩（Shane Warner）（也因球场外诸多绯闻而闻名）、投球手格伦 · 麦克格拉斯 (Glen McGrath)、前国家板球队队长斯蒂夫 · 沃（Steve Waugh）及击球手—守门员亚当 · 吉

参加板球运动所需装备

尔克赖斯特（Adam Gilchrist）。从2004年至2011年，澳国家板球队队长里奇·庞厅（Ricky Ponting）是澳大利亚板球的招牌，后来是它的继任者迈克尔·克拉克（Michael Clarke）以及名气越来越大的击球手—投球手谢恩·华生（Shane Watson）。如果想了解更加鲜为人知的板球故事，建议你找几本庞厅的书来看，如2007、2008、2009年出版的队长日记系列，2010年出版的队长年鉴。

在澳大利亚的晚宴上、酒馆里、社区烧烤聚会上，人们免不了要聊聊体育。要能应付这个话题，你必须知道下面两个板球事故。

第一个是1932—1933年，英国板球队到澳大利亚比赛时出现的“快速投球（Bodyline）”事件。在这一事件中，英国板球队投球手被认为是故意直接将球投向澳大利亚击板球队击球手布拉德曼的身上，威胁其安全。在这轮比赛中，多位澳大利亚击球手受伤，澳板球队员对英国队员仇恨至极点。

另外一个事件是澳大利亚队欺负他人，过错完全在澳方。这就是臭名昭著的澳针对新西兰板球队的“低手投球”。澳板球队队长格雷格·查普尔（Greg Chappell）（板球界著名的查普尔三兄弟之一）指示投球手特里弗·查普尔（恰巧是其弟），在最后一轮投球中（limited-over final）向对方低手、不过肩投球。

那时，新西兰队需要从最后一个球中赢得6分就能与澳大利亚队在单日赛中打成平局。但是澳大利亚队使用了上述计谋，朝新西兰队队员低手投球，这样对方难以使劲击球，或者将球击高，以便外野手在追球的时候有时间奔跑，澳大利亚的体育精神因此受到打击。后来“低手投球”被禁止，因为它属“欺骗”而非板球。

澳大利亚运动员有一种不良习气，常常在运动场上互相谩骂（sledging），打压对方斗志。这一恶习不幸也蔓延至板球。2008年1月，澳大利亚和印度板球对抗赛在悉尼举行。比赛中，印度队队员哈布哈詹·辛格（Harbhajan Singh）称澳大利亚队队员安德鲁·西蒙兹（Anrew Symonds）为“猴子”。西蒙兹有非洲－加勒比海血统，留有多绺“骇人”长发（一些非洲或加勒比海人的多辫发式）。辛格是否使用了种族性语言引起舆论热议，被称之为“猴子门”事件。

澳大利亚规则足球 (Australian Rules Football)

澳大利亚规则足球（AFL），简称澳式足球（footy，有时译为澳式橄榄球——译者注），是橄榄球（football）和足球（soccer）的混合物，产生于1858年的墨尔本。它比足球更粗犷，可用手触球、身体碰撞、用手传球等。由于某种原因，该运动的一个特点是运动员都穿极其紧身的短裤。了解澳式足球，你首先应该了解一个特别常用的词——ruckman（争球手），这是任何澳式足球队中极其重要的成员。他（她）实际上是前锋，一般是球队中最高、身体最强健的队员，能够向上跳起，向下拍球开始比赛。一位最为著名的争球手是来自西澳大利亚州的土著后裔格雷姆·波利·法默（Graham Polly Farmer）。他的体育生涯顶峰在20世纪五六十年代。珀斯的格雷姆·法默高速公路就是用他的名字命名的，珀斯诺斯布里奇区的公路隧道被当地人称为波利烟斗，也是为了纪念他。

可悲的是，粗狂、争斗的澳式足球又背上了“流氓（yobbo）”的臭名，运动员场外丑闻不断：吸毒、酒后斗殴、暴力性侵甚至轮奸。威恩·凯里（Wayne Carey）、本·卡辛斯（Ben Cousins）既是体育明星，也是有名的“蠢货”。

澳式足球

澳式足球从来没有在澳大利亚以外的地方盛行，但在澳大利亚国内，澳式足球是重要的球类运动。它是一项真正的澳大利亚运动项目，所有来澳大利亚的人都应该亲身体验一下。在最近几年才举办的全国联赛中，人们大多支持本地的俱乐部。

但在澳已深入人心的澳式足球和外来的、

更加国际化的运动项目足球（soccer）之间正在酝酿一场恶战。在澳大利亚国内，澳式足球的忠诚支持者正努力把这项运动命名为“football”（国际上常用的足球的英文名字）。遗憾的是，这场战斗是严格按民族界限展开的，因为足球的支持者是来自前南斯拉夫、希腊、意大利、英国及南非等踢足球的国家的第一代或者第二代移民。足球甚至被澳式足球支持者骂为“中东球”（Wogball，有污蔑之意——译者注）以突出其民族特点。

自2003年澳大利亚独立足球（本段落中的足球皆指Soccer，但澳方已经开始使用football来指代足球）审议委员会就原澳大利亚足球管理机构“澳大利亚足球（Soccer Australia）”的腐败和管理不善问题发表报告，又称克劳福德报告，澳在足球运动方面采取了许多行动。自2005年以来，新成立的澳大利亚足球联合会（FFA）是管理澳足球运动的监管机构。现在，澳大利亚有男子足球队（Socceroos）和女子足球队（Matilds）。澳足球联合会于2005年开始了新的全国联赛，即“甲级联赛”，取代自1977年开始进行的“全国足球联赛”。澳足球联合会2006年脱离大洋洲足球联合会，加入亚洲足球联合会，这样做的出发点是有助于提高澳大利亚足球队的水平，提高澳足球队参加世界杯比赛的机会。

帆船比赛

尽管不可思议，但这样的事情还是发生了。澳大利亚男子足球队成功进入 2006 年世界杯比赛，这是继 1974 年，澳大利亚足球队第二次参加这一国际赛事。在 1/8 决赛中，在比赛的最后时刻，裁判判澳大利亚队犯规，意大利队点球射中，以 1∶0 将澳大利亚队淘汰出局。这一判罚仍是澳大利亚酒吧间人们争执的话题。

美洲杯帆船比赛

帆船运动是许多澳大利亚人所喜爱的休闲活动，人们对此项运动充满热情是由于澳大利亚城市大多临海。在澳大利亚，拥有一艘自己的船比拥有任何汽车都提气。美洲杯帆船比赛是世界上最负盛名的帆船赛。1983 年，在美国参赛的澳大利亚珀恩皇家帆船俱乐部“澳大利亚二号”帆船战胜美国纽约帆船俱乐部的“自由号”帆船，获得美洲杯，打破了美国 1857 年以来全胜的垄断地位。澳大利亚获胜原因之一是“澳大利亚二号”帆船的革命性龙骨（winged keel）设计。该船船主是西澳大利亚州巨商艾伦·邦德（Alan Bond），队长是约翰·伯特兰（John Bertrand）。澳大利亚赛艇队大胜后，澳全国几近疯狂。1988 年，西澳大利亚州的弗里曼特尔主办美洲杯赛，极大地推动了弗里曼特尔以及珀斯的发展。一切皆可以成为历史，后来新西兰

于 1995 年和 2000 年两次赢得美洲杯。目前，美洲杯被牢牢地掌握在美国人手中，2013 年 9 月举行的美洲杯总决赛，美国甲骨文队成功卫冕。

澳大利亚一男子吃着薯条和喝着啤酒看体育节目

一切都是虚张声势？

奇怪的是，虽然男子主导的澳大利亚社会弥漫着强烈的运动文化，我在第六章讨论的关于澳大利亚食品所用的数字表明，从体质上来看，相当多的澳大利亚人懒惰、超重、不健康。20 世纪 70 年代，澳大利亚政府曾经开展一场健身运动。这场运动推出了一个叫“诺姆”的人物，他十分懒散、挺着个啤酒肚，终日手里拿着啤酒，坐在起居室的沙发上观看体育电视节目。他在口号“生活，就是参与其中”的倡议下开始参加更多的体育运动。但是，在今天的澳大利亚，诺姆式的人物仍很常见。

第三章

人民

“他是个很棒的小伙子，显然没人能猜得出他出生在澳大利亚。”

——出自英国剧作家、智者，乔治·萧伯纳的戏剧——《已成年的芭芭拉》，1907年

典型的澳大利亚人

形象、根深蒂固的印象和误解

20 世纪 80 年代晚期，我决定在澳大利亚，特别是西澳大利亚州定居。不知有多少次我的决定让人们感到反对和吃惊：“但是，你究竟为什么要生活在那里呢？”

这一切告诉我更多的是关于询问者而不是澳大利亚人的一些情况。

澳大利亚似乎是一个无人能对它保持中立看法的国家之一。每个人都有自己强烈的看法，或是赞同，或是反对。这取决于你从哪儿来，无论从地理、心理还是文化的角度讲，你肯定会在你的内心深处拥有下面一种明确地描述澳大利亚人的固有形象的看法。

所以，让我们首先讲清楚几种对澳大利亚人的根深蒂固的印象，以消除误会。遗憾的是，最普遍的形象是“丑陋的澳大利亚人（Dcker）”，而现在多被称为“自嘲的澳大利亚人（Bogan）”。自20世纪60年代以来被称之为“粗鲁的澳大利亚人”。他们大约有三种类型:

欧洲类型

如果你来自欧洲大陆，这就意味着澳大利亚人是粗野、喧哗、无知、没有教养、无可救药的乡下人。

他身材高大，头脑简单，从某种程度上说是天真，几乎总是穿着邋遢（法国巴黎人尤其这么认为，但不管怎样，大多数澳大利亚人是穿着随便，或穿着很少）。

澳大利亚墨尔本 街景

他只要举起酒杯，就可能鲁莽地称澳大利亚生产的美酒堪与法国原产的葡萄酒相媲美。最糟糕的是他看不懂用法语写的菜单。从根本上说，他是一个农民。

但实际上，大多数欧洲人愉快地生活着，他们并没有意识到澳大利亚这个国家或澳大利亚人的存在。

英国类型

如果你是英国人，你会认为你的澳大利亚堂兄弟非常令人担忧，是远离祖国母亲礼仪的外乡人，而且非常鲁莽。[哪个国家的外交部长能在对南非的正式访问中，在公共场所口吐脏字(格拉斯 ·埃及斯)? 或者哪个国家的总理竟敢把手放在英国(和澳大利亚) 的女王伊丽莎白二世的肩上（ 保罗 · 基廷 ）?] 真是不像样子。一个天真的殖民地男孩穿着短裤，一个超然的牧羊工头戴一顶大帽子，帽子上悬挂着木栓皮用来驱赶苍蝇，真是有一点傻。

你发现他趋向于使用暴力的方式令人恐惧，尽管你私下还很钦佩。他跟你一开始就直呼其名的做法是你非常不能容忍的。他声名狼藉，喜好狂饮作乐的聚会，大多情况下，聚会是以他“哈欠连天”或是到后院的露天厕所“呕吐”而告终。

另外，用英国的标准来衡量，澳大利亚口音特别令人生厌，这种口音不幸地使澳大利亚人处在“低级阶层”，因为它特别像伦敦东区劳动阶层人的腔调，或者是带着爱尔兰方言的英语。例如，澳大利亚人还在频繁地使用“youse”代替单、复数的“你”(you) 。

头戴大帽子的牧羊人

许多这种根深蒂固的印象来自巴里 · 麦肯奇（ Barry Mckenzie ）的连环漫画。这些漫画在英国的讽刺杂志《 私家侦探 》连载了好多年 (1963—1974 年) ，讽刺了一个澳大利亚人在欧洲最糟糕的散漫形象。但包括彬彬有礼的评论家克莱夫 · 詹姆斯 (Clive James)，道德高尚的记者约翰 · 皮尔格（ John Pilger ）和尖酸刻薄的英国文学教授杰曼 · 格莱尔

失礼

澳大利亚人毫不顾及亚洲文化的含蓄，这一点是出了名的，即使澳大利亚的大人物也不例外。尽管会说汉语的前工党总理陆克文花很大力气来纠正此种现象。近年来，发生的事情有：澳大利亚前总理霍华德在印度尼西亚出席一个种树活动上，没有意识到印度尼西亚人很有礼貌地给他递上一小碗装有玫瑰花香味的水是想要他把水往树上滴几滴，而不是让他洗手。还有霍华德称呼新近上台的马来西亚总理阿布杜拉·艾哈迈德·巴达维医生为巴达维医生。稍有点马来西亚文化知识的人，都知道巴达维不是阿布杜拉医生的名字，而是他父亲的名字（也就是说，应该称呼他为阿布杜拉医生）。澳大利亚政要在外交场合读错外国人名字的事太常见了，这里不再赘述。

（Germaine Greer）在内的少数几个博学、高智商的澳大利亚侨民正在英国本土努力改变人们的这一印象。

亚洲类型

如果你是亚洲人，你可能会和欧洲人和英国人一样，对澳大利亚人说话的率直感到不安，因为亚洲人很少直言不讳。澳大利亚人偏爱毫无掩饰地说话，这也可能很难引起你对他的好感。

而且，你很可能会认为，典型的澳大利亚人懒惰，靠救济过日子，很无能，因为他们好像不会像你那样赚很多的钱，而且有时候很令人恼火的是，由于某种原因，他们好像根本不想赚钱。

他没有任何生活动力，蓄意待在世界福利的保险箱里（KIV TRAY），他简直是一个“四体不勤”的人。

你可能对澳大利亚生活中的各种“第三世界”因素感到惊讶和失望：断电、警察腐败、政府工作效率低下、人们不穿鞋到处跑。你没想到像澳大利亚这样的发达国家也会这样。虽然说“无风不起浪”，但是上面这些形象多数来自敌对的亚洲媒体。

懒散的牛仔

而这些媒体所在的政府为了阻止他们的精英向澳大利亚移民也推波助澜（澳大利亚媒体也不把持自己，反而针锋相对地反击，而且还远不止此）。

澳大利亚和亚洲之间的文化分歧最大，这给各方的人都带来了痛苦。因为澳大利亚离亚洲最近，澳大利亚人最终必须情愿或者不情愿地将亚洲作为他们心理上、文化上和经济上的家。自此书第一次出版到现在，得承认有进步，但进步还不够大。媒体透露，澳大利亚正期待着政府《亚洲世纪中的澳大利亚》白皮书于 2012 年下半年发布（已经发布——译者注）。政府部门在 2011 年底宣布了这个项目，“现在经济、战略向亚洲的倾斜比以往任何时候都对澳大利亚的利益有更深远的影响”。

令人讨厌的郊区人

“丑陋的澳大利亚人”里面一个细分的种类是令人讨厌的郊区人。

顾名思义，这是那些不认为自己是“令人讨厌的郊区人”的人的观点。也就是说，他们认为自己见多识广、有知识、有趣味、有魅力。我们知道应该怎样看待他们“这样的人”，不是吗？澳大利亚人对这种自命不凡的人肯定会有反应。澳大利亚的土语是这样说的，“他把自己看高了，不是吗？”

的确，大多数澳大利亚人过着简单的生活，十分重视他们自己的房子和家庭。普遍的哲学是 cultiver son lardin（字面的意思是做点园子里的活）。但是在我们这个多难的时代，这些简单的价值观又有什么可指责的呢？

正如一个著名的澳大利亚观察家唐纳德·霍恩（他自己也是土生土长的澳大利亚人）说过的，生活的丰富多彩不因为人们住在小小的红砖瓦房里而消退。霍恩在他的名著《幸运之邦》中把澳大利亚描绘成一个“城郊化的国家”。

美国人的情况确实也是如此，因为他们中的许多人就过着同样的生活，在内心深处认为他们都是牛仔，仍在征服西部的原野。

鳄鱼邓迪

一个更为积极的澳大利亚人的形象是基于“澳大利亚先驱”的固定形象。许多澳大利亚人，连同各种外国人，特别是美国人都十分认可这一形象。你可以从多少人戴着丛林帽、牛仔帽或者澳大利亚士兵式的澳军帽中看到澳大利亚人多么喜欢这个形象，特别是他们在海外旅行的时候。另外一个标志是澳大利亚城里人钟爱的样子难看的四轮驱动车。他可能，也可能并不真的开车去丛林或者是内地。前喜剧演员保罗·霍根20世纪80年代的畅销电影《鳄鱼邓迪》更加深了人们的这个观念。在不久以前，动物园明星斯蒂夫·欧文煽动了同样的情绪，他在电视里的高大形象（冒险带着他自己的小孩待在鳄鱼池里等）曾在全世界播放。最近这一形象的化身应该是澳大利亚电影明星休·杰克曼（Hugh Jackman），他在2008年电影大片《澳大利亚》（也译作《澳洲乱世情》）中扮演了“赶牛人”，一个典型的牛仔，戴着帽子，沉默寡言，肌肉发达。

根据澳大利亚人这一形象，每个人都非常健壮、饱受日晒，在逆境前十分勇敢。在这个艰苦的大陆上，人们每天在内地和沙漠地区都会遇到这样的逆境。由于受到土著人的指导，他熟悉大自然神秘的声音，晚餐大多吃巨蜥肉排，花大量的时间与可怕的森林火灾抗争，要么就是在与鳄鱼和毒蛇进行殊死搏斗。他就是这样的边远居民，简直是大卫·克劳克特再生（大卫·克劳克特是美国 19 世纪的传奇人物）。

澳大利亚先驱的固定形象中另一个细分的种类是乡村田园类型。在这里多数澳大利亚人靠养牛或者养羊生活，他们很多时间是在马背上度过的，享受着平静的田园生活和浪漫的落日。

从内地牛仔竞技表演到各种聚会活动，各种各样奇怪的、精彩的活动展示了这个乡村的形象，像在西澳大利亚州小麦产区科里金镇举行的“小卡车里的狗（Dog in a Ute)”节日，1 000 多辆小卡车每年在这个节日里聚在一起，连同放在后车斗的狗（最好是蓝色赫勒犬或其他牧牛犬）一起来参加“狗和主人谁像谁（Dog and Owner Lookalike）”竞赛这样的娱乐活动。

这些幻想当然完全忽视了下述事实：大多数澳大利亚人——接近 90%，实际上澳大利亚正在发生着变化，据 2011 年普查：

●汉语已经超过意大利语，成为澳大利亚本土的第二大常用语言，仅次于英语。

●澳大利亚新近移民（2007—2011 年）中，来自印度的最多，占 13%，英国 12%，中国 10%，居第三位。

●非基督徒占总人口的 7.2%，2001—2011 年间，印度教徒人数上升了 189%，达到 275 500 人。

●没有宗教信仰的人数在这个国家占第二位，达到 22%，仅次于天主教徒人数。

生活在沿着海岸线的城市中心。他们对内地充满了恐惧，想到要和土著人打交道就感到烦躁不安。他们愉快地忘记了自己越来越大的大肚皮。多数情况下，他们的脑袋象征性地埋到沙子里，就算去过沙漠了。

蜜色的事实（The HoneyColored Facts）

真实的情形其实介于极端的固有形象之间。

由于受澳亚地区（将澳大利亚和亚洲的英文合在一起产生的新词），以及各种移民，特别是亚洲移民的地缘政治的影响，“这个实情”也在快速地变化，几乎每分钟都在变。

澳大利亚乡村

对一个国家或者文化进行非是即非的论述是多么不合适啊！当谈到澳大利亚，处于两者之间的事实还不像蜜色那么灰白：这个国家驻中国第一任杰出的大使，斯蒂芬·菲茨杰拉德 (Stephen Fitzgerald) 曾宣称，由于亚洲移民和异族通婚，在不久的将来，这个颜色将成为这个国家的肤色。

今天，澳大利亚 2 300 万人口中近 1/4 是在外国出生。如果包括至

墨尔本中国城

少一方父母是国外出生的，这个人数将接近总人口的 45%。2009 年，8% 的人口出生在亚洲。还不要忘记 50 多万“澳大利亚原住民”，即土著人。

澳大利亚不再是白人或盎格鲁 – 凯尔特人的天下。这是一个错误的看法，而真实情况是澳大利亚 40%~50% 人可以说有盎格鲁 – 凯尔特血统。随着第二次世界大战后，欧洲南部地区的移民，特别是意大利、希腊的移民，以及像南斯拉夫这样一些东欧国家的移民的大量涌入，盎格鲁 – 凯尔特的根基实际上很久以前就被削弱了。20 世纪 80 年代，亚洲移民大量涌入。今天，我们看到更多的是非洲人和中东地区的人们，像伊拉克和伊朗等地的难民。但就像我在文中其他地方所解释的，即使在今天，盎格鲁 – 撒克逊的根基也不能被忽视。

自我形象

澳大利亚人是如何看待他们自己的呢？幸运的是，像他们的英国祖先一样，澳大利亚人富有无拘无束的自嘲的秉性，这是一个健康的特质。自我形成的智慧有时比外人更具有判断力。

但是，人们自嘲只是在根基牢固的时候，真实情况是多数的澳大利亚人相信他们的生活方式是最好的，而且是一种正确的方式。实际上，很多情况下，他们幸福地生活着，并没有意识到还有其他的生活方式。他们把自己看成是抵御生活逆境的平等主义“战士”和“公道比赛”的永久拥护者。他们认为自己直截了当，而不是“诡计多端”，时刻准备帮助处在危机中的同胞。

然而，他们最大的弱点是没有人意识到他们是多么的幸运。除了澳大利亚生活方式中令人振奋的东西，他们认为他们的自由和福利体制是理所当然的事情。尽管他们憎恶“爱抱怨的人”，他们自己本身正在抱怨侵犯他们权利的最微不足道的事情。他们需要到国外多看看，带回一些发展中国家管理体制失败的教训。

如果你希望，可以把这叫作骄矜和满足，虽然如此，普通的澳大利亚人相信他们做得对，他们的安全感、自豪感和认同感很具有吸引力。

自信的澳大利亚姑娘

如果你来自一个受到严格管制，强制人们表现爱国的地方，澳大利亚人最吸引人的方面之一是不用任何人强迫，在每个国庆日（1 月 26 日），澳大利亚人会自愿地认真地挥舞国旗。那一天，人们的车都插上了澳大利亚国旗，车道上彩旗飘扬。当然，这种展示很容易转化成丑恶的极端爱国主义，但你还是禁不住羡慕人们对国家的这种简单的爱，发自内心，傲然展示。

文化自卑

澳大利亚人唯一的弱点是“文化自卑”。起因是澳大利亚人的自卑心理，认为凡是来自其母国英国的东西就一定比澳大利亚的好，这是文化自卑的渊源。现在大英帝国已经不复存在了，该主题也有所变化，澳大利亚人开始盯着欧洲。我遇见过一些澳大利亚人，他们总觉得凡是法国的东西就一定好。近些年来，澳大利亚与美国的关系越来越密切，澳大利亚人的思维和文化又受到美式的“殖民化”。这些趋势在那些艺术类等“软领域”尤其明显。有些人还担心澳大利亚电影、文学、时装——澳大利亚所创造的一切，可能都不如好莱坞及英国或者法国的“真玩意”。（但是澳大利亚在与亚洲邻国打交道时却没有这种自卑综合征，虽然有些人口头上说要尊重亚洲人

法国文化是澳大利亚人崇拜的对象

及其文化，但是内心里澳大利亚仍然认为自己比他们优越）。

“文化自卑”确实使澳大利亚人经常在公共场合进行自我鞭挞。这也是澳大利亚媒体、著作等热烈讨论的话题。它甚至影响了澳大利亚的经济（澳大利亚进口了太多的外国商品，因为他们喜欢外国的东西胜过澳大利亚的东西）。

殖民时期

讨论澳大利亚遭受殖民统治的话题，一定会在经历过类似遭遇的“发展中”国家引起共鸣。新加坡和马来西亚就时不时地出现关于殖民统治的意义和普遍性或者关于当地文学的争论。这个现象在新的年轻的国家里相当普遍，虽然你可能认为澳大利亚从 1900 年宣布独立到现在已经有 100 多年的历史了，其可能已经越过这个阶段了。

简言之，如果想了解澳大利亚人的思维，必须研究其历史，把澳大利亚作为罪犯流放地的特点及“殖民因素”都仔细地考虑进去。

今天仍有澳大利亚人把英国叫作“家”，并且推崇纯正的英国口音。虽然他们的人数和影响都在减少（有人说这些人都集中在维多利亚州首府墨尔本），英国女王仍然是澳大利亚女王。但也许时间不会太长了（也许就是伊丽莎白女王二世在世的这一段时间），如果共和运动起作用的话（根据《澳大利亚周末报》的新闻调查，2011 年 41% 的澳大利亚人支持建立共和国，比 2007 年减少了 4%，20% 的人持中立态度）。

虽然第二次世界大战以后，澳大利亚已经接受了好几拨移民。澳大利亚的主流文化还是出自 19 世纪伦敦和爱尔兰的劳动阶层，因为起初被流放到澳大利亚的罪犯都来自上述两地。澳大利亚人极不情愿与这种文化分离，所以今天你仍能在澳大利亚听到现代英国本土已经不再使用的某些英语。

在这种背景下，我一直敬佩亚洲和其他不讲英语国家的移民的勇气。他们每年都在努力弥补将他们同“真正的澳大利亚”分开的文化和语言的鸿沟。要不是我的英国背景，我不知道我怎么能够开始理解澳大利亚。但是即使有英国背景，这仅仅是一个开端而已。

罪犯的遗产

长期以来，澳大利亚人的大部分罪犯历史是耻辱的源泉和与生俱来的污点。但现在这种感觉却是复杂、矛盾的，许多人正自豪地寻根他们罪犯的家谱，以此作为

> 要想理解澳大利亚，特别是对于那些非欧洲人，也许首先在伦敦住上几年不失为一个好办法。对一些人来说，这可能是一条弯路，但这却是一个很值得一试的软着陆，比贸然就去要好。

真正澳大利亚人的象征。伊斯兰牧师 Taj Din al-Hilali 2007 年说过的一句话触动了这个耻辱的按钮，他提到澳大利亚穆斯林人时说："我们是作为自由人来到澳大利亚的，我们买了自己的船票。我们比他们更应该是澳大利亚人。"这种侮辱企图引起了幽默的澳大利亚普通人的哄笑。

请阅读历史学家史密斯·芭贝特（Babette Smith）所写的《澳大利亚与生俱来的污点》（*Australia's Birthstain*，Allen & Unwin, 2008）一书。她把许多澳大利亚人的个性归结于作为罪犯的经历（记住，许多这样的罪犯是属于非常年轻的工人阶级，由于饥饿和贫穷而走上了犯罪道路，或者是因为政治上的激进分子反对新体制而导致工人失业）。她在书中写道：笑，通常是咧嘴大笑是他们最好的，也是仅有的防御武器。他们甚至面对死亡时微笑。他们有点虚张声势，枯燥，自嘲，要面子的幽默如今始终是这个社会的经典特征。罪犯们为了能在英国生存而磨炼出这样的特性：机智、勇敢、投机取巧、保持镇定、有泪不轻弹，当一切都在跟他们作对的时候，坚忍承受，不屈不挠找到出路。

高罂粟

奋斗者

典型的澳大利亚人很愿意把自己看作是澳大利亚国家的代表。奋斗者指的是劳动阶级、受压迫者，他们为了生计而奋斗，他们是社会中坚，这是他模仿的典范。这也就是为什么澳大利亚人在每年的 4 月 25 日（澳新军团日）会很奇怪地庆祝像发生在 1915 年第一次世界大战中的加里波里战役这样的败仗。

高罂粟

但是如果奋斗者赢了，出人头地，有了

成功、名誉和金钱，他立刻变成了高罂粟。高罂粟是不受欢迎的东西，高出的部分往往会被剪掉。典型的澳大利亚人会努力显得不太那么“耀眼”，也不太喜欢那些太出众的人。因此，在澳大利亚，一个人不会（并不是不能做到）将出人头地作为目标。

工人阶级（Bogans）和恶棍（Larrikins）

Bogans 就是澳大利亚的工人阶级，通常是男士，他们在抵抗渐行渐近的美国化，对什么是澳大利亚有着特别朴实的理解，而且以此为自豪。Bogans 引以为荣的是“粗俗”，与巴里·麦肯齐有关。根据斯蒂芬·莱斯 2003 年《澳大利亚人周末杂志》的一篇文章，Bogans 会留一种鲻鱼发型——头顶处的头发属“正常”范围，很短，但后面留有几缕稀疏的长头发。

Bogans常穿酸洗过的牛仔衣，特别紧身的内衣或者运动服式的内裤，喜欢穿鲜艳的格子衬衣，头上戴纯毛的小帽。喜欢穿澳洲产的皮里带羊毛的宽大的休闲靴子。这种靴子以前叫“UGG”靴子，但后来美国人注册了专利，把这个商标偷走了。他们一般开澳大利亚的经典车，如HOLDEN，常泡在“摇滚乐”酒吧里。LARRIKINS有那种“男孩就是男孩”、“他有点男子汉”的厚脸皮，以及澳大利亚男人的那种说不清的无法无天。在建筑工地等一些地方能找到这样的人。

澳大利亚快照

下面是罗德尼·蒂芬教授和罗斯·吉廷著《澳大利亚人是什么样的人》（剑桥大学出版社，第 2 版 2007）里关于普通澳大利亚人的快照。该书将澳大利亚人与其他 17 个民主国家的人进行了比较，打破了关于澳大利亚的一些固定形象的说法。

■ 私人房屋拥有率

到 2000 年，69% 的澳大利亚人拥有自己的房屋，比 1963 年来的 63% 稍有变化。而爱尔兰人是 78%，英国人是 69%。澳大利亚人的梦想是继续住下去，但房屋变得越来越买不起。

■ 喝酒

在酒精消费率下降的形势下，澳大利亚人喝啤酒量在 18 个抽样的国家中仅居第七位，葡萄酒的消耗量仅居第八位（2002 年）。酒精消耗总量居第十位（爱尔兰居首位）（2005 年）。但澳大利亚在青年人喜欢喝的调味酒消耗上居前，原因是 2008 年政府在此项上开始增税。

■ 农业和乡村

城区居住人口的比例 2005 年为 88%，在最为城市化的国家中，澳大利亚仅次于比利时（97%）

和英国（90%），占世界第三位，而61%的人生活在人口超过75万人以上的大城市里，这属世界第一。

■ 技术力量

2003年，澳大利亚每1 000人中有电脑608台，名列第九；每1 000人中有手机1 025部，名列第十三。澳大利亚网络用户人口占比2007年达到69%，名列第十二位。不是很高。

酒在澳大利亚人生活中不可或缺

■ 福利国家

2001年，澳大利亚在社会和健康福利上花钱最少的国家中名列第七，但同占国内生产总值的27.6%占比最高的德国相比，澳大利亚始终处于中等水平，占国内生产总值的21%。澳大利亚对失业救济金不算太热衷，但相对于最高的丹麦87%左右，美国微薄的16.6%，澳大利亚的失业救济金仍占国内生产总值的33%。

■ 平均主义

2005年，澳大利亚居贫富收入差距最大国家中的第九位，比新西兰（第五位）和最不平等的美国要好些。

■ 富裕程度

2005年，澳大利亚收入处于贫困线以下的人数占总人口的12.4%，位居世界第四，而最差的美国是17.1%，最好的丹麦仅有5.3%（收入少于平均收入的一半即位于贫困线以下）。生活在贫困中的老人的人数澳大利亚位居世界第二，占27%。

■ 环境意识

澳大利亚人均温室排放量最高（相当于27吨二氧化碳，2005年），人均市政垃圾世界第四高（2003年），每千人拥有车辆数第四高（2006年每千人有659辆），几乎是每三人中有两辆车，乘火车旅行的人数在1970—2005年减半——这是澳大利亚的记录。

■ 休闲（Laid back-cum-lazy）

澳大利亚现在每星期的工作时间加长了（2007年全日制工人每星期是44小时），比样本国家中任何一个国家都要长。

堪培拉一家出售人偶和羊皮靴的商店

街上友好

的确，澳大利亚人做事情多数情况下有些像“乡下人”，这也是他们非常有魅力的一个方面。他们对人对事采取的是直接的简单的方式，有时候很孩子气。他们最令人愉快的一个特点是愿意在大街上、公共汽车上或者任何地方与生人交谈，并花些时间与你在一起——他们很少匆匆忙忙的（但这个规则不适用于上班高峰期的悉尼市中心——首府城市终究是首府城市）。

20世纪80年代，新加坡记者蔡金华在一篇旅游报道中很好地概括了澳大利亚人的这种品行：“给我留下深刻印象的通常是，他们愿意花时间与你在一起，以示友好。这不是美国人的那种特别热情的友好，而是一种随意的、宽松的友谊，你可以接受，也可以不接受。”

所以，在大街上你尽可以与澳大利亚人打招呼，或者与出租车司机交谈。如果你愿意，你可以主动，因为澳大利亚人肯定会很高兴地与你进行友善的对话。当然，前提是你会讲英语。很多澳大利亚人不会讲外语，流利的英语仍能够打动他们的心。

在现代社会，愿意耽搁一会儿也会成为一个缺点：澳大利亚人有时候做事比别人慢，所以当你在超市买东西结账时，如果收银的那个小姐与你前面的老太太聊一会儿，只是聊一聊天气和她正在地板上滚来滚去的可爱的小孙子（女），你要耐心点。

无私的友谊

当我在新加坡时，我所住的那条街上的一个木屋着了大火，我永远也不会忘记我的澳大利亚邻居所表现的那种无私的友谊。当我把身上泼上水，穿上“合适”的衣服和鞋来到现场时，我的澳大利亚邻居已经进进出出大火好几次了，他们只穿着内裤，把家具从火里转移到安全的地方。

哥们情谊（Mate）①

一旦澳大利亚人成为你的朋友，他们会是你终生的朋友，这也是澳大利亚人的特点。他们依然看重忠诚和“哥们情谊”。

澳大利亚人看重忠诚和“哥们情谊”

当你遇到危险时，可能没有比澳大利亚人更胜任的朋友了。当遇到大火、水灾或者犯罪时，澳大利亚人的“先驱”形象立刻得以体现。他会挽起袖子（甚至更为典型的是脱了衬衣），冲向前去帮忙，根本不顾及个人的安全。

他们是骄傲的、独立的——他们期待别人也是这样——但是澳大利亚人的确知道如何在危急时刻团结起来，向他们的同胞伸出紧急援助之手。这种习惯是在过去

① Mate，是澳大利亚人独特的称谓方式。几个世纪以来，这个词一直在下层公民中沿用，且独具感情色彩。人与人之间的真诚友谊始于罪犯流放时代，即澳社会形成的初期。这种真诚友情伴随着淘金热时代及后来的世界大战逐步加深。尽管如今社会竞争十分激烈，这种友情在澳各个阶层仍常存。上至总理下至邻居，都可直接称其为 mate。澳大利亚男人在生活中大量使用这个词。一般可译为“朋友、伙计、同事、老兄”等。——辽宁师范大学副教授傅轶飞《澳大利亚英语特色词汇拾趣》，《漫谈英语》杂志，2006 年第三期。

荒野定居的艰苦时期养成的。亚洲人或者其他国家的人常常给澳大利亚人贴上“个人主义”的标签，这是不对的。

即使对于最保守的澳大利亚人，有无哥们儿情谊也有很大不同。同样一个澳大利亚人可能在餐桌上向他的白人朋友说亚洲人的不好，但如果他的白人朋友侮辱了和他多年来常在酒吧里一起喝酒的亚洲朋友和邻居时，他会立即上去教训那白人朋友一番——因为哥们儿终究是哥们儿，对吧？他自己好像没有意识到其中的自相矛盾之处。

相互间的信任

澳大利亚人有时候很天真——将来很长一段时间内还可能是这样。不久前，即使在城市，澳大利亚人家家的前门都是敞开的，随时欢迎来访者，也从来不锁车。这一切都变了，但是澳大利亚人的天真还是很容易被别人所利用。你说什么他们就信什么，并且期望你信守诺言。

澳大利亚人现在已经被推到严酷的真实世界，这似乎是不可避免的，尽管很令人遗憾。现在已经不能像以前那样走进一家银行，不需要出示任何证件，就用“米老鼠”的名字开一个账户。这一切似乎就是昨天发生的事情，你到银行存了一大笔现金，他们没有给你收款凭证——不用担心，因为银行职员是你的哥们儿。在 20 世纪 80 至 90 年代，你还可以不需要亲自出面，打个电话就可以开个电信账户，或者你可以把你的护照留在移民局，他们也不会给你什么凭证，然后你收到了他们用普通邮件（不是挂号邮件）寄回来的护照。两个最为著名的澳大利亚常用语是“She’ll be right”和“no worries”（都是表示“一切都会好的，不要担心”的意思）。这两个词语都反映了那个时期古罗马天命论或者

以前，人们彼此信任到银行存钱不需要收款凭证，因为银行职员是他哥们儿

天真的代价

上述态度使澳大利亚人在与像印度尼西亚和中国这样国家的人做生意时，很难适应那些不可思议的沟通方式。

东方宿命论的精髓［现在显然被“Too easy”（太简单了）所替代］。

这就是为什么澳大利亚人在与亚洲人做生意时会遇到麻烦的原因。他们不习惯话里藏话。对他们而言，他们所说的话就是话本身的意思。

每个人都会犯错误

每个人都会犯错误

可以看得出来，21世纪的一个特点是不能指责任何人，没有人会对什么事情负责。罪犯有不幸的童年，家长的负担太重，教师和政治家也是如此，所以他们都犯错误。没有人辞职，那是肯定的。也没有人被撤职。早在这种做法变得时髦以前，澳大利亚人就长于此道了。令人欣慰的是，他们不是把所有的问题都推在犯错误的工人身上，他们反而选择原谅，不计前嫌。人们不得不承认这是一个很自我实现的环境。但是这种思想状态不怎么令人欣慰的一面是，由于澳大利亚人过于容忍错误，导致了人们容忍办错事、不称职及犯许多生活领域中的其他错误，从明显的拼写错误到澳大利亚公民被错误地当成非法外国人而被驱逐。因为每个澳大利亚人都从一种宿命论的观点出发，相信最终一切都会好的，也就是他们所说的“She’ll be right，no worries”（“一切都会好的，不用担心”）。另外有谁愿意成为一个“高罂粟”，想永远是对的呢?

脆弱的一面

最后，我也观察到与澳大利亚刚性的自我形象相反的一面，澳大利亚人有时候有那种令人难以置信的多愁善感。在酒吧里，刚才还是互相拍拍肩的哥们儿，可能一会儿就趴在对方的肩上哭泣起来。

新加坡航空公司已申请专利的"新加坡女孩"的广告为很多人所熟悉，这则广告的风格跟澳大利亚柔情的一面很吻合。人们可能记得这个形象的创意者是英国出生的澳大利亚人伊恩·贝蒂。

充满柔情的女救生员

只要研究一下澳大利亚在拍摄无论是广告还是电影时的创新方式，你就会被其挥之不去的丰富感情和充满眼泪的柔情所打动。

澳大利亚人的外表是粗糙的、坚强的，这种自身的保护缘于在严峻的环境中曾发生的残酷的事件。但是如果你对他们具有同情心，他们又可能变得脆弱，展示自己柔情的一面。

不愿让外人知道的事

对于每一个在澳大利亚生活了两代以上的人，他们的肩上总有一个幽灵，或者说他们的橱柜里有一个死人的骨架（指在澳大利亚生活两代以上的人有不愿让外人知道的家丑）。首先，他们真的是澳大利亚人吗？他们属于这个国家吗？他们拥有这个国家的任何一部分吗？最早的澳大利亚人即澳大利亚土著人，已经在这个大陆上生活了6万多年。现在他们的存在仍不断地提醒后来的移民者，他们才是这片广袤的棕色土地的最初的主人。无论喜欢与否，土著人的文化已融入所有澳大利亚人的头脑中。他们从土著人的身上学到了要尊重甚至敬畏澳大利亚这片美丽的土地，他们从土著人的语言和文化中学到了许多词汇和概念，他们养成了户外野炊的习惯，他们学习到了烧烤及许多其他的一些与欧洲传统根本无关的奇特的东西。

原住民舞者

梦幻时代的澳大利亚：土著人

如果我一开始就指出，撰写关于澳大利亚土著人的事情对作者充满潜在的危险。从我的这句话，你可能就已经懂得了点什么。

在澳大利亚没有比谈论土著人更为敏感的话题了——澳新军团及加里波里是第二个这样敏感的话题。谈论这个话题的时候一定要谨慎，最好缄口聆听比说错话要好。对于像澳大利亚这样追求民主和自由的国家——它同样对南非的种族隔离政策持批评态度，土著人问题是它特别痛苦的致命弱点。每一个澳大利亚人，每一个外来的人，无论是移民还是游客，迟早都会面对“这个问题”，并且会以自己的方式处理这个问题。有时候处理得会很得体，但有时候经常是怀着内疚的怨恨，或者是采取气愤的咄咄逼人的方式。

另外，你也可能轻松地生活在澳大利亚，不认识任何土著人，甚至不会看到任何土著人，特别是如果你住在大城市的话。对于许多澳大利亚人，土著人仍只是处在生活边缘的阴影，有时候只是在报纸标题里一闪而过的幻影。

美国和加拿大在处理土著印第安人或者因纽特人方面都有一些令人不快的做法。对于那些已经意识到这种不幸做法的美国人和加拿大人，对于南非白人和其他民族的许多人，澳大利亚土著人问题已经是一个受到重视的案子。不管我们从哪里来，我们肯定能够想到世界上其他的一些例子，一些事情并不一定都是白人和非白人之间的对立。在东南亚及其他地区的许多有色人种中，也曾发生过类似的一个人种控制另外一个软弱的、“受歧视的”统属种族的事情。

澳大利亚的“问题”是什么？这基本上是这样一种情景：一个社会下层，恰好是黑人，在各方面都处于不利地位，被推到了社会的边缘，受到如此的摧残，以至于下决心用各种方式来进行大规模集体自杀。而这期间正是白种人相对繁荣的时候。

他们先来的

土著人喜欢别人用土著人自己的语言称呼他们的名字。比如说，澳大利亚东部和南部的 Koori（意思是“我们的人民”），西澳州的 Nyunga 或 Noongar，北部领土地区的 Yolngu，澳大利亚中部的 Anangu，南澳州的 Nungga，这只是其中的一部分。

但是这些名字在澳大利亚白人间并不怎么流行，外国人知道的就更少了。出于这个原因，在这一章里，我还是用这个通常用的“土著人（Aboriginal）”，不影射什么。

但要注意，土著人的身份是复杂的，可根据家庭观念、肤色、宗族，语言划分，土著人来自的不同领地分为不同的种族。在 1788 年欧洲人定居（土著人称之为“侵略”）澳大利亚之前，专家们认为有 750 个不同的土著人种族，说大约 250 种语言，还可根据当地的方言再细分。几个种族之间通常也有轻微的重合现象，但基本上，澳大利亚的原始居民实际上是由形形色色的群体组成的一个大拼盘，每个群体都有自己的风俗、规矩和仪式，被统称为“王法”。每个群体对其他群体的“国家”都极为尊敬，只有遵守某些公认的礼仪，获得许可后，方可进入领地。这就是个中原因，现在澳大利亚所有官员，举行思维活动的组织者在活动开始前要例行举办一个“欢迎到领地来”的庆典。领地的原始土著居民正式欢迎“入侵者”参加此活动，并允许他们进入他们的“国家”。你还可以在家里的电视里经常看到多数澳大利亚的多文化频道民族台 SBS，在屏幕上声明对电视节目拍摄地的传统主人表示尊重的画面。对某些人来说，这似乎是繁琐的礼仪，但对于土著人来说，自我尊重是至关重要的。通过遵守此礼仪，你使自己完全成为一个更广阔的澳大利亚大家庭或“国家”的一员。

土著人在举行一种仪式

“最早的澳大利亚人”是澳大利亚自由派在谈论至少 6 万年前从东南亚来到澳大利亚的最初的澳大利亚黑人，即土著人时最喜欢用的词。实际上，土著人的鬈发、蓝黑色的皮肤、宽鼻子、厚嘴唇，让人想起南印度及巴布亚新几内亚人。我来自南印度的泰米尔丈夫认为这些土著人是他的泰米尔同胞。从史前地理看，这确实是可能的——他们的一些语言甚至很接近。他经常在街上被土著人称作“兄弟”。

“最早的澳大利亚人”这一词提醒所有的澳大利亚人，无论是新移民还是在澳大利亚生活了很多代的澳大利亚人，同土著人相比，他们某种程度上都是后来者。如果你是一个“新澳大利亚人”（移民），不要期望土著澳大利亚人会因你是少数民族而与你有共同语言，即使你恰巧是黑人。

对土著人来说，第二次世界大战后，大量移民涌入澳大利亚简直就是增加了他们的悲哀。因为在他们的上面又多了一个等级，使他们是这个国家的真正所有者的称呼更加模糊，移民的涌入更加使他们处于社会结构的最底层。

马丁·路德·金式的自由斗士，查理·珀金斯是澳大利亚最为著名的老一代的土著人政治家、律师，也是澳大利亚的第一个土著人大学毕业生（1965）。他在 20 世纪 80 年代中期大力谴责亚洲移民的讲话中表达了上述感受。

不在人口统计之列

当欧洲人 1788 年抵达澳大利亚的时候，仅悉尼地区土著人的人口也许就达到了 100 万。到 1888 年，此地区的土著人的人口降到了 6 万左右，悲剧是新传入的疾病如天花等造成的。而欧洲人的人口急剧增至 100 万。但没有人知道准确的统计数字，因为直到 1967 年以前，土著人在人口普查中还不被统计在人口之列。

1967 年以前，土著人不在人口统计之列

不受欢迎的人

正如作家约翰·皮尔格在他的《一个秘密的国家》一书中所说的，土著人并没有被看作是人，而被看作是“一种动物”。1963 年，澳大利亚与英国政府合作，允许英国在澳大利亚的三个地方（一个在西澳州海岸的附近，另外两个地方在南澳州的鸸鹋田和马拉林加）进行核试验，再次显示了澳大利亚政府对土著人人权的蔑视。这些核试验于 1952 年至 1963 年进行，使受到影响的地区成为危险的禁区，但是整个过程中，澳大利亚政府根本没有顾及上述地区有土著人居住的事实。1984 年，负责调查此事的皇家委员会披露该核试验对实验区的土地及土著居民造成的影响令人震惊。

当白人首次到达澳大利亚的时候，他们宣布澳大利亚为“空地”，好像这片土地上没人居住。这样做对白人很有利，这样从法律上讲他们就不需要同任何传统的土地所有者签订契约，他们可以直接占有土地。

2006 年 6 月 30 日，澳大利亚土著人的人口大约是 517 200，或者是总人口的 2.5%，这是 2001 年的数字。这表明自 2001 年以来，土著人口增长了 58 700，或者是 13%。据预测，到 2021 年，土著人口总数将增至 700 000，增长率为 2.2%，高于澳大利亚总人口 1.4% 的增长率。近几年，土著人口令人吃惊的增长一方面是由于他们的待遇得到了改善，另一方面也是由于土著人的出生率高于平均值，但部分原因是公开宣布自己的土著人身份越来越被人们所接受，即使是混血儿。在过去，法律禁止混血儿——有一半土著血统的人——宣称其祖先为土著人。

直到 1967 年，在一次全民公决中，90.8% 的人投票支持在进行人口普查时，将土著人作为“人”统计在内。也支持联邦政府为他们制定法律（不幸的是，后者第一次给予许多人喝酒的合法权利）。很多澳大利亚人也将这次全民公决与赋予土著人投票权相混淆，实际上，土著人争取投票权的历史比这还要复杂得多。土著人直到 1962 年才获得联邦投票权。1965 年，昆士兰州成为最后一个赋予土著人投票权的州。

澳大利亚广袤无垠的原野

迈奥河（The myall creek）大屠杀

1838 年发生在新南威尔士州的迈奥河大屠杀，是一系列这样的事件中最为著名的一次。无辜的、手无寸铁的土著妇女、儿童和老人受到残酷的杀害。受指控制造这次屠杀事件的 11 名白人中的 7 人被绞死。但是能够像这样伸张正义，是非同寻常的。你要是看电影《紧急追踪》，你就会有更深切的体会。

一个民族的磨难

欧洲移民带来了流感、天花、性病及许多土著人从来没有听说过的而且也没有免疫力的疾病，这些装备精良的欧洲移民还像追杀动物一样追杀靠狩猎和采集为生的土著人。有时候，还像对待疯狗一样，把毒肉放在外边给他们吃。他们强奸土著妇女和未成年女性。他们无视土著人的文化，看不起土著文化，甚至大力地摧毁土著人的文化。这是企图灭绝种族的一种残忍的做法。这并不是说没有白人为他们的野蛮行径感到耻辱，或没有白人致力于了解土著人并与之和平相处，也不是说白人中没有人曾对土著人表示友好，但当时整个社会的趋势揭示出人们的忽视、恐惧、鄙视和蓄意破坏。

土著人的岩石绘画艺术

那个可怕的年代所留下的令人挥之不去的羞辱仍然影响着澳大利亚人的心理——也应该这样，因为事情并没有完全结束。虽然官方的歧视政策早已不存在了，但是你仍能够在白人社会里听到说 Black feller（土著人）的很难听的话。你越是进入乡村，听到的话就越难听。对于很多澳大利亚白人来说，土著人仍是“boongs”或者“abo”（对土著人的蔑称），这些过去蔑视土著人的话语现在在一些讲礼貌的城市里已经属于禁用语了。即使我向来很可爱的澳大利亚朋友也对我这么说，“土著人就是游手好闲，那也是为什么他们是土著人！他们从不种地，也不买地，只是继承，没有别的。”

媒体时常披露一些严重歧视土著人的案件。1989 年，土著人大学毕业生、青年福利官员朱丽·玛丽·汤米成功地起诉了一家西澳州的酒吧——旅馆。后者拒绝向她提供酒吧服务。在案件的审理过程中，人们后来发现，这个旅馆设有白人使用的酒吧和只允许黑人使用的酒吧。这种情况在农村仍十分普遍。

1991年，皇家委员会公布了他们关于至少105个土著人在被警察关押或者在监狱里死亡情况的报告，公众才知道土著人在警察关押期间死亡的丑闻。这些案件一般始于土著人因喝醉酒或者滋事被捕，结果有些人突然不明死亡。作为对这个皇家委员会调查报告的回应，澳大利亚成立了土著人和解理事会，设立了土著人和托雷斯海峡居民社会正义专员一职。在土著人被关押期间死亡的事件上，警察受到了指责。但实际上，最终应该受指责的是所有的澳大利亚人。自1991年以来，情况鲜有改善。2002年在所有的狱中和关押期间死亡的人，20%是土著澳大利亚人。而且1999年监狱人口中的14%是土著人，到2011年，这个数字上升到26%，这个比例是很不对称的，因为土著人仅占澳大利亚人口的3%。

同样令人震惊的是土著人的高自杀率。具体数字很难统计，但专家们认为土著人的自杀率，最突出的是年轻男子的自杀，至少比普通人群的自杀率高40%，而且还在快速增长。这在传统土著部落，几乎前所未闻。2010年7月—2011年7月，仅在西澳大利亚州的金伯利地区就有10个土著人自杀，同时还有许多自残的事件发生。

一个融入现代社会的土著人

也许在这介绍如何处理澳大利亚白人和土著人的另一个风俗是恰当的时候。与“欢迎到领地来”仪式相似，当你提到、描述土著已去世的人的时候，你需要事先道歉。提起死去的人对土著人来说是极其令人不安的事情，你在电视上会看到几乎每个关于土著事物的节目当要播出死去的土著人的画面时都要事先道歉。遇到此种情形时，如果你能显示你应有的尊重，谈到土著人的禁忌时，事先声明对不起，是必要的。

我的丈夫参加了一个主要由有色人组成的乐队。不久前，他们在一家乡村的酒馆演出。在他们的宣传广告里有他们的照片。有人很礼貌地要求他们不要再贴出那样的宣传广告，怕引来土著人顾客。

《防兔篱笆》

你需要看一下旅美澳大利亚人菲利普·诺伊斯2002年导演的电影《防兔篱笆》(主演大卫·古尔皮利尔，饰演冷淡的土著人保护神的莎士比亚演员肯尼思·布拉纳赫)，体会一下同化政策给土著人带来的巨大痛苦。电影故事情节发生在20世纪30年代，是根据多丽丝·皮尔金顿的书《防兔篱笆》改编。

为了他们自己好

20世纪初，一个土著人所期望的最好的生活是，被送到土著人保留地，或在白人那找到某种工作——在农场、养牛场或者当家庭佣人。一些州禁止土著人喝酒、与其他种族的人通婚或者发生性关系，或携带武器。但是上述规定并不能阻止许多土著人的白人雇主强奸为他们工作的女工。

从20世纪30年代起，一直到60年代，澳大利亚实施了针对混血儿的完整的同化政策。有时候甚至没有经过土著人的同意，出于一种扭曲的仁慈，白人当局系统性地将土著人的孩子，特别是那些混血家庭的孩子，“为了他们自己好”，从他们的母亲身边带走，以便使他们融入白人的社会，抹杀他们的土著人特性。但是这些孩子经常只是被迫做了许多白人家庭的佣人，无异于奴隶。

土著文化在同化政策包围中

这个政策的基本想法是找出，进而经过不断地繁衍根除土著人的基因，使纯血统的土著老人自然消亡，最终消灭土著人种族。这被认为是应对土著人“问题”的最“友善”的策略。这些可怜的孤儿（被称为偷走的一代）的后代还在寻找他们的家庭，确定他们的身份。一些专家估计，1912 年到 1960 年之间，仅在北部领土地区就有 2/3 的数千名混血儿童受到同化政策的影响。2008 年 2 月，总理陆克文宣布议会开会时在演讲中评述了这样的状况："……1910 年到 1970 年有 20%~30% 的孩子被迫同他们的父母分开……其结果是 50 000 个孩子被迫离开了他们的家。"

土著人的经历

萨莉·摩根是一个混血的土著人，心理学家，作家，艺术家，她在她的书《我的出生地》中生动地讲述了一些苦难孩子的故事。

萨莉·丁格（澳大利亚白人，她与年轻土著人的崇拜偶像、演员厄尼·丁格结婚）所著《丁格，我们的暴徒的故事》也有助于我们了解土著人的经历。整个故事，是通过官方的报告"将他们带回家"：被偷走的孩子的报告。这个报告是 1995 年针对土著人和托雷斯海峡岛民的孩子被迫同他们的家庭分开进行的全国调查的结果。报告讲述的细节令人心碎。

1991 年，澳大利亚签署了一个特殊的备忘录，允许属于被偷走一代的土著人，查阅导致他们与其家庭分开的同化政策的档案和记录，以便他们能够更有效地寻找其家族。但多数人还是"失踪的"（难以弄清自己的家庭背景）。

被偷走的一代的故事并非简单的、非白即黑的事。很有影响的土著人评论家，栏目主持人诺埃尔·皮尔逊（Noel Pearson）在 2008—2011 年《澳大利亚人报》的多个栏目中指出了其中的复杂性：确实，许多评论指出一些最成功的，善于言辞的土著领导人是混血儿，但他们实际上是具有这样的背景——被从家里带走，由基督教牧师或白人养父母培养长大、接受教育。但事情的另一面是失去了自身的文化和亲生父母的关爱。

澳大利亚土著人

澳大利亚政府对土著人的政策是同化吸收

同化吸收

今天的政策，是由高夫·惠特拉姆的工党政府于1972年首先制定的，是允许土著人进行民主自决的政策。根据建立一个多元文化的目标，国家通过逐渐和自愿同化让土著人分享现代白人社会的便利。政府做出很多努力，鼓励土著人保护他们的文化。

同化不是一件容易的事情，因为毋庸置疑，土著人非常“不同”。土著人内部也有不同，有些人源自不同的部落或持不同的语言（尽管“部落”并不是一个正确的概念用于土著社会高度分化的格局），另外一些人是根据在城市长大还是在农村长大，是混血还是完全血统的土著人，是否受到基督教或者传教士的影响或教育来区分。

土著人和白人最重要的不同之一据说是前者喜欢“出去转转”。“出去转转”就是不告诉他人而失踪数日、数周甚至数月，这使土著人有了不可靠的名声。土著人的这种游牧本能来自他们不断流动的祖先。但他们总能及时参加一些重要的亲戚活动，如新婴儿出生、结婚和丧葬等活动。在土著文化里，没有财产的概念，这正好与西方的物质主义相反。游牧者不随身带多少行李，而且自由地与他人分享，他们也期望别人这么做。这一点使他们看起来太过于随便地使用别人的东西。他们的文化里也没有私有财产的概念。

即使某个土著部落进入其他部落的领地（这些部落地区的划分只依据一些口头的规则而定），他们也从来没有任何“征服”这个部落或者“获取”其土地的企图。所以当白人到达澳大利亚的时候，土著人脑子里面从来没有想到他们失去了他们的土地，因为这样的概念是不可想象的。只有当白人建起了围栏，把他们阻挡在外，在这片土地上饲养了遍地的牛羊，夺走了他们狩猎场所的时候，他们才开始做出愤怒的反应，但无济于事。

从前，土著人习惯于驰骋于广阔的空间，一旦将他们困在四墙之内，许多人就会患上致命的幽闭症。这就是为什么蹲监狱对于土著人是一个极其残忍的事情，通常会导致自杀，甚至拥有一个家都是一种挑战。当给土著人提供一个整洁的小家时，他们可能还是愿意在花园里支一个简单的宿营篷。他们也可能拆毁任何木制的东西，用它在户外生火，做饭。从那些对土著人没有同情心的白人的观点来看，这简直是要刻意创造贫民窟，内心里没有什么文明可言。但更多的可能是关系到看天上的星星，他们只需要天空这唯一的屋顶。

死亡饮食

欧洲新移民的到来以多种形式和方式预示着土著人的死亡。他们带来了面粉、食糖、酒精和烟草及许多其他破坏土著人健康的东西。即使是粗心的观察家也能看到，最明显的结果就是土著人越来越胖。请注意，由于快餐的盛行，白人也未能幸免。

20 世纪 80 年代和 90 年代的调查显示，土著人斯巴达式的饮食：丛林食品、根、昆虫及偶尔食用鱼或者野生动物如巨蜥、袋鼠，对他们的身体更有好处。因此，一些赶时髦的白人喜欢的美食是“丛林食品”（详见第六章）。

土著人今天的健康状况仍然堪忧，这肯定是澳大利亚继续感到羞愧的另外一个原因。心脏病、糖尿病、肺结核，甚至沙眼和营养不良、艾滋病等，只要你能说出的病，他们都会得上。拿西澳大利亚州金伯利（KIMBERLEY）地区来说，本地区的人口仅占全州的 2%，但是它报告的梅毒案例占全州的 2/3，淋病占 1/3，衣原体病占 1/6，这些病大多来自土著人群体。这更多的是因为土著人进行健康检查的意识差和进行治疗的途径少，而不是因为他们从本能上在性方面不负责任。为应对上述问题，有人提出很有创意的想法，如“安全套树”，即将避孕套包起来，挂在野外树上，让在外游荡的土著人能够轻易地获得安全套。金伯利地区通过这种方式一年发放了约 10 万只避孕套。

丛林食品

土著人近几年的人均期望寿命是，男 67.2 岁，女 72.9 岁（澳大利亚的人均寿命男为 78.8 岁，女为 82.6 岁）。而北部领土地区和西澳大利亚州的人均期望寿命差距还要大一些。这些数字让人联想到 1 个世纪前澳大利亚主要人口的人均寿命。这些数字还与撒哈拉以南非洲地区妇女的人均期望寿命相近（不计艾滋病因素），或者与缅甸及巴布亚新几内亚的男人的寿命相近。自21世纪以来，情况稍有改善，而2001年的统计更糟。土著人恶劣的健康状况是由于他们的饮食不佳，生活环境差，而且家庭生活经常处于不稳定之中。酗酒、嗅汽油和家庭暴力，甚至乱伦和虐待孩子，在土著家庭中司空见惯（不是白人家庭不存在这些问题，而是在土著家庭中更为严重）。请观看土著导演沃里克·松顿（Warwick Thornton）2009年的电影《赛门和黛利拉》（*Samson and Delilah*），并跟着哭泣吧。

土著人领地

像许多人在我之前就指出的那样，土著澳大利亚人在“第一世界”的国家里过着“第三世界”的生活。他们破烂不堪的乡下居住区就像最差的难民营，或者南非的黑人小镇。你可不想在星期五的晚上，也就是发薪的那天晚上到那儿去，因为那时候大街上的人都在喝酒，乱扔酒瓶。

权利拉锯

在这种情况下，土著人很难充分利用旨在有助他们进入澳大利亚主流社会的许多特殊的帮助和照顾性行动计划。虽然自20世纪70年代以来，他们获得了很多特殊的权利，他们面前的路还很长，需要克服很多困难。给予土著人特殊权利，也引起了一些澳大利亚白人的气愤。自从20世纪60年代中期以来，各州逐渐地在不同的时间通过立法将土著人的保留地交给他们，然后如果他们申请，就将空闲的土地所有权给予他们。

大家公认的转折点是1976年的（北部领土地区）土著人土地权法和1992年的“马博案”，法院推翻了那个古老的“不属于任何人的土地”的谎言，发现土著人的确有权利争取合法的原始土地所有权，尽管后来的解决方案有时也使他们失去了这个权利。这当然意味着，他们仍然不能得到大多数很好的土地。土著人权利法案取

有时，采矿集团会与土著人的要求冲突

得成效，但随之而来的是权力移交争议的法院判决，造成法律上盘根错节的诸多事务。土著部落内部的不一致也拖延了许多权力协议的签署，其中包括西澳大利亚州2011—2012年的重大尝试。

现在土著群体以某种方式拥有大约20%的澳大利亚土地——通常根据协定，只允许传统拥有土地的土著人非排外性地使用其土地，这是一种极其有限的所有权。今天，土地权的斗争仍在继续，特别是当土著人的要求与强大的采矿和农业利益集团相冲突时。各州可能时不时地出现一些零星的协定，但是好像在如何处理这些事情方面没有全国性的蓝图。

“土著人事务”涉及纷繁复杂的联邦和州政策，名目各异的组织和机构，这些都是不可或缺的，但它们不可避免地使土著事务的处理变得令人迷茫、糊涂，成了一团乱麻。

由于土著事务十分复杂，令人费解，我化繁为简，根据澳大利亚统计局2011年的材料，并略作编辑整理，简要介绍当前土著事务的现状。

1989年，澳大利亚成立了土著人和托雷斯海峡岛民委员会（ATSIC），作为澳大利亚土著人和托雷斯海峡岛民的全国性代表组织。它由土著人选举产生，就土著问题向政府提供咨询，并保护土著人的权益。2005年3月，ATSIC被撤销，土著人和托雷斯岛民事务的处理方式发生重大改变。ATSIC的职能并入澳大利亚政府的家庭、社区服务和土著事务部（现在仍是处理土著事务的主要政府部门，详见http://fahcsia.gov.au/sa/indigenous/overview/Pages/default.aspx）政府任命一个新的全国土著人事务理事会（National Ingenious Council），来向政府提供咨询。2008年被撤销。2010年5月，成立澳大利亚原住民全国代表大会（NCAFP），这是又一个土著人的全国性代表机构。该机构积极倡导承认土著人和托雷斯海峡岛民为澳大利亚原住民地位（该机构独立于政府，由其成员所有，其董事会2011年7月开始履行职责）。

在有关澳大利亚土著人和托雷斯海峡岛民事务的几乎所有的方面，培养土著人和托雷斯海峡岛民的领导层是首要任务，一系列的土著人和托雷斯海峡岛民领导培养项目正在全国展开。

保守党的自由党总理约翰·霍华德解释撤销澳大利亚土著人和托雷斯海峡岛民委员会时说："我们坚信关于土著人的自治权和选举代表权的实验是一个失败。"在将来，土著人的计划将融入"社会主流"，"但也将做出安排，确保土著人事务部长能够在重大事务上发挥作用。"这一情形一直延续，但自 2010 年起，工党政府用澳大利亚原住民全国代表大会取代 ATSIC 的职能。NCAFP 刚启用，还未经考验。同 ATSIC 一样，这个机构也是土著人选举产生的。政府的官方口号是在相关安排上体现"灵活性"，但这也很容易成为混乱和不确定性的遮羞布。

随着 ATSIC 不复存在，一些有趣的，新的结构也正在浮出水面。例如政府与土著人社区直接谈判达成的"共同责任协议"。此"责任协议"在给予土著人福利费、住房和其他福利时，向土著人提出了具体要求，如土著人保证他们的孩子要一直上学，甚至要求给孩子吃饱饭，经常给孩子洗澡，洗校服，只有这样，政府才发给他们福利。到 2008 年，政府与土著人共签订了约 300 个这样的协议。但这些协议的未来似乎深陷于有关协议的定义和条款的解释中。而现在有人注意到这些已经不经常提起了。

当前，澳大利亚政府土著人政策的核心是"缩小差距"。本章在"改变历史潮流"标题下另有叙述。

悉尼猎人谷花园

大地母亲

土地权对于土著人十分重要，外人很难理解土著人是如何以一种深刻的神奇的方式跟土地联系在一起的感觉的。这不是白人农场主那种通过自豪的拥有来控制土地，来爱戴他的土地的感觉。相反，土著人觉得他们被土地所拥有和控制，地球是他们的“母亲”。

土著人认为，在远古的梦幻时代，他们祖先的神灵、生命及地球母亲的其他使者创造了人、地、动物和植物。在澳大利亚你会听到很多关于土著人“圣地”的说法。一旦一个地方被宣布为“圣地”，想以任何方式开发这个地方或者破坏这个地方都会很难办到。也正是由于这种原因，土著人与西澳大利亚州政府就州政府提出的开发珀斯河边一个地方（曾是一个酿酒场）的开发计划进行了多年的对峙（但是现在这个地方已经是一个高档公寓建筑群）。“圣地”是以前土著人的祖先神灵在大地游荡的时候歇息的地方。澳大利亚全国有许多这样的地方。

每个土著人的身份、在本部落和家族中的地位取决于他/她出生的地域，而且是与祖先神灵联系在一起的。祖先的神灵是通过一个动物或者植物体现出来的。土壤是所有生命的源泉，也是所有生命死后回归以便再次进行生命循环的地方。在这里没有与生命的其他形式分开的感觉。这与世界上一些主要的宗教信仰，如印度教和佛教是相一致的，也与美洲土著人的哲学相一致。

“烧回去（BURNING BACK）”构成了生态系统的一个基本组成部分，在适于自然大火的生态环境里，许多动物和植物种类在大火中重获新生或受益于大火。土著人从土地上拿走的只是他们需要生存的东西。

土著人认为火能使许多动物和植物获得重生

土著文化

澳大利亚没有单一的土著文化，但土著文化的各个方面却是由一个共同的线连接起来，那就是对大自然的依恋，特别是对土地，包括对动物、植物的依恋。土著文化是由精神灵魂作为支撑，而魂灵注入了日常生活的每个方面。“讲故事”、“故事发生地”以及“梦幻时期”、“吟唱”的复杂概念对土著文化是非常重要的。要想真正了解土著文化，你需要大量地阅读。

魔法（巫术）在土著文化中发挥着重要的作用。他们的一些风俗甚至令澳大利亚白人生畏。这些风俗包括“骂入骨髓（pointing the bone）”，一种希望敌人死亡的诅咒形式；还有“唱丧”，一种集体咒语，也是为了给敌人带来伤害或者死亡。这样的故事数不胜数，受害者有土著人也有白人。

土著的司法制度是相当严厉的，由部落年长者施与有效惩罚。如果违反了部落法律，就有可能被长矛刺腿，或更糟糕的是“被唱死”。

土著人的文化和智慧通过这种特别的仪式来传播

血族关系和大家庭对于土著人的团结至关重要。许多东南亚人或者更加传统的地中海欧洲人都会意识到这种集团似的社会结构与他们的社会结构很相似。

这就是为什么一个能住5个人的土著房屋能挤下50个人或者更多，仅仅因为“亲戚”刚出来走走，顺便拜访一段时间，通常与家庭丧葬有关。一个土著人永远不会拒绝家人的到访，不管造访人是多么荒唐，造成多么拥挤的困境。这是与白人邻居相处时的另一个问题。

土著人的文化和智慧是以历史、故事、歌曲等形式口头世代传播下来的，他们没有书面文字。传播的终极形式是非常正式的，通常是痛苦的成年仪式。关于神圣事情的秘密的知识也是在这个仪式上传播的。男人和女人都有各自保守的秘密，也就是“男人的事”和“女人的事”。即使是今天，仍有很多这样的秘密是要严格保守的，不能告诉未成年人。

要感觉一下这些被白人居民清除的传统部落群的魅力，在洛夫·德·希尔（Rolf de Heer）2006年导演的精彩电影《十只独木舟》（*Ten Canoes*）中你还可以看到这种残存着的鲜明文化。《十只独木舟》背景设在澳大利亚北部地区的阿纳姆地（请访问网站 :http://www.tencanoes.com.au/tencanoes/, 这个网站现正常运行，可互动，允许电影中涉及的土著居民继续演绎他们的故事）。这个电影第一次在对话中用土著人自己的语言（由土著演员大卫・古皮利用地道的英文做旁白翻译，他的儿子杰米也在这个电影中出演）。这个电影向人们展示了土著人与他们土地的亲密关系，并简单讲述了一个伟大、有趣的故事。

欲了解翔实、客观的综述，可参阅澳大利亚国家博物关于土著历史和文化部分：http://www.dreamtime.net.au/index.cfm。

土著人的艺术

在白人到达澳大利亚之前，土著文化最为突出的一个特点是，据估计当时有230种土著语言，共有500多种方言。这些语言中的一半现在已经消失了。

大多数语言像土著人一样，是在与外界影响完全隔绝的情况下发展的，但在一些地方如北部领土地区以及西澳大利亚州的西北部的一些地方也有语言相互孕育的情况。例如，在古代的时候，印度尼西亚的渔民经常到澳大利亚来捕捞海参和圆锥形的螺壳，这种联系使印度尼西亚的一些词汇融入了土著人的语言中。在北部领土

澳大利亚土著人表演

地区的一些地方，表示外国人的词是balanda，这就是印尼语中指荷兰的那个词。

彩绘的飞镖

土著语言也对澳大利亚白人的语言产生了影响，如在地名和日常词汇上从billabong（死水）到kanggaroo（袋鼠）都会有土著语言的痕迹。但我们现在只能猜想，由于多年来白人对土著文化的鄙视，白人浪费了许多获取额外知识的机会。在澳大利亚土著研究所于1961年在堪培拉成立之前，没有研究土著人丰富灿烂的文化的机构。

从那以后，研究显示土著文化远比我们所了解的丰富得多。特别是从艺术的方面来看，土著人为“什么是澳大利亚特色”做出了贡献。

传统上主要表现在土著人的身上、洞里、岩石壁和树皮上的澳大利亚土著文化，近几十年来，在国际上获得了认可，因为土著艺术家也开始学会通过现代媒介，如水彩、油画颜料和丙烯酸树脂漆将他们的艺术体现在帆布上，进而得以传播。特别著名的是圆点式镶嵌工艺品和“X”光式的绘画（画动物的骨架及动物器官）。一些好的作品自然很昂贵，而且堂堂正正地挂到了一些世界主要美术馆的墙上。

阿尔伯特·纳玛吉拉是土著艺术的先驱，他在第二次世界大战之前就已成名，1959年去世。他采用西方的水彩画方式进行创作。真正的土著艺术是不可能赢得澳大利亚白人的赞赏的，直到战争后的很长时间，情况才有所改变。今天有许多著名的土著艺术家，他们将土著的部落传统保留了下来，同时利用非传统的技术和媒介创造出新颖的现代艺术品。

正如亚洲的蜡纺印染技术一样，土著人的基调与西方艺术媒介创造性的融合，在北部领土地区的一些地方产生了惊人的效果。

土著艺术的成功，不仅给土著人带来了收入，还有助于土著人重建他们对自己和土著文化的自豪感。但依然存在的有争议的问题是关于“知识产权”的问题。是否澳大利亚白人社团对土著人的风格和主题的“借用”，并且将其商业化涉及“知同样具有影响力的是全部由土著人组成的Yothu Yindi乐队创作的混合音乐同样具有震撼力。该乐队队长是Yolngu族曾经当过教师的Mandawuy Yunupingu。他曾经是土著人保留地阿纳姆地区的首位大学毕业生（1988）。了解详情，请浏览其网站：http://www.yothuyindi.com。

像这样的混合乐队创作了独特的澳大利亚音乐，音乐由多种乐器组成，如电子合成器、鼓及土著人的乐器迪吉里杜管——这是一种很长的，像管子一样由圆木雕刻而成的长管吹奏乐器。迪吉里杜管发出的连续的、跳动的嗡嗡声就是澳大利亚本身的声音，是来自沙漠的声音，它在向人类心灵最深处、最神秘处倾诉。另一个Yolngu族的Yunupingu是歌手杰弗里(Geoffrey Gurrumul Yunupingu)，他曾是Yothu Yindi乐队的成员，在土著音乐上是最新的“大热门”。出生即是盲人的他2008年出版了他第一张个人专辑*Gurrumul*，他无比甜美的嗓音一炮走红。另一个可爱的新声音和新面孔是土著歌手杰西卡·麦尔白，她来自达尔文，父亲具有印度尼西亚（帝汶岛西部）血统，母亲是土著人，她16岁即在2006年的澳洲偶像大赛中脱颖而出。也许更令人想不到的是以传统歌剧为职业的来自Yorta Yorta族的土著女高音歌手底波拉奇塔姆(Deborah Cheetham)，她的母亲是土著人，父亲是爱尔兰人。她1997年初次登台演出。她最近表演的是她自己创造的土著歌剧，名字叫《山核桃的夏天》(*Pecan Summer*)。底波拉奇塔姆现拥有澳大利亚第一家土著歌剧公司Short Black Opero公司。她还是人们热爱的世界顶级土著歌唱家Jimmy Little的侄女，很可惜，他2012年去世了。

土著舞者雕塑

识产权”及剥削。土著艺术推广者在如何推销他们的产品及将收入的多少要交给原创者（土著人）的问题上需要特别的小心。

新的一天快要到了吗

不太为外界知晓的是土著的音乐和舞蹈，它们都是传统土著文化的重要组成部分。在这方面，由于受到西方的影响，一些有趣的混合艺术诞生。很多土著音乐家在流行音乐或者乡村及西方音乐风格方面展示了才华。每年大约9—10月，土著人会举办他们自己的“奥斯卡”颁奖典礼即戴德礼奖（The Deadlys，Deadly是街头黑话，意思是“太棒了！好极了！”的意思）来表彰土著艺术家们。戴德礼奖颁给在艺术、体育、

土著人在吹奏乐器迪吉里杜管

社区工作上作出成绩的土著人，跟奥斯卡颁奖活动的盛大仪式过程一样。这个颁奖1995年开办，但自2005年SBS电视频道开始实况播出以来变得越来越著名。在戴德礼颁奖上的才艺展示是非常引人注目的。土著音乐家和白人音乐家之间的联合也催生了一些著名的混合乐队，如以前的贡瓦纳兰乐队（现在只叫“贡瓦纳”，是根据1.5亿年前的超级大陆命名的。根据大陆漂移学说，4 500万年前，在这个超级大陆上产生了澳洲）。

土著舞蹈不只是围着篝火跳舞。最为著名和最令人眼花缭乱的是邦格拉舞蹈剧院（Bangarra Dance Theatre）的演出。他们的是富有土著风格和主题的当代舞蹈，很有代表性。可以查阅他们的网站：http://www.bangarra.com.au。

大卫·古尔皮里尔是最为著名的土著演员和舞蹈演员。如果你已经看过《鳄鱼邓迪》，你会记得古尔皮里尔是邓迪的土著朋友。后来，他在鲁道夫·德黑尔2002年电影《紧急追踪》（*The Tracker*）中出演主角。该电影情节表现了土著人在面对白人的残暴时所展现出的智慧。

戏剧是现今开始展现土著人才华的另一个领域。演员厄尼·丁歌就是一个非常著名的例子，西澳大利亚州剧作家杰克·戴维斯（2000年去世）是另外一个例子。戴维斯的作品反映了过去白人控制的土著居民区里土著人的悲惨生活。他的作品被认为是澳大利亚的经典著作，已被选入中学教材。

土著社会另一个重要的戏剧活动是2008年在西澳大利亚州黑天鹅剧场首映了作家史提夫·霍克的戏剧《*Jandamarra*》（*Jandamarra* 是土著历史上的勇士，他领导了历史上最长、最成功的捍卫土著家园的运动——译者注）。这个戏剧讲述了19世纪80年代一个土著牛仔反抗白人雇主的故事。他随后的武装起义注定是一个悲剧。Jandamarra 最后被另一个土著牛仔追踪并杀害。他的头颅被割下来送到英国作为战

崭新的一天

我很荣幸地出席了澳大利亚1990年首部土著音乐剧《崭新的一天》的首演式。《崭新的一天》现又被改编成一部欢快的电影，于2010年发行。这部音乐剧的作者是吉米・蔡，其父亲是华人，母亲是土著人，来自西澳大利亚州西北部港口城市布鲁姆。赶骆驼的阿富汗人与澳土著妇女的结合是澳大利亚这个“大熔炉”产生的“奇异结合”的另一个例子。

《崭新的一天》是澳大利亚土著表演艺术家进行创新的极好例证，将来可能会有更多这样的创新。这出剧喧闹、粗俗，但令人忍俊不禁，它描述了一个土著男孩从珀斯逃回其内地老家的故事。在剧中，对白人社会，从当地的罗马天主教主教到初衷并不坏的嬉皮士都受到无情的讽刺，但一切都是通过一种善意的方式进行的。

这个Yirra Yaakin剧组在西方的土著戏剧界也经常得到人们的热捧。请参阅http://www.yirrayaakin.asn.au。

利品。这个戏剧的另一个刺激点是作者本人。霍克不是别人，正是澳大利亚最著名总理之一鲍勃・霍克（总理1983—1991年）的儿子。他19岁动身去了西澳大利亚州北部崎岖的金伯利地区，在那里与土著社会建立了亲密的关系，自此再没回头。

发生在20世纪50年代和60年代的西方黑人的抗议运动，对土著澳大利亚人产生了影响，一些新的作品应运而生。Oodgerroo Noonuccal，又名凯思・沃克，是第一个也是最著名的土著抗议作家。她也是一名诗人。她的第一部诗歌《我们前进》，出版于1964年。另外一个取得成功的土著艺术家和作家是迪克・罗夫赛(Dick Roughsey)。他主要为儿童创作，作品包括1973年的《巨魔丁狗》和1975年的《彩虹巨蟒》。

面对大海沉思的土著艺术家

澳大利亚曲棍球赛

体育桂冠

土著人在体育方面也展示了其特殊的才能。令人好奇的是，1868 年访问英格兰的第一支澳大利亚板球队全部由土著人组成，系私人组织（但是几个队员难以适应英格兰的气候，被迫提前回国。其中一人死亡）。

1996 年亚特兰大奥运会上，曲棍球运动员 Nova Peris-Kneebone 获得金牌，2000 年奥运会他改为赛跑运动员。在 2000 年悉尼奥运会开幕式上，有谁不会为胜利举起奥运会圣火火炬的澳大利亚土著运动员，后来在 400 米决赛中勇夺金牌的凯茜 · 弗里曼 (Cathy Freeman) 而感到激动不已呢？在世界舞台上颇为有名的还有澳大利亚规则足球或澳大利亚足球数不清的土著人大名，如戴维 · 沃庞达（David Wirrpunda），克里斯 · 刘易斯 (Chris Lewis) 和杰夫 · 法默 (Jeff Farmer)。

黑人政治

同其他处于弱势的民族一样，教育是土著人发展的关键。目前，土著人的就业率是澳其他人口的一半。土著社团已有他们可以效仿的榜样，如道格 · 尼科尔斯（DOUG NICHOLLS），他于 1988 年去世，是牧师，是第一个被女王封为骑士的土著人，他还于 1976—1977 年任南澳大利亚州总督，是第一个担任总督的土著人。

1971 年，内维尔 · 邦纳成为第一名土著联邦国会议员。1978 年，帕特 · 俄谢恩成为澳大利亚第一名土著法律毕业生和律师。1982 年，两名土著人被澳外交部录用，开创了土著人进入外交界之先河。民主党的艾登 · 里奇维成为第二个土著联邦国会议员，但他于 2004 年失去了这个席位。卡罗尔 · 马丁是第一个进入澳大利亚（联邦或州）议会的土著妇女。她于 2001 年进入西澳大利亚州议会，并于 2005 年连选连任。

土著精英如大鹏展翅，进入澳大利亚政界

伯恩纳木·伯恩纳木（Burnum Burnum），土著律师和自由斗士，是一个重要的政治人物。他的壮举是在1988年的澳大利亚日将土著人的旗帜插到了英格兰多佛的白崖上，宣布英格兰为土著“民族”所有。

伯恩纳木·伯恩纳木倡议要从英国要回最后一个纯血统的塔斯马尼亚土著人特鲁加尼尼（Trugnini）的遗骨。她死于1876年。塔斯马尼亚的霍巴特博物馆不顾她不希望其遗体受到“打扰”的遗嘱，将她的遗骨向公众进行展示，一直到1947年，她的骨灰终被撒在了她家乡附近的河里。目前，土著人还在争取将被外国博物馆作为稀奇的东西而展出的其他土著人的遗骨讨回。

你毋庸置疑地还会遇到其他土著活动家的名字，如盖瑞·佛利、洛伊斯·俄多诺哥医生、彼特·于（一半华人血统）及帕特、米克·多德森。

但在我们这个年代最著名，最具有影响力的人物是土著知识分子和领导人诺埃尔·皮尔逊，他是约克角政策与领导学院（Cape York Institute for Policy and Leadership）的创始人和院长，一个充满激情、雄辩、一心为民的活动家。他一直是一个横向思维者，对于人们如何走出人生低谷总有一些与众不同的新思想。人们普遍认为2007年间由总理约翰·霍华德启动的政府对土著人政策的几大转变有他的功劳。他代表他的土著同胞关于“爱之深责之切”和无情的自我批评的远见卓识并不受所有土著人的欢迎，人们斥责他专横跋扈，有公然不良行为（咒骂媒体等）。他勇敢地始终如一地推动他的思想，即解决土著人所处困境的关键是结束他称之为的“被动福利”，接受施舍的心态，等待土著人趣称的“白得来的”钱（不用做任何事就给的钱），他把这些看成是剥夺了土著人的人生动力和目的。他强烈倡导土著人在一个适当自我责任的框架下进行自我管理。在2007年澳大利亚广播公司电视Lateline节目的采访中，他如是说：“我们要主宰自己，我们就要负起责任。我能不能说责任的丧失，由于责任的丧失而导致的澳大利亚土著人聚居区土地的浪费都是

“干预”土著事务的政府及其机构、包括非政府组织在内的福利组织造成的。他们说，‘听着，你们不需要负责任。你们有一系列的权利，包括接受福利补贴的权利，喝酒的权利，彻夜聚会的权利，享受办公室工作带来的实惠却不需要承担任何责任。’”

许多人同意皮尔逊所言。陆克文总理 2008 年 2 月在议会开幕时如是说：处理土著事务时，“因循守旧”再也行不通了。澳大利亚准备尝试全新的办法，解决土著问题。

马博案（WIK MESS）

1992 年 6 月，随着澳大利亚高等法院就马博案做出划时代的判决，即“马博判决”，土著历史到了历史性的十字路口。“马博判决”这个名称是根据已故的土著人土地权利谈判家爱迪・马博而起的。高等法院的判决说，最初的殖民者将澳大利亚确定为无人居住的土地是错误的，土著人对澳大利亚的多数土地具有拥有权的说法是有效的。

这一切引起了农民和未来的采矿者的恐慌，更多的是疑惑。郊区普通居民的后院能够确保安全，不被土著人要去吗？是的，“马博判决”说得很清楚：私人拥有的土地不应该受到威胁。

但是，像西澳大利亚州这样资源丰富的州对这个判决表示了关切，因为无人使用的土地极有可能被土著人要去，而西澳大利亚州本身有很多这样的土地。州总理理查德・科特的保守的自由党政府因此通过了本州自己的法律，推翻了高等法院的判决。但是即使土著人不能要回已经被人使用的土地，也有可能出现需要向土地的“原所有者”支付经济赔偿的情况。

根据马博案判决，西澳大利亚有很多无人使用的土地极有可能被土著人要去

马博案以后成立了土著所有权特别法庭来处理土著人提出的申请。在很多情况下，土著人所要求的是给予他们能够进入一些地方的权利，这些权利与访问他们的“圣地”、狩猎和捕鱼有关，也包括获得将来使用土地时同他们协商的权利。从很大程度上来讲，他们想要的不是简单的获得土地财富的权利，而更主要的

是获得承认和协商的“面子”，以慰藉其悲惨的历史中所留下的羞辱的创伤——文化上认同“要面子”的亚洲人也许是最早同情他们愿望的人。

但是澳大利亚还需要应对另外一个判决，即“维克判决”。这个判决是1996年高等法院对昆士兰州维克角半岛维克人的判决。高等法院在这个案例判决中说，“土著所有权”可以和农业契约共存，只能根据特殊法律彻底终止。至今没有制定这个特殊法律。换句话说，农民并没有对他们的土地拥有排他性的所有权。虽然好像如果有冲突的话，他们的权利有优先权。但是如果要在这样的土地上采矿或者伐木，必须启动与土著所有者的谈判进程。

使事情更加混乱的是，澳大利亚联邦法院后来又判决土著所有权也能够适用于沿海水域，但在某些情况下，“历史的潮流已经冲走了”土著所有权。没有人勇敢地面对与土著人和解的真正意思，因为事情的核心是土地所有权和土地使用权的问题。反过来，土地又是澳大利亚财富的核心。

正如记者约翰·皮尔格在结束他的书《一个秘密的国家》时所写：“在我们澳大利亚白人向澳大利亚黑人归还他们的国家之前，我们永远不能承认我们有自己的国家。”

干预性援助计划

土著社会对那些无休无止关于如何“解决”各种土著问题的调查和报告早就司空见惯了，而这些调查和报告可以追溯到殖民时代早期。这一切不断重复，但目前

马博案后，引起了农民的恐慌。土地对他们来讲具有不确定性

为止带来的变化却是少而又少。然而，北部领土地区政府就保护土著儿童免受性侵成立的调查委员会于 2007 年 6 月 15 日公布的《儿童是神圣的》报告，无论从内容上还是其成果上看，则完全不同。其中成果之一是澳大利亚政府迅速采取了重大举措。报告详述了土著儿童，无论性别和年龄，甚至婴儿，遭受性侵的惊人程度，并称之为全国性危机。酗酒被指是问题元凶，其他一系列因素还包括住房条件差、失业，等等。这也是社区发展就业计划（CDEP）引起争议的原因之一。设立该计划的初衷是向土著人提供有收入的工作，但不少人批评该计划是“制造工作”计划，与现实世界严重脱节，因此某种程度上反而使那些试图寻找工作加入劳动大军的土著人无法就业。这项计划已经暂停，人们对它毁大于誉。

近几年来，一系列言辞日益尖锐的文章和讲话警告澳大利亚民众那些偏远土著人社区的状况已经变得让人难以忍受，体现在很多方面：特有物质滥用问题，特别是嗅汽油（petrol sniffing），导致年轻人身体和脑力永久性损伤；酗酒（哺乳期的婴儿也受到影响）以及早逝问题；幼女卖身换取毒品；高自杀率；性侵；小孩染上性病，家庭暴力猖獗等，各种说法众说纷纭。《儿童是神圣的》报告简直就是压倒骆驼的最后一根稻草。这个报告披露了土著地区广泛存在的、悲剧性的、令人恐惧的儿童的性侵现象，而这会毁掉整整一代甚至两代人。

不少人宣称，2007 年大选前处于不利地位的霍华德政府嗅到了显示领导力并为国家注入危机感的机会。这与他 2001 年大选前的做法如出一辙。那时，霍华德就是

利用难民船事件制造恐惧，这也是他赢得选举的部分原因（难民船事件又称“坦帕”事件，一搜载有400多名阿富汗等国寻求庇护的难民的船只偷渡澳大利亚时触礁，大部分难民被坦帕号挪威货船救起，澳大利亚政府拒绝其登陆）。不管事实如何，《儿童是神圣的》报告发表后仅一周，霍华德就立即并很戏剧性地于2007年6月21日宣布实施“北方领土紧急反应方案（NTER）”。该方案此后被公众称为“干预（The Intervention）”方案。其气氛如同宣布实施国家军事紧急状态，紧急派遣军队和警察管理偏远的土著社区。这不禁让人想起澳大利亚前不久派遣维和部队干预东帝汶，或者对运转不畅的汤加和所罗门群岛等南太平洋岛国进行干预的事。虽然主流澳大利亚人和许多土著人认为需要采取果断行动，但不幸的是澳大利亚政府进行干预时，并没有同相关的偏远土著社区进行充分协商。对于许多土著人，这无异于澳大利亚政府又一次将白人统治强加给他们，同从前的做法并无二致。其他人指出，落后土著地区的境况并不仅是因为不负责任的土著人酗酒造成的，而且是几十年来白人瞧不起他们，对他们漠不关心的直接后果。受到干预的社区十分不满，与其说是对受到干预的方式，不如说是对被干预的方式表示不满。

形势发展很快，2007年8月，澳大利亚议会通过了三项立法，都是特意为“干预”服务的。从许多方面看，立法之初，这些法律就合法性不足，今天仍颇受质疑。这些立法估计至少影响北方领土地区500个社区45 000多人。不久，西澳大利亚州也仿效，

澳大利亚议会大厦

推出类似举措。

“干预”表面上看主要目的是保护土著儿童，也确实注意了这方面的问题，对土著儿童进行全面的健康体检。66% 符合条件的儿童都接受了体检。土著社区，特别是妇女也支持政府在许多社区禁止或者限制供酒，取缔以前大量传播的淫秽资料。但“干预”也有不太符合逻辑的方面，因而显得“过分”，备受争议：

- 由于“干预”的对象是澳大利亚人民具有特定种族、文化和肤色背景的人群，不得不暂时停止实施现行反对种族歧视法律；
- 它使用了联邦权力，联邦政府基本上取代了北方领土地区政府，使人们对澳大利亚的联邦主义及联邦—州关系产生疑虑；
- 它使联邦政府有权以 5 年契约的形式暂时接受土著土地，破坏了土著人的土地所有权；
- 它规定了福利项目的特定用途，只有接受福利者已证明他们将钱首先用于给孩子吃饭和照顾他们，而且孩子正在上学，才能发放福利。这都是根据强制性“收入管理”规定做的，这要求接受社会福利者将一半的资金用于孩子的食品、衣服和教育。

上述说明了澳大利亚对待土著事务上的方式发生巨大变化。

陆克文为首的澳大利亚工党政府 2007 年上台以来，继续并基本维持“干预”不变，同时又于 2008 年 6 月成立了独立的“北方领土紧急反应”审查委员会，评估“干预”运作情况，该委员会 2008 年 10 月发表了审查报告。令人感到意味深长的是，审查委员会说，“方案从一开始实施就缺少一项资源——即拟帮助对象的积极主动参与。推进相关举措的一个重要因素是，政府应该与北方领土地区的人民建立密切联系。审查委员会认为，应该重置土著人与澳大利亚政府、北方领土政府的关系。调整上述关系的出发点必须是重建种族平等和尊重全体澳大利亚公民人权的原则。”

平等对待澳大利亚白人与土著人民的邮票

即使如此，土著妇女反馈积极，她们表示能够更好地管理其家庭事务，不再受到千方百计将福利资金搞到手、酗酒男人的阻挠；皮尔逊等土著领袖给予支持；澳大利亚总的共识是，“至少政府采取了行动”。由于上述原因，“干预”的某些方面还会存在下去。如陆克文、其继任者吉拉德及其他未来领导人可能说的，“你有更好的主意吗？”

自 1996 年霍华德的自由党政府执政以来，澳大利亚土著人和白人关系的基调发生了变化。当然最大的争议是关于“对不起（Sorry）”这个词。

改变历史潮流

澳大利亚土著人要求政府为其过去遭受的苦难特别是“被偷走的一代”所遭受的苦难道歉。霍华德自诩为所谓的“历史战”或“文化战”斗士——右翼和左翼关于如何解释澳大利亚历史，是否为澳大利亚部分历史感到羞耻的论战的斗士。

他拒绝代表澳大利亚白人向澳大利亚黑人（即土著澳大利亚人）就其过去的不公正的待遇道歉。除霍华德外，“文化战”中另一个右翼代表人物是基思·温德斯舒特尔（Keith Windschuttle）。他曾是一位记者，现在是有争议的历史学家，也是亲右翼杂志Quadrant的编辑［参阅他的著作《土著历史的捏造》（2002年）和《澳大利亚白人政策》（2004年）］。霍华德说：“现在这一代人不能为其祖先以前犯下的罪行负责。”他还表示了对被他称之为“黑臂纱历史观”的蔑视。他宣布要捍卫他所认为的绝对的“政治正确”。但2000年5月，参加悉尼海港大桥全国和解游行的25万人（绝大多数不是土著人）表示不同意见。但实际上“对不起”这个词对部分白人是成问题的，至少事先宣布的5月26日“全国道歉日”在2005年被迫短暂地改为“全国弥合创伤日”，以吸引非土著人的支持。

2007 年 11 月，陆克文领导的工党在大选中以压倒性优势获胜上台。工党已经认

澳大利亚卡卡杜国家公园

识到“道歉”的问题正在成为解决土著问题的障碍，几乎每个土著人可用此来打击澳大利亚白人，成为他们不同任何哪怕初衷多么好的项目进行合作的理由。陆克文迅速克服破解各种官僚程序，在 2008 年 2 月议会开幕时，向土著人道歉（The Apology）。这是一个令人动容的历史性时刻。实际上，这不仅是一个“时刻”，因为为了庆祝这个重大和解仪式，在澳大利亚传统的威斯敏斯特式的开幕仪式上，“入侵”了这样一个绚丽多彩的场景：可以看到传统土著舞者和身着袋鼠皮服饰的老人，听到土著人有节奏地舞动棍棒的啪啪作响声和充满悲伤的土著歌曲。当陆克文发表讲话时，全场鸦雀无声，掉一根针都能听得到，人人都能够感到历史在这一时刻被创造。陆克文讲话摘录如下：

“对于被偷走的一代，我作为澳大利亚总理，说声‘对不起’。我代表澳大利亚政府说声‘对不起’。我代表澳大利亚议会说声‘对不起’。我毫无保留地进行道歉。我们就历届澳大利亚议会通过的给你们造成的伤害、痛苦、苦难的法律致歉。我们对这些法律所给你们造成的侮辱、贬低和屈辱致歉。我们就历届澳大利亚政府行动向被拆散的家庭和社区的父母、兄弟姐妹们致歉。在做出道歉的时候，我愿以个人身份向被偷走的一代及其家庭，包括今天在现场的人和在全国收听我讲话的人们，从北部领土地区中西部的 Yuendumu，到昆士兰州北部的 Yabara，再到南澳大利亚州的 Pitjantjara 的人们道歉。”

陆克文巧妙地回避了当代普通澳大利亚人是否应该为他们的先祖所作所为抱有歉意的问题，把错全都压在历届澳大利亚议会和政府上。他反驳了那些反对道歉的人，说，“这并不是某些人所坚持的黑臂纱历史观，这就是事实，一个残酷、需要直接面对、让人不舒服的事实。”他把这一道歉看作澳大利亚的核心价值，即人人享有公正、公平（fair go）精神。他指出这是重要的但同时也是象征性的一步，随后还要推出具

体举措，缩小主流澳大利亚人同土著人之间的各种差距。这是一次开辟新路、创造历史的演讲。欲了解陆克文向议会提出的道歉动议全文，请查阅 http://pm.gov.au/media/speech/2008/speech_0073.cfm。

从许多方面看，澳大利亚人对白人与土著人关系上发生的重大变化集体松了一口气。但关于道歉之后应该怎么办人们却争论不休。向来闲不下来的土著评论者皮尔逊，总是语出惊人，即使与众不同也在所不惜。他在 2008 年为《澳大利亚人报》所撰的专栏文章中写下了下面令人深思的话：

我对“道歉”的担心之一是，我历来认为，把我们自己置于受害者的地位，并在此基础上争取我们的权益，于事无补。如果我们有了这种心理，我们会失去力量。我的担心是，“道歉”只会鼓励一种强化受害心理的历史观，而受害心理是极其有害的。应该树立抗争、生存、能动的心理。但“道歉”当然不是结局，而只是开端。时任总理陆克文在发表道歉讲话，谈及澳大利亚白人同土著人之间的差距（The Gap）时说，他领导的政府及其继任者吉拉德领导的政府都将把缩小差距作为政府政策重心。陆克文说，“……我们将致力于利用所有澳大利亚人的决心来实现未来，缩小我们，无论土著还是非土著人之间在期望寿命、教育程度、经济机会之间的差距。”

关于同澳大利亚土著签署一项拖了很久的正式条约，或者为过去所做的错事给予澳大利亚土著一定的金钱补偿（千万不要！）这两个方面都没有新的进展。但澳大利亚总理现在的确每年都要就一系列缩小差距政策效果提交报告。部分政策源自“干预”（于 2012 年中期终止）。与“干预”最大的区别在于，对偏远社区的“收入管理”或指导采取了更加温和的形式（许多土著人自己说其出发点基本上是好的），加强了同土著社区的协商。工党政府还在北部领土地区恢复了因实施“干预”被中止的 1975 年《反对种族歧视法》。当前的政策是基于 2008 年各州政府批准的《全国土著改革协定》，而在北部领土地区常用的新政策词汇是“更强大的未来”，而不是“干预”。但“干预”对治理酗酒、物质滥用、家庭暴力、淫秽色情内容泛滥等恶习的关切仍然继续存在。总体目标是在 10 年内，即到 2018 年基本消除主流澳大利亚人同土著人在生活机会上的差距。前景看好且最为有效的项目是，280 个公司或者机构分别设立了和解行动计划。根据行动计划，许多组织或公司为希望就业的土著青年提供学徒实习机会。政府也准备承认土著人在澳大利亚宪法中的重要地位。目前的宪法根本没有提及土著人。因此，澳大利亚有可能自 1976 年以来，首次因涉及土著人而修改宪法，并举行全民公决。如果修改宪法，可能取消宪法里负面的内容，例如取消在进行人口普查时不将土著人统计在内的条款。

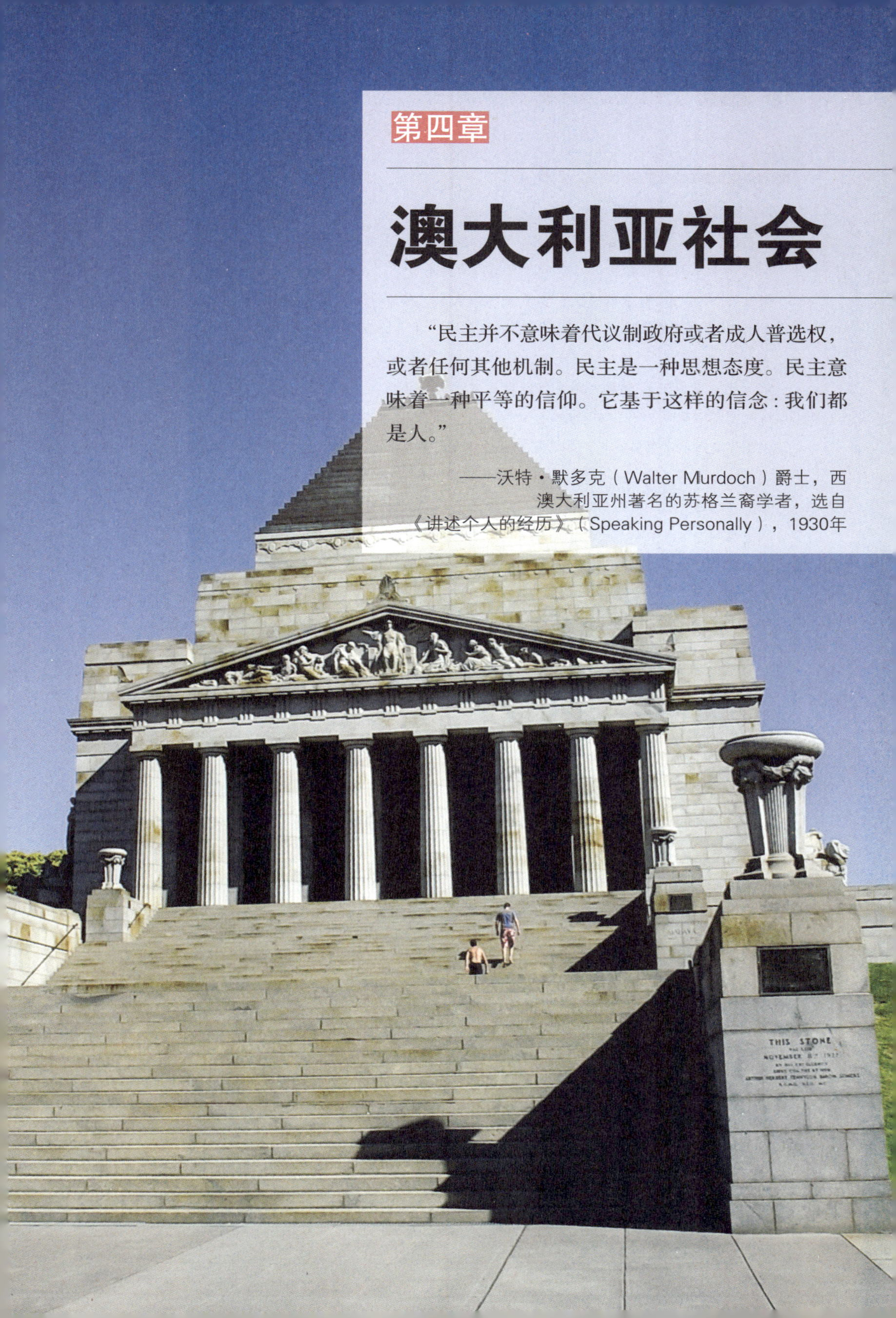

第四章

澳大利亚社会

“民主并不意味着代议制政府或者成人普选权，或者任何其他机制。民主是一种思想态度。民主意味着一种平等的信仰。它基于这样的信念：我们都是人。”

——沃特·默多克（Walter Murdoch）爵士，西澳大利亚州著名的苏格兰裔学者，选自《讲述个人的经历》（Speaking Personally），1930年

哈特河省

澳大利亚联邦成立于1901年，并不是为每个人所接受。1970年，西澳大利亚州农场主伦纳德·卡斯利因粮食配额问题宣布退出西澳大利亚州。他的农场就成为一个独立的国家“哈特河省”，自己是伦纳德亲王，妻子是雪莉王妃，共有20个居民。此后，这个地图上的小点就发行自己的护照，已发13 000份护照和货币，并且每年接待数千游客。2006年，伦纳德亲王去掉了“国名”中的“省”，改称哈特河公国。伦纳德亲王是一名相当狡猾的业余律师，无论澳大利亚政府还是西澳大利亚州政府都对他无可奈何。澳大利亚共有约20个像伦纳德这样有独立思想并且做出相似举动的人。如《伦敦电讯报》报道的那样，还有一个乔治二世大帝陛下。他原名是乔治·克瑞山克，是悉尼的一位销售经理。他现在是亚特蒂乌姆（Atlantium）的皇帝。其实，亚特蒂乌姆只是悉尼海岸边的一处仅有一个卧室的公寓。就住在附近的怀伊国（Wy）的保罗亲王也于2004年11月从其地方政府中退出，原因是他要求修建一条通往他家的车道，与地方政府吵了11年。不能不提的还有珊瑚海同性恋王国，由昆士兰州附近的一些(无人居住的)小岛组成，被认为是同性恋者的最后天堂。由于澳大利亚政府拒绝承认同性婚姻后，2004年9月王国向澳大利亚宣战。

这一切当然与英国的古怪传统有关。

但这意味着，澳大利亚容得下各式各样的人。即使你有点发疯，你也会被这个社会所接纳。

结构和形式

要“适应”澳大利亚社会，你首先需要知道它的结构及它是如何运作的。澳大利亚实行联邦制，地区和各州之间的差异很大。知道这一点十分重要。

澳洲面积很大，分为六个州和两个地区。从西向东依次为：西澳大利亚州（首府珀斯），北方领土地区（自1978年以来实行自治，设有经过选举产生的立法会；首府达尔文），南澳大利亚州（首府阿德莱德），昆士兰州（首府布里斯班），南威尔士州（首府悉尼），澳大利亚首都地区（堪培拉，联邦议会所在地），维多利亚州（首府墨尔本），最南部塔斯马尼亚（岛）州（首府霍巴特）。

布里斯班市景

解剖民主

格里芬湖大桥

它是如何运作的

澳大利亚的政府体制是典型的议会民主制，行政权和立法权完全分开，并含有美国体制的一些因素。在19世纪，澳大利亚被看作是美国的翻版，澳大利亚自己也这么看。

澳大利亚基本上是“威斯敏斯特”体制，但不同之处在于澳大利亚有成文宪法，它始于1901年澳大利亚联邦成立之时。澳大利亚宪法是不能轻易改变的，“母国”英国当然没有成文宪法。

当然，澳大利亚联邦宪法并不像美国宪法那样涵盖公民权和人权。它只是比较宽泛地提出了国家的政府体制及联邦与各州之间的关系。它甚至没有提到选举权，也没有提到政府和内阁的确切结构。但有各种常规（惯例）对宪法进行补充。惯例规定了细节，制约着总督的权利，虽然从理论上讲，总督拥有广泛的权利。

选举热

如果想更多地了解澳大利亚民主史，请参阅发生在1854年的尤里卡围栏事件（第二章：基础篇）。在南澳大利亚州，澳大利亚白人男子于1856年首次获得投票权，选举每三年进行一次。许多观察家指出，由于每一届澳大利亚政府都需要考虑选举问题，政府施政能力受到严重影响。投票不是根据简单多数制进行的，而是优先投票制（preferential voting）（后面有进一步的说明——译者注），这就使小党有更多的机会影响国家政治。参议院选举和一些州的选举实行比例代表制。

政府，政府及更多的政府

联邦政府驻地是堪培拉，也就是澳大利亚首都地区。首都地区设立于1911年，是专门为政府部门和议会设立的。有些人说澳大利亚被管得太多。2008年联邦、州及地方的公务员总数为170万人，占劳动力（就业人口）的16%，人口才有2 000万。

体制

一般来说，澳大利亚人对他们的政府体制比较满意。当是否要改行共和制的争论时不时兴起的时候，大家经常听到的意见是，“如果没有坏，就不用修理！”所以澳大利亚的国家元首仍然是伊丽莎白二世，澳大利亚仍然是英联邦的重要成员（英联邦是在原大英帝国的基础上建立的）。女王在澳大利亚议会的代表是总督，总督是由女王和澳大利亚总理协商后任命的。理论上，他/她（昆廷，澳大利亚首位女总督）可以通过投不赞成票来否决议会的立法。一个著名的事件是，总督（克尔——译者注）有一次（1975 年）解除了惠特拉姆总理的职务，解散了他的工党政府。总督可以召集解散议会，解除部长的职务，可以任命法官。总督是武装部队总司令。在内阁做出重大决定时，一个行政理事会可以向总督提供咨询。1901 年制定的联邦宪法只有通过全民公决才能修改。

澳大利亚政府体制是英国威斯敏斯特模式和美国体制的一些因素的结合。像在英国一样，澳大利亚议会分为上下两院：下院，即众议院；上院，即参议院。众议院每三年选举一次，即大选。参议院的作用是对下院的立法进行审议，对下院进行制衡（像英国的贵族院），有权拒绝或修改下议院提出的立法。参议员来自各州，大多数任期 6 年。每个州的结构基本上“复制”了联邦结构，包括每个州都有自己的州总督，作为女王的代表。郡和市一级设有地方政府。

澳大利亚实行强制性的投票。凡 18 岁以上的公民，必须参与投票。但是土著人除外，他们可以选择不进行选民登记（但是他们一旦登记了，就必须投票）。与威斯敏斯特体制不同的一点是，澳大利亚选民在投票选举议员时，必须根据自己的喜好表明他们依次支持哪个候选人。如果没有人获得半数以上选票，就根据选民的投票意愿依次分配选票，直到最终选出议员。澳大利亚是最早给予妇女选举权的国家之一。1894 年，南澳大利亚州首先给予妇女选举权，1902 年扩展至全国。

澳大利亚公民进行投票

创立于 1880 年的《公报》是澳大利亚全国性的周刊。尽管《公报》与美国杂志《新闻周刊》合并发行，有时有点视野狭窄，但仍不失为澳大利亚事件和观点的一个很好的晴雨表。

第四权力

澳大利亚媒体在民主国家扮演着重要角色

在任何民主国家，媒体都扮演着重要的角色，有时媒体是深不可测的。澳大利亚的新闻界肯定可以说是不可测的，因为他们是世界上最大胆的。而且澳大利亚人很爱读报，也很爱看电视。

2007 年，澳大利亚人每周看电视的时间超过 21 小时。2/3 的澳大利亚人有两台电视，另外 1/3 的澳大利亚人有三台以上电视。

遗憾的是，他们的选择在某种程度上受到了限制。澳大利亚的媒体差别不是很大，而且深度不够。部分原因是媒体所有权集中在几个人的手里。主要的所有者是理查德·默多克（Richard Murdock）的新闻集团（新闻有限公司），另外一个是约翰·费尔法克斯（John Fairfax）控股集团。已故凯利·帕克（Kerry Packer）的出版和广播有限公司（澳大利亚电视第九频道和澳大利亚报业联合公司的所有者，现由其儿子詹姆斯·帕克管理）近年开始从传统媒体业（电视、杂志等）转向电子和网络媒体。乡村报业以农村报业有限公司为主，也属费尔法克斯集团。媒体所有权的集中无疑与一个健康的民主社会背道而驰。2007 年澳大利亚政府放松限制外国所有权和跨业经营后，上述趋势得到强化。这意味着，一家投资者可以同时拥有广播媒体和印刷媒体。因此，媒体大亨凯利·斯托克（Kerry Stokes）的第七网络（第七频道电视）得以于 2011 年接管并同西澳大利亚州报纸集团合并，成为澳大利亚最大的媒体企业。

澳大利亚约有两家全国性日报、10 家州级日报、35 种地区日报，470 种地区和郊区报纸和 1 600 种杂志，其中 30 种的发行量超过 8 万份。唯一真正意义上的全国性报纸是《澳大利亚人报》及《周末澳大利亚人报》，《澳大利亚金融评论报》紧随其后。

2008 年 1 月，出版和广播有限公司（PBL）旗下的澳大利亚著名新闻周刊创建于 1880 年的《公报》停刊，成为全球化和互联网时代的牺牲品。但在 20 世纪 90 年代前的鼎盛期，这是一本很有影响、办得有声有色的杂志，相当于澳大利亚的《时代周刊》或《新闻周刊》。早期，该杂志刊头是“澳大利亚是白人的国度”。

有趣的是，根据国际上独立的媒体监测机构“无国界记者”协会的报告，2011 年，在新闻自由方面澳大利亚只在179个国家中名列30位，居新西兰（第十三位）之后。这很大程度上是因为澳大利亚媒体集中在少数人的手里，但该组织还说，澳大利亚媒体受到了批评和调查，并否认能够获得相应信息。

小屏幕和“无线台”

2007年前的20年，澳大利亚法律限制媒体大亨进入广播（指电视和广播电台）市场。2007年，一切都改变了。现在第九频道和第十频道大部分所有权为外国所有，第七频道由一家澳大利亚公司和一家外国公司共同拥有。外国人投资媒体仍较为敏感，需要澳大利亚外资审查委员会和国库部批准。

澳大利亚通信和媒体管理局（ACMA）是澳大利亚广播、互联网、电台和电信的管理机构，由原澳大利亚广播局（ABA）和原澳大利亚通信管理局2005年7月合并而成。

澳大利亚电视塔

澳大利亚有55家获得执照的商业电视台，包括三个全国电视台网络、第七频道（第七网络）、第九频道（第九网络）和第十频道（第十网络）。有两家公共广播公司，即国有的澳大利亚广播公司（ABC，澳大利亚人亲切地称其为“Auntie”）和特别广播服务局（SBS，又称民族台）。前者没有广告，后者自20世纪90年代以来不得不开始播放广告。2006年末，在广告收入的利诱下，民族台首次打断正常节目的播出，插播广告，严重影响其办台方向。民族台是作为多元文化和多语言的电台建立的，但是其节目内容比其名字所暗示的要丰富得多（例如，其多元文化特性似乎使它可以经常播放一些外国色情电影）。当然，民族台的电视节目仍用60多种语言播出，电台的语种更多。随着时间的推移，其电视台的业务范围越来越宽，从多元文化和生态－哲学到同性恋文化。公众对民族台商业化程度越来越高、内容越来越肤浅感到十分不满，因此未来民族台可能发生更多变化。

2007年中期，政府资助的国家土著电视台（NIT）成立，是第三家公共广播公司。NIT的节目在悉尼制作，通过土著商业广播公司Imparja位于北方领土地区艾利斯斯普林斯的卫星设施播放。WIN 电视台是农村地区的主要电视台，是由第九网络经营的。在一些地区，还有非营利的社区广播站。

电视节目是澳大利亚传媒的重要部分

2001 年数字电视诞生，起初业务增长不快，但近年数字电视取得巨大发展，但澳大利亚仍落后于其他国家。现在消费者还可以选择看高清电视。每家主要广播公司都有多个频道，提供模拟、标准数字和高清选择。目前，澳大利亚广播公司有三个频道，包括 ABC 24，提供不间断新闻报道，有的节目来自英国广播公司（BBC）和“半岛”电视台。民族台有两个频道，再加上第九、第七和第十频道的商业频道，澳大利亚无线免费的全国性电视频道已达 15 个，不包括地方台。2013 年底，澳大利亚淘汰模拟信号，全部转向数字信号。

除了上述免费频道外，还有卫星电视、有线付费电视公司福克斯澳讯（Foxtel），它在农村地区的服务由澳星（Austar）提供。

澳大利亚有 272 家商业广播电台。各电台都实行一种“未经加工的钻石”式的民主，听众可以打电话参与，或者主持人可以打回电话，与你交流。但具有国际头脑和知识深度的应该是澳大利亚广播公司和澳大利亚广播公司全国电台的节目。民族台的电台广播使用 68 种语言进行播音，是世界上播音语种最多的广播电台。

自 20 世纪 70 年代以来，澳大利亚广播管理局规定持有商业执照的电视台每年从早上六点至午夜的时间段内必须的国产节目不能低于节目总量的 55%。对澳大利亚来说，这种对媒体的控制不同寻常。于是，澳大利亚便出现了许多国产的肥皂剧，如现在世界闻名的反映郊区生活的《邻居》系列剧。2004 年，澳大利亚与美国签署自由贸易协定时，上述关于电视节目中本地内容比例的规定也得以保留。自由贸易协定本来可能威胁到上述限制，在澳大利亚坚持下得以保留。2012 年 3 月，根据澳大利亚政府要求成立的相关委员会向政府提交了其独立完成的汇总审查报告，澳大利亚媒体管理可能发生新的变化。关于本地内容的要求可能扩展至所有商业电视台的数字频道（目前无此限制）及澳大利亚广播公司和民族台（自开办以来，一直没有关于本地内容的要求）。但考虑到民族台传播多元文化的特殊使命，对其关于本地内容的要求可能降至 27.5%。

互联网

澳大利亚工党政府（已经于 2013 年 9 月被自由党－国家党联盟政府所取代）专设负责宽带、通信和数字经济事务的部长，充分显示了澳大利亚对信息通信技术应用的高度重视。其工作目标是“到 2020 年，使澳大利亚成为世界首屈一指的数字经济体”，即到 2020 年，使澳大利亚家庭用上宽带的比例在经济合作与发展组织（OECD）国家居前五位。澳大利亚通信基础设施极其落后，目前仍广泛使用老化严重的铜线通信网络，大大落后于许多邻国和友国，澳大利亚需要迎头赶上的地方很多。目前，澳大利亚的互联网用户 1 100 万，对于有 2 300 万人口的发达国家，这个比率并不算高。2011 年 6 月，就固定宽带用户来说，澳大利亚在 34 个经济合作与发展组织中位居第 21 位。OECD 数字还显示，澳大利亚固定宽带用户下载速度在经合组织中也是很落后的，还是第五个费用最为昂贵的国家。目前宽带升级的核心是实施国家宽带网项目（NBN），主要通过光纤，辅以无线、卫星技术向澳大利亚家庭提供高速宽带。澳大利亚是个大国，需要由点及面、一个区一个区地开通，有些地方还相当偏僻。对于迫不及待的用户来说，宽带工程进展极其缓慢，令人沮丧，但逐渐地，宽带会离我们越来越近。宽带初步覆盖全国可能要等到 2015 年，甚至更晚，整个项目预计在 2011 年起的 10 年内完成。

澳大利亚人在上网

别侵占我的个人空间

拥有自由，还不要冒犯他人的自由，在这两者之间保持平衡是一项棘手的任务。自由意味着言论自由，无论你是否喜欢别人在说什么或没说什么。民主应该意味着，你可以为了他可以这样说的权力来牺牲自己。

民主有时候意味着不方便。它意味着各种压力集团——小麦游说团、羊毛游说团、矿业游说团、环保游说团及女权主义游说团等，都可以为了一己私利而游说政治进程。这样，做起事来就要慢，做出有关决定需要更长的时间。但什么事情总有两个方面：这意味着你可以说你想说的。

澳大利亚情侣在泛舟

个人自由

自由也意味着电视台上裸体和色情（包括异性间的和同性间的）比你能容忍的要多点儿（看一下 10 频道的真人秀“老大哥”节目就知道了）；别人可以在你居住区的购物中心里开设性商店；当地的酒馆在午餐时间会有脱衣舞表演；年轻人可能穿得很少，在大街上亲吻或者拉手。近 20 年来，电视节目里出现脏话也没什么了。

公开暴露自己的身体，像澳大利亚这样的西方社会在性方面的相对自由对于那些来自亚洲和其他传统社会和宗教的游客是个不小的问题。

快速浏览一下几家澳大利亚报纸的“个人”分类广告版，你会发现各种各样的服务应有尽有。你只要花钱，就可以洗澡时在浴缸泡泡中干那种事，可以用也可以不用安全套，或者受于“约束”，只看别人做，甚至在电话里谈论。在这样的社会里，人们过去经常使用的借口——“对不起，我正忙着呢”——可能太对了，即使只从文字上来讲。

下面就是部分分类广告。在“F”栏里，有一个“法国妹子乌拉拉”。在“H”栏里，有一个“火辣的家庭主妇”或者“西班牙裔”。“G”栏都是关于同性恋的。如一则广告说，“男人找男人，华人或者其他民族。”其中会有“女同性恋露茜”，而一个“劳拉”称可以“帮助好奇的男士穿衣打扮或者化装”。在“G”栏里还有温文尔雅的男妓，“男士，23 岁。哪位女士能够从经济上资助一位处于绝境中的年轻男子？真实的广告。”

这些广告不会都是专职从业人员刊登的。有不少人是业余的、兼职的、偶尔寻找刺激的，也有人真的在寻找爱情和婚姻伴侣。

从另一方面看

如果这些事情使你感到困惑，你一定要保持健康的心态。你应该明白大多数澳大利亚人在其日常生活中根本连看都不看“下流社会”一眼。他们对其视而不见，把他们当作墙纸，一点不感到惊奇，也不感兴趣。所以，假装没看到——走你的路。但如何使孩子远离这些事，或教育他们妥善应对，是做父母的挑战，但这种挑战是你迟早都要面对的。

澳大利亚人对于色情、暴力及其审查是矛盾的，这表现在不久前的清教徒禁欲主义与更加容忍的现代社会之间的竞争和对立。

总的来看，社会上多数人认为非暴力的色情是正常人性欲和性“幻想”的安全阀。澳大利亚有一套完整的电影分级制度。除 G 代表普适（普遍适用）影片及 X 代表成人（Adults）影片外，M 或者 M（A）代表“成人（Mature）”（15 岁及以上），R 代表“受限”，PG 代表“父母指导”。自 1984 年以来，澳大利亚多数地方禁止 X 级录像片的制作和播放，只有首都地区堪培拉和北方领土地区除外。西澳开始逐渐放松这一限制。因此，作为澳大利亚“首善之区”联邦首都的堪培拉，长期以来却是澳大利亚黄色电影片的主要供应源，但澳大利亚分级制度也可能发生变化。2012 年 2 月，澳大利亚法律改革委员会公布了一份报告，表示在全国范围内，规范所有媒体，无论是有线还是其他媒体的等级划分。

他们如何看待自己

澳大利亚国内对于什么是典型的悉尼人、墨尔本人，或者塔斯马尼亚人，或者西

布里斯班的建筑

澳大利亚州人，都有一些固定的看法。

悉尼人生活节奏很快

- 悉尼人：有活力，什么都想争取，精明、年轻，咄咄逼人，节奏快。
- 墨尔本人：乏味，一本正经、老于世故，有修养，但有点英国人的那种华而不实。
- 塔斯马尼亚人：住在边远地区的人，内向，近亲繁殖。
- 堪培拉 / 首都地区人：公务员、记者、政客等令人讨厌的单调人物，享受着澳大利亚最美丽的一些风景。
- 布里斯班 / 昆士兰州人：比悉尼人还傲慢，近乎粗俗，乡巴佬而且有点未开化，但喜欢玩，爱太阳。
- 阿德莱德 / 南澳大利亚州人：节奏慢，比较安静，有英国人的矜持，比较有修养。
- 珀斯 / 西澳大利亚州人：孤立的，过时的，小地方，保守，懒散，容易满足，因矿产资源丰富而发了财。
- 北方领土地区人：有开拓精神的“偏远”边疆社会，有些粗野，但因与众不同而有趣。

正如所有成见或固定形象一样，都不完全是无中生有，还是有一定道理的。

总之，澳大利亚人都认为，他们共同的自我形象是：勇敢，意志坚定，诚实，不玩诡计，反对专制，因而讲民主、平均主义，忠于朋友，愿意扶危济贫，特别注重公平，或者希望每人都能得到应有的正义。

如果在澳大利亚你想“保护”自己，最好的办法是什么？展现你的本色——澳大利亚人恨表演、矫揉造作和伪善。

成为他们中的一员

让澳大利亚人接纳你是会很容易还是会很难？总的来看，在表面上，澳大利亚人

父母与孩子

比较容易接受别人。只要你能够满足他们关于"哥们情谊"的一些最基本的标准，无论你是什么民族背景，他们都会把你看作他们的"哥们儿"。这些标准中最重要的是你能讲英语，即使不能讲澳大利亚英语俚语。如果你能喝一两杯酒，他们会更喜欢你。他们一般会避免过于专业的谈话，不增加对方的负担。如果你能比较沉着地谈论板球或者足球，就更好了。当然这不是必需的。

邀请他们到你家中做客，对方会很高兴。他们不喜欢过度穿着打扮，或以任何形式进行炫耀，包括大手大脚地花钱，高谈阔论，不给别人说话的机会。批评澳大利亚，或者将澳大利亚的劣势与其他国家相比都是绝对不行的，除非你已在澳大利亚很长时间，已持有澳大利亚护照——但即使那样，也要三思而后行。

如果有时受到了不同的对待，与其说是因为民族，不如说是因为性别。你也许需要搞明白，如何在性别及你的性取向方面融入澳大利亚社会。在这方面，澳大利亚人自己还有许多工作要做。家庭生活处于多变中，1/5的15岁以下的孩子处于单亲家庭，2007年年离婚率比10年前下降了10%，但从绝对数字看，仍有5万件离婚案。2007年，澳大利亚人的婚姻在离婚前平均能够维持8.9年，这已经比20世纪90年代有很大改善。离婚率下降，可能同越来越多的人存在事实上的婚姻关系，但不结婚有关。破裂的家庭和单亲家庭不再是"另类生活方式"，而已成为常见的模式。下面的内容是全国性经常争论的话题：家庭法院对有孩子的离异配偶造成巨大的痛苦，儿童支持局这个有争议的机构对于已经离异但还要抚养孩子的父亲们带来了恶劣的影响。听听许多人讲述他们个人的痛苦经历（每个人都可能有朋友遇上这样的事情），你很容易明白为什么这么多年轻人不愿意结婚。当然，对于不结婚但属事实婚姻的，如果双方同居一年以上，法定婚姻的法律条款也基本适用于他们。自己有工作的男人需要记住，无论其妻子或者"伴侣"是否有工作，双方一旦离婚或者分居，都必须将所有财产一分为二，包括养老金、房子。在支付孩子的抚养费上，对孩子的监护、看望安排等问题上，还要接受当局的严密监督和监察。

同性婚姻，没有两样

澳大利亚是可以公开讨论同性婚姻的国家

如果你来自一个不能在一些较正式的场合公开讨论同性婚姻的国家，你会发现澳大利亚的社会环境大为不同，你需要逐渐适应。澳大利亚并未使同性婚姻合法化（实际上，2004 年的婚姻法明确规定婚姻是男人和女人的结合）。但根据 2008 年 11 月通过的新法律，事实上的同性夫妇在税收、社会保障、年金、医疗甚至儿童支持等主要领域均获得同异性婚姻家庭基本相同的权益。如澳大利亚总检察长的网站所言，澳大利亚政府在这个问题上的立场非常清楚，“澳大利亚政府认为，无论其性取向如何，人民应该被尊重、享有尊严及平等参与社会生活、接受法律保护的权利。”

男人与男人，男人与女人

如果你在澳大利亚只看电视，你会得出这样的结论：在尊重女性方面、妇女享有与男子同等的权利、报酬和机会方面，以及所有女权主义方面，澳大利亚大大走在世界的前列（但另一方面，你也可能看“老大哥”这样的电视节目。这一节目使电视观众在其起居室里就能看到人为地拼凑到一个“温室”里的“室友们”本来应属“隐私”的行为。这些室友多为很现代的年轻人，有男有女，他们所表现出的粗鲁的举止和性骚扰骇人听闻。这一节目播到 2008 年，现已停播）。

但是，澳大利亚也有很多公益广告，呼吁警惕和反对家庭暴力，让人误以为家庭暴力在澳大利亚是家常便饭，经常发生。其他“高品质”电视台的纪录片好像讲的却是关于男人欺侮、虐待妇女和孩子的事——不管是打老婆、强奸，还是乱伦。既然这些节目表达了严重的关切，现实生活中也一定有吧？

不一定。你在媒体中所看到的其实是一种为了对过去——也可以说现在——所犯的罪孽进行忏悔而做的自我鞭挞。因为情况的确十分严重，所以制作这么多纪录片是必要的。但是，我们又无法确定，纪录片所表达的严重关切是否真的远远超出电视纪我的哥们儿（mate）永远指的是一个男人。一个女人可能是我的女郎（sheila），我的“小鸟”，我的好人，我的“小傻瓜”，我的“甜心”，我的女人，或者我的妻子，但绝不是我的“哥们儿”。

录片制片人和剧本作者这个复杂的圈子。但你可能听说过，1994年，唐纳（后任霍华德政府外交部长，有时说错话）因拿打老婆说事而引起公众的强烈批评。当时，唐纳是自由党的领袖。自由党提出的一个口号是“重要的事情（things that matter）”。唐纳在一次晚餐后发表讲话，用自由党的口号作双关语，就有的澳大利亚男人“打老婆（things that batter）”开个玩笑，想不到引起公众的不满。因此，唐纳只当了9个月的自由党领袖，就辞职了，并非意料之外。

近年，澳大利亚发生了多起高官非礼事件，加剧了澳大利亚男人与女人相处的不安因素。许多事件中，男性政治家酒后对女性同事用口头或行动方式进行骚扰。2008年，有两件可谓登峰造极的事情与现任西澳大利亚州自由党政府交通、住房与紧急事务部部长特罗伊·布斯威尔（Troy Buswell）有关。一件事是，他在西澳州议会举行的一次聚会中醉酒，解开了一名工党工作人员的胸罩。另一件事是，据称一位自由党女同事刚从一把椅子上站起来，他就在她及其他人面前举起那把椅子，并不断地嗅着她刚坐过的地方，并多次重复他令人生厌的手势。

哥们儿情谊是指男人们之间的情谊，妇女之间不可能有这种情谊

但是在我们了解澳大利亚男女是如何相处前，先了解一下男人之间是如何相处的。

哥们情谊和男子汉气概

很多人已经就这个独特的澳大利亚现象写过不少东西了，我简直不知道该从哪说起。

如果你刚到澳大利亚，你

女人特别是妻子常被澳大利亚男人认为是枯燥家庭生活的代表

最先注意到的可能是这个熟悉的、友善的称呼语“mate”，不管是生人还是朋友。“你好吗，伙计？”“我能帮忙吗，朋友？”这些都是人们经常说，你经常听见的（注意“mate”几乎从不用在男女之间，或者女人之间——唐纳德·麦克伦 The Roarmg Days，1960 年）。

但这只是比较随便的打招呼，虽然有象征的意义。真正的“哥们情谊”是达到近乎神秘地步的抽象概念。澳大利亚先驱，乡村编年史学家亨利·劳森（Henry Lawsor）首先使用这个词。他 19 世纪 90 年代的作品写得最好。

“哥们情谊”指的是男人在一起感到的那种微妙的手足情谊，特别是当他们在艰苦的条件下或者面临重大困难时一起工作或者战斗时的情谊。不论这是对还是错，这一概念暗示，妇女之间不可能有这种情谊（虽然女权主义者会说，“姐妹关系”对于她们是一回事）。确实，传统上，当澳大利亚人讨论阳刚、男子汉气概、哥们情谊时根本不包括男人对女人所表现的那种“男子汉气概”。妇女根本不被包括在内。

在今天这个后拓荒（post-pioneer）的时代，这个概念的唯一的问题是，如何界定将男人凝聚在一起结成哥们情谊的逆境。人们内心里可能认为，“敌人”可能是女人——特别是妻子——以及她们似乎所代表的枯燥家庭生活的苦恼。

哥们义气

在澳大利亚，哥们情谊——男人与男人之间的友谊——可以超越其他所有的道德。比如，如果你的朋友贩卖毒品，你向警察告发，人们可能会认为你犯的罪比贩毒还要严重。像人们通常认为英国商界里盛行“老朋友（oldboys）”关系网一样，哥们情谊也在澳大利亚商界和政界悄悄运作。从其最负面的影响来说，它可能产生腐败——“拉兄弟一把”。

哥们情谊有广义和狭义之分。从狭义上看，它意味着男子汉气概的大暴露，有点像大猩猩捶打自己的胸膛。如社会评论家唐纳德·霍恩所指出的，在这种情况下，“站如果你阅读了罗伯特·休斯（Robert Hughs）关于早期澳大利亚殖民地的书《致命的海岸》（*Fatal Shores*），你会发现此书为下面的说法提供了令人信服的证据：正因为在过去的罪犯社会里同性恋行为充满暴力，十分肮脏，澳大利亚男人才花费如此大精力，消除这段记忆。

在中东或部分亚洲国家的文化中，男人之间有亲昵行为，如拥抱、大街上拉手甚至一起跳舞，不足为怪。如果你是一位来自上述文化圈的男士，到了澳大利亚可要小心，你可能被误解。上述亲昵行为，在英裔澳大利亚人男人之间并不常见，那样做可能被认为是同性恋（如果你确实是同性恋，当然没有问题）。

另外一个对澳大利亚男人的禁区是对儿童表现出过分亲昵，无论什么性别。这令人遗憾。澳大利亚对恋童癖恐惧之大，男人与儿童的亲昵很容易引起怀疑。如果你是一位老师，或者体育教练，把教室的门开着，或请他人在场，会免于受到性侵的错误指控。与儿童打交道时，“不触摸”是基本的规矩。

在酒吧里的男人们，为了充分显示其男子汉气概，多半会拉开其裤子拉链。”

另一方面，霍恩将哥们情谊称之为全国普遍存在的高尚的“兄弟情谊”。这意味着，多数澳大利亚人相信，其他人同他们自己一样也是好人——“伙计”。他们都是乐观主义者，都相信人的本性——“人”就是人类（mankind）这个词。

最后要对女人说一句话：原西澳大利亚州州长卡门·劳伦斯（Carmen Lawrence）对哥们情谊怀有“善意的鄙视”。她1990年对记者说，“所谓的‘哥们圈子里的人’通常极具竞争性和侵略性。我的看法是，在这个环境恶劣的世界里，许多人进入这些‘哥们情谊圈子’可能是为了寻找安慰。所以，我想我们不应该将这种安慰从他们那夺走。”

澳大利亚男人

悉尼的另外一面

如果你愿意，可以努力在澳大利亚阳刚的一面与温柔的一面之间寻找平衡：悉尼是世界上同性恋都市之一，自 1978 年以来，每年举行同性恋狂欢节。它已成为澳大利亚最赚钱的节日，吸引了大量的游客，但是近年亏损。2012 年悉尼的狂欢游行，参加者多达 9 000 人，由流行公主凯莉·米洛（Kylie Minogue）带领，观众约 30 万人。大街上有穿着奇装异服的，也有穿得很随便的，有穿皮衣、骑自行车的女子同性恋者，将自己打扮得十分怪异的“女王”，同性恋修女、健美运动员、军队同性恋者等，无奇不有。

男人的男人

与哥们情谊同时存在的是对同性恋者几乎令人难以理解的恐惧。在澳大利亚男人圈里，他们被称为“脂粉气的男子”、“不同寻常的人”（澳大利亚俚语，都指同性恋者）。澳大利亚有一种强烈的反同性恋文化，特别是在东部的大城市里，但主流的“哥们圈”努力避免与他们发生联系，或者如果被迫与其发生联系，会攻击对方，但只是动口。2005 年，在西澳大利亚州曾有人建议同性恋者（包括男同性恋和女同性恋者）给学生上性教育课，在家长中引起轩然大波。

因此，澳大利亚男人害怕显得太情绪化——太女人味。当然也有许多人对这种神经症进行了勇敢的抵制。其中之一就是前澳大利亚总理鲍勃·霍克。他因曾当众大哭而出名。虽然不清楚他的这一哭对澳大利亚男选民产生了什么影响，但这一定拉近了他与女选民的距离。总的来看，这种（对于感情外露的）恐惧也在趋缓，因为越来越多的澳大利亚年轻人开始接受这种“新时代男人”的现象。美式的公开的伤感主义开始在澳大利亚扎根。

另一方面，霍克公开承认他对妻子的不忠，也可能使他拉近了与澳大利亚男人的距离。（他们会说，他跟我们一样是人，对不对？）这些人可能暗自羡慕他的所作所为，但是他的所作所为会使一些女人不高兴。

在澳大利亚，做饭一般是女人的任务，但如果是举行烧烤会，则男人会很自然地接过去。一条不成文的规律是：丈夫负责烧烤——这让人想起远古时代穴居人狩猎、采集的生活，而妻子则可能忙着准备沙拉什么的。

烧烤会上，一般是丈夫负责烧烤

温顺的亚洲妇女

女人如果想与男人处好关系，最好还是要将自己的身价放低些。你也许注意到在澳大利亚“邮购”菲律宾新娘的生意很红火。澳大利亚男人认为（有时错误地认为），与更为温顺、讨人喜欢的亚洲女子生活在一起更为安全。这应该有些道理。

身份互换

从某种程度上讲，澳大利亚男女之间的关系从过去的经济衰退及失业中受益。现在做零工甚至夫妻共做一项工作都是可能的。因此，有更多的男人待在家里，做“家庭主男”。但不是所有人都心平气和地接受这种情况，男人还是不太喜欢这样。

女郎

我前面提到过，聚会的时候，男人常聚在房间或者花园的一侧，谈论澳式足球；女人则在另外一边，谈论做饭、孩子，或者目前也十分有可能讨论女权主义的话题。上述情形仍很普遍。

作为一个女人，你对此基本无能为力。你可能觉得女人谈论的话题本身很有趣。但如果你不理睬那条将男女分开的看不见的线，与男人待在一起，你得谈他们想讨论的话题，如澳式足球、板球、政治或者色情。澳大利亚男人还是不能完全接受女人。

如果你是男人，想得到澳大利亚女人的喜欢，这对你来说，简单多了。你只要展示那些普通的“欧洲”礼节，购物时帮女士拎包，给她们开门、送花，她们会觉得你很可爱。

罪犯奴隶

安妮·萨默斯（Anne Summers）是另外一位妇女事务观察家。她的《臭婊子与上帝的警察》（*Damned Whores and God's Police*）一书精辟地讨论了关于澳大利亚妇女的种种说法。她在书里提出，澳大利亚的殖民经历产生了

温顺的亚洲妇女，让人感觉更安全

很久以来，澳大利亚人都认为女人的位置是在家里

两种关于妇女的固定的看法：妇女要么是用来满足男人性需要的妓女，要么是公共道德的捍卫者——“上帝的警察”。

1788—1852 年，24 000 名妇女罪犯被运送至澳大利亚。无论她们在其母国是不是妓女，可以比较肯定地说，她们当中的许多人被迫做了妓女。即使她们没有做妓女，也会受到男犯的多次强奸。她们及许多土著妇女都有过痛苦的经历。

女罪犯在“老家”的罪行不过是些小偷小摸的事，但是被送到澳大利亚后，她们受到剥削，遭到毒打，被奴役，被作为奴隶或者物品随时转送或者出售。澳大利亚男女之间的关系就是这样开始的。有些人说，这种开端为后来的男女关系的性质奠定了基调。澳大利亚对家庭暴力有较为完整的记录，这无论源于男性还是女性。毋庸讳言，有些家庭暴力是女性针对男性的。但仅 2005 年，约 130 万 18 岁以上的妇女，即 18 岁以上妇女的 17%，从 15 岁起受到过其男配偶、伙伴的暴力对待。土著妇女遭受家庭暴力的可能性更是高出 3 倍以上，受虐程度更甚。下面令人吃惊的数据更是说明问题。题为《澳大利亚妇女 2007》的政府报告称，在维多利亚州，家庭暴力是 45 岁以下妇女死亡、残疾、生病的主要因素。家庭暴力造成的经济损失估计每年可达 5 亿澳元。

清教徒禁欲主义与异教信仰

与男人的同性恋历史一样，澳大利亚妇女的上述痛苦经历一度引起了另一种极端的反应：一种强烈的清教徒禁欲主义在澳大利亚扎根。

很久以来，女人的位置是在家里，与孩子在一起，性是一个不容讨论的话题，艺术审查在每个州都是常事。大城市以外及在某些州，如西澳大利亚州，这种态度仍未烟消云散。州立学校直到 20 世纪 70 年代才进行性教育，现在也不是所有的学校都进

同工同酬

具有讽刺意味的是，男工会会员对便宜女劳工的恐惧引发了第二次世界大战中要求实现同工同酬的运动。同工同酬原则，即如果从事具有同样价值的劳动，对于男女工人的报酬必须相同，于 1972 年得以确认。但实际上，全职工作的妇女的平均收入仍比男职工少 18%。但如果工党政府在 2013 年后继续执政（存在不确定性）（工党在 2013 年大选中败选，自由党重新上台——译者注），根据公平工作法，上述情况可能得以改变。一个例证是 2012 年澳大利亚公平工作局裁定，同意将社区工作领域职工的工资提高 45%，理由是由于该领域历来女职工多，长期以来工资水平偏低。

现在，澳大利亚男女基本是同工同酬

行性教育。

澳大利亚好像向游客展示了一个表面上看来什么都允许的放任的社会，甚至是异教的社会。这与更古老的清教徒禁欲主义传统似乎相矛盾。澳大利亚的情况与同样有着开拓（pioneer）社会的美国相似。

罗马天主教主张的简朴的道德观曾影响着许多祖籍是爱尔兰的罪犯的后裔及其他基督教徒。长期以来，这种道德观也影响着澳大利亚中产阶级。实际上，正如霍恩指出的，直到不久以前，普通澳大利亚人的生活方式还是极其清苦的：酒吧在晚上 6:00 关门，吃饭时不提供酒，星期天什么也不能做（西澳大利亚州刚于2012年8月改变了这一传统），赌博是非法的，许多书被禁，等等。

公平对待妇女

澳大利亚男女关系通常紧张，但也有例外，特别是在大城市。这种改变虽缓慢但很稳固。从官方和法律的角度来看，澳大利亚给予妇女的待遇比她们应该得到的待遇还要好。

1984年通过的《（反对）性别歧视法》规定，性别歧视属于违法。这样，澳大利亚就履行了联合国关于消除一切形式的性别歧视公约的义务，以及世界劳工组织第156

号公约所规定的部分义务。而且，每个人都全力支持“给予妇女更多权利”（当然，从某种程度上讲，这也有点贬低妇女的意思，因为这暗示着妇女的权利还不够大）。

澳大利亚可能是世界上为数不多的在联邦层面设立“性别歧视专员”一职的国家之一。到2012年9月，妇女律师伊丽莎白·布罗德里克（Elizabeth Broadrick）已担任此职5年。此前担任该职务的也是一名妇女，名为普鲁·戈华德（Pru Goward）。（但如果把这个位置专门留给女人，可能也算是性别歧视吧）。

澳大利亚妇女自19世纪末20世纪初取得了投票权，比英格兰还早。第一个女政治家伊迪思·考万（Edith Cowan）来自西澳大利亚。她于1921年当选（近期，西澳大利亚州一所新成立的大学是用她的名字命名的）。

20世纪70年代，澳大利亚还进行了许多其他改革，如1974年，就机会平等、妇女最低工资进行立法。现在，报纸的分类广告经常出现“我们是提供平等机会的雇主”这样的标题，以强调对妇女的平等机会。同样是20世纪70年代，随着澳大利亚作家杰曼·格里尔（Germanie Greer）充满争议的书《女宦官》（*The Female Eunuch*）的出版（1971年），女权运动席卷全球。

20世纪80年代，随着妇女电影院及妇女剧场等各种女权主义的艺术形式的涌现及许多大学、学院甚至中学开设妇女研究的课程，关于女权的讨论越来越多。澳大利亚显然在弥补过去失去的时间。但澳大利亚男女鸿沟仍然很大。例如，澳大利亚人权与公平机会委员会（最近改称澳大利亚人权委员会）的电话调查发现，28%的妇女表示，她们在工作场所受到性侵，而只有7%的男性表示受到性侵。澳大利亚反对性别歧视委员会随即就性侵问题发起全国性调查。该委员会主席同时指出，“45岁至49岁女职工的一半，在退休时只有不多于8 000澳元的储蓄，而男职工是31 000澳元。而且，女职工的退休金只是男职工的1/3。妇女花在无薪酬劳动上的时间多于男性，特别是照顾孩子。与男人比，她们更可能从事非全职工作，因而退休时的储蓄少许多。很多妇女的晚年生活是在贫困中度过的。”

女性有休产假等多种相关权利

根据2011年5月通过

的新的反对性别歧视法修正案，雇主不能因职工承担家庭责任而歧视他、她们。职工们有休“产”假（自 2011 年来，大多是带薪假）的权利、休假期间保留工作岗位的权利、不因怀孕或哺乳被解雇的权利。防止发生性侵的法律也更加严格了。欲详细了解人权委员会的工作，请参阅 www.humanrights.gov.au。

真正的障碍和想象中的障碍

虽然其初衷是好的，但是正是初期工会运动提出的妇女保护措施越来越成为妇女发展的障碍。比如，对于妇女负重的限制使妇女无法进入许多传统上由男人垄断的职业。

当然，机械化越来越使这些限制成为多余的。但是仍有许多职业没有或只有很少的妇女从业者。澳大利亚第一个女法官到 20 世纪 60 年代中期才产生。

直到不久以前，结婚、生孩子意味着大多数澳大利亚妇女工作生涯的结束。即使到了 1970 年，在大学工作的妇女一旦结婚就得辞职，而且公务员的有关规定也限制她们从事某些工作。已婚教师仍面临很多困难。已婚还要继续工作的妇女多是移民：澳大利亚妇女劳动大军的 1/4 是移民。为了养家，她们必须继续工作挣钱。

与土著妇女的情况一样，影响妇女解放的不是法律架构，相反，是潜在的社会气氛。

现在仍有许多实际上只有男人去的酒馆或者酒吧。可能没有“妇女禁止入内”的牌子，但这本来就不需要。作为一个女人，你只要走进去，就能感觉到其中无形的标志。很少有妇女想在那样的地方逗留。

澳大利亚妇女不知不觉地协助创造了这种氛围。快速浏览一下妇女刊物，如拥有众多读者的，已有 79 年历史的《澳大利亚妇女周刊》（其实是月刊，2011 年发行量超

英王室是澳大利亚妇女常关注的话题

过 470 221 册，读者为 230 万）。你能发现其内容通常包括英国王室（如性感着装使威廉王子跑回到凯特王妃身边，威廉王子受到“罗特威尔犬”卡米拉的折磨），如何对付丈夫或事实上的丈夫 / 男朋友（我受到丈夫 20 年的虐待），如何做布丁（2012 年的热词是“松糕女王”）、明星故事（基思和妮可：终于回家。这当然指基思·厄本和妮可·基德曼夫妇）等。不过，近些年来，增加了一些深度思考的话题，如“我差点儿被狮子吃了，但我成为了模特（关于一个苏丹裔澳大利亚女模特的故事）”、“我是如何在普吉岛的海啸中逃生的”，“割阳礼：割还是不割”、“毒品与孩子”等。当然，琐碎、耸人听闻、追捧明星及英国王室的调子并不只存在于西方妇女杂志中。除了《妇女周刊》和《妇女节》（发行量也超过 100 万册），再读一下《新思想》（发行量为 372 146 册，读者 180 万），再读一下《新思想》（发行量为 305 159 册，读者 120 万），你就能体会我所说的了。但时代在变，旧的时代可能一去不复返。上述杂志的发行量都有较大减少，仅 2007 年至 2008 年度，《新思想》减少 10%，《澳大利亚妇女周刊》及《克莱欧》（Cleo）（时尚杂志）减少了 12%，《时尚》（*Cosmopolitan*，世界著名的主要针对女性类杂志）减少了 18%，2011 年又下降约 3%。

如果想要了解郊区的中产阶级妇女，可买澳大利亚广播公司电视台的电视肥皂剧（社会评论片）《凯思和基姆》（*Kath and Kimm*）DVD 来观看。该剧无情地讽刺了一对迂腐的、物质至上的、享乐主义的、频发牢骚的母女，还有很多笑料是通过她们的丈夫和好朋友创造的。这个剧不会立即吸引住你，有点像英国的系列剧《办公室》（*The Office*），要坚持观看，不断积累。将已经播出的各集的录像买来补看，也是值得的。剧中对于高档百货商店的两个营业员的刻画简直是天才之笔。大家公认，这两个人物实际上跟正在著名的迈耶斯百货店工作的售货员如出一辙。

典型的澳大利亚女人发型——头发有点长，有点卷儿

头发的故事

说到头发，不能不提的是“大澳大利亚发型”。例如，普通澳大利亚妇女的

邮票上印的是澳大利亚女权主义者安妮·萨默斯

头发通常是非“高罂粟”型的那种发型。一般中等长度，很乱，好像是从来没有梳过的牧羊犬。

这位普通的澳大利亚妇女可能在说，“我是女人（我的头发有点长，有点卷儿，是不是），但我并不苛刻、冷酷（看看我的头发多乱）。我对你不构成威胁（我不是那种性感得让你觉得危险的女人，要不我的头发应该更长，对吧）。所以，如果你是女人，想打动澳大利亚男人的心，聪明的做法是要表现得笨一点，乱一点。服饰过于别致反而会把人吓走，或者只会把你当作公司同事罢了，关系难以进一步发展。

对男人的警告：虽然澳大利亚社会从本质上讲是男子至上，但是有女士在场时，在正式场合特别是在谈话中，公开表现出大男子主义，是坚决不行的。如果她们不在场，可能就无所谓了。使用中性词是司空见惯的事，如用“foreperson”而不是“foreman”来指工头、领班。另外很有意思的是，在某些情况下，替女士开门或给女士让座被一些女权主义者看作是大男子主义的做派。

行为榜样

许多女强人已在澳大利亚历史上拥有了一席之地，许多新人也正在崭露头角。如果你联想到以上这些人物，可能会觉得这很令人费解，那些努力拼搏想在社会中立足的妇女会有不安的感觉。最有影响力的榜样，当然是开拓者妇女形象，她与她的男人在 19 世纪及 20 世纪初的乡村共同经历了现代人难以想象的苦难。仅在最近就有好几项研究是关于这类妇女的。

在澳大利亚生活中，妇女在许多领域都有出类拔萃的表现，在艺术和文化领域尤其如此。但是，能进入商界高层的妇女还是较少。根据联邦妇女工作场所机会平等署 2008 年的报告，自 2006 年以来，进入公司管理层的妇女呈下降趋势，2008 年妇女只占管理层的 10.7%——这个比例使澳大利亚排在美国、英国、南非和新西兰之后。该委员会考察的 200 家企业中，只有 4 家的首席执行官是女性。在董事会层面上，男女比例为 10：1。在政治上，妇女好像很不幸，易自我毁灭。如前西澳大利亚州总理、

她那个时代的先驱

除了先驱偶像，澳大利亚妇女还有现代楷模。有许多像戴姆·罗玛·米切尔（1913—2000）这样杰出的女士。她是前南澳大利亚州总督，是203年来澳大利亚建立欧洲人定居点首位代表英国女王的女性州总督。她的“第一”很多：1962年，她成为第一个女性大律师。三年后，她成为澳大利亚第一位最高法院女法官，此后她又被任命为首位女性首席执行大法官。

澳大利亚著名影星妮可·基德曼

联邦卫生部长、工党政治家卡门·劳伦斯。她卷入了西澳大利亚州的一桩政治诚实案，再也没有真正恢复元气。不然，她有可能成为联邦总理。另外一位是谢瑞尔·科诺特（Cheryl Kernot），她是前民主党领袖，1997年改变政治立场，加入澳大利亚工党。她本来有可能成为未来的副总理，但她在2001年的选举中表现不佳，明显的能力欠佳使她丧失了席位。还有一位是纳塔莎·斯托特·戴斯波娅（Nantasha Stot Despoja）参议员。她于2001—2002年期间任民主党领袖。1995年她当选议员，是澳大利亚议会最年轻的女议员，时年仅26岁。希望终于降临。陆克文任总理的工党新政府在妇女参政方面走出了一条新路，内阁有4位女性，创历史之最，总共有7位女部长。当陆克文满世界跑的时候，他的助手、十分干练的副总理朱莉娅·吉拉德（Julia Gillard）代理总理之职。身为教育部长及就业与劳资关系部长，她已身负重任。华裔议员黄英贤任气候变化与水资源部长，该职位无论是从政治上看还是国际影响上来说都是十分重要的职务。凯特·埃莉斯（Kate Ellis），年仅30岁，任青年和体育部长，这再恰当不过了。尼克拉·罗森（Nichola Roxon）任卫生和老龄事务部长。詹妮·麦克琳（Jenny Macklin）任家庭、住房、社区服务和土著人事务部长。非内阁成员包括负责住房和妇女地位事务的坦娅·普利伯塞克（Tanya Plibersek）、负责老龄事务的贾斯廷·艾略特（Justine Eliot）。政务次官麦克沁·麦娇（Maxine McKew）原为澳大利亚广播公司新闻主播，初出茅庐就在2007年大选中战胜政坛大佬自由党政府总理霍华德，当选议员，创造了历史纪录。经过历练，她有可能担任部长。

当然，另外一个榜样是昆廷·布赖斯（Quentin Bryce），她是澳大利亚首位女总督、英国女王在澳大利亚的代表。

在娱乐和时尚界，澳大利亚妇女蜚声国际。她们包括影星妮可·基德曼（Nicole Kidman）、生于珀斯现居住在纽约的超级模特杰玛·沃德（Gemma Ward）、来自南威尔士的模特米兰达·科尔（Miranda Kerr）。科尔是好莱坞万人迷、英国明星演员奥兰多·布鲁姆（Orlando Bloom）的妻子。

妇女还在男人最为倾心的许多领域，如体育及户外活动，有上乘的表现。她们包括凯·科蒂（Kay Cottee）和凯茜·弗里曼（Kathy Freeman）。前者在1987年花了189天独自航海游世界，是第一位这样做的妇女。2009—2010年，16岁昆士兰人杰西卡·沃特森（Jessica Watson）重复类似壮举。当然，弗里曼是2000年悉尼奥运会的金牌得主、土著人运动员。

罗宾·戴维森（Robyn Davidson）在她的书《跋涉》（*Tracks*）（1995）里讲述了另外一个动人的故事。她回顾了独自一人骑骆驼从艾利斯斯普林斯到印度洋横穿2 700公里的沙漠和丛林的艰苦经历。像戴维森这样的跋涉可能就是女人真正想要感动男人所做的事情。

自由与民主

要想很好地融入澳大利亚社会，你必须坚信民主，并对权威和政府抱有健康的怀

墨尔本居民区

疑态度。

澳大利亚作为一个国家，其生活是带着锁链开始的，因而渴望自由就不足为奇了。我指的是澳大利亚白人。关于自由，土著人有他们特殊的需要和定义。他们的定义可能更广，因为传统上，房屋、物质的拥有对于他们都是某种形式的监狱。白人的许多理念源于土著人的信仰，白人并没有完全认识到这一点。白人似乎是处在两个种族的渗透层中，他们吸收了部分土著人在广阔天地下对自由的追求。

1788 年到 1868 年间，约 16 万人被定为罪犯的白人男、女和孩子从英国被运送到澳大利亚。那个时候，澳大利亚是一个偏远的、陌生的地方，像今天的月球一样令人恐惧。没有任何一个其他的国家有像澳大利亚这样的经历。

这就是最初的澳大利亚白人。他们在其“新家”的生活之艰辛难以描述，甚至难以想象。我建议大家认真阅读罗伯特·休斯的著作《致命的海岸》(*Patal shores*)。这本书对于当时生活的描述是史诗般的。但也可以说，从许多方面看，这些罪犯被流放到这里，比在英国监狱里服刑，终其一生要强一些。休斯的书也栩栩如生地描述了英国监狱里的生活是多么的可怕。

虽然刚抵澳大利亚时，他们遇到了巨大的困难，但他们中的许多人很快获得了自由，在这片土地上开始了新的生活。“第一船队”的船长阿瑟·菲利普想把澳大利亚变成自由的定居点，因此到了澳大利亚后，经多方努力将罪犯释放，尽可能地减轻罪犯的痛苦。

但自 1788 年来，澳大利亚人开始自觉或者不自觉地企图清除罗伯特·休斯所称的罪犯历史的“污点”。他们一度为了争取“受人尊重”，不遗余力地掩盖其罪犯的历史，到了极其愚蠢的地步。即使在 19 世纪，在澳大利亚使用“罪犯（convict）”这个词被认为是无礼的，而用“政府的人（governrnent man）”这个委婉语来代替。近些年，发生了相反方向的变化。人们反而为自己的祖先是罪犯而引以为豪。

正是因为“罪犯”情结，我们才开始明白为什么任何形式的强权，对个人自由的任何侵犯，无论看起来多么微不足道，都会招致澳大利亚人的强烈不满。

不要把我划入任何一类

因此，想确定任何澳大利亚人的真实身份（identity）几乎是不可能的，因为他反对把自己看作是电脑数据库里的数字，反对被归到任何一类人中去。

虽然美国“9·11”恐怖袭击后，人们的安全意识增强，但在澳大利亚日常社会和经济生活中，人们还是趋向于你说什么，他们就信什么，达到近乎天真的地步。这是“每个人要尊重他人的隐私”的直接后果。

20世纪80年代，政府曾试图实行身份证制度，让每个人使用“澳大利亚卡”，以便控制对社会福利和税收的滥用。但普通澳大利亚人认为，这无异于重新启用过去的罪犯号牌，是对其自由的严重侵犯。在澳大利亚没有人比匿名权更重要的自由了。公众的强烈反对迫使政府放弃了实行身份证制度的计划（但实际上还是通过针对有收入者的税收档案号制度变相地实行了这一制度）。现在，驾驶证上也必须有车主本人的相片，这其实也就是身份证的替身。澳大利亚人还庆幸他们逃过了身份证这一关呢。

另外一种对隐私和自由的侵犯是问太多的问题。在你想了解澳大利亚人的时候，不要一开始就太好奇。你做什么工作？结婚了吗？有多少个孩子？你住在哪儿？在许多其他的社会里，这些问题都是正常的，而在澳大利亚则不是。特别好奇——“爱管闲事”——尤其是在第一次见面，会让澳大利亚人感到不自在，会让对方顿生怀疑，噤若寒蝉。不要操之过急，慢慢来。

澳大利亚孩子很自由，受约束少

做自己的事

自由可以是一种一个人享受的特权。有些人习惯于集体式的、处处受到关照的生活方式。他们的亲戚、政府、社会团体、居委会、教会组织或其他的什么组织都会来告诉他们要做什么，什么时候做，怎么做，他们对此习以为常。澳大利亚城市里，却没有这样的社会架构（但在农村地区，社区关系会更紧密些）。上述新移民会感到不知所措。习惯于包办式的政府及其联系广泛的大家庭的亚洲移民，会尤其感到不适应。

在澳大利亚，如何生活是你自己的事，别人基本不管。这是好的方面。当然，哥们，这也意味着，你得靠自己。再简单地延伸一下，这可能意味着别人不关心你。但是，另一方面，如果你直接请求帮助，或者在街上主动与人打招呼，你会得到热情的回应。

很明显，两种生活方式各有利弊。但如果你需要帮助，澳大利亚有许多组织能够帮助你。只是，你得主动与他们联系，不能等待他们上门。通常情况下，如果你不要求，你不会得到他们的帮助。因为人们期望你自己奋斗，争取自己的权利。所幸，这些权利确实存在。

有益的忽视？

“不管（leaving things alone）”哲学表现的最明显的一个领域是在家庭生活和养育孩子方面。澳大利亚的孩子明显地比许多其他国家的孩子自由，受到的约束少。在欧洲人，特别是亚洲人的眼里，澳大利亚的孩子管教不严，到了令人生厌的地步。

这里体现的仍是澳大利亚人不喜欢权威，而父母代表权威。前总理鲍勃·霍克的传记作者布兰奇·德阿尔普盖特写道，霍克家庭的孩子们就是在这样的模式下长大的。“成人来访者常常会对霍克家里所给予的孩子们的说话自由感到惊讶”，她说，“霍克从来就不是一个威严的父亲。”

父母的约束较少，学校的教学方式比较开放，确实可以造就活泼的、有创造力的、有主见的（有自己观点的）年青一代。我的一位朋友是亚洲移民。他习惯于比较专横式的教育，自从他记事起，不让孩子上学一直是一种惩罚。而现在，在澳大利亚，孩子们特别不喜欢上学。

澳大利亚孩子一般受约束较少，比较活泼、有主见

澳大利亚也出现过学生破坏公物、捣乱胡来的重大事件，说明反对权威是澳大利亚的一大特点。其中有一件事发生在西澳大利亚州。一群十多岁的学生晚上去学校，放火烧了学校。还有许多类似的事。后工业时代家庭的错位并不是澳大利亚特有的问题。此外，经济困难及单亲家庭的增多，的确使家长很难认真管教他们的孩子。约 1/3 的澳大利

亚儿童为非婚生子，是 20 年前的两倍。

部分地区的失业现象及青年失业率居高不下（都会加剧目前衰退）也有可能使精力旺盛的年轻人走向暴力。孩子们经常走在大街上无事可做。这可不是大家所渴望的自由。

最坏的情况是儿童生活在贫困中。自然，“贫困”的定义是主观的和相对的。根据联合国儿童基金会的报告，2007 年澳大利亚贫困儿童所占比例在经济合作与发展组织 30 个发达国家中居第十四位。当然，澳大利亚是 1990—2005 年间儿童贫困率下降的四个国家之一（美国、英国和挪威为其他三个国家）（下降了 1.7%）。1990 年，时任工党政府总理鲍勃·霍克曾宣布，到 1990 年，将没有一个澳大利亚儿童还生活在贫困中。这一错误表态，使霍克政府名誉扫地。澳大利亚统计局表示，根据 2006 年人口普查，普查日当天晚上约 1.2 万名儿童无家可归。

澳大利亚青年文化中另一个令人担忧的特点是，青年人明显缺乏理想和奋斗目标。这也可能反映了 21 世纪整个西方世界年轻人的趋势。我们处在一个“容易得到、容易放弃”的现代社会里，你可以作为成年学生接受大学教育（这样做心理上的难度比我们想象得要大），或者上技术和进修教育学院（职业教育和成人教育的结合，有时也是进入大学的跳板）。我们所处的是这样一个环境：好像没有人尊重或者特别看重学业，找工作反正很难，有时你宁愿参加工作，赚些钱，而不愿在学习上花费时间。在这种情况下，很多年轻人进入大学后，在第一年末就不上学了。他们经常在下一年找到了一份薪水很一般的工作，公开说希望再回到学校，但是实际上很多人再也没有回到学校，浪费了他们自己及其父母的时间和金钱。另外一种情况是，他们在一大堆课程中挑来挑去，变来变去，换专业，换课题（“不，我不喜欢法律，太难了，我想改学建筑”），痛苦地选择适合他们的专

青年学生

业、课程，但从未下定决心，经常是到最后根本没读完学位就离开学校了，把上大学期间获得的本该由毕业生偿还的教育贷款欠款甩给政府。

现在，游手好闲的年轻人不再像从前那样可以轻易地靠社会福利生活了，但他们辍学后，还是很容易进入劳工市场，找到低收入的临时工作、打零工，成为短期合同工等。

乐队演奏

如果在澳大利亚，上述情况发生在你的孩子身上——他们这样做也许出于同龄人的压力，认为这一切都是正常的做法——你要放宽心，这件事不只发生在你一个人身上。而且要意识到确有一小部分的年轻人为了生存要做一些他们并不喜欢的工作，他们“真正”的生活是在工作以外——比如过舞蹈家、作家或音乐人的艺术生活。在澳大利亚，有些人生活的最重要部分并不是工作。更确切地说，世界上没有一个国家像澳大利亚这样不是根据工作来定义一个人。

另一方面，你可以向我认识的一位印度移民母亲学习。有一天，在家里住的儿子告诉她，他和一些同学决定停学一年，出去玩玩儿或者打工挣点钱。她说，“好呀，你不妨现在就收拾行李，搬出去住，那你就完全独立了。”想到再也得不到家庭的支持，这位年轻人改变了主意，决定继续学业，毕业后找到了一份好工作。有趣的是，停学的几个同学大多再也没有复学。

不要领袖，我们是澳大利亚人

澳大利亚人关于自由概念的关键当然是民主。一言以蔽之，就是，“没人是我的老板”，平等是这个概念的另一个中心。为坚持这一原则，澳大利亚人乐此不疲地限制他们的领导人的权力。这种社会气氛反映在下面的一件事中。1991 年，澳大利亚总理鲍勃·霍克在他的车后座上接受采访。在接受采访过程中，他忘记系上安全带。这一切都在电视上播放了。

观众们当然没有忽视，也不能容忍霍克不系安全带。他们立即给该电视频道打电话，1 000 多个电话让接线员应接不暇。观众质询，霍克为什么在遵守系安全带这一法律规定面前与普通人不同？（澳大利亚于 1971 年通过法律，规定开车、乘车时必须系安全带。澳大利亚是第一个通过此类法律的国家）在任何像澳大利亚这样富有民主活力的国家唯一可能的反应是说，对不起。霍克的反应是明智的，他要求警察像对待任何其他公民一样对待他。因此，他因忘记系安全带被当场罚款 100 澳元。

在一些社会里，公众对其领导人进行这样的批评是不可想象的。但是一旦该做的做了，实行了公正，将他们的领导人摆平了，澳大利亚人很快又会将事情忘得一干二净。另外，他们希望他们的领导人像犯些小错的普通人。如唐纳德·霍恩所言，澳大利亚人并不需要大人物。大人物是“高罂粟”，要被割成“矮子”的。

对于多数澳大利亚人，对政治家及政治进程的鄙视是一种内在情绪的自然流露。在普通澳大利亚人眼里，政治家是像他一样的普通人，他们被“放在高位”，只是为了为人民办事，为人民服务。无论任何时候，如果他们不再为人民办事，开始像主人一样行事，或者成为领袖，把他们“放在高位上”的人民应该立即将他们赶走。近年来昆士兰州发生的腐败案、西澳大利亚州对经济的管理混乱及滥施影响及近年来发生在澳大利亚议会的津贴作假、性侵丑闻更加坚定了上述态度。

比如，在电视上、媒体中，人民对政治家的无礼程度让许多非澳大利亚人，即使是英国人和美国人感到震惊。一位来自亚洲的新移民说，“有点像是软（少量）色情片。”亚洲人对其领导人是比较尊重的。

澳大利亚士兵

澳大利亚人的团队精神

停一下，想想以下似乎自相矛盾的情况：长期以来，澳大利亚士兵以英勇善战而闻名，但是做一个好士兵不是建立在严肃的纪律、严格的训练、等级制度和对上级指示的无条件服从的基础上吗？如果从本质上讲，澳大利亚人的性格是反叛性的，澳大利亚士兵是怎样做的呢？

答案当然是这样的：澳大利亚人尽管不好管，但与他人相比，澳大利亚人更容易接受他们所敬慕的、爱戴的人，或者与他们同甘共苦的人，而不是在前面领导的人。他是一个需要在团队中工作的人。“哥们儿情谊”更加巩固了这一点。

这个原则适用于其他生活领域，无论是工作，还是休闲。所以，不要轻易说澳大利亚人的反叛精神成事不足败事有余，或者对集体利益有百害而无一利。

做事的另一种方式

澳大利亚人做事的方式有点古怪，迂回，而不是直接的，表面看来是不服管教的，但同时又具有创造性，效率高，而且更重要的是有人情味。这种方式特别适合艺术领域及科学的“神秘”阶段，如量子学、混乱理论及电脑软件。从其定义看，这些学科具有无政府主义的特性，正如澳大利亚人一样。

排队

长期以来，澳大利亚出租车司机期望男性乘客（对女性乘客则不怎么奢求）坐在前面，他的身边，以示平等——他不是任何人的司机。在澳大利亚乘出租车时，坐在前面仍是好的行为举止，特别是你是男士的话。但由于发生了许多暴力攻击出租车司机的事件，而且越来越多的出租车司机是外来移民，根本不了解澳大利亚的处世哲学，不得不承认时代变了（对于女乘客来说，危险增多了。已经发生多起这样的事件了，有的女乘客，刚从夜总会出来，喝得醉醺醺的，又近乎半裸，外来移民司机无从理解澳大利亚文化，对其进行了非礼）。

不论你是谁，你都应该排队等候。这个“队”可能仅限字面意思或者比喻意义。

排队的木偶

无论是乞丐还是国王，都得等着轮到你。没有特权，也不能施加影响加塞，不排队。

这当然只是澳大利亚社会倡导的风气，如果付诸实施，令人羡慕。但实际上在现实生活中，仍有人在背后施加影响。有人之所以这样做，是因为他们把它看作是不伤害他人的“哥们情谊”。

但另外一个方面是澳大利亚人对于弱者——奋斗者（battler）的同情。同样，在其他部分，我们也讨论了澳大利亚人把失败上升为胜利的能力。这些态度都是反对“高罂粟”综合征的自然结果。

你花钱，你选择

在澳大利亚，自由是一种人们高度重视的，而且通常情况下可以买得到的用品。当你在这个超市进行选择的时候，要依靠自己的成熟和判断。一切都需要你自己做决定。

社会行为准则

融入一个社会，还包括要了解其文化中的那些隐晦的、微妙的社会信号。刚开始要不是别人提醒，你可能不知道。

澳大利亚的婚礼仪式比较自由

你可能会发现，由于澳大利亚是一个多元文化社会，它的社会礼仪可能比自己的“祖国”更多样化些。比如，婚礼可以是在教堂举行、新娘身着白纱的那种，也可能是形式更加自由的婚礼，如在公园里或者船上，证婚的不是牧师，而是民事“司仪”（需向政府登记注册），也可能是化装舞会加摇滚乐队，或者任何其他形式。甚至可能只是同性恋者的“结好（commitment）仪式”，因为法律不允许同性婚姻。不要让人看出来你对这些感到惊讶。

如我在其他地方已经提到过的，如果你与别人还不是特别熟悉，首先谈话要轻松，要有人情味。尽量不要问他们做什么工作，肯定不能问收入，或者开什么车，花了多少钱买房子等。可问问或者谈谈某日板球比赛的分数，或者谈谈天气。谈天气是从英国人那学来的永恒的话题。

多数澳大利亚人在晚宴等特殊场合穿着比较正式

要回避像移民、伊拉克、“9·11”事件或者土著人这样的热点问题。可以赞扬对方房子装修得漂亮，问问是怎么装修的。还有他们的孩子，问问他们在学校或者大学学习情况如何，工作怎么样——这是全世界都可放心讨论的话题。

决定穿什么衣服可能不是个简单的事。多数澳大利亚人在大多数场合下都穿着很随便，一般只要不穿短裤就行。但如果是在饭店里举行的晚宴，或者特殊场合的舞会，他们又可能穿上小礼服或者其他可能让你惊讶不已的舞会服装。如果没把握，最好提前问一下。如果是婚礼或者葬礼，肯定会有许多人戴帽子，穿正式套装。

澳大利亚人有许多不同的生活方式，不要感到惊讶。今天许多澳大利亚人甚至不再使用“另类生活方式”这个词（20 世纪如此），因为这些生活方式早已融入人们的生活中，并且被越来越容忍的主流社会所接受。比如，男同性恋“配偶”、单亲家庭、女同性恋家庭（两个“妈妈”）、有机农业社等，澳大利亚人已经习以为常了。上述事情有可能发生在你的儿女身上，要做好心理准备。一些人可能会埋怨这些实验性的家庭“不负责任”，但他们最终会不再抱怨。因为每个澳大利亚人都基于这样一种认识：社会除了有强有力的法律框架的维护，容忍和不歧视是重要的甚至可能是关键的社会美德。说起法律框架，不能不说明，最近退休的、澳大利亚著名高等法院法官迈克尔·克尔比（Michael Kirby）公开承认自己的同性恋身份，他常偕他的男性配偶约翰出席正式活动（类似的情况是，吉拉德政府的财政部长黄英贤通过体外受精联合胚胎移植的方式同其同性配偶索菲生下了一个试管女婴）。如果你办公室的秘书还偏爱挂满小饰片的衣服，晚上要去跳桑巴舞，这是很正常的。同样，如果那个精明的年轻公务员，是个非洲舞发烧友，也是很正常的（上面都是真实生活中的例子）。澳大利亚人“不可貌相”。

建议和禁区

不能做的事情：

- ■赴宴不能迟到。对于一些地区的文化（如地中海、亚洲），不那么准时可能更礼貌些，而在像澳大利亚这样的西方社会，并非如此。
- ■参加活动不可离开得太晚。如果待得太晚（如超过午夜），特别是如果又不是周末的话，主人会不高兴的。
- ■不能未与女主人商量就带他人参加坐桌的宴会。在西方式的宴会上，人数和座次都是提前安排好的。当然，夏天的烧烤及花园聚会，没有这个问题。
- ■不要带孩子参加坐桌的宴会，至少不能未与女主人商量就这么做。西方式的正式宴会是不让孩子参加的，至少不能让人“看到或者听见说话”。
- ■不能在别人家里抽烟。要吞云吐雾，到后院去。其他人都会这样做。
- ■不能空着手参加晚宴或者烧烤晚会。通常应该是带一瓶或者一桶葡萄酒（在澳大利亚不贵），或者六听装的啤酒。有时带点甜点或者其他食品也行。

参加宴会时，应至少带瓶葡萄酒

- ■不要给招待你的主人及女主人送看起来很贵重的礼物。简单一点的就行，如鲜花、葡萄酒或者巧克力。太炫耀会让主人感到不舒服的。

要做的事情：

- ■问一下女主人在做什么菜，你是否可以带点什么。虽然她开始没有想让你带什么，可能后来她想请你带点甜点或者沙拉什么的，作为准备好的饭菜的点缀。
- ■饭后帮助将盘子等收拾到厨房。如果家里没有洗碗机，还要帮助洗（因为大多数情况下除了女主人一般不会有佣人）。不要坐在那等待别人收拾盘子，站起来！

第五章

定居

“如果澳大利亚对移民敞开大门，她将变得强大……我们已经埋葬了‘白种人的澳大利亚’，在那里孕育了一个现代、多元的社会……澳大利亚人不应该因为其他国家的人们想到我们国家来而担心。我们应该担心的是哪一天移民不再有兴趣到我们的家园来……”

——全球媒体大亨、新闻集团的鲁伯特·默多克2008年11月在博耶系列讲座（ABC）上的发言

你可以通过澳大利亚移民与公民事务部（DIAC）官方的网站：http://www.immi.gov.au 查询移民政策方面的变动。但你需要时间和耐心，因为这个网站信息纷繁复杂！所以要总是点击题为“新内容？（what's new？）”或一些相似的话题。

澳大利亚移民与公民事务部发行许多有用的宣传小册子，你可以通过网站或与之直接联系获得：PO Box25，Belconnen，ACT2616，Australia Tel:（02）6264-1111 或咨询热线：131881（只服务澳大利亚本土）fax:（02）62256970。

成为一个移民

本章并非是一个详细的指南，介绍如何获得一系列的准许移居澳大利亚，只是简单地说明作为一个移民是什么样子，移民对澳大利亚意味着什么。

即使我想给你一个详尽的介绍该如何去做，我怀疑我是否能够做得到。首先，移民政策经常在变，变的前兆是即将来临的联邦选举和经济方面的剧烈变化，以及国际恐怖事件。一种理解就是多元文化在其他国家的失败（根据 2005 年伦敦地铁爆炸恐怖事件）敦促政府限制移民；然而，事实很大程度上证明澳大利亚成功地吸收了流入移民，由此而来的社会压力比欧洲的许多国家都要小得多。实际上，促进经济增长的因素促使澳大利亚继续执行它的移民政策。自 1945 年以来，已经有 680 万人移居澳大利亚。

工党大变革

澳大利亚签证

澳大利亚移民事务明显的变革是工党总理陆克文 2007 年 11 月选举获胜所带来的。前自由党霍华德政府那些极为令人压抑和厌烦的政策得以去除，其中包括给难民签发强制拘留和限制的临时保护签证和所谓的“太平洋解决方案”。该方案是通过付款协议把难民临时收容所外包给离岸的贫穷国家，而这些国家，像世界上最小的岛国，南太平洋的瑙鲁（Nauru），经济情况不好，也愿意通过此项获得收益。整个移民体制一直处在不断变化之中，甚至比以前有过之而无不及（以前的情况是：最可预测的因素往往是最不可测的）。但霍华德和陆克文、吉拉德政权在目前移民问题上共同持有的观点如下：

澳大利亚确实需要更多的人。她的劳动力正在萎缩，部分原因是人口老龄化。技术性移民对澳大利亚的经济持续增长是必要的。技术工种涵盖范围很广，不只是需要白领的专业人员（所需职业清单每年更新）。在当前全球经济背景下，尽管澳大利亚可以提供许多工作，但是竞争还是很激烈的。2011 年 10 月，一个澳大利亚移民团队在雅典营销 775 个技术职位，有 18 000 人感兴趣。其他欧洲人也在排队等待，以逃避经济的不景气或某种情况下的经济衰落，在他们中有大量的爱尔兰工人。

澳大利亚确实需要小心控制要接受多少人，什么人，从哪儿来，通过何种入境方式进入澳大利亚等。工党政府始终保留他们在难民、寻求避难者和“船民”方面的意见，显然还没有取消霍华德策略，即因为难民的原因宣布离岸领土和岛屿（像印度洋上的圣诞岛）不是澳大利亚领土。但当前的工党政府对待难民更加人性化。

虽要吸引人才到这个国家来，但另一方面澳大利亚却尽可能收取高额费用，似乎有点不道德，收取的移民和签证费通常成为这个国家的一个不错的收入来源。目前，签证收费标准列在澳大利亚移民与公民事务部的网站上，参阅：www.immi.gov.au/allforms/pd/990i.pdf。基本的技术移民签证需要至少 8 000 澳元，还要加上跟随你的每个家庭成员的单独签证收费。参加英语水平雅思考试或国际英语语言测试费用每人要 150~400 澳元，如果你或家人的英语不过关，还要另外收费。再加上健康体检证明、警方无犯罪记录证明、原始文件的法律公证所需费用，更不用说完成这些证明后的搬家费。你确实需要留出一大笔钱来完成家庭移民的所有程序。

爱尔兰工人是澳大利亚技术工人移民的热衷追求者

现在，澳大利亚期望移民对“澳大利亚价值观”和文化有高度的认同，特别是对那些将

澳大利亚价值观声明重要方面是英语语言能力

来要成为澳大利亚公民的人们期望更是如此。同时移民需要证明有一定的英语语言能力，尽管要根据工作性质决定语言等级，但霍华德政府首先要求的是清楚的语言表达能力，到目前为止，工党政府继续执行并完善这个政策。自 2007 年以来，大多数签证申请人被要求在阅读了《在澳大利亚生活》(Life in Australia) 小册子后，需签一份澳大利亚价值观声明。这份声明通常会提出要尊重澳大利亚的法律，(宗教、言论等) 自由和民主，男女平等，永久居民的责任等。这一切源于澳大利亚主流社会在意识形态上（很少是身体上）反对伊斯兰神职人员在澳大利亚国内的所作所为，他们在一些有争议的问题上，诸如男女平等、婚姻性质和女性性生活方面不断发生冲突。强调平等主义的核心价值是必要的，但当考虑到澳大利亚所有人，包括伊斯兰教信徒言论自由的核心价值时，当然也要巧妙地平衡。

这份澳大利亚价值观声明的一个重要的方面是英语语言能力。可怕的雅思考试是未来移民应该熟悉的考试，因为它将是居住在澳大利亚的通行证。

澳大利亚移民种类综述及一些繁琐之事

作为普通移民，你需要根据特定的标准达到 65 分，但注意！如果你是 40~49 岁，将得零分。移民签证大致分为三个类别，尽管还有许多晦涩难解、繁文缛节的细分种类穿插其中。当你打开 DIAC 网址，不要只搜寻“移民”，还要点击“工人 (Workers)”这个选择项，你会发现这个类别不但包括专业技术移民还包括商业技术移民。

技术类签证——包括独立申请人和有雇主担保的申请人。为了解决澳大利亚严重缺乏熟练工人这一问题，2012 年新增加的一个有趣的种类是快速通道技术移民筛选系统(SkillSelect)。你只要表示有兴趣在澳大利亚工作，并找到需要你工作技能的雇主，就可以在此系统登记。

家庭类签证——包括配偶，未婚同居者（无论是异性还是同性），父母和孩子的团聚。

人道主义计划类签证——包括难民。

来澳大利亚学习的海外学生很多

对于在澳大利亚学习的学生还有海外学生类签证。自 2007—2008 年颁发 278 184 个签证以来，学生类签证有所下降，但目前学生人流的涌入正处在回升中，学生来自大约 195 个国家，中国（20%）和印度（14.4%）的学生居首位。现在对学生一边学习一边工作的条款得以放宽，父母和监护人也可凭临时签证陪伴他们的孩子在澳学习。关于此类签证的更多信息，请参阅：http://www.studyinaustralia.gov.au。

商务签证

相对于其他签证，商务签证要复杂得多，可有多种选择，包括短期访问，但最吸引人的选择是各种商业技术签证。对于那些有才干的商人或直接投资者，如果他们能满足特定标准，就会受到优待。但是不要期待在澳大利亚买下一个产业，就可以自动获得签证，要首先申请获取签证。澳大利亚政府不赞同任何经纪人试图把企业卖给你，也没有认同的移民可以购买的企业名单。

现在对商务移民的商业技术和资金查得非常仔细，如果你不能证明你以前的商业投资或技术，你的申请也不会得到批准。最初的大多数商务签证，无论是开发新的商业项目，还是对现有企业的投资，只是暂时的，不能保证在 2 到 5 年内得到永久居住权以及此后获得公民身份。商业成功与否要根据标准，如营业额，雇用了多少个澳大利亚人等，这些都要受到严密监控。但要注意失败的例子时有发生，如果你不小心，就会发现花费了成千上万的澳元之后，你最终被遣返回家。如果你已经断了自己的后路，例如放弃了很好的工作，卖了房子，把全家人特别是上学的孩子带到了澳大利亚，情况将更加悲惨。选择临时商业签证需要巨大的奉献、辛苦创业来获得成功。但也有许多成功的例子可以借鉴。

> **澳大利亚价值观声明**
>
> 我了解：
>
> 澳大利亚社会尊重个人的自由和尊严，宗教自由、遵守法治、议会民主、男女平等、崇尚相互尊重、相互忍让和公平竞争、同情弱势群体、追求社会公益的平等主义精神。
>
> 澳大利亚社会重视机会面前人人平等，无视其种族、宗教和民族背景。
>
> 英语是澳大利亚的国语，是澳大利亚社会的重要基石。
>
> 我承诺在澳大利亚居住期间尊重这些澳大利亚价值观，并遵守澳大利亚法律。
>
> （选自签证申请必签的《澳大利亚价值观声明》）

拿到公民资格证

目前，移民系统不像以前那样具有灵活性，在过去，一个微笑、一个点头也许就可以把事情办成。而现在，规则就是规则。

对于将成为澳大利亚公民的人来说，一个新的障碍就是 2007 年由霍华德政府推出，工党政府继续保留的公民测试，但 2009 年又进行了重新修订。

2007 年出台的新规定，对于申请公民的人同样适用。如果你在 2007 年 7 月 1 日或之前获得了永久居留权，在你能够申请澳大利亚公民之前，你必须在澳大利亚合法居住 4 年。在这 4 年中，作为永久居民你必须居住至少 12 个月。在这 4 年期间，你

澳大利亚海关和边境

离开澳大利亚不能超过12个月，在你申请公民身份前离开不能超过3个月。关于收费：如果你已经是永久居民，并符合条件，申请公民费用为260澳元，16岁以下孩子与你同一表格申请不另收费。如果你被拒绝公民身份，有申诉程序。

申请澳大利亚签证需要一部分费用

在公民测试中证明自己

一旦确定你有资格申请公民身份，你必须参加公民测试并提交申请（破例的情况是16岁以下或60岁以上的人，身体残疾之人，或有一方父母为澳大利亚人的申请者）。哇！参加公民测试不用另行交费，已包含在公民申请费里。此测试一考（技术类申请人）的通过率是98.8%，令人欣慰。毫不奇怪，通常在语言和文化上处于劣势的人道主义类签证人（包括难民）参加此测试的通过率仅为86%。但你可以像许多人一样多次参加这项测试，直到考试通过。对于文化水平低的申请人也会有特殊安排。

在参加公民测试之前，你需学习的入门书籍应该是澳大利亚移民与公民事务部（DIAC）出版的《澳大利亚公民：我们共同的纽带》（*Australian Citizenship: Our Common Bond*），有书和DVD，也可以从DIAC网站下载。这个用英文进行的测试时间为45分钟，在计算机上进行，有20个选择题。测试完你会马上知道是否通过了考试。通过考试需要75分（20个题对15个）。

你也可以获得！2010—2011年，来自185个不同国家的至少95 284人成功获得澳大利亚公民身份。噢，顺便说一下，你的新的珍贵的澳大利亚护照要花费233澳元，每个孩子的护照是117澳元。出入澳大利亚一定要带着护照，即使你还有其他护照。从澳大利亚人这方来说，当你获得澳大利亚国籍，你原有的公民身份和护照不会自动失效，这将取决于你本国的政策，而不是澳大利亚的政策。一旦成为澳大利亚人，你以后还可以获得另一个国籍。但如果具有双重国籍的你在你的祖国犯了法，不要过多指望澳大利亚政府会帮你摆脱困境。

先去感觉一下这个国家

在你决定移民前，去看一看澳大利亚不失为一个好主意。这对我丈夫，一个新加坡籍印度人来说似乎是一个不必要的建议。他在踏上澳大利亚这块土地之前就已决定移居此地。

因为我丈夫是黑人，所以我对移居澳大利亚有一点紧张，并坚持他自己单独去澳洲旅行一次，以及和我一起去那儿旅行一次。他最终这样做了，回来后赞不绝口，所以我们填了申请表格，把所有正式文件进行了法律公证，一式多份（一件冗长乏味的、花钱的差事）。等了18个月才得到好消息。那时是1989年，有时等的时间还要长。

你还记得什么关于澳新军团日的吗？

A）英国第一批自由定居者到达澳大利亚。

B）第一只舰队登陆悉尼湾。

C）澳大利亚与新西兰的士兵联合组成的澳新军团在土耳其加里波里登陆。

你需要多阅读来回答这样的练习题为公民测试做准备。

悉尼歌剧院远眺

下面哪一个是言论自由的例子？

A）人们可以和平抗议政府的决策。

B）澳大利亚人有不信奉宗教的自由。

C）在法庭上男女被平等对待。

公民测试中一个难对付的练习题，与其说是考知识，还不如说是考智力或理解能力。

熟悉澳大利亚的方法

想要成为澳洲移民的人，在真正行动前，建议要阅读澳方的报纸至少一年以上。在我移居澳大利亚之前，我订阅了一年的《周末澳大利亚人报》。如果我能找到的话，我会不定期地购买当地出的《西澳大利亚日报》。墨尔本《时代》和《澳大利亚金融评论》以及每周的《公报》都是很好的背景资料。但如今你可以从网上了解更多的东西。

你会发现 DIAC 网站 http://www.immi.gov.au/allforms/pdf/994i.pdf 关于定居信息的介绍 和 http://www.immi.gov.au/living-in-australia/settle-in-australia/beginning-life/_pdf/eng.pdf。《开始在澳大利亚生活》的小册子（非常全面，极力推荐）对你在澳定居非常有用。正像定居信息中所说的："与其他国家相比较，在澳大利亚的生活费用是较高的。你需要考虑的最基本的问题是至少在最初的两年里你和你的家人将靠什么生活。不要认为你会很快找到一个工作。搬迁的费用也是很高的。这些巨大的花销包括前往澳大利亚，搬运家具用品和建一个新家。"

文化差异

DIAC 关于《开始在澳大利亚生活》的小册子对于澳大利亚平民百姓在他们新的移民社区处理文化差异问题来说，是一个让人既觉得好笑又有点让人不安的指南。但关于"在公共场所骂人"是有点过了。在澳大利亚我几乎每分钟都听见人们在公共场所骂人，但很多都不是出自移民之口。

礼貌举止

澳大利亚人当提出什么要求的时候通常说"请（Please）"，而当别人提供了帮助或给予他们什么的时候通常要说"谢谢"。不说"请"和"谢谢"被认为是不礼貌的。

澳大利亚人在想引起别人注意的时候，通常说"劳驾（Excuse me）"，当不小心碰到别人时会说"对不起"。在公共场所或家里打嗝时，也说"对不起"或"请原谅"。

参加会议或其他约会的时候要准时。如果你晚了，要联系并告知当事人。对于专业预约更为重要（例如跟医生的预约），如果你晚了或爽约而不事先通知，有可能照常收费。一个总是迟到的人会被认为是不可靠的人。

如果你收到一个书面邀请，信上有“RSVP”及日期，意思是邀请你的人想知道你是否能出席。在那个日期前确认你是否能出席是礼貌的做法。

大多数澳大利亚人擤鼻涕的时候是用手帕或纸巾，不会往人行道上擤鼻涕。吐痰也是如此。当有人打喷嚏的时候，许多人会说“（上帝）保佑你”——这个用法跟宗教没关系。

重要的是要知道某些行为举止不但没礼貌，还会违犯法律。这样的行为包括在公共场所骂人和吐痰，在卫生间和厕所以外的地方大小便。

你也许会发现某些穿着会造成敌对和冒犯。例如某些妇女穿着过于暴露。你不能根据你本国的标准来判断一个人。在澳大利亚，不管一个女人的着装是怎样，你都不能解释为她们道德低下或她们是为了吸引男人的注意力。

可以带什么

坦率地讲，在现今社会，作为移民你如果把每件东西都带到澳大利亚来是没有任何意义的。所以只带那些是你本国独特的东西，有强烈感情依托的东西，或者是珍稀古玩，而不是因为你害怕到澳大利亚后一切都要重新购买的原因而带来很多东西。要遵守法律法规。来澳大利亚能带什么？对于第一次抵达澳大利亚定居的人所带的物品，往往会有一些慷慨的让步。你几乎可以把你在过去的12个月里使用和拥有的一切东西都带过来，而且免关税和消费税。但不包括你的车（参阅：http://www.customs.gov.au/site/pages4371.asp）、你家的宠物（参阅：http://

宠物是不允许被带来澳大利亚的

www.daff.gov.au/aqis/cat-dogs）、工业设备和动物皮毛，但会有特殊安排。另外，如果你有美国的手机，很可能在澳大利亚是无法使用的。甚至超过2代的iPad也不会好用，因为澳大利亚的4G网络是很慢的。另一个建议：澳大利亚的电插座实际上非常独特，由三个扁平的插孔构成三角形，上两个微微倾斜。所以你将不得不准备换插头以及与此有关的物品。

无论如何，不管你想带过来的物品能装一个集装箱或部分集装箱开始你在澳大利亚的新生活，你没有第二次机会了，机不可失，时不再来。与之有关的所有文件都由你选择的货运代理商来处理。

一旦你在澳大利亚定居，你将作为澳大利亚人旅行，再次进入澳大利亚的时候，你所允许的国外免税物品购买额度（每人不超过900澳元，如果不满18岁，将是450澳元）。超过此限额的任何物品都要申报，并需提供证明该物品价值和国外完税的单据（不要自作聪明开低价的发票，澳大利亚的海关官员并不傻）。诚实是最好的做法，需支付的关税通常很低。对于从国外带进的脏鞋子，非法复制的计算机软件和电影DVD要小心。如果幻想着把从马赛买的味道很浓的奶酪和新加坡姑妈自家做的咖喱粉偷着带进来，就忘了这件事吧。永远不要试图不经过申报就进口食物，包括飞机上发的食物（罚金会高得吓人，现场罚金为220澳元，罚金还可高达60 000澳元，也有可能被判10年监狱关押）。同上的情形还有植物、动物制品、木制品等。请参阅针对游客的翔实的海关和边境保护服务指南：http://www.customs.gov.au/webdata/resources/files/knowBeforeYouGoEnglishFeb2011WEB.pdf 以及 http://www.customs.gov.au/site/page4352.asp。

忍受

不要自作聪明在商场廉价部开低价的发票。澳大利亚的海关官员对大部分商品的价格都很清楚，不管你是从新加坡还是伦敦来。像世界各地的海关官员一样，如果发现你试图欺骗他们，他们的反应是非常粗暴的。

不申报偷偷带东西，就算带咖喱粉都是严重犯罪

被怀疑

每个人都有被澳大利亚移民/海关官员怀疑的令人不快的经历。这些官员可以变成强横的人，尽管比起全世界他们的同行来，他们一开始对你笑得很甜，与你很友好地进行交谈，所以放松了自己。我现在还不能忘记珀斯机场那个严肃的女官员，她检查了我们所有的行李，显然是在找毒品，仅仅是因为我们不止一次地出入马来西亚，她不喜欢。我也不能忘记她如何把手成功地伸到我的手提箱的磨损的旧的丝绸里层寻找，最后翻到箱子夹层的底板。她用怀疑的目光浏览了我的笔记本，甚至把我在印度尼西亚买的木偶的脑袋照了X光查看是否有暗室。

对非法盗版的计算机软件也要十分小心，澳大利亚严格执行版权保护法（对盗版音乐和电影 DVD 同样适用）。

永远不要不经过申报，把食物或植物[包括剪枝的玫瑰或兰花，放在果酱（瓶）罐里的母亲做的果酱和姑妈做的好吃的咖喱粉]偷偷摸摸地带进澳大利亚，那将是严重的犯罪。如果你申报，也许会获得准许；但像我一个朋友把家冰箱里没有吃完的味道很浓的奶酪不经过包装用塑料袋装着带入，你也许不能获得准许。

不经申报，私自带入食品，你会被当场罚款，情节严重的，要受到法庭制裁，罚金高达 60 000 澳元，也有可能被判 10 年监狱关押。

这些海关官员可以是不慌不忙，但有时也许会出差错。有一次，在上下一班飞机之前，我们惊恐地发现我们的移民居民签证在机场被错误地注销了，尽管精神上受到了惊吓，我们还是幸运地找回了签证（所以在离开机场之前，要仔细检查护照是否一切正常）。

偷偷带食品入境，会被罚大约 220 澳元

总而言之，冷静再加上谦虚和讨人喜欢的行为举止会帮你渡过难关。请不要炫耀。一个穿着考究的中国游客在这方面受到了教训。当问到他为什么来澳大利亚，他开玩笑地回答，“来花钱”。澳大利亚人不喜欢“高罂粟”，

而且在相对于一般海关官员的工资水平的背景下，这个回答显然不受欢迎。不必说，他们没有让他好受。

移民有什么用途

为什么澳大利亚需要移民呢？事实上，澳大利亚社会的一些部门根本不需要移民。而在需要移民的部门中，也许有一半的人希望移民是来自欧洲的白人。但所有主要的政党认为移民是必要的。有争议的话题是允许多少人移民，移民的种类是欧洲人还是亚洲人，是技术人员还是非技术人员，是说英语的人还是说其他语种的人，等等。在过去，人们认为抵抗来自北方的“黄祸”的唯一办法是繁殖和增加人口。所以有这样的口号：“要么移民，要么毁灭。”目前，官方的信条是与亚洲繁荣的经济相结合，澳大利亚需要亚洲移民。

移民不仅可以通过刺激经济的发展来赚钱，移民本身也赚钱。仅 1989 年一年，移民给澳大利亚带来 34 亿澳元的收入。当时，移民成为这个国家的第三大产业，仅次于旅游业和羊毛生产。仅仅是额外增加的 20 000 名技术移民从 2005 年开始的四年中预计会带来多达 15 亿澳元的税收。

世界上无论哪种文化都在说不欢迎移民，他们说移民使社会秩序混乱，移民使犯罪率上升，移民带来了新的疾病，移民抢走了当地人的工作……在澳大利亚，他们说的移民是希腊人和意大利人，甚至英国人初来时，他们说的是英国人；在 20 世纪 80 年代和 90 年代，他们说的移民是越南人、中国人和日本人；现在，说的是非洲和中东的难民。今天一些人所说的难民实际上是意大利—澳大利亚人、英国—澳大利亚人等这些早期移民的后代。

现在，澳大利亚人所说的移民指非洲人

每一代移民必须经历战火的洗礼，在

熔炉中锤炼出来。

一个移民国家

今天，澳大利亚被认为是世界上最具多元文化的国家之一，大约有 1/4 的人口出生在国外，将近 40% 在澳洲出生的人被列为第二代移民，因其父母有一方出生在国外。澳大利亚有 185 个民族。在悉尼的一些城郊住宅区，非英语籍人数占 42%。如果目前的移民模式不变，到 2056 年，总人口数应达到 3090~4250 万之多。据一些研究统计，2010 年，澳大利亚的华人人数已超过 100 万。然而，一些传统的国家，如英国、新西兰始终是澳大利亚国外出生居民的主要来源，中国、印度和意大利位居其次。

多元文化——小心对待

除了单纯的移民，澳大利亚在国内进一步倡导多元文化政策。但是“多元文化”这个词语在保守党霍华德政府执政期间却过时了，目前已很少听人们说起。与之相对的另一方面是对灌输“澳大利亚价值观”的高度重视。

据澳大利亚报 1991 年的一项单独调查，联邦政府花在多元文化上的钱估计一年多达 5.14 亿澳元或每个澳大利亚人 1.30 澳元。这些费用用于一系列活动，包括迎合少数民族文化的特殊广播节目，印有少数民族语言的关于各种事情的小册子，以及英语作为第二语言的语言项目。

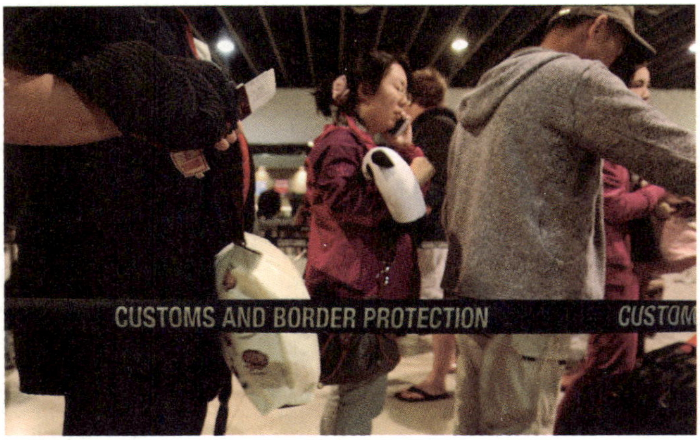

澳大利亚移民越来越多元化

这个政策甚至让一些亚洲移民困扰，更不用说一些关注保护澳大利亚英国传统的保守人士。他们担心犹太人主义，为少数民族俱乐部的激增而烦恼，当发现一些移民仍在推行未成年女孩强制包办婚姻，而且更糟糕的是继续在澳大利亚遵循女性破身的传统，他们简直是气急败坏了。

20 世纪 90 年代后期，东欧的动乱充分反映了上述的问题，1990—1991 年的海湾战争也是如此。澳大利亚的塞尔维亚人、波斯尼亚人以及克罗地亚人相互回避或互相攻击，同南斯拉夫国内的派系斗争一样。而当罗马尼亚的革命者推翻了独裁者齐奥塞斯库后，罗马尼亚裔澳大利亚人谴责了他们中间的齐奥塞斯库“鼹鼠”。甚至今天，在诸如足球赛，2009 年 1 月墨尔本网球公开赛（塞尔维亚队对波斯尼亚队）等体育赛事的闹事球迷也是按这个方向划分派别的。

许多移民和难民把他们本国的政治和社会问题带到了澳大利亚。这也许可以理解，但是这些“国中国”使许多人感到不安。

像其他国家，如英国一样，在澳大利亚这也是一个争议不断的话题：应该迫使或说服移民进行文化融合吗？例如，能够迫使穆罕默德信徒服从澳大利亚的习俗和法律吗？

与世界交往

作为一个移民，你会发现多元文化非常有趣。生平第一次，你将发现你会与你从来没有遇到过的奇特的文化肩并肩。

例如，我的一个斯里兰卡工程师朋友怎么会想到他会在澳大利亚和一个哥伦比亚女孩结婚？在他们家的澳大利亚餐桌旁与他们用英语对话，倾听他们一家三口不同的口音交织在一起也是另一种形式的款待：我的斯里兰卡朋友始终有浓重的印度口音，他妻子是明显的西班牙口音，他们的小女儿当然是澳大利亚口音。

你要比以前更加小心，“爱尔兰笑话”对于不同的人就不是笑话还会有麻烦。还应该避免其他潜在的问题：你会发现不能把你的塞尔维亚和克罗地亚朋友与南斯拉夫朋友聚在一起。例如，邀请一个美国人和一个土耳其人或泰米尔人与僧

“澳大利亚人”来自世界各地

伽罗人喝茶也是不明智的。

然而，多元文化是一个熔炉，在这个熔炉中，我认为前所未闻的联盟也许会建立起来：例如，由葡萄牙领事在珀斯举办的葡萄牙国庆日，我看到原葡萄牙所有殖民地的人们欢庆在一起，载歌载舞，他们从印度尼西亚帝汶岛来，从非洲莫桑比克来，从拉丁美洲巴西来，从印度的果阿来，从马来西亚的马六甲海峡来，从中国的澳门来，但他们现在都是澳大利亚人。

确实，当一个人面对我朋友的家谱时，他对“澳大利亚人”的定义就会有点模糊不清。他们曾居住在新加坡，现在住在珀斯。我女友的母亲出生在上海，看起来像中国人，但她不说汉语（她的父母一方是捷克－日本人，一方是爱尔兰－中国人）。我女友的父亲是拉脱维亚人，于 1917 年俄国革命逃离他波罗的海的祖国，经西伯利亚来到上海，在上海他由一个慈善的伊拉克－犹太族的鸦片商收养。

这对夫妇利用妻子的部分捷克血统作为出境的托词，于 1954 年离开中国，来到新加坡。在新加坡我的女友出生。外表像新加坡人的女友现在居住在澳大利亚。她嫁给了一个从新加坡来的爱尔兰裔欧亚人。任何人都会感到惊奇，他们的小女儿，一个百分之百的澳大利亚人竟出落成一个脸上有雀斑，肤色白皙，有着漂亮红头发的女孩。这是你所知道的多元文化的组合，但这个现象在澳大利亚很常见。

多元文化以及少数民族政治的改善产生了少数民族游说议员。原马来西亚华人埃里克·陈博士是珀斯卓越的外科医生，社区领导人，他对未来的方向有精明的打算。他作为一个亚裔澳大利亚人已经 30 年了，他告诉我：“你可以预计在澳大利亚全国范围内有中国社区进入澳大利亚政治的趋势。”

也许有一天，会有一个华裔澳大利亚人当选澳大利亚的总理。1990 年，昆士兰州的

澳大利亚混血家族已是很常见

比尔·齐，当时年仅 24 岁，当选澳大利亚参议院（国家党，从乡村中心地区青云直上）最年轻的议员。他的祖父出生于中国，但是为了对付澳大利亚的种族歧视，他把姓改为爱尔兰化的奥齐（O' Chee）。比尔的母亲是爱尔兰人，父亲是中国人，但他现在不再从政了。随着陆克文总理 2007 年末组阁，这个非白人当选总理的想法已经离现实不远了。内阁成员包括马来西亚出生的华人黄英贤（penny Wong，来自马来西亚东部的沙巴）。她 8 岁时被家人带到澳大利亚，现任澳大利亚财务财长。

其他人物有：中国香港出生的迈克尔·蔡伟民，他是第一个华裔澳大利亚州立法机关委员（2001 年昆士兰州选举），昆士兰州贸易与多元文化事务部政务次官，但在 2012 年州选举时被击败。林红（Hong Lim）1996 年当选维多利亚州立法机关委员，2002 年当选维多利亚社区部长的议会秘书。

无须眼泪的融合

作为移民，你应该至少对澳大利亚涉及多元文化政策的事情比较敏感。在移民之初，寻求由祖国同胞组成的团体的帮助是自然的，也是非常有益的。在每个澳大利亚的城市，你可以找到适合你自己的俱乐部：希腊、意大利、奥地利、波兰、塞尔维

使事情与众不同

孔子——中国儒家学说的开创者

我想告知世人，澳大利亚人不是一个种族歧视的民族，事实上他们是非常公正的人民……尽管有些高层政客有狭隘、没有根据的、过分单纯化的言论。多元文化给澳大利亚带来了富裕……多元文化不是把一个人的原有的文化带入这个国家并锁住封存起来，它是吸取精华，丢弃那些可能不相容的东西……我父母的有些文化我不想让我的孩子学习，因为我知道它们在澳大利亚站不住脚，而有些中国的文化我不但想让我的孩子学习，还非常想让澳大利亚人学习，只因为它对我们的国家建设有好处。多元文化是好中最好的。我不想让澳大利亚亚洲化，不管那个词是什么意思。我不想让澳大利亚欧洲化，也不管那个词是什么意思。我也绝不想让澳大利亚美国化，而且我知道那个词的意思是什么。我想让澳大利亚发展自己的文化，成为世界羡慕的对象，因为她的文化是从好中之好发展起来的。

亚、克罗地亚、泰米尔、马来西亚、斯里兰卡、帝汶岛、欧亚、英国籍印度、新加坡或你所来自国家的俱乐部。

通过参与当地人的一些活动尽量和澳大利亚人在一起，你也会感到好一些。这些活动包括参加你们街道的犯罪监视委员会、当地的教堂、当地的遗产 / 历史协会，或漫步大自然小组。问题是你会发现你身边的许多“澳大利亚人”也是移民。但即使是这种发现也会使你有宾至如归的感觉，少了许多在异国他乡的滋味。

记住，澳大利亚以容易与陌生人聊天而著名，所以不要害羞，如果想交朋友，你就尽管开口说话，无论是在公共汽车上还是和其他家长接孩子放学时。这个建议对天性保守的亚洲人更为适用。也许老一些的澳大利亚人不熟悉你的口音，就如你也觉得他们的口音陌生一样，但一定要说得慢一点，发音要清晰。会有一些人对你感到不那么舒服，但许多人都会亲切地应答。

还要记住的是已有现成的机构为移民提供帮助，可参阅当地的电话簿，或与有关部门如少数民族社区委员会、多元文化和种族事务委员会联系。可以请求他们给你一些建议或与其他移民帮助中心联系。澳大利亚拥有很多资源可以帮助你，但期望你自己去寻找。很少有天上掉馅饼的事情，你不去找，资源不会就自然到你手里来的。

对于一般的信息，你可以查阅电话号码簿，那上面列有录音的信息服务或字母D，意思是拨电话。你会惊奇地发现通过电话你可以找到许多服务信息。同样，澳大利亚发行内容丰富的信息传单和小册子。在当地的图书馆、委员会，或其他的政府办公室，以及医院和医疗中心、移民资料中心，可以找到大量的信息说明和小册子。

通过阅读当地的报纸，积极关注澳大利亚的政治和社会问题；有选择地参加典型的澳大利亚人的活动，如观看本地的足球（澳大利亚规则的足球）或板球比赛；看电视或听广播；注意观看最新的澳大利亚电影和戏剧、美术展览等；这些将有助于你从澳大利亚人的角度与他们进行交谈。

澳大利亚发行内容丰富的信息传单和小册子，为初来乍到的人提供方便

如果，万一你的英文不是很好（不是所有的移民，例如许多新加坡人，都能轻易地意识到这一点），要不断练习。当你

发现被误解的时候，要询问，搞清楚你什么事情做错了。要记住你现在是在别人的地盘上，是你要适应他们，而不是他们要适应你。语言对你与当地的融合是至关重要的。

阅读报纸可以帮你全面了解澳大利亚的政治社会问题

关于国内的事要保持沉默

处于同样困境的问题是“在国内，我们这样做……”的综合病症或诸如此类的症状。

“我不明白为什么澳大利亚人不……他们怎么了？”要不惜任何代价避免在公共场所进行这样的对比，特别是那些招致反感的，在你的祖国和你新选择的国家——澳大利亚之间的比较。澳大利亚人非常讨厌这类比较。把你自己放在他们的立场就很容易理解了。许多亚洲移民需要知道这个禁忌，不要总是谈论钱和什么东西（财产、车）花了多少钱。听、观察和学习，但要保持沉默。在你更好地了解人们之前，要寻找共同的话题，如孩子、体育、食物，或天气来进行交谈。

移民的沮丧

不管你一开始如何努力要在澳大利亚建立一种全新的生活，总会有些时候你会感到失落和孤独，你会怀疑是否做出了错误的选择。所有人都是这样，包括那些盎格鲁-撒克逊背景的人在内，他们也许都更为惊讶地发现澳大利亚是多么的“外国”，更不用说那些欧洲国家以外的移民。

在许多方面，一个年纪较大、受人尊敬的中产阶级移民比一个难民经受的文化冲击要大，要更沉默。对于难民，有各种各样的支持和帮助的群体。而对于单纯的移民，一旦你到了这个国家，一切都得靠自己。年龄越大，困难越多。你将发现你的年幼的孩子反而是如鱼得水。我还注意到女人比男人适应性更强。但是，女人的适应能力取决于她们的丈夫给予她们多少“自由”能够出去和做事情（在一些传统的文化中，如亚洲和中东，这些自由不是自主的）。事实上，澳大利亚确实给予妇女更多的机会自立，包括单独送递保护孩子的福利支票，这对于其他文化，家里的男人不能忍受他的女人变得自立的传统家庭来说，是矛盾的源泉。你必须接受的事实是你需要两到三年的时间才能感到舒服自在，才开始适应这个新的环境。无论做什么，在头一两年，不要轻易放弃，要试一试。相信一切都会有好转。据统计，移民在最初的三年内放弃的最多，以后放弃的情况就很少发生。

我感到厌烦了

一些新移民对澳大利亚这种放松的环境简直要感到厌烦了。在如今这个超流动性的社会，他们很容易说走就走。就像我的一个新加坡朋友给我写信解释为什么仅仅过了5年他就要离开西澳大利亚州的珀斯到新加坡购物。尽管你还可以看到他在做决定时内心的冲突：

我厌倦了，或许是疯了。这里没有我感兴趣的东西，或者对我的经历有好的影响。我们怀念亚洲和新加坡的喧闹。我想念我们的朋友和美食……在我的幻想中，理想的生活是每天早晨在绿树成荫的澳大利亚城郊居民区的家中醒来，然后去新加坡工作、吃饭、购物和看电影，最后再开车回到珀斯，在周末享受这里的河流和海滩……但是我们会回归的，当我对慢下来的节奏更加适应的时候，但是也许还是要进进出出。珀斯始终是天堂的一个小角落。如果我们能同时拥有这两个世界最好的东西，那将是太棒了……但是作为个体生活在这里，我们成长得太快了，特别是孩子们，如果他们不是在这里长大，他们将来会成为不同的人。他们始终非常感谢在澳大利亚所度过的美好童年。

通常，孩子比成人更容易适应文化冲击

移民澳大利亚后，曾经的教师也许会开出租车谋生

通常情况下，在到达澳大利亚时，充满信心是必要的，知道最重要的是你想在澳大利亚生存下去。这是一个最基本的前提，然后你适应下来。难民对于这一点没有问题：他们大多数人意识到来到像澳大利亚这样的国家是他们的幸运，在平稳的生活中，他们充满热情地经受生活中的困苦。

如果你来澳大利亚相信一切都会和家里一样——你将做同样的工作，有同样的社会地位和收入，有同样的朋友，而你孩子的行为举止会和在你自己的文化里完全一样，只是环境不同罢了，那么你就会是一个失败的移民。我已经见到许多新移民到澳洲不到一年，就离开了，因为他们不能够很快地挣大钱，或者是对澳大利亚的官僚机构和民主准则感到迷惑。例如，你不能不经过邻居的同意，不容分辩地就在自己家的房子上加盖二层楼；或因为列入遗产目录，或是土著人的神圣之地，你不能开发一块土地；或仅仅是因为他们的孩子开始有一点没礼貌，说话有显著的澳大利亚口音。

你必须做好迎接生活中的巨大改变的准备。很少有移民能够在澳大利亚做原来国内的工作；教师也许会开出租车，科学工作者也许会开餐馆。许多人发现在他们自己的文化里或是朋友的眼里，他们失去了社会地位。但是，你需要的只是放松，要意识到在澳大利亚人眼里，地位根本不算什么，只要高兴就好。是的，这也许是一种人才和技能的浪费，但多年来，移民就是这样过来的。如果你有孩子，你可以向前看，享受你的孩子肯定能在澳大利亚得到的新的机遇。

但是，不可否认，就是这些小事情使你沮丧。

对于那些习惯于夜间生活在充满活力和热闹气氛的街道和居民区的人来说，澳大利亚城郊住宅区昏暗的街道是人口稀少，寂静无声。

许多居民区在夜里就像可怕的黑洞：澳大利亚人似乎大多数时间在房子的后院生活，出于经济考虑，房子前院的灯都关掉了，留给人们的是一个面目全非的不受欢迎的街道景观。

除了在城市的中心，在澳大利亚，不像在新加坡、科伦坡、雅典和巴黎，街上没有食品摊和咖啡馆。餐馆的价格昂贵，打烊时间早。面对此种情况，你比以往更多的

澳大利亚地广人稀，有些移民甚至不能忍受这儿的安静

不能忍受这儿的安静

一个住在珀斯的原新加坡籍马来西亚朋友最近买了一块地，并决定在那儿盖房子。当我看了他的设计图，不禁惊奇地问："你为什么要选择住在离高速公路如此近的地方呢？"

他回答说："我不能忍受的是寂静。我想有更多的噪声，否则我会感到孤独。"一些人把这叫安宁，而另一些人把这叫寂寞。

是在家里款待客人。街上没有一个人，夜间在街上单独行走一点也不安全。而且在冬天，你也不想在街上走。

读了当地报纸过分活跃地报道最近经常发生的恐怖的犯罪案件，你就会像其他的澳大利亚人一样，精神沮丧，待在家里不出门。你把家里的门锁好，卧室的门用椅子顶上，以备不测。

考验与磨难

一个在澳大利亚已做了母亲的东欧专业技术工人跟笔者聊天时谈到了她早期的经历。但是她还在向往着她的永久居民身份。

这只是我个人的观点，澳大利亚的多元文化只是由多种民族和多种饮食所造成的表面现象。从经济的角度讲，对这个国家是有益的，但她不是一个真正的多元文化国家，就像加拿大一样，正在朝这个方向努力。目前，作为技术工人移民澳大利亚是非常困难的，肯定比作为难民移民这个国家要更加困难。在我的公司担保我以前，我自己 2009 年开始办移民。根据负责我这个行业的澳大利亚职能部门所要求的，我不得不花了至少 18 个月的时间详细地写出我的全部工作经历。我要整理在我工作的每个地方的证明，我还要参加雅思考试，所有这些只能使我得到对我职业资格的认可，允许我可以开始办理我的 PR 申请。从申请到批准又过了 24 个月。当你要全职工作，还要照顾孩子，办这些事情都很难。

加拿大的移民程序与此不同，所以，至少从东欧移民来看，到加拿大的技术移民比澳大利亚多。当我去加拿大时，我很惊奇地注意到加拿大的电视节目和报纸用了多种语言，加拿大政府非常赞同这个国家的多元文化特点，鼓励移民保留自己民族的特色。我当时是在一个小城镇，那里的每个人都注意到我是个外国人，他们跟我说话时说得很慢，以便我能听懂。不像在澳大利亚，加拿大人永远不会跟我说，我说的是“东欧英语”。如果我想知道事情是怎么运作的，人们不会把我推开，相反，人们的反应是积极的，我还被要求提出更多的建议来改善他们的工作程序。

家里装上防盗门窗可能会让初来的人更有安全感

不幸的是，对罪犯的畏惧从某种程度上证明是正确的。曾几何时，珀斯的居民从来不关门窗，也不锁车。但是，唉，现在情况大不相同了。

我买了一个警报装置，并每月付费与一个监控站连接，如果有什么事情发生，它可以及时报警。如果你有时间养狗的话，我还建议你养一只狗，还要在门和窗子上装上防盗的金属栅栏。

但很快，你就会了解到在什么地方什么时间可避免事情的发生，如何保护你自己，当你更加具有城市底层生活能力的时候，这种恐惧感最终就会消失了。

交通

如果你从来没有开过车，家就会变成一个舒适的牢笼。我就是这种情况，因为小小的新加坡的公共交通非常发达，惩罚性的小汽车消费高，我也从没有开过车。进入澳大利亚社会的一个至关重要的因素是，你是否会开车。如果你不会开车，结果将是极度的与世隔绝。妈妈、你最喜欢的保姆，就不会在拐角处；你最好的朋友也不只是一个电话之隔。在周末和晚上，公共汽车和火车很少，不管怎样有头脑的人也不想在夜晚独自在公交车站闲逛。

你需要及早地解决这个问题。我深知这一点，因为我刚到澳大利亚时，也遇到了同样的问题。在澳大利亚，通往幸福的关键之一是有一个驾驶证；没有它，就不能动身（如果你已经有了驾驶证，在抵达澳洲的头三个月内，你可以开车，但是如果是在西澳大利亚州和塔斯马尼亚，意味着从你获得永久居民身份的那天起三个月内，而不是从你到达之日算起）。三个月后你还是要通过一个交通法规考试，路考和视力测试。如果你没有驾驶证，你需要先通过交通法规考试获得学习驾驶许可证，然后才能学习开车。在澳大利亚，任何年满 18 岁的人都可以开车，尽管在一些州，年龄限制可能还要低些。各州的法律不同，但通常情况下，学习阶段，给你发的是“L”打头的牌子，对于所有新司机，会发给一个“P”打头的牌子，这个牌子需要戴两年。这期间，也许还会有一个“危险意识考试”测试你基本的超车和转弯的技能。对于年轻司机，通常还有特殊的法规和限制，例如“P”牌年轻司机在成年人监督下开车要达到 25 小时。对于这方面，你需要与当地部门核实，因各州的情况不同，如在新南威尔士州，你需要与道路与交通部门打交道，而在西澳大利亚州，你需要与规划与基础设施部门沟通。测试与许可证的总花费大约为 120 澳元，不包括驾照的费用。

在澳大利亚买一辆车是非常容易的事情：有很多选择，其中包括一个活跃的二手车市场，卖高品质的车，还可以讨价还价。维护一辆车也是负担得起的，尽管你需要多转转。找一家好点的维修厂来保养你的车——修车厂以掠夺成性而声名狼藉，通常

墨尔本的一个街区

是彻头彻尾的狡猾。还要注意，澳大利亚人不太在乎你开什么样的车，他们也不根据你的车来推断你是否富有。

虽然，在澳大利亚，开车是获得自由的关键，另外，你需要明白在澳洲开车和在家里非常不同，特别是你的经历仅限于在城区开车。美国人和欧洲人要习惯于在澳大利亚靠左侧开车。在许多城市，首先要注意的是酒后驾驶的法律非常严格，所以不要酒后开车——例如，在西澳大利亚州，血液中的酒精限制是每100毫升0.05克（对于持“P”牌子的新手司机，公共汽车和出租车司机等，酒精浓度应为0克）。如果第一次违犯这个规定，将要罚款250~500澳元，并要被扣分。对于第二次违规者，或者第一次违规血液中的酒精达到每100毫升0.08克，将要罚款800澳元，并且吊销驾照至少三个月。大多数人晚上出去，或者商议其中一个人不喝酒，给大家开车，或者安排出租车。

在驾驶的时候，必须系安全带，开车时打手机是犯法的。

如果你已习惯于随心所欲地开车（像许多亚洲的城市），在车道上随意转弯、变线，请重新培训自己采用更加安全和礼貌的行车方式。在变道之前，要像大多数澳大利亚司机那样打灯示意。当在你前面开车的澳大利亚司机在甚至没有人行道和斑马线的情况下，慢下来礼貌地让老年人或任何行人过马路时，你要学会有耐心。通常情况下，要学习锻炼有耐心和体谅别人。

在城镇建筑物多的大多数地区，限速标准是每小时60公里，有时，在城郊住宅区的街道降至每小时50公里，在学校周围区域是每小时40公里。在城市以外和在市内的高速公路，限速可以高达每小时110公里。在拐弯抹角的乡村路上驾驶，有时路面仅是部分覆盖，特别是在夜间驾驶，道路上只有部分照明（你将发现路上的照明通常比你习惯的要暗），控制车速需要一定的技术。许多亚洲的游客在西澳大利亚州的乡村路上开车，结果都很糟糕，例如，似乎在多数车祸中，不熟悉车速是其中的一个因素。

开车不系安全带是犯法的

澳大利亚人已经习惯了他们日常生活中的遥远距离，所以开车几百公里去看

车的花费

像其他任何地方一样，开不开得起车取决于全球动荡的油价。2012 年，汽油的价格是每升 1.458 澳元。因此，如果要长途旅行，或开车去内地（指澳大利亚等偏僻而人口稀少的地方），最好别用耗油量大的车。

■ 买车

花 8 000 澳元或更少就可以买一辆已经用过 5 年的二手日本车或韩国车，花大约 15 000 澳元可以买一辆崭新的车，或花 30 000~50 000 澳元可以买豪华型的车、四驱车诸如此类的。

■ 你的驾驶证

一个 5 年期的驾驶证大约花费 116 澳元（对于年长者等有优惠）。

■ 注册和第三方保险（政府 / 警察——在澳大利亚也被叫做“车辆登记”）

一个既可以商用也可以家用的车辆，12 个月的标准费用大约是 561 澳元。

■ 皇家汽车俱乐部会员

是否成为此俱乐部的会员可以有所选择。但是如果发生了诸如此类事情：当你把车灯亮着时烧了电池，或在一个孤旷的地方把自己锁在了车外边，而且没有任何人可以打电话求助，你会后悔没有成为该俱乐部成员。在城市区域救援是 89 澳元。更多待遇或边远区域为 139 澳元。皇家汽车俱乐部一般车辆保险（对于保险，还有其他的选择，这里只是提供一个例子）大约一年是 500 澳元，包括 450 澳元的额外花销。可以用直接借记方式分期付款（24 岁以下花费更多）。

车辆年度保养的费用需要根据你的车跑多少公里而定。一个简单的保养只是换换油，做一下简单的检查大约是 150 澳元，而相对精细的保养可花费 500 澳元。

更多信息请参阅：http://rac.com.au/ 以及州政府交通官网。

澳大利亚的公路列车

一个朋友根本不算什么。你要为此做好准备，如果你对此还不习惯，在一直延伸到地平线、看不到尽头的路上驾驶，要小心长途旅行的过度疲劳。

在乡村的路上开车，另一个使

横穿公路的袋鼠

你感到陌生的危险是大的野生动物，例如袋鼠和野牛。作为新手，最好不要夜间开车，因为袋鼠在黄昏到黎明时开始四处走动。相信我，和一个1.8米高的生气的成年袋鼠相撞，会造成致命的车祸，特别是袋鼠从你的挡风玻璃撞进来。似乎是袋鼠在某种程度上对车灯感兴趣，或是被车灯晃得眼花缭乱，所以这个事故极有可能发生。

公路上通常有一些路段没有设超车道，只是偶尔事先有零星的指示牌。当被卡在大车的后边时，你可以利用这些机会。

无论是在白天还是在夜里，在城市的外围，你会遇到庞大的“公路列车”——大货车拖着集装箱或拖车，在后边延伸很长，有时长达50米，在主要的运输公路上行驶，穿过旷野，这就是澳大利亚。你不得不学会努力摆脱困境，或是让他们过去，或者想办法在什么时候安全地超过他们（他们经常也会闪灯示意让你过去），否则，他们将使你的生活很悲惨，和一个货车司机发生争执完全没有意义，还会很危险。除了这些，你也许会在澳大利亚开车几个小时，看不到一个人。这个国家是如此广阔，而人口又是如此稀少。再加上在乡村手机信号通常不怎么太好，这就意味着你必须一切靠自己——要有自己的备用胎和千斤顶（知道怎么样换轮胎），要带着水、油，甚至要备一些额外的汽油装在安全的容器里，要带绳子、铁锹，冷藏箱里面装有食物和水，出门时要时刻带着地图。一旦你离开城市跑到乡下去，加油站也许没有，或是间隔很远。在澳大利亚，如果你需要长距离驾驶，在车上安装一个全球定位系统或无线电系统不失为一个好主意（两星期租金大约是200澳元）。

驾车去内地，你需要格外小心。每年都有粗心的游客在边远的地区陷入困境的事情发生，或是因为汽车坏了，没有零件，甚至是因为他们的汽油用光了，或陷入沙子和洪水中。他们死亡的原因是人们没能及时找到他们，或是没有足够的水和食物，或者是因为他们试图步行去寻求帮助，结果迷失了，发现自己在世界上最荒凉的地方。在这种情况下，千万不要离开你的车子——空中搜寻队如果有汽车为目标会更加容易地找到你，而且汽车会在坏天气给你提供避难之所。当你驱车去内地的时候，一定要

在驾车去澳大利亚内地时，需要做充足的准备应付各种突发情况

把你的行车路线和返程日期告知国家公园守林员或警察。要听从当地人的劝告，询问他们的诀窍。不要做诸如在靠近小溪边宿营的愚蠢的事情，周围会有很多大鳄鱼，在袭击你之前的几天，它们足够聪明来跟踪你，观察你的习惯。不要在没有巡逻者，而且对潮汐和水流，更不用说对常栖水母和鲨鱼一无所知的海湾游泳。

其他交通

在澳大利亚的城市中心，除了小汽车，还有各种交通体系。它们中的一些是非常好的交通工具——在墨尔本有火车和有轨电车，在城区内通常有公共汽车网络，例如在西澳大利亚州珀斯和弗里曼得尔的“CAT”公交系统。如果每天上班坐固定的线路，你可以买打折扣的季票，或购买“多次乘车”的票。当你把票插进公共汽车上特殊的认读机中，会自动扣钱；这是一种方便、省钱、快速的交通方式，坐公共汽车和火车都有效。在悉尼、珀斯还有其他城市，有渡船可以摆渡人们过河和港口。

其他不适应的事情

对那些习惯于24小时购物的人，如许多亚洲人来说，需要时间来习惯在澳大利亚购物。商店开关门时间各个州，各个地方都有很大的不同。这种在晚上和周末限制购物的古老传统在西澳大利亚州的珀斯以前还是到处可见。现在即使是在珀斯，这种

被无线电紧急位置指向标（EPIRB）所拯救

一个英国的游客最近被困在了边远的金伯利地区西北部靠近海滩的沼泽地三天，由于他出发时带有无线电紧急位置指向标，就在他用完食物和水的时候，获得了援救。这个指向标不断发出的国际遇难信号惊动了远在堪培拉的澳大利亚搜寻和救助服务队，他们请求海岸警备队派救援直升机找到了他。你可以花 300~500 澳元买一个无线电紧急位置指向标。

情况也有所改善，而在东部的大城市会更加热闹。在珀斯，你可去那些大超市，如沃尔沃斯、科尔斯和 IGA，以及意大利、中东和地中海人家庭经营的小商店购物。但当你看到蔚蓝的天空，想到你的自由，以及与你的朋友和家人在后院品尝生活的种种乐趣时，你要学会适应这里的一切。

一些移民，特别是亚洲移民对澳大利亚的自由程度和言论自由会感到不舒服，他们听到的是粗暴无礼的言语，为电视和电影上看到的裸体和性而烦恼。在某种程度上，他们怀念更加严格的统治构架，以及不用进行选择的令人抚慰的道德标准。他们已经习惯于政府像代理父母一样为他们做出决定。但是，突然，没有人关心他们在做什么，所以他们感到没有人在乎他们——自由也能引起文化的冲击。

另一个不适应是澳大利亚人的工作节奏，比一个新加坡人、中国香港人或美国人习惯的工作节奏要慢得多。一个我认识的原跨国公司的高级行政人员感到受挫，她从一项行政事务工作中辞职。她告诉我："我要疯了，整天抚弄着手指什么都不干。我已经辞职了！"不需说她在她懒散的澳大利亚同事中不受欢迎。另一个规则是如果你想受到你周围人的爱戴，就不要通过努力工作来炫耀。或者，努力工作，但有所遮掩。

同样，如果你在工作中太过于积极主动，到处询问，交流你的新想法和建议，而且发送很多电子邮件，你会发现你碰了一鼻子灰。澳大利亚的工作场所对这种工作中的主动，精力充沛和参与似乎不感冒。你的同事或老板只会感到受到了威胁或非常累。最好保持沉默，慢点行动，随时面带微笑。

更为严重的问题是到了澳大利亚，你才发现你的职业资格在这里无效，但是太晚了。这是一个普遍的问题，所以需要仔细查对你要做些什么才能在澳重新获得工作的资历，最好在来澳之前。否则，你就会加入日益扩大的由医生、教师和工程师经营外卖店的行列，或者加入作为学生挣扎在努力学习拿学分的队伍。

货币与银行

澳元，澳大利亚电视上的商业权威人士称之为“The Aussie”，是周期性波动货币，世界上交易量最大的五种货币之一，积累的财富可以与中国人消耗的主要生产商品的价值相当，甚至比中国本身的经济还要高很多。自 2009 年以来，由于非常健康的银行体系，相对较高的利率，国内的稳定，与亚洲经济的成功融合，以及澳大利亚受到全球经济危机的影响相对较小，澳元已经坚挺一段时间了，币值经常超过美元。但是在写此书之时，澳元利率已经下降了，在不久的将来，看来还要疲软一些，在一美元以下徘徊。澳大利亚货币是十进制，特点是一些吸引人的封塑纸币（是的，如果你不小心在洗衣时，把纸币洗了，它们出来时还是完好的）和一些世界上发出最沉闷声音的镀银硬币，例如，有波状边的大的 5 角硬币。无法说明原因的是两枚镀金的硬币，两澳元的硬币反而比一澳元的硬币小。参加一些慈善或类似的活动，进门需要“金币捐赠”，意思是要你交一澳元或两澳元。

近期，银行系统受到了攻击，因为一系列的交易收费、关税和税金通常被认为是极不公平的。他们当然还可以增加。

知名银行是澳大利亚联邦银行、澳大利亚和新西兰银行集团（ANZ）、西澳大利亚州储蓄银行（WESTPAC）、澳大利亚国家银行（NAB）。

在澳大利亚开个账户非常容易，唯一需要提供的身份证明是你的驾驶证或护照。要弄清网上银行和链接你所有账户的必要手续，这样你可以有全权自由地进行网上银

悉尼的中国银行大楼

行操作。如果你有在账户间进行大额转账的习惯，要注意转账10 000澳元或以上的金额，你的银行就要特别报告，所以同样地会引起政府的关注。如果你携带任何币种的现金超过10 000澳元出入澳大利亚，你必须申报。更多信息可参阅澳大利亚银行家协会的网站：www.bankers.asn.au。

澳大利亚信用卡

充分利用银行提供的信用卡，坐飞机时，会经常给你飞行里程。在你决定要怎么做之前，要仔细比较银行对信用卡、个人贷款、透支、住房贷款和买车贷款有关的利息收费。

银行作息时间是上午 9:30 至下午 4:00，还有星期六的上午，这种改变是最近才施行的。

保持联系

坦率地讲，澳大利亚的电信系统目前有一点混乱。澳大利亚电信（Telstra）原是电信系统主要的供应商，曾由政府拥有，自 2006 年开始已经私有化（政府掌握的 17% 股份已经投资于“未来基金”，建立此基金是为了满足公共部门养老金的需要）。目前大规模销售包括把它的容量卖给竞争对手，例如奥普特斯（Optus）和沃达丰（Vodafone）；因此澳大利亚电信收多少费用也许决定了你的电话服务公司向你收多少服务费。澳大利亚电信在 2010—2011 年的利润超过了 32 亿澳元。现在需要大力推动和改善的是丛林和内地边远地区的服务，以及搁置已久、大家满怀期待的 360 亿澳元的国家宽带网络。为了支持这项计划，澳大利亚电信承诺把它整个古老的固话线路基础设施交给政府。到 2020 年，宽带网络将在全国完成。

通过 www.nbn.gov.au 和 http://www.nbn.gov.au/files/2011/05/National_Digital_Economy_Strategy.pdf 这两个网站，你可以获得对这个出台的计划的完整介绍。

而其他的国家，包括许多亚洲的小国像新加坡都已经加速了互联网的建设，使他们整个国家的人们都可以上网。在 2011 年 7 月，在经济合作与发展组织的 34 个成员国中，澳大利亚宽带普及率仅处在第 21 位。2011 年 9 月，经合组织统计数据显示澳

澳大利亚的宽带网络还没有覆盖全国

大利亚在下载速度和电缆速度上的排名有向下的趋势，在家用数字订户线路速度最慢的国家中，澳大利亚位列第 13 位。除此之外，澳大利亚在速度慢，宽带数据容量低，最贵宽带网络国家中占第 5 位。一个新的曙光必将来临，但目前你还是要核查在你有意定居的地方，宽带网络是否可用，其水准及质量如何。

你也可以选择惠顾多个电信公司——奥普特斯（Optus）（实际上主要由新加坡拥有）、澳大利亚电信、沃达丰（Vodafone）、艾普特（AAPT），只能说出少数的几个名字——但至少目前负责连线和出租的还是大公司澳大利亚电信。一个典型的月租金是 27 澳元。有趋势显示澳大利亚电信的固定线路生意在下降，因为许多的年轻用户选择手机作为主要的通信设备。对于手机用户来说，手机携带方便，所以你可以根据自己的喜好经常换电话公司。

电信界竞争非常激烈，所以你要多逛几家商店来选择。澳大利亚有很多互联网/电子邮件的供应商，最出名的是伊伊网（iinet）、澳大利亚电信下属公司贝格旁德（Telstra's BigPond）、伊普里莫斯（iPrimus）和乌兹电邮（OzEmail）。

健康

成为澳大利亚永久居民的最初两年，你不能享受澳大利亚的国家医疗健康保险和福利。但最终，你会发现你得到了很好的保护，尽管大多数澳大利亚人现在也选择支付额外的私人健康保险（知名的公司是 Medibank、HBF）。注意：高收入的人（高于 80 000 澳元）如果不参加私人健康保险，将根据实际缴税被罚款（应税收入的 1%）。大多数加入私人健康保险的澳大利亚人将被政府奖励 30% 的私人保险费折扣。如果是 65 岁以上，折扣将是 35% 或更高。但是许多澳大利亚人还是退出了私人健康保险，因为太贵了。私人健康保险对你所能做的是保证对生命没有威胁的手术或“可选择性的手术”（如果不做手术，还是会很疼，例如换膝盖或摘除肾脏）能够在医院及时做，或由你自己选择的外科医生做。如在公共医疗体系，你也许要排队等很长时间，而且没有选择。私人保险在澳大利亚涵盖了卫生保健没有包括在内的大部分疾病。例如牙科保健，现在是非常的昂贵了。有迹象表明在未来几年，政府的一个牙齿保健计划会出台以改变这个局面。但目前，牙科保健花费很高。

在澳大利亚，私人健康保险非常重要

你可以签约不同计划的健康保险，保险还可特别扩展到牙科、足部诊疗，有时还有顺势医疗和脊椎推拿医疗服务。

你还需要知道的是澳大利亚的药品受益计划，政府削减了符合条件的人的处方费的费用，如对养老金领取者、残疾人和其他有特殊需要，吃药特别多、持有国家医疗卡的病人处方费给予补助。这个计划甚至也适用于从其他国家来的访客，借此澳大利亚与意大利、新西兰、爱尔兰、芬兰、马耳他、荷兰、瑞典、挪威和英国有一个医护服务互惠协议。如果你在这个符合条件的群组里，只是在澳大利亚度假，也可以通过费用减免的方式得到你的处方药品。你需要向药剂师出示你的护照，或者联系医疗保险部门（http://www.medicareaustralia.gov.au/）获取医护服务互惠协议卡来证明你是符合条件的。

在澳大利亚，私立医院和公立医院并存，它们都提供高质量的服务，尽管在城市中心的医院比边远的乡村医院更受到患者的青睐。例如，乡村地区幸存的癌症患者的人数已经敲起了警钟，说明乡下的医疗服务还不到位。如果你有健康医疗保险，你更愿意选择你能够被治愈的医院。在决定选择一个医疗专家之前，首先听取你的全科医生、家庭医生的建议不失为一个好主意，他或她对一个专家的推举也许决定了你在医疗过程中省多少钱。你也需要与你的私人健康保险基金会核查给你推荐的医生或专家是否在基金会注册，这样你可以尽可能多地报销钱回来。

购物

除了开放，没有限制的维多利亚，塔斯马尼亚，澳大利亚首都领地（特区）（堪培拉等）和北方领土地区（达尔文市等），澳大利亚的大多数地方还依然挣扎在摆脱零售的黑暗时期。商店营业时间有各种限制，是由于各种复杂的原因造成的。情感方面的因素既包括人们对安息日的敬重（而这种敬重早就不复存在了），也包括人们对竞争的恐惧，害怕家庭分裂。如果不把家人关在家里，而他们在家里却无所事事（这些家庭又有多少存留下来了呢？），害怕新的工作时间，或是仅仅害怕改变。概括地说，商店早晨9:00开门，像在这本书中其他地方所探讨的，不要指望商店会一直开门到很晚的时间，或商店星期天营业。许多大城市，甚至包括现在的珀斯正在快速地改变这种现状，但除了这些中心区域，甚至是在昆士兰，你遇到的情况也许会扑朔迷离。所以不要一切都想当然，要事先弄清楚。如果星期天或假日要买东西，有时候要找非常大的超市，或者找非常小的家庭经营的杂货店，或移民经营的熟食店（但许多这样的商店并非只卖熟食）和住宅区附近的小商店，这样的小商店你总会找得到。

不要在超市里找烈性酒，你需要去一个专门的“酒店”（也许星期天也不营业）。

在澳大利亚购物有许多选择，有各种时髦的百货商店，有通常把收益转给慈善机构的经营旧衣服和装饰品的商店、有带篷的市场和露天市场，露天市场包括非营利性质的邻里间的“跳蚤”市场——甚至一些城郊住宅区和乡村教堂的庆祝日、农业集市都是极好的购物场所，特别是购买工艺品、家庭制作的果酱和其他的当地特产时，这些地方是不错的选择。如果买新鲜食物，要省钱的话，就要找当地的“农贸市场”，这类市场通常由意大利和亚洲的移民经营，卖各种食品。但是，每个澳大利亚的城市都有自己的“东方特色”商店网络，好处是在一个店里可以买到所有的东西，从斯里兰卡到韩国的配料应有尽有。一般情况下，如果想买货真价实的东西，去专卖店比逛大的连锁商店（David Jones、

购物是日常生活不可或缺的活动

澳大利亚商店的衣服季节性非常明显

Myers、Aherns、Target、K-Mart、Woolworths 等）要好得多。固定的周末市场，像在西澳大利亚州的弗里曼特尔和苏比克看到的那种类型，非常有趣，富有生活的气息和色彩，而且能够买到各种商品，从面点到毛茸茸的考拉熊玩具和带羊皮里子的靴子都能买到。社区的市场可以惊人地讨价还价，你也可以把东西放在后车厢里开车到那去卖。

你将发现商店的衣服季节性非常明显：在冬天很难买到夏天的衣服，反之亦然，如果你要去另一种气候的国家，就会感到不方便了。另一方面，如果赶上季节性大甩卖，你可以以最低的价钱买你想要的任何衣物。

如果你寻找具有澳大利亚特色的礼物，要去信誉好的大商店购买，不要到俗不可耐的纪念品小摊去买，这些小摊挂满了考拉熊玩具和粗制滥造的 T 恤衫。还有一些好吃的东西供你选择，有澳大利亚坚果巧克力、上等的葡萄酒，以及一些特别的食物，像意大利的节日果包蛋糕（在一些主流商店，例如大卫·琼斯 David Jones 可以买到），由澳大利亚唯一的本笃会僧侣制作，只有西澳大利亚州的新诺舍有这种僧侣。在百万富翁迪克·史密斯的澳大利亚地理连锁店还可以买到有趣和新奇的具有环保意识的东西。

一般情况下，在澳大利亚是不讲究讨价还价的，也许在简单的露天市场还可以讲价；然而，你会经常遇到一些善良的人为你降低价格，如果你和他们建立了友情。

一些可能发生的糟糕的事情

只有受到了教训之后，你才能学会在澳大利亚生活的基本常识：如果你忘了在规定的收垃圾日子（通常一个星期只一次）把垃圾箱放在门外的马路边，那太糟糕了。挨家挨户为慈善捐款的游说人在一个星期里第三次到你家的时候，你要学会说“不”，

记住消费税（GST）

无论你买什么东西，不要忘记检查一下是否包括了10%的消费税（GST），因为不管怎样最后都要加在里面的。

或要求他们给你寄一封信来。感谢上帝，那些电话销售人员正在你做晚饭的时候特别打电话来让你改善家里的安全系统或买保险。现在这样的烦恼可以减少了，因为2006年出台了“不要打电话登记法案（Do Not Call Register Act）”。你可以通过登记注册你的电话号码正式标示你不愿意收到此类电话（尽管一些慈善组织、政党机构和学校不受此法案约束）。更多信息，请参阅：https://www.donotcall.gov.au/。

你曾认为在后院建个游泳池是一个不错的主意，但你现在发现维持它要花好多钱。当地的政府通过了一项法规要经常性地检查游泳池（要收检查费），认为孩子（你自己的或他人的）不能进入的游泳池，必须用围栏围起来，这也要花很多钱。

因为多年生活在热带地区，你害怕在澳大利亚的第一个冬天，所以决定事先定购三吨木柴。麻烦的是，没有安排具体什么时间把木柴送来。当木柴送来的时候，你恰巧外出了。东西就卸在你家花园围栏外边的小路上，离储放柴薪的木棚还有好一段距离。你随后花了三天的时间来回用手推车和篮子把木柴运到木棚里。

当你变得更像当地人了，决定用木屑铺盖花园，用以保护天然植物，防止水土流

自建家庭泳池维护起来要花很多钱

不受控制

我的新加坡朋友是典型的保护孩子的亚洲家长，他们每天开车接送他们的小儿子上学。但是这个男孩很快宣称了他的新角色，要求和他的澳大利亚同学一样独立，自己骑车去上学。他不想让他的同学看到他是一个胆小鬼，他要成为一个澳大利亚人。马路安全在这里是一个问题，甚至澳大利亚父母现在也开始担心“陌生人的危险”。但这些家长还是让步了。

失，同样的事情照样发生了，这次是堆得像小山似的木屑（不要听信城里人所说的：“当地的植物不需要照顾和浇水。”这不太确切）。

是的，这些都是我和我丈夫所经历过的。我们坚持了给花园护根覆盖，但是放弃了游泳池，垫高弄成了蔬菜畦和一个原生花园。至于木柴，我们换成了管道天然气，更加环保了。

孩子变了

很庆幸，我还没有为人父母。移民家长很不适应，当他们的孩子显示出过多地被同化的迹象时。

尽管许多这样的家长总是在说他们移民是“为了孩子”，自相矛盾的是当想到他们的后代将变得喧闹、粗野、反叛，成为性、毒品和摇滚乐的牺牲品，像过去发生的

暮色中的别墅外景

澳大利亚学龄少年

那样，他们就非常担心。许多孩子确实反抗他们自己的背景，这是他们在调整自己的过程中很自然的一部分，而且一定要承认这一过程。第一个转变的症状是孩子的口音变了。

我亲眼见到了一个偏激的少年对她马来西亚习俗的反抗。大家聚在一起吃家里做的咖喱饭，成年人坐下来按照历史悠久的马来西亚习俗，用手指拍打美味的甜食。这时，这个家的女儿和她的澳大利亚朋友回来了，能够听见她大声地说厌恶之类的话。家长让她走开，这可以理解。从这个女儿的观点来看，她父母原始的用餐礼仪，对一个澳大利亚人来说，很难接受，使她在她的澳大利亚朋友面前感到羞愧。

我也看到第一代移民的澳大利亚籍孩子为他们祖国的足球队在比赛中赢了澳大利亚球队而欢呼雀跃。所以，你永远都没法说……

澳大利亚在民主和人权方面的教育会使一个家长的生活很冒险。我的欧亚混血朋友是一个律师，从新加坡来，他因此得到了他的因果报应。他发现他那澳大利亚出生，正处年少的女儿把他告上了当地的人权和平等机会委员会，因为前一天因为一些小事情他给了她一顿典型的亚洲“臭揍”。她还没有向当地的社会安全机构汇报，但在他准备自己的辩护时，不得不停下来思考小家伙的人权问题，很严重，在澳大利亚，体罚孩子接近于死罪。法律和政府机构对此都反对，所以甚至都不要在公共场所拍你的孩子。

澳大利亚学校令人钦佩的有关环境方面的教育也可以培养出一批家庭的小说教者，他们要求你买爱护海豚的、保持空气新鲜的、可以回收利用的产品。

上学

很奇怪，在澳大利亚，年龄超过了 15 岁，学校教育就不是强制性的了（尽管有举动要提高年龄），但教育是免费的。学校有四个学期，各州的开学日期不完全一样，但大致如下：

第一学期 2—4 月；

第二学期 5—6 月；

第三学期 8—9 月；

第四学期 10—12 月中旬。

像工作领域一样，到了 12—1 月的暑假，一切都慢慢地停下来，尽管澳大利亚的一些家庭开始对假期和放学后给孩子上私人辅导班和额外的训练越来越感兴趣，此举主要来自具有高度竞争力的移民父母，特别是亚洲父母方面的压力。

边远乡村地区的孩子通过“空中学校”学习，作业是通过电子邮件的方式传送，教师通过双向无线电和互联网来指导学生。

公立中小学

对英国人需要特别说明，澳大利亚的“公立学校”不是精英学府——他们是政府办的面对所有学生的学校，通常离精英相差甚远。其他教育系统包括高收费的私立学校，其中包括私人、社会团体和宗教界开办的学校（如犹太人学校、罗马天主教学校等）。注意，如果持临时护照，即使上公立学校你也许要缴纳学费。

许多家长都被澳大利亚诱人的早期教育理念所吸引，这种早期教育理念对孩子没有压力，注重培养创造力和表达个人思想的能力等，给了孩子们作为孩子的足够的自由。这相对于亚洲高压的学习环境更有利于孩子的成长，在亚洲，例如，在小学毕业的时候，很多孩子也许都很平庸。然而，等进入学习的第 12 年头，通常是在 17 岁，需要准备高等教育入学考试的时候，形势突然一下子变了（在许多观察家看来，17 岁离开学校还有点太早）。学习节奏在第 11 学年到第 12 学年开始紧张起来。

到第 12 个年头，澳大利亚孩子学习节奏变得很紧张，因为马上要进行高等教育入学考试了

高等学校入学考试在各个州的名称不同，例如，在西澳大利亚州被称之为西澳大利亚州教育证书（West Australian Certificate of Education)），但是玫瑰被叫做其他的名字还是有刺——这是一种要求非常严格的考试，如果你的孩子学

习不是很好的话，最好不要逼迫他或她通过这个考试。如果需要，也可以把入学考试的准备时间延长到两年。对于学习不好的孩子或是任何年龄的任何人想重修或在校外参加入学考试，这里有出色的技术与继续教育（TAFE）学院网络，这个网络也提供很好的职业培训。这种学习也可以为学习大学课程奠定基础，对于大器晚成者特别有帮助。

澳大利亚高等教育全国通用分数（ATAR）是决定你的孩子是否上大学的分数（除了昆士兰州）。这个分数告知你的孩子在当年12年级的学生中所处的位置。如果全国通用分数为80%说明这个学生等同或高于12年级学生总数的80%。一个有趣的现象是，据说西澳大利亚州宣布的成绩超过99%的精英名单中，仅从他们的名字上推测，非英裔的人数不成比例。

高等学校入学考试是你不能等到你的孩子到了十几岁再移民的一个足够的理由；许多孩子因为从不同的教育体系转过来时间太晚，结果在澳大利亚为了入学考试而痛苦挣扎。通常他们最大的困难是思维的转变：如果他们来自的教育体系是会背一些事实性的东西就行了，他们就会面临很多难题，因为澳大利亚的考试注重的是看法、判断、知识和分析的能力，而不仅仅是对一些事实的掌握。例如，他们会发现英语文学分析更多的是语言的风格、种族、政治和歧视，而不是语言的文雅、结构、人物和情节。另一方面“英语”不是如何应用这门语言，而是分析和评判任何称得上“文本”的东西，从广告文本到流行歌曲，再到电影脚本都可以分析和评论。而十几岁以前就移民的孩子可以和这种教育体制一起成长，到他们参加大学入学考试的时候，已经习惯了这种思维方式。

大学入学考试的那一年，学生压力是最大的

在大学入学考试的那一年里，即第12学年，学生整个一个学年的各科成绩都要被评估，包括在这一年中所做课题研究的成绩，最后算出总的成绩——因此，学习压力是整个一学年，而不是考试那一天。另一点要记住的是一个班或一年的学习成绩要趋于平均，所以如果你的孩子在班里取得了最高的成绩，而其他学生的成

绩都低一些，而且成绩相近，那么他或她的成绩就会被拉低，以更接近其他学生的成绩。反之亦然，这是真的！

应该注意：尽管人们正在讨论等待已久的国家教学大纲出台，州与州之间不同的教育体系之间是没有连贯性的，如果你想自己把这些事弄明白，例如通过网站的内容弄明白，鉴于其中的复杂程度，你会抓狂的。对于大多数有头脑的人来说，这个体系就是一团乱麻，无法理清。最好的办法就是向你所居住州的教育部门咨询，安排与他们面谈。

作为家长，你需要保持警惕，要监督你的孩子在学校究竟做得怎样。澳大利亚据说被称为第一世界的国家，有着高质量的教育体系，但惊人的事实是：据澳大利亚统计局成人文化和生活技能调查显示，2006 年，有大约一半的澳大利亚人欠缺读写能力和计算能力，无法满足日常生活和工作的各种需要。即一些基本的技能，诸如读报纸，用公共汽车时刻表，计算，理解健康建议和解决简单问题的能力。澳大利亚工业集团 2010 年所进行的全国劳动力的素质项目的调查发现有 3/4 的雇员报告说因为文化水平低和计算能力差，他们的工作受到了严重的不利影响。这些雇员从工人、学徒到经理级别的人物都有。

毫不奇怪政府目前大谈“进行教育革命”，至少表面上承诺推广教育改革。最不受欢迎的（主要是针对教师的）举措之一是“我的学校（MySchool）”网站（http://www.myschool.edu.au/），这个网站的原意是帮助家长选择高水平的学校（10 000 所学校位列其中），让孩子们在人生的起跑线上比别人领先一步。这个冒险行动引起了轩然大波，其效应是创造了学校的排名榜，鼓励学校更看重自己的排名而不是教育那些真正需要帮助的人。但实际上，这是一个非常有用的网站，一般而言，甚至为更多的社区提供了信息。

对于家长好的一面是，作为 MySchool 信息收集的部分工作，政府也经常性地检测孩子们的文化水平。作为这个进程的一部分，你的孩子如果在 3、5、7、9 年级，很可能要参加“NAPLAN”测试（全国读写及计算能力评估项目测试）。请参阅：www.naplan.edu.au。

大学

对于现在的澳大利亚学生，坦白地说，上大学并不意味着高人一等，但这也许是一种全球现象。许多澳大利亚孩子甚至都不愿去努力考大学。令人焦虑的是很大一部分学生从（大约 20% 的澳大利亚学生在大学一年级，占国际学生的一半）学校退学，或在大学里挑来挑去地换课程，最后，一事无成，只是获得一点点零散的教育。在大学二年级退学的学生表面上是出去工作一段时间，挣一些钱，但是因为这样或那样的原因他们永远没有再回到学校。这样的学生人数惊人，也让人感到压抑。如果你想让你的孩子在学校里看到如此多的例子而能够抵抗这种压力，你需要小心地看管好你的孩子。我认为这个问题的部分原因是由于 17 岁的孩子刚完成 12 学年的学业，还不成熟造成的。也就是说他们太年轻了，还不能适应大学规律的生活。并不是得到了一个学位就业就有了保障。大多数毕业生需要等待数月甚至一年才能找到一个工作，或者是用到他们所学专业的工作。所以他们对得到学位似乎比婴儿潮出生的一代，或明确地说“X 代”出生的人更加不热衷。更具有吸引力的是近几年来充斥澳大利亚经济的采矿业的繁荣，为那些能够忍受北部地区艰苦环境的年轻健壮劳动力开出极高的工

年轻人在大学入学之前，花一年时间看世界，会收获很多

资，这些工作只需简单的技术，或者只是开开卡车。

我个人认为防止他们大学中途退学的好办法是在进入大学之前，让 17 岁的年轻人完全脱离学校，鼓励他们花一年的时间出去看世界，或仅仅是看澳大利亚，在国外或在澳大利亚做一些志愿服务。这样做的希望是：通过与其他国家的比较，他们将会珍惜他们在澳大利亚所得到的所有的机会，而且会充分利用这些机会（但我在这方面还是缺乏经验的——我还不是一个家长）。

如果作为居民在澳大利亚居住超过 2 年（104 周），并且是全职学习，你可享受政府的青年津贴补贴（16~24 岁）或 Austudy（25 岁及以上）。但你还是要缴纳一部分学费。如果你不能负担的话，可以向政府借款，当开始工作和挣了工资后，可安排通过高等教育付款计划（HECS-HELP）逐步归还借款。所以从某种程度上说大学教育并不是免费教育。

一旦开始选择大学，另一个有用的政府网站可以帮助你从 39 所公立大学中选择你心仪的学校。http://www.myuniversity.gov.au/。

积极的一面

如果不告诉你移民的沮丧，那就是疏忽。但是移民有它更光明的一面，我希望你会在这本书的其他章看到。我所要增加的内容是：人们可以充满愉悦地感受澳大利亚的自由、空间，以及澳大利亚的气候和地理所赋予的独特的明亮的阳光；对药品、

澳大利亚可以提供给人们广阔的自由和空间

教育和周围环境的文明态度；在街上人与人之间能够很容易地相处，日常生活的宁静——一种真实的、自然的民主；还有令人激动的地域广阔的原野。

在申请之前，如果你在澳大利亚作为永久居民居住了至少 12 个月，且在这 12 个月中，你离开这个国家不超过 90 天，你可有资格申请公民身份。另外，你必须有 4 年在澳大利亚合法居住（包括 12 个月的永久居民居住），而且在这 4 年中，你离开这个国家的时间总长不超过 12 个月。这取决于你个人的情况，也许会有其他的方面会影响或帮助你申请。看网站：www.citizenship.gov.au/。确认公民资格的信件在申请后可以很快拿到。而颁发澳大利亚公民证书的仪式还要等几周时间。在你拿到澳大利亚护照（一旦你成为澳大利亚公民，没有护照你不能出入澳大利亚）之前，这个公民证书是你必须拿到的。

一个新公民描述了他在西澳大利亚州珀斯收到公民资格证书的仪式："我们一群人，包括我和我的两个证人（最多两个证人）去了市长的办公室，楼上房间的椅子上放着一个小包裹，上面贴着有我们名字的标签和一份解释我们作为公民的权利和义务的材料。我们这组的新公民总计是 30 个人。"

副市长讲了话，然后叫我们四或五个人一组到前面宣誓效忠伊丽莎白女王二世（这肯定不会太长久了）和国家的誓词……市长跟我们握手并颁发给我们证书和一个有澳大利亚国旗的徽章让我们佩戴。然后，如果我们愿意，可以拿着证书和市长一同照相。

公民的誓言

这是刚成为澳大利亚公民的人在公民证书仪式上宣誓的誓词。注意不再需要向女王宣誓效忠了。

"在上帝面前 *，我发誓，从此以后我要效忠澳大利亚和她的人民，共享她的民主信仰，尊重她的权利和自由，支持和遵守她的法律。"

具有讽刺的是澳大利亚出生的公民不用对任何人宣誓！

* 那些宣誓效忠的人也可以不提上帝。

我们当地的议员也讲了话：他说几乎全部由移民组成的澳大利亚世界杯足球队是多么棒，移民如何把足球带到了澳大利亚，使足球在很短的时间里达到了世界水准，等等。然后我们喝了一些啤酒或葡萄酒，吃了一些点心，唱了《前进，美丽的澳大利亚》，然后我们就回家了。

我的公民证书仪式比较匆忙，因为需要出差，我请求了一个单独的日期。我邀请了我的邻居，一个土著居民家庭作为我的证人，这种仪式给他们带来了很大的乐趣，我也为此感到高兴。

房子和花园

一个单独的房子，有六间屋子，坐落在一个至少有 1 000 平方米的花园里，是澳大利亚人幸福概念里一个重要的组成部分。唐纳德·霍恩在他的名著《幸运之邦》中把澳大利亚称为“城郊化的国家”。这本从心理上分析澳大利亚人的名著于 1964 年出版，随后许多关于澳大利亚的研究都参阅了这本书，包括本书在内。

的确，一个澳大利亚人的家就是他的城堡。拥有一所自己的房子是许多澳大利亚人的梦想。

房子和花园，是澳大利亚人幸福概念的一个重要的组成部分

不可能实现的梦想

不幸的是，近几十年来，随着房价的上扬、房贷利率的飙升，人们的这个梦想破灭了。房贷利率现在比以前低了，但还没有像其他经历大萧条的那些发达国家的利率那样低。澳大利亚的房价始终位于世界上最支付不起的房价之列。而房租也一路飙升，特别是在经济热点地区，如西澳大利亚州，采矿业的繁荣扭曲了经济。许多澳大利亚年轻夫妇还不能考虑买他们自己的房子。对于澳大利亚人来说，这种沮丧等同于侵犯了他们的人权。在每三年的大选中，这也是一个主要的议题。举国上下，人们怨恨的情绪就犹如烧烤的浓烟；政府也在不断地努力来满足人们对支付得起的房子的渴望。如果你能够完全轻松地在澳大利亚买一处房产的话，不要炫耀。

始终有 70% 的澳大利亚人有自己的房子，或在分期付款买房。从世界范围看，这个比率还很高。公共住房实际上已经变成福利住房的标志，提供给那些破裂的家庭，或是处在危机的家庭、单亲母亲、失业人员、难民和土著人等。虽然这些住房费用低，但是住房维修差。

悉尼小镇

对土地的欲望

人们正在重新审视关于1 000平方米的概念，特别是那些有思想的城市规划者。就像人们在墨尔本和悉尼已经看到的，以及在珀斯正在进行的城市郊区化，还有多长时间澳大利亚的众多城市能够向广阔的郊区扩展和蔓延？

澳大利亚的房屋所有人不仅希望拥有一定数量的土地，而且照字面意义说，他们还希望房屋确实坐落在那上面。公寓住所，甚至是中等高度的公寓楼已开始成为大多数澳大利亚人的选择目标，而绝大多数的人都憎恨高楼大厦。除了商业中心地带，澳大利亚城市的一个最引人注目的特点之一是她不高的城市轮廓。人们认为摩天大楼适合于工作，而不适于居住。

我个人发现这是一个更具人性化的生活方式。在如此广阔的土地上居住着如此少的人口，人们会毫不奇怪澳大利亚人在用光土地方面有着本能的漠不关心。然而，必须承认，分散的人口对城市的规划、管理和服务都非常不利。排水系统的提供、道路、交通以及许多其他的基础设施和服务都成了一大难题。郊区扩展对于那些热切保护澳大利亚野生世界的环境保护论者也是难以接受的。

那么在将来，极有可能的是，在澳大利亚城市中心一定范围内的居民区，每个单独的住所不再会有1 000平方米的花园。各种城市权威机构在这方面已经作了论述；"高密度住宅"这个词语在一二十年前会引起骚动，而现在是澳大利亚城市规划者的行话。大批涌入的亚洲和美国投资人更习惯于住在公寓住所，从而加速了高楼住宅区的建设，但许多普通的澳大利亚百姓现在却居住在0.25英亩（约1 011平方米）土地上的一个很小的一层单元里，没有后院，也没有花园。

澳大利亚人的伟大梦想正在退向远郊区和乡村的内地。但是你还可以指望那些房屋拥有人会自始至终与这个“改革”抗争。他会强烈地认为他拥有土地就像美国人有权利拥有一支枪和英国人看重他们的宠物狗是一样的道理。

澳大利亚的房子多数只有一层

澳大利亚房屋的风格

澳大利亚绝大多数的房子都只有一层，在亚洲的一些地方被叫做“平房”，而每座房子都是独立的。我高兴地说，如果你能在澳大利亚看到非常相似的房子，那种在世界其他的地方经常见到的，就好像从工厂的传送带出来的，出自同一个石膏模子的房子，那是极不寻常的。

在世纪之交，最流行的、价钱昂贵的是那种具有殖民时代建筑风格的“联邦”房子，甚至是仿制品：这些漂亮建筑的特点是由几根柱子支撑起的走廊和阳台，除此之外，还有镂刻精致的锻铁围栏。其他可识别的澳大利亚建筑还有源于地中海的新古典式西班牙设计风格的房屋、“挡风板”小木屋和“昆士兰人”木制的具有热带异国情调的房屋，这种建筑高出地面很多，并有开阔的阳台。

“绿色”运动是指采用更加接近自然的设计，所以也可以见到木材、石头，以及两者兼有的建筑材料建成的房屋。最吸引人，但造价不低的“回归自然”的选择是陶土，在南澳大利亚州非常盛行。它可以产生一种非常光滑的中等深浅的黄褐色表层，这是一种很牢固的材料，而且是一种自然的保温材料。便宜一些的是烧制的泥砖，但用此种材料建一所房屋要耗费许多人力。

在那些旧的房子里，可以发现各种各样的古老的设备。例如，1989 年，我搬进了在大城市珀斯边上的一幢 20 世纪 50 年代的房子，里面有一个烧木柴的锅炉，用它来烤面包很棒。这个锅炉与一个水管相连接，可以提供热水和供暖。但最终，我还是厌倦了它，把它送给一对住在乡下的夫妇，在那里，这种锅炉还可以见到。

悉尼港湾豪宅

在地上

澳大利亚吸引人的地方之一是还可以买到大片的原野，在那上边以一个合理的价格盖一所自己的房子。许多房主买了地，然后经过设计，建了一座他们自己的房子。一旦房屋设计获得了当局的批准，整个行业早已准备齐全来帮助他做这一切。有关于现成的门窗、屋面材料、瓷砖等各种产品的目录，只要你能说出来的，他们都有。

通常，你至少要请专业人士打地基。然后，如果你确实想自己动手，你可以亲自把房子一点一点地盖起来。但大多数人都自己监督，请专门的工程队施工。可是需要注意的是澳大利亚人出去吃饭的时候，经常讲一些碰到不负责任的或骗人的施工队的可怕经历。所以你必须严密监控你的施工进程，还要自己学点这方面的知识，这样你就明白施工进行得怎样了。

当你买地的时候，要听取好的建议，考虑到各种可能发生的困境。你也许会发现如果地空着不盖房子有时间的限制，就说是两年吧。也许还要求你把地加上围栏，这将会很贵。当然还有严格的法律要保持防火通道，以及经常发生的回归焚烧。

你还会发现尽管你拥有土地的使用权，你不能拥有下面的土地，因为政府保留采矿的权利。如果在你房子的下面发现了金矿或铁矿，你将处于一种非常难办的情况。在乡下，要确保有水源，还要考虑当地大火的危险。要小心海滨或海岸边房产的诱惑，州政府正开始处罚或强迫那些公然对抗未来气候变化——海水上升和海啸的人搬迁，而保险公司对此项危险也不仁慈。

像在其他的国家一样，你需要研究要买地的区域的规划发展情况；是否几年的时间里你美丽的荒野将变成一个新的城镇？近几年来，在边远地区煤矿小镇快速、无计划的增长就是一个例子。鉴于煤矿工人“飞来飞去”，很多这样的镇子变成了没有社区意识，没有社会礼仪的住所，使这些地方难以居住。

这就是其中一些关于买地最常见的问题，要小心处理。对于这些问题和其他方面重要的问题如征税，请参考专业顾问的意见。

买地时，要考虑各种风险

购房

每天报纸都挤满了房屋出售的广告。在珀斯，我发现游览各种待出售的房屋是一个公认的星期天休闲活动。有时只是为了好玩，有时可了解一下市场行情。这些不是供展示的房子，而是真正的住户——户主只是那一天不待在家里，一群陌生人到他家里去看房子。

澳大利亚的大多数房屋买卖都是通过房产经纪人进行的，然后由一个结算代理或律师负责各个阶段以及最终的付款。在看房日，房产代理商将坐在待出售的房屋（包括居住者的家具）。澳大利亚的房产经纪人比世界上任何地方的房产经纪人诚实不到哪儿去。我发现他们不是那么热心，就是很少说话，除非你跟他们说。

以下是在写此书时房地产的最新情况……

以西澳大利亚州珀斯为例（但不要忘记，在澳大利亚的房地产市场上，各州之间存在很大的差异；一般来说东部，特别是悉尼，是最贵的地方）。

正如澳大利亚珀斯商业和地产服务局局长威廉姆·夏尔（William F Shire）所说，“在（1989）地产价格高涨之前，花费大约 72 000 澳元就能买到一幢普通的四卧两卫的砖瓦房。”到了 2008 年，同样的房子，价值已增长了 4 倍。离城中心较近的城郊住宅区房子如今很少有低于 500 000 澳元的。

另外一个澳大利亚人——新加坡国立大学建筑和地产管理学院副教授彼特·布朗（Peter M Brown）很清楚地计算出了澳大利亚房地产兴衰的格局。他获得的资格证书（包括澳大利亚和新西兰估价师学会会员）多得像挂满圣诞树的彩灯。他说，澳房地产市场有一个为期八年的兴衰圈。地产价格在1973年、1981年及1989年出现高峰，世纪之交再次出现高峰期。他说的差不多是对的——可以有一个为期10年的兴衰圈，如果其他因素都不变的话。

澳大利亚现代家庭内部

现在就买

什么时候买房？你可以等待价格从高峰值降下来再买。但是诚实地说，如果你不是投机，而且想在你的房子里待上一段时间，无论什么时候买，你可能都不会赔钱的。但是，你总是应该打听些联邦和州都推出什么样的预算？总的来看，在冬季买房应该是个不错的计划，因为这时地产市场比较安静。想卖房的澳大利亚房地产主总想利用春季或者夏季卖房赚笔钱，因为阳光以及经过冬天雨水滋润已经是鲜花满园的花园可以刺激顾客买房的愿望。

怎样买房和买什么样的房子

首先，要知道在澳大利亚购置房产不会以任何方式提高你获得澳永久居留权及国籍的机会。如果你是凭临时居留或者商务签证来澳大利亚的，而签证后来失效了，这期间你购置的房产必须卖掉。

外国投资审查局（FIRB）

访问者或者非澳居民只能购买新建房产，或者购买旧房产，然后将其拆掉建新房，或者至少改建原房产的50%。但购买旧房产需要澳大利亚外国投资审查局的批准，一般在28天内就会得到答复。或者你可以买地建房，但必须在买后的24个月内建房。

对于商业性地产，如果涉及购买一个商店或者饭店，外国投资审查局很可能会批准任何非澳洲居民购买。

更多信息：http://www.firb.gov.au/。

在澳大利亚买房需经外国投资审查局同意

如果你想了解哪些或者什么样的房产正在出售中，可以参考当地报纸的房地产版及当地的房地产杂志。在迁往澳大利亚的前一年，你可以让你在澳大利亚的朋友将报纸的房地产版页给你寄去，或者查看互联网网页，从总的方面“做好功课”。你要想好究竟想要什么样的房子——多少个卧室、卫生间，是一个大院子还是小院子，要不要游泳池，还要根据距离学校及你工作地点的远近考虑最理想的地点应该在哪儿。偶尔坐飞机到澳大利亚去一趟，熟悉一下环境。连看都没看地产所在就购买了房子，这样的事确实会发生——特别是对那些有充足资金的投资者，就像在新加坡购房者通过一些巡回房地产展览买房，但这样做是愚蠢的，而且还要冒没有必要的危险。我的一个房地产代理朋友告诉我，在这样的展览上，一个普通的代理佣金就是5 000澳元，而展览的成本和代理的成本可以轻易地进入买主的成本。

想买房，要从总的方面“做好功课”，参考大量信息

澳大利亚多数地产都是

“不动产”，这个概念是指对房产的全权所有权，类似的说法还有“fee simple，Green title”。这意味着你的所有权是完全的，你可以任意处置你的房产。但是如果你的所有权是分契产权（strata title），即与他人共同拥有，你需要同其他房主商量。

如果你想把地产变成“复式的”，例如，变成两个小一点的房子，要注意会有法律规定关于多大的地方可以这么做，特别是房子正面的宽度，是否在房子的两边留有足够的空间使小汽车、紧急救护车辆，如救火车自由出入等。在高度上也会有限制。

有些地方也许会有像“R”（只限于居民）条款一样的限制，“R”（只限于居民）条款规定了对你的房产你可以做什么；要确保向当地的政府咨询这方面的规定，以及关于像遗产地区的一些特殊的文件规定。但是，你的房产代理商有法律上的责任事先通告你这方面的情况。其他的一些事情如政府计划征地来拓宽道路（“公路重建”），实质上是一种强制征地，但通常政府会给予超过市场价 10% 的补偿。

那么，在澳大利亚买什么样的房子好呢？什么时候卖可以有资本收益？（卖“第一幢房子”或主要的房子不收资本收益税）

当你购买现成的房产时，在同意购买之日的三个月内房子要维持原状，所以这是卖主的责任，要确保房子跟原来一样。但是，如果在你买房时，热水器坏了，而你当时又没有检查，那么当你入住后，热水器不能工作，你也不能抱怨。另一方面，如果热水器是好的，而你入住后它坏了是可以控诉的。

这里，专家建议买砖瓦房（砖墙、瓦顶）（价钱在 500 000 澳元以上，在悉尼和其他东部州府中心地带价格还要高），注意地点离城中心不超过 15 公里，去最近的高速路、学校、商店、公园和公共汽车站等都很方便。要知道当地的地理环境和一些细节，如在西澳大利亚州，实际上，没有人真正地住在“珀斯”，因为珀斯只是城的中心；人们住在有各自名字的城郊住宅区，如本特利、维多利亚公园、米拉布卡或劳利山。当广告说“离城中心 5 分钟的路程”，要小心是哪个城市，它可能是一个卫星城的中

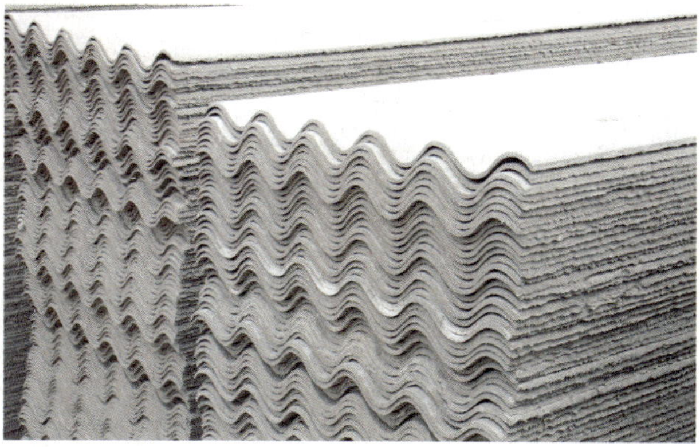

石棉纤维板对人体健康有害

带围栏或围墙的花园是澳大利亚有钱、成功人群的象征

心，像罗金厄姆，在珀斯城外，而不是珀斯这个城市本身。不要像那个从印度给我打电话的未来移民那样，认为我们会成为邻居，只是因为我的住址在奥尔巴尼高速路边上，而她将要居住在奥尔巴尼的城里。奥尔巴尼位于西澳大利亚州西南部，靠近南部海滨，离我所居住的珀斯有400多公里。

你也许会问，除了“砖瓦”还有什么？

许多澳大利亚的老房是用“护墙板”——搭接的厚木板——或菲帛罗（一种人造黏胶纤维）、压缩的木纤维板制成的，甚至是用像锌或阳极氧化铝的金属材料制成的。特别是用金属材料造房，在金属层的下边一定有石棉绝缘层。在许多老房子里，屋顶或是用锌或是用其他金属，也有用石棉制成的。用护墙板造的房子通常体现的是一种漂亮的、老式的和传统的澳大利亚房屋的样子，当考虑房子的再出售价值时，砖瓦房子具有明显的优势。

但鉴于在澳大利亚人们对石棉绝缘体对健康的危害有一种长久的恐惧，所以对于购买建有石棉保温材料的房子也有一个心理问题。疏松的石棉纤维板对你的健康没有好处，在制造业，长期暴露于石棉绝缘材料已经被证明是危险的，甚至是危及生命的。但没有确凿的证据说明住在有石棉保温层的房子里会有多危险。但是考虑到目前在澳大利亚公众对此的激烈反应，仅从房子的再出售价值考虑，石棉保温材料也是买主应该关心的问题。

带围栏或围墙的花园是澳大利亚有钱、成功的“高罂粟”人群的象征，但在澳大利亚的许多城郊住宅区还经常可以看到那种开放的没有围栏的花园，友好地展示着对人们的信任。说到此，不要被大多数澳大利亚人所说的生活在完全无阶级的社会那些话而蒙骗。某些城郊住宅区就是比其他的要“豪华”，所以在买房之前要查对你所选择的城郊住宅区的声誉和犯罪情况。其中使你的房子失去价值的，令人遗憾地说，是附近有很多政府为低收入者所建的住房，再就是街上有出租房，如果出租房就在你的隔壁就更糟糕了。

对首次购房人的帮助

如果你是合法居民，并满足所有的条件（更多信息参阅网站：www.firsthome.gov.au），在澳大利亚购买第一所房子，你可以得到 7 000 澳元的“首次置业津贴”，前提是你所买或建的房子价值低于 750 000 澳元，并在特定的位置；而且之前在澳大利亚你没有购置任何房产；必须在购买房子的 12 个月内入住，而且必须自己居住（一年至少连续住 6 个月），不能出租。对首次购房者可免减印花税，各州的情况不同，例如在西澳大利亚州，高达 500 000 澳元的房产没有印花税，如果超过这个价值，每增加 100 澳元，减免 22.51 澳元。

澳大利亚的老式房子一般不会有一个以上的浴室，也许厕所是单独的，甚至离主浴室还有一段距离，一般没有配套的浴室，如果这些对你很重要，你需要仔细考虑。

大多数房产连家具一起卖，包括地毯、窗子和灯具，也许还包括灶具、洗衣机、空调和风扇。在你买之前要搞明白这些，在接手房子之前，要查看是否许诺的

澳大利亚老式房子

东西都在。

开始购房

你也许会通过房产代理商开始你的购房之旅，但要确保他/她是有资格证的专业协会成员之一——在西澳大利亚州，协会的名字是西澳大利亚州房地产协会（REIWA）。

要注意在澳大利亚之外的国家申请贷款也许要收取10%的代扣所得税。在澳大利亚，你可以到银行或一个信贷公司申请贷款，如果你的申请被接受的话，大多数情况下，需要10%的押金，尽管有时可以进行商议。如果贷款没有得到批准，或因任何原因如果不是买主的过错买卖不能够进行，押金可以全部退回。如果只是买主改变了主意，房主可以把房产再放到市场上出售，但会指控你弥补他所蒙受的损失。

报价

如果你喜欢这所房子，而当前这所房子又很抢手，那么不要陷入拖沓冗长的讨价还价中，直接报设定的价格，否则在拖延的过程中，你也许会失去这个机会。但在其他情况下，你也许希望报价低一点。要永远记住的是房产代理商是替房主卖房，而不是为了你买主服务。如果你手里有现金，你有极大的优势把价格砍下来，但如果你需

在报价之前要检查什么

确定了你要买的房产之后，在报价之前，要按如下步骤进行检查：

- 检查后院添加的建筑——工棚、工作室、凉台或小木屋。仔细检查是否有当地政府的建筑允许。
- 一定要检查房产的栅栏所圈的范围是否是你所买的地域边界，是否有邻居超出了边界，侵入了你的地盘。
- 检查当地的房产价格是多少——平均的地价大约是 600 澳元。
- 检查排水设备是否已经安装和连接，确信旧的过滤排水（包括排水沟）和化粪池已经被废弃，否则以后还得重做——而化粪池将需要每 5 年清空一次。
- 检查燃气管道是否已经连接；如果没有，你可能将来还是要做，那还是要花钱的。我 1989 年搬家的时候就没有天然气管。
- 如果有游泳池的话，检查是否有一个水池自动清理机你可以继续用，抽水机使用了多长时间？是否有一个自动加氯消毒的盐水池（一个好主意）？是否当地的法规要求给游泳池加围栏。如果没有游泳池，要检查是否有填埋过的地方——有些人家仅仅是填埋了游泳池，而不是移除，这对后来的施工会有影响。
- 如果有一个种满很多植物的花园，你要考虑是否真正想保留一个这样的园子，你要花多少钱让别人来帮助打理；记住美丽的绿草坪在夏季要喝掉好多珍贵的水，还要检查当地政府夏季对水的限制，看一看你是否能够保留那个草坪；当地植物的园子消耗水量虽然小，但始终需要一定量的水，而每一两年也需要重新覆盖。
- 检查是否有室内防盗系统、监控器或所有门窗的锁是否安全。

■检查房子是否是绝缘的。

■检查在夏季是否有降温的装置——蒸发空气调节器（水在木片上循环流动），这种装置既经济又保护环境，还非常有效，用这种古老的空调，你需要把窗子开着，而不是关上。

■检查是否有水的加热系统，例如房顶上的太阳能加热器——考虑到澳大利亚的阳光，这是非常有效和经济的。

■确保你知道房子使用了多少年。你也许想知道它最后一次封顶的日期。如果房子是建在木桩上，要检查最后一次换桩的日期，例如把房子整体提起来，重新固定在新的底座上。我们在珀斯的房子上就遇到过这些事情——在搬进不到 5 年的时间，我们不得不重新换房顶。但是如果你买房是冲着所处地点的价值，而不是房子本身的价格，而且打算不久就卖掉或开发，这些事情也不算什么。

■如果房子有任何木制的结构，你可能希望或要求对整所房子做预防白蚁的处理。

■查看你的邻居和街区，询问澳大利亚人你所选择的地方的信誉。如果隔壁是政府为低收入者所建的住房，或当地的犯罪率高，你也许希望重新考虑。

■如果可能的话，可以不用房产代理商陪同，在白天和晚上的不同时间亲自去看一看那个地方和房子，找一种对那个地方的真正感觉。

■如果高速宽带和互联网对你很重要，要检查你所选择的地区是否可以上互联网；你也许会很惊奇甚至在显眼的大城市，也有地方不能提供宽带服务。

要很长的时间各方筹钱，那么你所期望的只能是按卖方原来报的价格支付全额。即使这样，在报价的时候，你也可以提出一些限制的条件，例如“待检查完白蚁后”，或者“待检查完房屋的电线和管线后”，甚至可以是“房屋的所有垃圾被清理之后”。如果在你筹款时，有所考虑，可以做这样的陈述，如“在我卖了船以后”，或“待我结清事故保险之后”。你也可以在你的报价中提出你希望得到你在房子中看到的一些

墨尔本游乐场的摩天轮

家具，或者盆栽植物，以及其他的什么东西。在你的报价中要强调所有的管线、电和水在交接日必须是能够运转的——这会迫使卖方在你付款之前，保证把任何需要维修的东西都弄好。你报价的条件也可以是做房屋的结构检查——这必须在 7 天内完成，检查费大约是 500 澳元或更多，由你来支付。一旦你对一处房产进行了报价，这就是一种法律上的合约，但只有房主正式接受了你的报价，才具有法律的约束力。房主有权接受或拒绝你的报价，或者在价格、付款方式、条件和结算日期上进行还盘。

在你希望修缮的地方真正得到修缮前，你可以拒绝付款，尽管你不能真正地撤销你购房的承诺。但你可以从你最终付款中扣除需要维修的款项。在报价中说明最终付款日期和付款方式。

结算

西澳大利亚州的结算体系是独特的——在悉尼和墨尔本，你可以雇律师（就像新加坡的处理财产或不动产产权转让的律师）来处理房产的购买和结算，但西澳大利亚州结算体系的优势是用结算代理比用律师便宜。没有结算代理，你在西澳大利亚州无法进行房产的买卖。要确保你选择了一个已在结算代理监督管理委员会注册的结算代理。这个代理将为你处理一切法律上的文书工作，与你的银行联系和负责印花税的事宜。印花税的额度很大，对于一个 500 000 澳元的房子要缴纳 18 000 澳元的印花税。你还需要预算结算代理的费用，对于一个 500 000 澳元的房子，大约是 1 600 澳元。抵押登记费大约是 160 澳元，土地转让费大约是 250 澳元。除了法律文书工作，结算代理还将为你处理一些其他事务，像清算你所需交费的比率和税，或卖房子时发生的水电气等费用。

如果你对房产代理商不满怎么办？房地产从业法设立了房地产和商务代理监督管理委员会来处理此类事情，你可以向监督委员会投诉或向就近的贸易从业法指导下的消费者事务部投诉。

买房时，注意检查一切室内设施

那么不用代理会怎么样？你也许看到过私人的不涉及代理的销售广告。从买主的角度来看，这不见得是便宜一些；是卖方省了钱而不是你。房产的价格可能依然很高，代理商也许因某种原因不愿处理此事——对买方来说也许是一个不利的预兆。

即使私人销售的价格便宜，对买方来说没有丝毫的保护。因为房主不是任何正式的房地产代理职业协会的成员，如果有任何投诉得借助民事法庭。相反的是，一个房产代理商从属于一个职业协会，对其的投诉会威胁到他/她的资格证。从你的立场讲，从属于一个正式协会的任何代理将会有职业赔偿保险和职业责任保险，这足以抵偿你的投诉，所以你能够尽快得到赔偿。因此私人的销售不像一开始看上去那么诱人。

一些房地产的术语

当你浏览澳大利亚的各类房产销售广告时，会遇到一些缩略语，使你迷惑不解。以下是一些例子——其他不懂的可咨询澳大利亚的朋友和房地产代理商。

■ Backyard

院子、花园、游泳池边的地方，以及在房子后边以澳大利亚人生活方式为中心的与户外活动有关的每件物品的总称。

■ Bgp

地下游泳池，是一种低于地面的游泳池，比地上游泳池要高级得多。

■ Blt in robes

带嵌入式壁橱。

■ Bore

一个打入地下蓄水层来获取地下水的深井，由水泵抽上来。这对于有花园和水网络系统的家庭来说是一个重要的补充，不仅仅是节约了有时被称为“计划用水”的花费，也节省了由当地政府提供送到各家的经过处理的较贵的饮用水的开支。

■ Brick veneer

房子的砖饰面，用以遮盖内墙建筑所用材料，如石棉或铝。

■ Dbt

双层砖瓦结构，比单层砖瓦质量更好，保温性能更好。

■ Games room or Family room

一个大的客厅。是家人聚集的地方，通常不和餐厅在一起，也经常和前面的会客室分开，老的称呼里有时还把该会客室叫做“前厅”，是一个会客的房间，更加远离私人生活的地方。

■ Harbour glimpses

在悉尼很常见。意思是如果站在凳子上，或如果你有 2 米高，通过浴室的窗子可以瞥见一小部分海港的壮观景色。

■ Retic

这指的是网状喷射灌溉系统。通过地下的管线，用泵把水通过自动喷头喷到上空来浇灌花园。当买一个房子的时候，最好保证有这个系统，否则再铺设会很贵。

■ Weatherboard

这是20世纪50年代甚至更早时候的木屋，木板相叠，在西澳大利亚州的珀斯很常见。今天，这些木屋仍很漂亮，属遗产建筑。虽然内部有些小，但这些房屋通常占地 1 000 平方米，外观像村舍，还有木刻的花边装饰的带柱的阳台。

在澳大利亚，人们对自己装修很痴迷

做杂活的狂热者

因为家是一个如此重要的领地，澳大利亚人花大量的时间在干“家务活”（当他们不乱修汽车的时候）。实际上，他们总是在修建、改建和扩建他们的房子。据估计，到2016 年，他们每年花在自己动手和房屋装修上的钱将达到 255 亿澳元。请阅读新南威尔士大学出版社 2008 年出版的菲奥娜·阿隆的书《装修的国家》。一些社会评论员说 2001 年纽约“9·11”恐怖袭击灾难以来，人们对家宅装修的痴迷愈加强烈了。而面临现在全球性的经济危机，澳大利亚人对这种不安全感的反应是我们个人对改变世界现状做不了什么，但我们至少能改变我们洗手间的瓷砖。评论员们推测典型的澳大利亚人正变得内向，他们两眼只盯着自己的后院，对世界充耳不闻。

在澳大利亚，油漆等装修工作一般都是自己来做

如果你想成为一个真正的澳大利亚人，当人们拜访你的时候，你应该一直有一间屋子是杂乱无章的："哎哟，我们刚刚重修了走廊/浴室/厨房。"断木头、钻下来的灰土、撕下来的墙纸满地都是。人们会看到家里的男人（是的，在澳大利亚，男人们还是扮演着传统的角色）手里拿着油漆辊子、电锯，或壁纸汽蒸器，穿着肮脏的工装裤，或更多的时候是短裤，忙着他的活儿。

或者整个房子，包括茶具都蒙上了一层红色的木头粉尘——"我们刚刚手工打磨了木地板。"或者房间里有一股怪味——"打药人刚来喷了灭白蚁的药。"这些都是随时发生在澳大利亚家庭生活的各种正常的事情。

DIY 是自己动手做

如果你对我所讲的这方面的事情有任何怀疑，可以查看澳大利亚任何一个城市的电话簿黄页，数一数有多少家"自己动手做（DIY）"中心。

我保证会有好几页的信息。

DIY 是澳大利亚的一个主要的产业，部分原因是人工费不允许雇用承包人，但同时也是因为这是一个公认的男子汉"干家务活"的口号。这属于那些"先锋、前卫的症候群"的一部分，对每个澳大利亚人都颇具影响。到任何一家主要的 DIY 商场，都可以看到许多大仓库堆积着可做任何事情的任何可想象的东西，大到搭建你自己的温室，小到修理漏水的水龙头。我丈夫说那是天堂；而其他的人则各有各的想法。

多数澳大利亚家庭在花园里会有一个小棚屋，装满这样那样的工具，如涂料桶及诸如此类的东西（大多数男人，像我的丈夫一样，早就不记得工棚里有什么东西，所以不断地买新的来，因为他们找不到旧的放在工棚的什么地方了）。还有园艺工具，有时还有家做的设备等。"男人和男人的小棚屋"文化并不是一个澳大利亚城市神话，它是实实在在的。但遗憾地说，有时，当你在澳大利亚人的家里看到颜色不搭配而且很糟糕的壁纸和地毯的时候，你很难赏识他们经过那么多的辛苦所取得的成果。

另一方面，在澳大利亚房屋装修方面显然有一种活力。通常在年轻人、受教育好的家庭里，房子的装饰反映了澳大利亚人所生活着的这个新的多元文化社会，以及对亚洲邻居的认同感——意大利的火炬、土著居民的手工制品、从新加坡买的花瓶、来自印尼的蜡染绘画等、巴厘岛的石头雕像，以及来自东南亚和日本的水可以流动，能发出叮咚声的小喷泉，都可能在他们的房子里见到。

花园守护神

花园是澳大利亚人另一个着迷的地方，绝大部分来自英国的传统。许多年老的澳大利亚人（至少 39% 的园丁）以其漂亮的花园说明了这种传统的渊源。他们精心照料的花园和英国乡村农舍的花园相似，用地下水进行喷灌，滋润着园里的玫瑰、菊花、大丽花和翠绿的草坪。

澳大利亚的草（例如，你很快就熟悉的令人讨厌的草，如野牛草、匍匐冰草以及其他一些不那么令人满意的草），并不意味着会是青翠茂盛的，特别是在夏季。澳大利亚草坪的自然状态是干枯的，棕色的和稀疏的。我放弃了我的草坪，用碎木屑覆盖了。但在许多高档城郊住宅区，过于保守的市政服务机构还是坚持前院要保留修剪齐整的草坪。

这样的英式花园在如此干旱的生态环境，当然在很大程度上极具讽刺意味。例如，珀斯的土壤几乎全部由沙子组成。

凯恩斯库兰达小镇草坪

那些能够在澳大利亚生长得好的外国植物是来自南非相似土壤的植物。很庆幸，近几十年来，“本地花园”运动开始盛行(大约选择了23%种植物)，鼓励人们培育澳大利亚本土的植物种类。这些本土植物包括桉树、金合欢树、开花的银桦树、瓶刷子树、班克西亚、袋鼠爪等。选这些植物可比玫瑰要好得多，因为它们不需要人们过多的关注，也不太需要水：当地植物的品性就是很少的水也能够存活。但并不像许多新手园丁想象得那样不需要水。

瓶刷子树很好存活

这一巨大变化意味着，澳大利亚白人最终接受了他们的真实环境——澳大利亚的生态环境，而不再留恋过去的祖国英国。

澳本地花园与欧洲温带或者亚洲热带花园大不一样，以下是你需要了解的几个方面：

- 本地植物不喜欢营养丰富的含磷、氮的肥料和粪便——它们习惯于清淡的肥料；只需要一种特定的适于本地植物的缓释型肥料，而且不能放在离其根太近的地方。
- 在火热干燥的夏季及花草生长的第一年，你仍需要浇灌它们。但是不要频繁浇灌，而是要不常浇，但每次都要浇透。如果你经常浇水，但浇得很浅，花草的根只会在土壤表层扩展，扎根浅，花最终会倒的。你应该使花草自然地把根扎到土壤深处，以便吸收水分。总的来说，你只要在夏季最热的时候浇灌花草即可，即使这样，也不能浇得太多。许多本地植物需要水，但也不喜欢“浸在水里”，它们需要排水，因此把花草种在斜坡、山丘或者河/路堤上不失为一个好办法。
- 本地植物一旦种植了，就不要再挪动，因为它们的根易受损害。
- 许多本地植物只有接受充足的阳光，花才能开得好，但也不完全是。你需要读一些书来研究当地的植物种类，知道哪里是当地花草专家的苗圃，而且要经常去看，在需要的时候进行请教。

- 本地植物的播种时间是冬季，因为开花的植物已经在春天和初夏盛开过了。
- 如果你不把园子用覆盖料覆盖，它就不会很好地为你工作。可以试一试用木头碎片覆盖，使园子有一种丛林的感觉。注意不要把覆盖物在植物和树的干茎堆得太高，这样会聚集湿气，使茎部真菌腐烂；不要使植物的根部有一圈没有被覆盖。
- 在一些地方，像西澳大利亚州的沿海地区，土壤是由沙子构成的，水流失很快，所以你也许需要土壤保湿剂来帮助土壤保持水分及花盆和花篮中的水颗粒；如果你看到花盆和花篮中的土壤表层结一层壳，水很快流走，不能深入根部，要往土里加一点稀释的洗涤液和水使土壤结构疏松——它不会伤害植物。

前院的特点

不管他们的园子是什么特色，你总会看到他们在周末辛勤忙碌——锄草、挖地、修剪树枝、覆盖（用碎木头、报纸、废草以及类似的东西）和修理草坪。

提供诸如运送“花园垃圾袋”，经常性地收花园垃圾等服务的买卖非常兴隆，另外为“懒人”提供的整理草坪和修剪树枝的业务也很兴旺。

有趣的是，总是前面的园子得到精心的侍弄。传统上，后边的园子或后院有两个部分，一个是在天井和游泳池边的娱乐区域，一个是你不怎么能看得见的不显眼的地方，通常是环绕小棚屋附近的地方，更乱、更朴素一些。在那有晾晒的衣物、狗和猫的窝，男人在那干杂活，在那也许还辟出一块蔬菜地可以吃到便宜、新鲜的蔬菜。

前园是房主希望向外界展现的形象；从中产阶级的面子上讲，澳大利亚人很在乎他的邻居和过路人对他的看法。

澳大利亚人非常爱狗

家犬

澳大利亚人继承了英国人喜欢宠物，特别是爱狗的习惯。周末的时候到公园里你一定会看到许多人在遛狗，各种各样的狗，数量惊人。

如果你在澳大利亚定居，想养一只

狗，你应该看看典型的澳大利亚狗，它们大多属于牧牛犬和护羊犬繁殖品种，种类包括纯种的澳洲牧牛狗和澳洲护羊狗。毛色光滑的澳洲护羊狗源于（英国种的）博德牧羊犬。但记住，这种狗精力充沛，需要很大空间和经常运动，它们会追赶身边的任何东西，包括邻居的猫，所以不能让它们单独离开园子。

典型的澳大利亚狗还有澳大利亚丝毛狗，一种长毛的小型狗；袋鼠狗，一种灰色的苏格兰猎鹿犬，曾经用来驱赶袋鼠和野狗。

在外面遛狗，一定要给狗拴上链子

在公园里一定要负责任给狗拴上链子，或者至少要认真看管，而且要带着塑料袋把狗屎捡拾起来放到垃圾箱里（难道你想让你的孩子在星期天公园野餐时坐到了狗屎上？）不要把狗带到野生保护区。在城郊住宅区，要尊重你的邻居，不要让狗奔跑。如果狗总是叫，要考虑接受培训，对此种情形如何控制得好一点。

前屋的布置

很奇怪的是，澳大利亚的市郊街道在夜里却是死一般的寂静和黑暗。出现这种现象的部分原因是，季节性的天气并不像你期待的地中海或者亚热带的天气那样，总是适合人们在街上散步；部分原因是城市犯罪率（至少是从感觉上）不鼓励人们到街上去。

还有一个真实的原因是缘自传统的澳大利亚的房屋设计（现在已经开始改变了），就是澳大利亚人的前屋从不使用，因此从不亮灯。前屋，也就是大家知道的会客室，和英国北部的客厅起着同样的作用。这种古板、整洁、正式的房间，仅仅用于“严肃”的社交场合，如有本地牧师来访，警察、家庭律师或未来的亲家走访时它才派上用场，而平时是根本没人住在那里的。

当然，潜在的意思是大多数来访者是不被期待和欢迎的，因此，人们只在前屋招待客人和送走客人。澳大利亚人在这方面是很自相矛盾的，尽管他们在表面上是相当友好好客的，而实际上，在他们的骨子里隐私的概念是相当强的。

真正的生活是在后屋发生的，人们在厨房周围和大“客厅”里享受生活。夏日里，人们在后院的天井和阳台，以及烧烤的地方，也许是在游泳池里或周围享受生活。

厨房通常被设计成开放式的，允许人们最大限度地交流。许多社交活动是在厨房发生的，很少有人被邀请到单独的餐厅坐下来吃晚餐。你更多的是在厨房里走动，和炉灶旁的女主人聊天。在自助餐会上，人们吃小吃，或者站在园子里围绕在烧烤架旁。

洗手间的学问

在非澳大利亚人看来，澳大利亚住宅的另一个奇怪的地方是它的浴室和“洗手间”的结构布置。只有最近建的房子才不止有一个洗手间。老一点的房子和乡下房子的洗手间也许在庭院中的一个单独的小棚子里，即澳大利亚的民间传说中的“厕所”。如1993年，帕姆·加斯拉在《西澳大利亚人》中写道：“我们乡下的孩子长大成人，有着很棒的膀胱，因为我们不敢在半夜上厕所。”

家里的厕所很少是在洗手间（在那你可以淋浴和洗澡）里的——它们通常是单独的。如果你的真正意图是上厕所，而不是去“洗手”，你问洗手间在哪儿，你很有可

澳大利亚的厨房都是开放式的

能面对的是一个洗手盆和一个毛巾架。你需要具体说明是要去盥洗室还是“厕所”。

令我高兴的是，越来越多的见多识广的家庭正在建造多个洗手间，并且在一些特殊的情况下把厕所和洗漱间合并，来改善这种尴尬的局面。不管英国的传统是在浴盆中洗澡还是有人所谓的“泡澡”，大多数澳大利亚人偏爱淋浴。

户外烧烤是户外生活的“圣坛”

其他房间

卧室和主人的洗手间，如果有的话，是来访者不应涉足的地方，是高度个人私密的地方。

户外烧烤

有人把户外烧烤称为户外生活的“圣坛”。户外的世界显然是由男主人掌控的男人的天下。正像前面所讲的，男人做着原始的膳食，把生肉放在炭火上烧烤，女客人不应试图干涉。户外的场合是最理想的交际场所，使友善的、容易与人相处的澳大利亚人不需任何礼节地欢聚在一起。

烧烤聚会是澳大利亚人向往过去在篝火上用罐煮茶水喝的丛林生活的一种安全途径。同样的男子气心理驱使澳大利亚郊区的男人戴牧牛人的“牛仔”帽，在他们的车前面装有巨大的防袋鼠栅栏（挡开横穿马路的袋鼠）或购买抢眼的四轮驱动车，意思是在丛林里驾驶，但实际上他们从不去乡下（他们在普通的郊区路上更具威风，后边的车似乎永远也超不过他们）。

拜访

在澳大利亚，不经过事先预约到别人家里去拜访肯定比在英国常见。同时，你一定要注意拜访的时间。

当然，在亚洲和许多地中海地区的国家，这个问题似乎不存在：这家人会很自然地邀请他们的朋友共进晚餐。但澳大利亚人是不会轻易这样做的，所以也不要期望那样；相反，你要在大家都默认的时间，例如最晚 5:00 左右离开。澳大利亚人也不会像一些文化，特别是亚洲文化中所做的那样邀请刚来的客人喝一杯。

如果你来自的社会很容易找到帮手和仆人，要记住在澳大利亚不是这样的。所以要求帮助清理餐桌和洗餐具是一个好主意。也许你的帮助会遭到拒绝，但是人们显然会很高兴你能这样做。

麻烦事清单

下面是按任意顺序列举的存在潜在问题的清单，当然并不意味着涵盖了所有的问题。

游泳池

当你搬进了澳大利亚的新家后，也许会慨叹："终于在自己的后院有了自己梦寐以求的游泳池啦！"所有游泳池的拥有者很快就知晓维护一个游泳池的花费是多么高。

维护游泳池是件麻烦事

你永远都在测量含氯量、PH值、酸碱度，往水池里倒数袋的盐（用于盐水氯化），修理水泵和过滤器等。一旦你的孩子长大成人，离开家，你也许会想：为什么还要这么麻烦！

用蔬菜园来代替游泳池是个不错的主意

在澳大利亚炎热的夏季，游泳池的维护是一个严重的问题——天气越热，维护不好的游泳池繁殖的细菌越多，这种细菌会使孩子得脑膜炎。维持水池平衡的必要的化学药品花费不菲，所以在建游泳池之前，要算计好。

游泳池麻烦

要吸取当我们意外地把水池里的水放没了，我们所经历的有益的教训。我们把水泵放在“反向洗涤”档来清洗过滤器，这样需要往水池外抽一些水。我们然后上床睡觉把这事忘了。第二天早晨，嘿，游泳池不见了，一点水都没有了。

我们决定这也是因祸得福，因为夏季已经接近尾声，冬天快来了，就也没有多想，直到有明智的人提醒，希望我们的游泳池没有变成玻璃纤维。我们告诉他已经是那样了。

他说，那样的话，最好立即把水池充满水，冬季的大雨会使水池周围的土壤下沉，所造成的压力会使游泳池壁弯曲，确实如此。当我们焦急地检查水池壁时，发现一侧已有明显的凸出，这就意味着尽快注入30 000升水——结果是支付水费。

如今，我们干脆不要游泳池了，消费太贵，太浪费时间，在澳大利亚严重缺水的情形下，对环境太不友好，而且我们讨厌新出台的强制给游泳池加围栏的政策，因为看起来太难看了。我们花了不少钱才把游泳池移除、填平。现在我们有了一个宽敞的蔬菜园，水果蔬菜，花卉植物，再也不用花钱维护游泳池了。

树

对那些以前住在城市公寓的人来说，发现在自己澳大利亚的花园里可以有自己的树，也许是果树，该是多么美妙的事情！但是要记住：所有的树，特别是果树需要特殊的侍弄。

澳大利亚标志性树种——桉树非常易燃，这是大自然的产物。你要克服拥有传统

为房子周围建一个生物防火林带，最好选橡树类的矮生植物

澳大利亚风景的浪漫主义，考虑在你的房子周围建起一个生物防火林带，种植一些耐燃的矮生植物［如海角丁香、本土番樱桃树（lilly pilly）、橡树、柳树、每年落叶的亚热带植物，或者是果树。但不要种植那种入侵性非常强的外来杂草］。种植桉树不要离你的房子太近，需要远离房子 150 米开外。要经常修剪枯树枝，地面的枯枝落叶要清理干净。所有这些枯枝落叶会是大火的燃料。想了解这方面的事情，请看克莉丝汀·夏普与罗夫瑞·巴林阿普所写的书《绿色的生活空间——用耐燃树种美化风景指南》，1994 年由 Small Tree Farm 出版社于西澳大利亚州，巴林阿普出版，如果还能找得到的话。还可参阅网站 :http://www.smalltreefarm.com.au/。

一些品种，如纸皮桉树（桃金娘科），其叶子是酸性的，其树冠下的土壤不长草。有些可能有毒，如果孩子误食，将会很可怕。其他的树（如柠檬树）怕强风。有些澳洲特有的树种，如黑孩树（又叫草树、巴尔加树等），需要时不时用火烧。它们根系发达，占地较多，这自然不需赘述。此外，像草树和开着橘黄色花的西澳大利亚州的“圣诞树”长得速度像龟爬一样，很慢。所以你要么种植一棵大树（有时不好移植），要么耐心点，种棵小树，慢慢由它长去。

篱笆树开漂亮的黄花，煞是好看，但种篱笆树的时候，不能离房子或者排水 / 污水管道太近，因为树根总有一天会侵犯你的房子，破坏房基及排水或排污系统。

瓶刷子树也很漂亮，其垂下的红花像蜡烛，但是如果家里有人有哮喘病，或者对花粉过敏，瓶刷子树花可能会加剧病情。澳大利亚春天的花粉指数通常很高，严重影响前面所提到的人的生活。

你还需要在是否使用化肥或者杀虫剂上做出艰难的选择——果蝇是一种攻击有核

水果如油桃、杏等的害虫。你可以试着在果树上挂水罐，水里要放入用酵母和蔬菜做的澳大利亚蔬菜酱。这样可以将果蝇引到里面。蜗牛喜爱啤酒，心甘情愿地爬到啤酒里被淹死。水果要套上袋子以防鹦鹉啄食。详情可咨询当地的园艺协会。

对于其他植物，你需要警惕蜗牛和鼻涕虫，你猜怎么着？把一小满杯的啤酒埋在植物旁的土壤里，就能够吸引蜗牛，使其高兴地掉进啤酒里，被淹死。

木房子

白蚁（termite，在澳大利亚又通常被叫做 white ants，中文译名同——译者注）是个问题。每隔 5~10 年喷洒一次防虫药是必要的，特别是有挡风板和木地板的老房子。当你选择的虫害控制公司评估了房子的白蚁风险（检查费大约是 180 澳元）后，你要和他们讨论选择如何操作。如果你不进行年度复检，将会损失虫害控制公司治理白蚁后通常提供的 5 年保证期的好处。治理白蚁的费用有可能是 1 000 澳元以上，但可以分期付款。如今所用的化学药品比以前毒性要小。要提前做功课，货比三家。

要小心在 DIY 商店里出售的经过处理的栅栏也许是用砷（砒霜）来防治白蚁的，如果离蔬菜地近的话，毒素也许会进到你的蔬菜里。而没有经过防白蚁处理的栅栏也许经不起白蚁的攻击。还要注意你堆在花园周围的散木头也许会招白蚁，进而把白蚁引到家里来。

精心装饰一下，没有叶子的树木也会活力四射

爬行的昆虫

在这类爬虫中，蜘蛛尤为突出。澳大利亚有 2 000 多种蜘蛛。澳大利亚花园里的蜘蛛及房子里时常见的一些蜘蛛，比你以前所见到的任何蜘蛛可能要危险得多。

在澳大利亚东部各州，有一种漏斗网蛛，其名字源于这种蜘蛛在其网洞前织的丝管。这是世界上最为致命的一种蜘蛛。一旦被咬后必须立即使用解毒剂，这样解毒剂才可能发挥作用。

在西部各州，有一种红背蜘蛛（与黑寡妇蜘蛛有联系）。这是一种小的、有光泽的黑蜘蛛，腹部有一片红。雌性蜘蛛颜色最鲜艳，毒性更大，但也有解毒药。红背蜘蛛喜欢藏在栅栏顶部、信箱内及园艺工具的手柄上等。被这种蜘蛛咬伤也可致死。至少这种蜘蛛咬伤会使人很痛，要及时到医院就诊。

苍蝇

你想象着在一个阳光灿烂的下午，在你的院子里举行一个优雅的午餐会，但一种澳洲常见的虫子——苍蝇可能搅了这个聚会。澳大利亚约有 7 000 种这样的苍蝇。

在农村地区，苍蝇无处不在，令人讨厌至极。只要有点湿润的地方，如你的鼻子、眼睛、耳朵、嘴，就有它的身影。因此，有著名的“澳大利亚敬礼”，即不断地有节奏地举起手，在脸前晃动，以赶走苍蝇。你发现这种手势是十分自然的。在电视上你会看到政治家们经常做这个动作，当他们站在灼热的内陆地区表示他们是如何“亲民”的时候。

除了通常的房门外，各家还会安装用于防止苍蝇进入的门和窗（有点像我们的纱门、纱窗）。在夏天，如果你想在家中享受静谧，或者你想一直受到主人的欢迎，记住一定要随手关上纱门、纱窗，而把原来的门和窗开着，保持通风。还要注意你的纱门、纱窗的维修，不要有洞。

纱窗是阻挡苍蝇、飞蛾的有力武器

盗窃

在澳大利亚，入室盗窃案肯定在不断地增长，吸毒和年轻人失业是主要原因。

如果保持警惕，适当注意防盗，你应该能保护自己。养只狗是个好主意。安装一个防盗警报器也是个不错的主意。尽管大多数防盗装置会花掉你几千澳元。

与监控和巡逻系统相连的能够报警的防盗警报器是最好的一种，一年维护费大约需要400澳元。一个响声很大的防盗器很可能会把盗贼吓跑，但没有上述监视系统，它不一定能够迅速给你带来你所需要的帮助（你应该知道，目前在澳大利亚，警察对公众的紧急求救电话反应很慢，公众十分不满）。有些防盗器通过感应光线监控屋内人员活动，这样的防盗器非常有效。应该保证你有一个紧急情况下可以启动警报器的按钮，并且在床边有紧急情况下能用的电话。最好使用一旦主电源被切断，在紧急情况时能够产生电池电源的防盗器。还要在你的房子上贴上保安公司提供的公示粘条，宣布“该房受到某公司监控的防盗器的保护”（即使不是真的）。

你出去的时候，不要关灯，开着收音机或者电视（虽然极其节俭的澳大利亚人出门时从不开着灯）。使用感应式照明系统也是个好主意。当你开车回家时，房前的灯就自动亮，或者如果有人从花园后墙翻进来的时候，花园的灯突然就亮起来。

晚上外出时一定要锁好门。窗户的防护栏要用金属格子的，保证你的纱门、纱窗也是用金属加固的。没有确保第二道门，即纱门已经锁好，就不要开前门。为了提高防范，在开门前，要通过门上的窥视孔先看看来人是谁。

外出度假时，找人看房子，比让房子空着好。请注意在人人离不开车的澳大利

出门时最好亮灯，才能使盗贼有所顾忌

亚，车道上停着车，通常意味着家里有人。而没有车则意味着人都外出了，可以入室行窃——不要冲出去阻止试图偷你停在车道上的车的人。要相信你的保险公司，只要人还是安全的就好。

为慈善募捐者

刚来澳大利亚定居的人对挨家挨户为慈善募捐的人一开始是非常感兴趣的，后来有些感到震惊，到最后简直是发怒了。这是在澳大利亚生活的一件大麻烦事。

这些人中的许多人是职业受雇用的募捐者。对其中一些人来说他们需要这份工作，但很难分清谁是真的，谁是在诓骗。最好的策略是让他们给你写一封信，所以在闲暇的时候，你可以决定是否想捐款，捐多少，给哪个机构捐款。不要感到不好意思，直接把他们打发走。但有些组织的募捐我很少不给钱就把他们打发走——如“救助会”，澳大利亚人经常称之为救世军的募捐，有时是红十字会的募捐。他们在帮助穷苦人和残疾人（澳大利亚有很多这样的人）方面做了大量的工作。他们通常事先在广告和报纸上通知他们上门募捐的活动，所以你能够知道并做好准备。

大火

你一定要注意大火给澳大利亚带来的巨大危险，特别是在夏季，什么东西都很干燥的时候。要留意每天电视宣布的火险等级以及是否可以在家里、公园和乡下宿营地

在澳大利亚，夏季特别容易发生大火

点火（包括烧烤）的规则。核对当地政府对个人土地上的防火墙的法律规定。在许多城郊住宅区，全年禁止焚烧垃圾和树叶等，所以最好检查一下当地政府是否允许和什么时候允许这样做。

你也许一直梦想着在乡下有一所被树环绕的房子，但是在实际操作之前要仔细想好——每年夏季都有那么可怕的几天，火墙和火球在天空蔓延，一直烧到悉尼的城郊住宅区，更不用说乡下，大火从一棵树窜到另一棵。成千上万的救火志愿者证明了他们个人的勇敢，但损失了无数的房屋。这样的情景在全国反复上演。

如果大火发生了如何保护你自己呢？第一，尽快而不是最后一刻离开那个地方，放弃你的房子，否则就太晚了——当大火烧到你的时候，原位不动比奔跑要好得多。在风暴性大火中，灼热和浓烟可以置人于非命。你几乎是不能逃离火灾的（同样，即使在游泳池中也不安全，如果你要把头伸出水面呼吸到了烟雾，或者池中的水被烧热了）。预防的措施包括设防火墙，清理干净地上所有的枯枝和碎屑，清理排水沟的树叶，堵住所有的洞口，包括下水管，封住所有的窗子。不要在大火来临之前，而是要在几天之前使你的房子和土地处于湿透的状态。当然要丢弃像油漆罐、柴火或燃油等易燃物品。

垃圾处理

我们来自亚洲的热带地区，所以当发现在澳大利亚垃圾不是每天都收时，一开始还很迷惑。如果你忘记在指定收垃圾的前一天晚上把垃圾箱推到外边的过道上，就太糟糕了——你就要等到下个星期。

大多数市郊有两种到三种分类的垃圾箱——一个是生活垃圾箱，用于装厨房的湿垃圾等（如果你还不擅长堆制肥料的话），也许会有一些少量的花园里的“绿色垃圾”（当然不是长树枝）；一个是用来回收废纸和纸壳的垃圾箱；另一个是回收玻璃和铝罐的垃圾箱（但是，在许多地方只有一个可装回收物的垃圾箱）。

每隔一段时间，当地政府会通知“街边废旧物品回收服务”的日期，你可以在院外的路边扔掉相当于一拖车的废旧物品，从旧冰箱到损坏的家具都可以，但不能是诸如砖头和水泥碎块等的建筑废弃物。另一个经常性回收的日子是“树木修剪日”——你可以修剪树木，把所有的大树枝放在路边等着当地政府派人拉走。要记住另一件有用的事：大多数澳大利亚人热心废品回收和淘便宜货，所以把你不用的东西随时放在路边，十有八九会被开着车到处巡游的废物回收者收购。

信箱

信箱

你的邮递员会骑着自行车以极快的速度在你家房前的马路上通过。意思是说你应该在房前的马路边上有一个信箱，在邮递员通过的时候他可以把信投进信箱里。不要期望他会下自行车把信送到你的门前，尽管送报人会把报纸送到门口。如果你不想收到大量的垃圾邮件，可以在信箱上贴一个“不收垃圾邮件”的标示，他们一般就不往里投了；然而，我丈夫说他喜欢垃圾邮件，因为它们有助于他决定在哪买到便宜的手锯、漂亮的工具箱作为圣诞礼物等。我有些女友，一旦看到宣传册子上说“所有的短裤和乳罩打五折”，就会跑到塔格特和迈尔斯商店去购物。这些广告宣传显然是在所有超市购买“特价商品”的最好指南。

而一些贫穷的人就是靠每星期（不论天气好坏）送垃圾邮件来维持生计的。

取暖

如果你不习惯冬天，要记住澳大利亚田园般的夏季不会永远继续下去，你最终还需要取暖。最经济和最适应环境的做法是穿高质量的羊毛制品，特别是贴身内衣、帽子和袜子，睡觉时盖厚一点的羽绒被子，澳大利亚人称之为棉被或天鹅绒被的那种。

澳大利亚的冬天通常不是太冷——例如，珀斯冬天夜晚的温度很少降到零下5℃，白天很少低于15℃——尽管墨尔本和塔斯马尼亚州的气候有所不同。

取决于你在澳大利亚的什么地方住，在一些地方你也许感到需要取暖，特别是需要提供热水。“日灼”的国家澳大利亚是太阳能加热和发电的理想之国，许多家庭已经有此装置。如果你的新家或新盖的房子没有太阳能装置，一定要安装一个。它是一个省钱和高效的选择。甚至还有计划把多余的电再卖给国家电力系统。

当然，在一个寒冷的冬季的夜晚，闪烁的炉火非常浪漫。但你应该考虑你烧的是什么：澳大利亚的原始森林——例如西南部的红柳桉树——是珍贵的环境资源，不允许当作木柴。另外，燃烧此树木会造成空气污染。

当然，你可以用“废料”——家具和胶合板工厂加工剩下的木片和木块——更便宜一些，也更环保。也可选择“小桉树（澳大利亚南部产）”，尽管作为桉树，它们也属于澳大利亚独特生态的一部分。

一个较好的办法是用煤油，一种澳大利亚富藏的燃料，以及用液化石油气体油（LPG）做饭等。当然，每种燃料油的使用都会有环境的代价或其他的损失。天然气是最新的选择，特点是负担得起，干净和高效率；一旦你放弃用火做热源的必要投资，天然气供给是非常便宜的。

制冷

使用空调时需要把房子全封闭起来

澳大利亚的夏天将使初来乍到的人感到可怕，最高的时候，温度可达40℃以上。这是一种干热的天气，在耀眼的蓝天上，太阳直接照射在你的身上。

我们在家里安装了一个蒸发空气冷却系统，比传统的空调要好得多，而且使用起来也便宜得多。一个吸引人之处是你需要打开门窗使它很好地工作，而使用空调，你需要把房子密封起来。空气通过水的循环流动使温度降低。

使用这种系统，我们可以对付35℃左右的温度，但如果温度上升到40℃，事情就难办了。这个蒸发冷却器会增加湿度，在澳大利亚的夏季，可以使干燥的空气变得湿润一些。但是我们也注意到目前随着气候的变化，天气越来越潮湿，这使蒸发冷却器增加湿度的功能不那么吸引人了。当然，这个问题通常是每年的某个时段，每次最多几天而已。

维护古董家具最安全的做法是每年给家具打蜡

古董家具

如果你买了贵重的古董家具到澳大利亚，要注意我所提到的澳大利亚干燥的夏季。大多数木料最终会干裂。最安全的做法是每年给你的家具打蜡（可用亚麻子油）。

第六章

饮 食

“我们是吃蔬菜酱的快乐小孩，聪明伶俐，我们早餐、中餐和晚餐都吃蔬菜酱，妈妈说我们每个星期都长得更壮。”

——选自 20 世纪 50 年代一则广告歌谣

澳大利亚生牛排

世界上最让人有不同意见的莫过于食物了，因为不同人的口味各异。在澳大利亚英语里，“食物”一词是“tucker”。在过去的10年中，澳大利亚变化最大、最快的方面也许是饮食。“二战”后的移民潮，首先是意大利人、希腊人（要想品尝其美食，去墨尔本），然后是黎巴嫩人及其他中东人，后来是中国人、越南人，他们改变了澳大利亚人的饮食、烹饪习惯。我最喜欢的一家东南亚餐馆（其名字“食屋”因使用了澳大利亚英语的“tucker”一词而充满“澳大利亚”味）的菜谱上有一道菜肴可以形象地说明这种情况。这个菜名叫鸡肉麻萨拉［“鸡”用的是澳大利亚英语的chook，而不是通常使用的“chicken”；麻萨拉（masala）来自印地语，指烹调时加入多种印度香料，特别是咖喱——译者注］。

总的来看，传统的澳大利亚饮食步入英国饮食的后尘。英格兰是我的出生地，但我真的不愿称英国饮食是一种“烹饪”。

以前，澳大利亚的“食物”意味着烤牛羊（腿）肉，或者更便宜一些的肉，如内脏、下水等，或者咸肉——加上土豆、煮得很烂的蔬菜（过去人们认为煮得烂才安全），然后是甜的奶油蛋羹布丁。在过去，奶制品是主食。

由于澳大利亚盛产牛、羊，澳大利亚人消耗了大量的牛羊肉。他们同英国人一样体重经常超重（今天仍是如此，预计到2020年超重或肥胖者将占人口的80%）。这种饮食“文化”在澳大利亚主要城市以外的地方以及一些郊区的中心地带仍然存在——我这里可要警告中国和法国那些喜好美食的人——但是大城市的少数民族正在逐渐地扩大他们的影响。

20世纪初出现了“现代澳大利亚饮食”。这种饮食可有多种选择，富有创新，是建立在多元文化基础上，从而也越来越富有独特的澳大利亚特征。现在，你在澳大利亚市场上什么都可以买得到，从柠檬香草到蒸粗麦粉食品。世界上最新鲜、最纯正的原料一应俱全，供厨师选用。

1997 年《周末澳大利亚人报》提到过这种风格的一个例子——那就是品尝一下悉尼派拉蒙（Paramount）餐馆的鸭肉饼（蘸蘑菇汁和姜汁）。该餐馆的厨师克里斯·曼菲尔特说，“每个人都认为它是馅饼——这是澳大利亚的叫法，而其味道是中国味，外表则是法国式的。”如今，在这道菜里你也可能吃到大虾、袋鼠肉及木瓜。澳大利亚饮食完全呈现了一种令人兴奋的景象，再加上“丛林食品”运动的出现（本章后面还会有介绍），没有人知道澳大利亚饮食最终会走向何处。

建议

如果想要了解澳大利亚传统饮食的精华，请参阅雪莉·康斯坦丁（Shirley Constantine）著的《传统澳大利亚烹饪》（*Traditional Australian Cooking*）。这是一本很棒的书，它不仅是一本烹饪书，还是一本可读性很强的社会历史书。玛格丽特·尼科尔森（Margaret Nicholson）著的《澳大利亚简明事实手册》（*The Little Aussie Fact Book*）也介绍了一些不错的基本菜谱。

亚洲饮食的入侵

不久前，我在历史古镇弗里曼特尔——也是珀斯的姊妹港口漫步的时候，发现一家传统的澳大利亚炸鱼和薯条店的小黑板上写的菜谱有“DIM SIM”。我用我新学的澳方言问店主，“哥们儿这是什么呀？”他说，“是这，亲。”他比画着像半个春卷的小食品，外面是一层面皮，里面包着蔬菜、肉馅什么的，价格是每个 0.6 澳元。

“是这东西呀。”我不禁想起粤式中餐馆品种繁多的点心（Dim Sum）（点心有各种各样的，蒸的或者炸的，可以早餐时吃，也可午餐时用。餐馆一般将它们放在小推车上，让客人自选）。

中国小吃——炸春卷

但这只是又一个亚洲移民如何静悄悄地“颠覆”澳大利亚饮食的例子。或者从另一个角度看，这是亚洲饮食

墓碑

亚洲移民抵达澳大利亚时，通常随身携带许多食料。他们可能想合法地进口，或者想蒙混过关。关于澳海关官员对他们带入的一些食料所做出的各种反应的故事很多，其中有真也有假。其中的一个故事我特别喜欢，它与亚洲人厨房中的一项传统基本用具——印度家庭主妇在上面研磨用于制作咖喱粉的新鲜香料的大石（花岗岩）板有关。有一次，一个印度妇女将一块特别大的这样的石板（南印度人称之为 ammi）带入澳大利亚。海关官员惊奇地问，“这是什么？”把这块既大又重的石板作为手提行李带进来的那个印度妇女胆怯地说，“噢，是用来研磨东西的。”对于海关官员，这种石头好像是 2001 年科幻电影《太空探险》中神秘的方尖碑。他们带着怀疑的目光研究了这块石头，然后放行了。石板的主人松了口气，但仍有些迷惑不解。待她离开后，一位海关官员对另外一位官员说，“这些亚洲人，现在居然连自己的墓碑都带来了。”

香草芝士焗龙虾

被吸收进澳洲饮食并且发生变化的例子。当然讲到 DIM SIM 的例子时，很难说谁占了上风——这就是澳大利亚风格。亚洲餐馆的菜谱上也经常有西餐，如“楔形蛋糕和酸奶油（wedgies and sour cream）”，这样当大人吃面条时，可以给小孩子吃这些，他们就可以保持安静了。

不必把本国特产带来

任何人如果乘那些几乎凌晨 3 点抵达珀斯机场的“幽灵”航班，对这个场景都会很熟悉，一些亚洲游客及返回常住地的居民带着大包小包，里面装满香料及从鱿鱼到腊鸭等不怎么好看的干食品，他们与海关官员往往进行一番争吵后才得以入关。

为了保护处于岛国环境的澳大利亚农业免受外国虫害或者其他疾病的侵袭，澳大利亚必须严格检查进关的食品及农产品，这是可以理解的。但我不明白为什么这些可能成为“美食走私者”的人一定要违犯海关规定，坚持带进澳大利亚本地很容易就能够生产的东西呢？

就拿我所在的珀斯郊区作个例子。往任何方向开车10分钟，都能找到两家“东方”杂货店和两家“国际饮食中心”（大排档）。“东方”杂货店卖的东西包括中国的锅、辣椒面儿及新出炉的印度面包（roti canai，只有星期天才有）、脆脆的印度小吃（samosa，一种里面包有肉或蔬菜的面三角）。“国际饮食中心”里，除了常见的中式和印度食品柜台外，还有意大利、黎巴嫩、希腊食品，都是符合澳大利亚标准的。那里至少有四家店出售印度食品，还有一家提供印度尼西亚各类食品。如果再往远处开，比如开车20分钟能够到达的地方，选择就更多了。

在任何一个这样的饮食中心，白人绝对是少数。这里的多数人讲新加坡和马来西亚华人所讲的那种中国南方的客家话。还能看到几个穿拖鞋、短裤、汗衫的人走来走

日本特色美食——寿司、生鱼片等

关于过去的记忆

顺便提一下，如果你从没有品尝过炸鱼和薯条，在澳大利亚一定要至少尝试一次。这种裹牛奶鸡蛋面糊的炸鱼和薯条，经常用纸包着，上面撒上盐、胡椒，滴上点醋，是英国劳动人民的传统食品。在亚洲住了许多年后，造访澳大利亚的炸鱼和薯条店，唤起我在英格兰北部的童年生活和学生年代的回忆。在寒冷的冬天的晚上，一边在街上走，一边享受包在报纸里面的刚刚炸出的美味，真是惬意。

去。这里的 char kway teow（一种炒面）完全可以与家乡马来西亚的相媲美。

不只是食品店亚洲化了，在任何澳大利亚城市的餐饮区，除了越南餐馆、印度咖喱食品店，至少会有一家粤式或者北京风味的餐馆，一个黎巴嫩小吃店、马来西亚烤肉串店、印度尼西亚的炒米饭店和泰国的海鲜店。

不幸的是，你需要花相当大的工夫才能搞明白究竟哪家餐馆提供的是纯正的食品。因为很多亚洲餐馆为了适应澳大利亚人的口味，改变了其本来的风味。

炸鱼和薯条店也都变了。现在，许多这样的典型的澳大利亚餐馆已被亚洲移民买下。很少有这样的店只卖过去那种传统的裹有牛奶鸡蛋面糊和食盐、用棕色纸包起来的炸鱼和薯条（更传统一点的是用报纸包装的）。现在这些店也卖一种从希腊引进的裹牛奶鸡蛋面糊的炸鱿鱼（calamari）、中式春卷、印度的萨摩萨饼（samosa）及其他外国食品。有健康癖的人可以要烤鱼，而不要炸鱼。

自己动手做亚洲食物

亚洲美食——虾角

一些开拓者已经为实现这个目标忙碌了许多年。其中一位是查曼·所罗门（原名鲍利埃），澳大利亚最为著名的亚洲居民之一。她是斯里兰卡出生的欧亚人。她在澳大利亚生活了 50 多年。如果你是一位亚洲移民，担心来到澳大利亚后再没有佣人给你做传统的食品，或担心由于缺少你所需要的原料会无法做、吃不到你的传统食品，她的工作会使你的担心没有必要。她编写了 16 本菜谱。对于澳大利亚人来说，几乎每一本都是亚洲食品的大使。最为著名的是她于 1976 年创作的《亚洲食品大全》（*The Complete Asian Cookbook*）。她的目标一直是证明西方的厨房里照样能做出地道的亚洲菜。她在这方面取得了成功。她的书对于第二代和第三代亚洲移民保持亚洲的传统和遗产至关重要。

也是这本书中透露，澳大利亚人把豌豆叫做 snow-peas，而美国人则称之为 sugar-peas 或者 mange-tout; 绿辣椒或红辣椒（green or red pepper）可能被称为 capsium、sweet pepper（甜辣椒）或者 bell pepper。来自不同地方的人有不同的叫法。《亚洲食品大全》还提供了供应亚洲原料和食品的澳大利亚商店的名单。还有一点体现了时代的变迁。当时，在 1976 年，查曼只提到了一家供应中国食品的珀斯商店，没有一家卖印度尼西亚、马来西亚、印度或斯里兰卡食品的店。现在，在珀斯到处都有。如果商店里没有，人们也会在自己的花园里种各种亚洲的香草。人们还是以某种方式携带这些香草入了关。

名厨

不久前，很少有澳大利亚人能够分辨出白菜和菠菜，大多数人会像躲避瘟疫一样拒绝吃蒜、辣椒或香菜。如果他们喜欢美食，那必定是法国大餐，或者有时是地中海餐。而现在，澳大利亚人则乐此不疲地品尝异国的美食，特别是亚洲地区的美

亚洲各种绿色香草

食。只不过，这些澳大利亚美食家多是舒舒服服坐在起居室电视机前的“扶手椅美食家”。特别是民族台和澳大利亚广播公司电视台有许多名厨、饮食主持人，他们有的还在外国做现场制作。过去的著名饮食主持人包括斯蒂芬尼·亚历山大（Stephanie Alexander），著有《厨师手册》（*The Cook's Companion*）；麦琪·伯杰（Maggie Beer）和玛格丽特·富尔顿（Margaret Fulton），著有《麦琪的收获及玛格丽特·富尔顿烹调大全》（*Maggie's Harvest and The Margaret Fulton Cookbook*）；西澳大利亚州土生土长的因·帕门特（Ian Parmenter），著有《吃的激情》（*Consuming Passions*）。取代他们的新一代名厨和主持人有玛夫·欧米拉（Maeve O' Meara，食品远征节目的美女主播）、被喻为“至简之王”的唐娜·海[（Donna Hay）美食摄影师和作家，著有《美食书架》（*Off the Shelf*）和《现代经典》（*Modern Classics*）等多部著作]以及邝凯莉（Kylie Kwong）、彼特·库鲁维塔（Peter Kuruvita）、卢克·阮（Luke Nguyen）等一批亚裔澳大利亚厨神。邝凯莉，这个戴着精心挑选的眼镜的美食家是五代华裔澳大利亚人，著有新作《简单的中国菜》（*Simple Chinese Cooking*）。多元文化厨师彼特·库鲁维塔生于英国，父亲是斯里兰卡人，母亲是奥地利人，他在斯里兰卡和澳大利亚长大，著有介绍斯里兰卡岛国传统美食的《我的斯里兰卡之旅》（*Serendip：My Sri Lankan Journey*）。卢克·阮曾是“船民”，原籍越南。澳大利亚厨师与这些跨文化大师合作，创造了独特的“现代澳大利亚”美食：将东方和西方巧妙结合，接受了辣椒和大蒜，偏爱海鲜及不经意使用的当地元素，如荆树种子、香柠桃木叶、淡水小龙虾及莫尔顿海湾（Moreton Bay）带壳小龙虾（产于布里斯班）等。

澳大利亚人一般都用叉子而不用勺子进餐

餐具

澳大利亚人用餐习惯有点古怪，吃亚洲菜时尤其如此。我可以理解，他们一般不愿意使用像筷子一样深奥的用餐工具，也不愿意用自己的手吃饭。

对他们来说，用手吃饭是很“外国”的习惯（印度和马来西亚的美食鉴赏者总是愿意像本国人那样用自己的手吃）。

但像大多数澳大利亚人那样，用刀和叉子吃炒米饭就太令人诧异了。不那么保守的澳大利亚人至少能用叉子吃炒米饭，但为什么他们不能像东南亚人那样用勺子和叉子呢？用勺子和叉子吃炒米饭似乎是澳大利亚人的禁忌，但又没有人公开这样说。

显然，对于澳大利亚人来说，除了喝汤或吃甜点外，用勺子吃东西好像不怎么好，但从来没有人向我解释这是为什么。长期在澳洲生活的亚洲人也已经不再用勺子吃饭，而改用叉子。那么从逻辑上看，美国人先将食品切成小块，再用叉子叉着吃，在澳大利亚应该是可以接受的。

我的和你的

对于亚洲人来说，体现在澳大利亚人身上的“我的菜”综合症很“过分”。在典型的西式澳餐中，每个人都有自己的盘子，放自己的食物。如果在家里吃西餐，一定要确保食物的份数是客人的整数倍数（如三个客人六根胡萝卜，即每人两根）。因为客人会数一数他“应该”吃多少，如果食物的份数正好是客人的整数倍数，他会感觉很好。一切都应该是极其精确的。

这样的事也可能发生在澳大利亚的亚洲餐馆里。一些澳大利亚人会为每个人点一盘面条或者炒米饭，而不是像亚洲人那样点几个菜放在饭桌的中间一起吃。你可以说这是个人主义、自私或小气，但不管你怎么说，你都需要入乡随俗。

与此相关的，还有“我的饮料/酒”现象。在亚洲社会里，人们可能会开一瓶威士忌、白兰地或者任何其他酒/饮料，放在桌子中间，客

澳洲人喝酒讲究“喝完再斟，绝不浪费”

人随意喝。而在澳洲社会里，主人会问你想喝点什么，然后给你斟上一定量的酒或饮料，等到你好像需要再来一杯但还没有要的时候，主人会再为你添上一杯。这对于一些亚洲人来说可能是骇人的，但你也必须学会“忍受”。

快餐

不幸的是，战后引进的食品中不太受欢迎的一种是“快餐”。澳大利亚人吃了太多的“外卖”食品，包括炸鱼和薯条店及中餐外卖店的食品——几乎每周四五次。2006 年，每个澳大利亚人花在快餐食品上的开支是 366 美元，占他们外出用餐开支的 40%，名列第四，位居美国、加拿大、英国之后。2011 年，全国花在各种快餐上的开支估计达 370 亿澳元，使澳大利亚成为第十一大快餐食品消费国。据披露，20 世纪 90 年代中期，每个澳大利亚家庭 8% 以上的家庭食品开支用在快餐及其他“垃圾”食品上。显然，这并未使他们感到幸福：1996 年的一项调查显示，在吃的问题上，澳大利亚人比其他国家的愧疚感更强。

一些专家估计，到 2020 年左右，高达 80% 的人可能肥胖。这也许并不是出乎意料的事。儿童的情况更加令人触目惊心：肥胖者占 25%，而 20 年前，只是 10%。同其他国家一样，长时间看电视、用电脑是导致肥胖的原因之一。此外，澳大利亚电视上每小时的垃圾食品广告的数量是世界各国（包括美国、英国）中最多的。儿童看电视的时间段里约 1/3 的广告是食品或者饮料。医疗研究表明，其中 99% 是垃圾食品：汉堡、薯片、软饮料和糖果等。

炸鱼薯条快餐是导致人们肥胖的重要因素

但在政府的各种计划支持下，一个强有力的健康食品游说集团，特别是在学校，正在制止上述趋势。虽然许多人呼吁在儿童观看电视的时间段限制垃圾食品广告，但澳大利亚通信和媒体委员会认为，尚不能确定垃圾食品广告同儿童肥胖之间存在因果关系。

肥胖档案

一半以上（61%）的澳大利亚成人（18 岁）体重超重或者肥胖（2007—2008 年）。

20%~25% 的澳大利亚儿童超重或肥胖，这个比例还在迅速上升，特别是自 20 世纪 80 年代以来尤其如此。这也是世界趋势。

男子肥胖率（68%）高于妇女（55%），老年人（65—74 岁）更高（75%），居住在偏远地区的人的肥胖率也比较高。

澳大利亚全国健康和医疗研究会建议每人每天至少食用两份水果和五份蔬菜。2007 年的全国健康状况调查显示，在 16 岁以上的成人人群中，只有 54.4% 的人每天食用两份以上水果，仅 10.7% 的人食用五份以上蔬菜。这已经比 10 年前有很大改进。

2010 年，与肥胖有关的财政负担预计达 377 亿澳元，这包括医疗健康开支和经济生产力的丧失。

在2006年，只有63%的学生（5—14岁）参加有组织的课外体育活动。

——澳大利亚政府数字

澳大利亚人的购物习惯

在过去 15 年里，牛奶工每天将牛奶送到家门口的时代，在澳大利亚的郊区已经不复存在了。有些澳大利亚人还对此念念不忘。看一下电话号码簿，你会发现很多电话订餐服务，其中有许多送比萨饼的。但是多数澳大利亚人在超市里、在新鲜水果—蔬菜市场，特别是生产者批发市场购物。他们很像美国人：推着装得满满的超市购物车穿过偌大的停车场到自己的汽车旁，将一周的生活用品装在汽车里，回家再把很多东西放在冷冻柜里。顺便说一下，有的超市的购物推车需要投币（如一澳元）才能使用，退手推车时押金也将被退回。

奶酪是澳大利亚人购物必买

普通澳大利亚家庭的饮食结构包括下述基本食物：鸡蛋、肉、蔬菜

快点，商店要关门了

在多数澳大利亚东部各州的大都市地区，商店晚上和周末都营业。这可能同你家乡的情况一样。实际上，澳大利亚商店的营业时间正处于过渡阶段，每个州都在逐渐调整不同程度上过时的和保守的法律，各地的情况大不一样。什么时间能够购物，到多晚还能够购物，取决于你住在哪儿。西澳大利亚州2012年中期才允许大都市的商店周日营业。长期以来，一些人抱着每个人不能只为自己着想的各种谬论不放。现在还是有不少人反对这些更为宽松的法律，他们的借口是工作时间延长会破坏家庭生活，大百货商店可能毁了小卖店的生意，周日商店关门休息是个好主意，等等。2005年西澳大利亚州就是否进行营业时间改革举行全民公决，约60%的人坚决反对。但是年轻人、旅游者、移民、大企业及旅游业官员最终占上风。

以及白人偏爱的蛋糊粉、咸蒜头、罐头装的烘豆，以及代表受欧洲影响的泊隆尼（Polony）牌香肠、比萨、意大利空心粉和通心粉、细面条及番茄酱。澳大利亚人每年每人消费多达103升的牛奶、12.7千克的奶酪。这两样是他们购物时必买的。

澳大利亚统计局关于消费数据的统计表明，澳大利亚人食用的蔬菜量在提高，但仍不足以保证其身体健康，他们也没有放弃吃肉。澳大利亚人对牛肉情有独钟，根据2010—2011年澳大利亚牛肉生产商组织澳大利亚肉类和家畜协会统计，他们每人平均消费33千克的牛肉，总消费达67亿澳元。

随着联邦竞争法律改革的实施，澳大利亚商店的营业时间正处于过渡阶段。到多晚还能够购物，取决于你住在哪儿。在东部的新南威尔士和维多利亚州，由于最近进行了营业时间改革，你可以在晚上及周日购物，而在相对仍过着清教徒式生活的澳洲西部，所有店铺通常下午5点半关门，星期天什么也不卖（不只是不卖酒）。

澳大利亚商店一般会关门比较早，星期天不开业

西澳大利亚州的通常做法是允许商店在每周的一个晚上延长营业时间——郊区通常是星期四，在城市，如珀斯，通常是星期五。如果你认为晚上及周末营业可以方便家庭生活，促进就业和旅游业，你的观点可能会引起不少人的强烈反对，甚至遭到他人的起哄。

因为，在西澳大利亚州，主流理论是，如果不对营业时间进行管制，大连锁店（如伍尔沃思、科尔斯）会垄断零售业，夺走小店的生意；有的人要长时间地工作或者将更多的时间花在购物中心，家庭生活会受到严重影响。安息日会怎么样？2005 年 2 月西澳大利亚州就是否进行营业时间改革举行全民公决，约 60% 的人坚决反对。改革的事只好束之高阁，可能未来的 10 年仍是如此。

澳大利亚蔬菜酱

酵母的考验（Trial by Yeast）

如果采购单里没有一样特别的东西——我当然是指蔬菜酱（vegemite）——那肯定不是澳大利亚人。蔬菜酱是 20 世纪 20 年代以来的一种品牌，这种酱自称是“浓缩酵母提取物”。它相当于英国的马麦脱（Marmite）酸酵母（商标名称），但却与之不同。实际上，蔬菜酱就是为了与马麦脱酸酵母竞争而应运而生的。1923 年它投入生产时叫“parwill”，后改为此名。

蔬菜酱对于那些想融入澳大利亚主流社会的人是个考验，就像温啤酒对那些想融入英国社会的人，臭榴梿对那些想进入东南亚社会的人是同样的考验。这种黑棕色的浓汁通常装在小玻璃罐里，有很醒目的黄色、红色标签和包装。其味道，给人们印象最深的是咸，当然还有点酵母面的味道。

蔬菜酱是最具澳大利亚特色的食品。如果你不喜欢，或不吃它，你的“澳大利亚味”就会大打折扣。但是，振作一点，一些澳大利亚人也不吃它。

其成分在包装上列出：酵母提取物、盐、矿物盐（508）、大麦提取物、自然色素（150d）、防腐剂（220d）、蔬菜提取物及维生素 B_1、核黄素、烟酸和叶酸。上面的数字是官方食物添加剂代码。标签上还进一步说，每天食用 5 克的蔬菜酱可提供每天所需的维生素 B_1、核黄素和烟酸的一半。我个人推荐在你吃完味道很冲、上面有一层豆瓣菜或新鲜向日葵芽的澳切达奶酪三明治时把它作为开胃食品吃。试一试吧。

馅饼

最没有吸引力的非官方的澳大利亚“国菜”是澳大利亚大馅饼——面皮包裹着肉

澳大利亚馅饼

和蔬菜。我们指的不是可以分成许多份、大家分享的“大馅饼”，而是单独成形的小馅饼。既可以在用餐时吃，也可以作为零食，时间紧时吃。其中最可怕的一种是“阿德莱德馅饼”，特点是这种饼和豌豆一起浸在浓浓的肉汤中。

如专栏作家布兹·肯尼迪（Buzz Kennedy）在《周末澳大利亚人报》上所说的，“肉馅饼本来就不是健康食品。它们就是要松脆并滴着由于蘸了面粉而变稠的肉汁，吃的时候要咬出响声来。”

以上皆是澳大利亚美食烹调的一部分，但吃馅饼的嗜好绝对是慢慢养成的。澳大利亚人每人每年平均吃 12 个这样的馅饼。

其他澳大利亚风味

此外，澳大利亚还有其他特色食品，如澳式炸油饼（Puftaloons），现在越来越少见了。（不久前一位澳大利亚读者在一西澳报纸上抱怨说，“我已经 40 年没有见过炸油饼了，但是，我那只能接受低胆固醇食物的身体不会再让我接近任何炸油饼了。”）

这是一种炸面饼，炸的过程中面饼膨胀起来，变得很蓬松。浸满糖浆或蜂蜜时吃，有点像华夫饼。据有关记录，它最早出现在 1853 年——一些年长的美国人可能把它们叫做“Puff-balloners”。在过去肉少的苦日子里，炸油饼可以让全家“填饱肚子”。

什么是佛手瓜?

佛手瓜被澳大利亚人认为是典型的澳大利亚蔬菜，但它实际上是一种南美的蔓生果，类似于葫芦和南瓜，长久以来是穷人赖以生存的食物，因此赢得乏味食物的称号。我花了很长时间才注意到这种不起眼的灰绿色、似手榴弹状的东西，甚至那时它看起来也很怪异。人们用它来干什么呢?实际上可以用佛手瓜做各种食物：做汤、爆炒、做咖喱菜和色拉等。试一试吧!

今天仍旧家喻户晓的商品还包括阿诺特牌饼干（Arnott）、贾法牌（Jaffas）蛋糕，以及用一种上面写着红字的绿白纸包着的薄荷糖（Minities），喜欢嚼这种薄荷糖的女士说，它比英国的 Minto 和 Polo Mint（两种薄荷糖）都耐嚼。澳大利亚儿童玩的一种传统游戏是“找薄荷糖”。孩子们需要凭着户外的一系列线索找到一包藏好的大家憧憬已久的薄荷糖。

一位澳大利亚农民正在采摘新鲜蔬菜

在像炸鱼和薯条店这样的地方，你还会发现其他小吃，如“Chiko rolls”——一种炸得很脆的半圆筒的面食，里面裹有玉米、土豆和肉汁。像蔬菜酱一样，它是地道的澳大利亚食物。同样，澳新军团饼干也是澳大利亚特色食品。它主要是由燕麦片、果汁、椰子肉等制成的。它的名字来源于第一次世界大战期间，在加里波里前线的澳大利亚新军团的士兵收到来自家乡的包裹，很高兴地吃到这种饼干。

可追溯到过去“丛林人”时代的传统食物有比利茶（Billy Tea）和邓皮饼（Damper）。比利茶是把茶放在金属缸或者水壶里，用篝火烧而沏出来的。邓皮饼也是一种野营时的食品，是将生面粉做的饼在热火灰里烤出来，可以抑制饥饿。

水果

目前澳大利亚种植的水果大多不是本地的。这么说可能会惹怒那些极力要求把澳洲产的新鲜食品都贴上澳大利亚本国甚至各州的产地标签的人。目前，这项运动开展得如火如荼，声势越来越大。澳大利亚消费者也越来越愿意支持本国农民。还有一些种族主义者或者政治激进主义者，为了自己的私利，或者为了发出某种政治信号，想抵制外国水果。

你们中的某些人所知道的“papaya（木瓜）”在澳大利亚是“pawpaw”。同香蕉、菠萝、鳄梨和杧果等一样，木瓜是北方热带地区的水果，主要在昆士兰州常见。澳大利亚也大量生产柑橘类水果及苹果——塔斯马尼亚的苹果特别有名。“史密斯奶奶（Granny Smith）”苹果就是从塔斯马尼亚的苹果种子里培育出来的。“粉色小姐（Pink Lady）”苹果是 20 世纪 70 年代在原“克里普斯粉色（Cripps Pink）”苹果的基础上在西澳大利亚州开发出来的。它在国内外，在英国及其他地方，都享有盛誉。

鳄梨是澳大利亚的特产之一

澳大利亚还生产一些特殊的有核水果，如油桃、毛桃、杏，这些都是季节性水果。还有家庭种植的各种丛林食品，如草莓、树莓等。能够尽情享受澳大利亚出产的便宜的鳄梨也是一种奢侈。

外出就餐

关于外出就餐和饮酒方面，澳大利亚有个很特别的现象——BYO 现象。这个缩写代表“自带酒水（Bring Your Own）”。获得卖酒许可的餐馆很少，但多数餐馆会允许你自带酒水。如果你忘记了这个习俗，有时会陷入十分尴尬的境地——一个特殊的晚宴却没有酒喝。因此，每次外出就餐前，例行“公事”是去酒类专营店买酒。这种习俗也有好处。去商店买酒，选择余地大，还不存在餐馆加价问题，也不需要开瓶费。

不能只饮酒

许多地区的法律规定，在餐馆里，吃饭时才能喝酒。因此，到餐馆里只点一杯酒来喝是不行的。

澳大利亚的餐馆通常关门较早，（在传统的澳大利亚家庭里，吃晚餐——Tea 本意是茶，在澳大利亚是晚餐的意思——时间是晚上六点）一般不需要给小费。如果你不特意要杯水，餐馆也不会给你备水。

澳大利亚餐馆里饭菜的量很大。澳大利亚人去餐馆用餐比较开心，他们经常嘲笑法国“新式烹调”量太少，盘子里有很多空白地，根本没有菜。酒馆也供应一些上乘的饭菜，有时是在吧台边站着吃的。吧台的午餐是相当棒的。

轮流买酒与分摊付账

澳大利亚有一种妇孺皆知的习惯：在酒馆（在澳大利亚无论是 bar 还是 hotel 都指酒馆）喝酒的时候，大家要轮流买酒（英文词是 shout）。谁要忘记了这个规矩就太

在澳大利亚，喝酒时要轮流买酒

悲哀了。记住澳大利亚人现在并不是特别富有，因此在喝酒时你也应该花你该花的钱。另一方面，他们也是很有自尊的，所以如果你除了自己该花的部分要替别人多付钱，别人也不高兴。

当侍者送来了用餐的账单时，这种自尊心表现得更加淋漓尽致。澳大利亚人特别不愿意自己一个人付所有的费用，但也同样不愿意让别人承担所有的费用。如果你是一个男士，在与一位女士约会，记住：如果你要替她付账，这很明显意味着你想很快把她搞上床。还是不要冒险，各付一半（英国人说，go dutch）。这就是说，除非你想强烈暗示什么。

亚洲人及一些南欧人特别难以适应这种做法。他们习惯于显示自己特别热情好客，会付钱招待参加晚宴的所有人。内心的意思当然是以后会再有机会的，其他人是欠他的，以后也会出钱招待他。

这种无形的欠债感正是喜欢独立的澳大利亚人不喜欢上述做法的原因。一位娶了亚洲女士的澳洲男人多次遇到这样的尴尬。他对我解释说，“当别人把账全付了的时候，我感到我们的独立性受到了影响。这好比显示你的能耐和权力。当他们这么做的时候，你别无选择。下次就轮到你这么做了，到那时，你同样别无选择。”

所以，如果没有把握，一定要平摊所付的账，大家都出钱。

澳大利亚传统美食之一——海鲜

传统美食

传统的澳大利亚饮食通常可分为两类，即经典的欧洲大陆菜（也就是高档次的）和澳大利亚传统美食。

现在仍能够在澳大利亚吃到高质量的欧洲菜，有时是在一些根本想不到的地方，如大城市之外的地方。如果你到西澳大利亚州西南部的农牧区和葡萄酒产区，如从玛格丽特河谷和彭伯顿（Pemberton）地区到南海岸的阿尔伯尼 (Albany) 旅行，就可能遇到这种情况。多咨询当地人，在澳大利亚各州你会发现很多古老的“秘密”。

老式菜肴

为了使澳大利亚传统美食有别于其他饮食，一报纸撰稿人使用了“gutsy”（勇敢、大胆的意思）一词。我们已经讨论过澳大利亚传统美食的一些最具有代表性的食品。

除了老式的“肉加两份蔬菜”的模式，任何真正的澳大利亚菜谱上最有代表性的食物都是海鲜和鱼。大虾及小龙虾都很美味可口，澳洲肺鱼、海鲂、Dhu 鱼等都是澳大利亚美食。同世界其他地区一样，澳大利亚的渔业资源在减少，海鲜的价格一直呈上涨趋势。泥蟹也值得一尝，蚝也是世界闻名的。

令人迷惑的可能是菜谱上的“虫（Bugs）”类菜肴。它们是一种小海鲜，与小龙虾有关。有的来自热带的莫尔顿湾，也有的来自南部的巴尔门地区。

我要介绍的传统的盎格鲁·撒克逊食品应该是约克郡布丁了。这是一种由鸡蛋、牛奶和面粉和在一起，在动物油里炸出来的布丁，是在吃完主食后食用的。刚出锅、既脆又热的时候吃，不愧是美味布丁。另外一种同样味道鲜美的是牛肉腰子布丁。这两种食品表明澳大利亚饮食的世界性，但是在澳大利亚餐馆菜谱上，这些食品不像以前那样容易找到了，一些小咖啡馆倒有可能有。

色拉也逐渐受到更多人的欢迎，其品种也越来越多。澳大利亚新鲜水果和蔬菜众多，做色拉轻而易举。不太习惯生吃食物的亚洲人可能对此感到不解，但这样吃毫无疑问很健康。另外，你也很难躲过甜菜根——一种紫色蔬菜。澳大利亚人很喜欢它（我过去讨厌它，但现在开始喜欢吃了，就像我对待亚洲榴梿的态度）。

澳大利亚人还喜欢在户外烧烤食品吃。因《鳄鱼邓迪》成名的保罗·霍根是斯蒂夫·欧文时代以前的"澳大利亚人"的最好代表。他1988年在澳两百周年庆典时让"吃烧烤大虾"的话响遍全世界。为公益事业筹款及商店吸引顾客常喜欢用的做法是，"烤香肠"或者烧烤（BBQ），用烤香肠或者烤羊肉飘出的香味来吸引顾客。

澳洲肺鱼

餐后食品

澳大利亚的甜点、蛋糕及布丁——统称为餐后食品（afters），很有特色。最为著名的也许是帕夫洛娃（Pavlova）甜点和拉明顿（Lamington）蛋糕，都很可口。

据说，帕夫洛娃甜点是苏联著名芭蕾舞演员安娜·帕夫洛娃1935年访问澳大利亚时，西澳大利亚州弗里曼特尔的海景饭店特意为她制作的。原料为蛋白、糖、乳酪和新鲜水果，做出的甜点像泡沫，入口即化。

美味的布丁

拉明顿蛋糕很可能是昆士兰20世纪初的发明，是根据19世纪的昆士兰总督拜伦·拉明顿（Baron Lamington）命名的。它是一种由多层树莓酱做成的松软的蛋糕，上面有一层薄薄的巧克力末，巧克力上再撒上椰茸。真是美味可口！

还有一些更加传统的英式布丁，使我回忆起战后我在英格兰北部的简朴的童年生活，不禁热泪盈眶。如休特布丁、金果汁布丁、面包和黄油布丁或放在黄色的奶油蛋羹里的蒸果酱布丁。当你狼吞虎咽的时候，恐难品出它们的美味。

圣诞节

虽然蓝天上艳阳高照，温度高达40℃以上，澳大利亚人几乎照样按照英国人的传统吃圣诞午餐。自然缺不了烤火鸡、各种美味食品，以及“圣诞节布丁”（过去曾被称为葡萄干布丁）等。

由于澳大利亚季节与英国相反，澳大利亚人过圣诞节时也做了变通。有时冰激凌蛋糕取代了传统的圣诞节布丁（他们说，在淘金时期，矿工将金块，而不是传统的六便士硬币放在布丁内）。现在，越来越多的澳大利亚人用更为时髦的圣诞午宴或晚宴取代传统的圣诞大餐。它可能包括很有创意的色拉和几种亚洲食品。

一些人在报纸上提议的圣诞节食谱甚至包括用咖喱处理圣诞节的剩饭剩菜。在大多数澳大利亚家庭中，使用咖喱主要是为了不让人知道吃的是剩饭剩菜，而不是把它当作一种烹调艺术。

最好的办法是来一次“七月圣诞”游戏（《七月圣诞》是一部美国老电影——译者注），把所有的节日大餐都留待澳大利亚的冬天再吃。

关于茶

一个满肚子不高兴的锡克族移民告诉我，“他们连一杯好茶都不会沏。”他向前探了探身子，很自信，又有风度地说，“我的意思是，像刷碗水！”他哼着鼻子，表示鄙

茶叶

视，只有喝一口他自己的怪异“饮料”——加糖的牛奶，外加咖啡时他才停下来。

澳大利亚人听到这样的批评，一定会惊诧不已。他们觉得他们知道如何喝茶。他们毕竟学着他们的英国祖先喝茶：他们喝茶上瘾。或者外人至少这么认为。但大家一般认为，澳大利亚人正迅速转向咖啡文化，年轻人尤其如此。澳大利亚人每人每年喝半公斤茶叶，价值约4.73亿澳元，而2013年咖啡的销售额（不包括外卖带走的）将高达8亿澳元。澳大利亚全国有望消费1 650万千克（16 000吨）茶叶、2 340万千克（23 000）吨咖啡。在人均茶叶消费量上，澳大利亚在全球仅排名第55位，而英国是第7位。变化还是蛮大的。

像我的那位锡克朋友一样，印度人喜欢长时间煮上等的茶沫。茶里有香料，还要加牛奶和糖。而澳大利亚人泡茶的时间很短，在倒茶前或者倒茶后加牛奶和糖都可以。

再一次提醒你，不要忘记在澳大利亚请人用“茶（Tea）”，实际上是请吃晚餐。这个传统源自英格兰过去的北部农村。

丛林食品

当第一批白人到达澳大利亚的时候，他们根本没有注意到土著人吃什么，他们甚至在刚到的 5 年里根本没想种地。他们进口食品。有时候因此而挨饿，甚至丧命。

有一次，白人看到土著人吃烤过的苏铁类树木的树籽，他们也这样做。树籽有毒，他们中毒而死。他们并没有仔细观察土著人是怎么吃树籽的。土著人在食用树籽前好几周，就将树籽放在水里泡，去除其中的毒素。

松果

在过去的 10 余年里，大家开始认识到，土著人过去知道，现在仍然知道如何靠土地生活，即这种“丛林食品”对健康大有好处。对于土著人来说，它们自然比进口的面粉、糖和酒要好。比如雄山羊李子（Billygoat Plums），其维生素 C 的含量是世界各种食品中最高的，一个李子的维生素 C 含量相当于一打橘子。

毫无疑问，如果你不幸在偏远的内地迷路了，“丛林食品”的知识可以帮助你生存。

据估计，共有 30 000 多种丛林食品。目前被介绍到澳大利亚大城市里的可能不过 30~40 种。现在，澳大利亚已经在大规模地生产和加工其中一些传统食品。它们也已出现在东部各州的一些时髦饭馆的菜单上。如果你去书店，你肯定会碰上好几本关于丛林食品的书。

1990 年，陆军少校莱斯·希登斯（Les Hiddens）主持了一个电视系列节目《丛林食品专家》。从生存技能的角度看，希登斯是一位食用植物专家。这部电视片的播放标志着回归自然运动有了一个良好的开端。

水牛、袋鼠（据说是农场上养的，不是野生的）、骆驼、鳄鱼已变得很平常了，基本上都不再算是丛林食品了。骆驼肉甚至出现在馅饼中。鳄鱼肉，与袋鼠肉相似，也被认为是健康食品，脂肪和胆固醇都低，肉质像鸡肉，香味像小牛肉。

传统上，土著妇女采集茎、根食物，特别是山药、土长兰花等。她们采集食品时携带的编织容器或木头容器的词汇“coolamon”、“dillybags”就是这么来的。

除许多水果、丛林食品外，能吃的还有草籽、松果等。例如，雨林中的蓝黑的戴卫森李子（Davidson’Plum）能做出爽口、有点酸的酱。

在他们传统领地，土著人还吃野生动物，如巨蜥及短尾海鸥。据说，巨蜥肉很可口，只是味道有点冲。巨蜥肉是瘦肉，有利于健康。短尾海鸥主要在东南海岸，比较肥。

在一些地方，土著人还吃活的绿蚂蚁。绿是因为它们吃的植物中的叶绿素，因此其味道有点刺激性，像柠檬汁（是的，我尝过）。但可以想象，如果想通过吃绿蚂蚁来增加营养或者补充能量，那得吃很多的绿蚂蚁。

美食小虫

接下来的食品就是木蠹蛾幼虫。土著人活吃和生吃这些胖乎乎的与蛆差不多的小东西，让外人感到很恐怖，觉得不可思议。而澳大利亚导游愿意让他们示范吃各类小虫，以表现其男子汉气概。

蛾幼虫实际上是昆虫的幼虫，经常是咬木头的蠹虫。你不一定要活吃（生吃会有一股白汁或者浆——把它的头先咬掉）；可以在热灰烬中烤了吃，烤过的蛾像嫩嫩的猪油渣。为了体验一下，这两种方法，我都尝试过。

这些幼虫毫无疑问能提供某种蛋白质。现在，它们已经出现在一些时尚菜谱

美食小虫——可以提供某种蛋白质

上。美食超市，如维克·切里科夫（Vic Cherikoff）食品公司就有这种罐装的浸在汤里的幼虫出售。（切里科夫食品公司 http：//www.cherikoff.net/shop/）。厨师黛安娜·霍鲁格（Diane Holuigue）告诉《澳大利亚人杂志》（*The Australian Magazine*），她是怎样为美国佛罗里达的某宴会做这道菜的："把小虫使劲搅动，直到达到卡布奇诺咖啡的稠度，再在上面撒上金合欢树籽。"

维克·切里科夫开创了将土著人的丛林食品及其美食融入主流烹饪的先河。请见他的书《丛林食品手册》（*The Bushfood Handbook*）、《澳大利亚特色食品》（Uniquely Australian）及《吃在澳大利亚》（*Dining Downunder*）等。从黛安娜·霍鲁格的澳大利亚菜谱上也可以看到这本书的影响：除了常见的菜，如澳大利亚羊肉外，还有串烧（澳大利亚）坚果鳄鱼肉（加丛林番茄酸辣酱）、椰油大虾（加咖喱蛋黄酱）、鹌鹑鸸鹋火腿色拉等（澳大利亚坚果是另外一种本地食物，原产地是昆士兰，但不幸的是在国外被称为"夏威夷坚果"。这是由于夏威夷最先对此进行了商业化种植）。

黛安娜还进行了其他尝试。她研究出的菜谱包括：嫩金合欢树籽水芹煎薄饼、熏鸸鹋、小龙虾酱肉饺及纸皮桉树皮包卡卡杜李子酱小澳洲肺鱼（她说，用桉树皮给食物一种"乡土味"）。

新奇食品简直是不胜枚举：檀香树果及猴面包树果、柠檬番樱桃、lilli-pilli 丛林食品、warragal 绿色食品、南洋杉果、bogong 蛾虫、黑茄和白杨柠檬等。

当丛林食品最终进入世界美食圈时，全世界人民都能大饱口福。这一天一定会到来的。

美食惊奇

几种欧洲大陆的标志性食物，现在澳大利亚也能生产，而且质量很高。主要是希腊式菲达奶酪（羊乳酪）、橄榄和橄榄油，还有极其珍贵的松露。塔斯马尼亚州 20 世纪 90 年代起开始种植松露。当地人用猎狗，而不是用猪将土中的松露嗅出来。松露种植农场零散地分布在澳大利亚各地，近期西澳大利亚州就出现了不少这样的农场。按目前的种植规模，澳大利亚松露的年产量预计将由目前的 800 千克增至 2013 年的 5~10 吨。

关于橄榄方面，澳大利亚生产、销售和创品牌方面已经十分成熟，澳大利亚的超市有许多澳大利亚生产的橄榄产品，味道都很不错。澳大利亚现在年产 5 000 吨橄榄油，其中一半出口。

饮酒

我们在超市里转悠了很长时间，一直纳闷啤酒和葡萄酒摆在什么地方呢。后来，别人提醒我们，澳大利亚有特殊的售酒制度，买酒得到酒类专营店（类似英国的那种允许卖酒但不能在店内喝的商店）。如果你不愿意动，有不少可以开车进去的商店，打开车窗就可订酒、购酒。

传统上澳大利亚是个喝啤酒的国家，现在仍是世界上消费啤酒最多的十个国家之一。但现在，澳大利亚人每年人均消费啤酒约 83 升，而 20 世纪 80 年代是 125 升。因此，澳大利亚在喝啤酒最多的国家中勉强进入前十位，2010 年排第八位，少于人均啤酒消费最多的捷克、爱尔兰（第三）和波兰（第七）。而在 20 世纪 90 年代早期，澳大利亚还名列第三。葡萄酒是“罪魁祸首”。喝葡萄酒的人增多了，到 2011 年人均消费约 25 升，而 20 世纪 30 年代晚期还不到 3 升。现在澳大利亚是第十一大葡萄酒消费大国，但离第一大国

澳大利亚是世界上啤酒消费最多的国家之一

的法国相距甚远。2008 年法国人均消费 49.6 升葡萄酒。2008 年，澳大利亚的葡萄酒产量占世界第七位。

澳大利亚的葡萄酒产量占世界第七位

即便如此，澳大利亚仍有好几种啤酒可以选择。澳洲啤酒主要来自五大公司。维多利亚州的富仕达熟啤酒在国外最为著名，但还有许多其他品牌：昆士兰州卡斯尔曼（Castlemaine）的 ×× 啤酒、维多利亚苦啤酒，卡尔顿、西澳大利亚州的斯旺熟啤酒、赤背蜘蛛啤酒及最新的冰啤酒如卡尔顿冰啤酒、图黑斯的哈恩冰啤，还有新近推出的品种，如小生物（Little Creature）啤酒。

美国人应该注意，澳大利亚啤酒的酒精度比他们所习惯的度数要高——比大多数英国啤酒的酒精度也高，高出 4 度。有些酒馆自产的啤酒的酒精度特别高（试试弗里曼特尔的 Dog-Bolter，酒精度超过 5 度）。当然，澳大利亚啤酒一定要喝冰镇的，因此，澳大利亚人去海边的时候或者去丛林探险的时候，一定要随身携带冷饮保藏盒。

喝酒一直是澳大利亚的一个社会问题，并且越来越糟。年轻人（包括刚刚离开学校的十几岁的孩子）拼酒是个突出问题。2008 年，约 40% 的 18 岁以上的澳大利亚人喝酒达到危险甚至高危险的程度，而且这种形势越来越严峻。由于担心遭遇醉酒者或酒后驾车者，我和我的丈夫刻意不在周末到大城市去。澳大利亚对酒后驾车管理很严，路上随时都有检查的，酒驾有可能会被吊销驾驶执照。

许多澳大利亚的酒馆里有固定在墙上的“自助”酒精测量仪，你可以测一测你嘴里的酒精浓度是否超标。关于对酒后驾车的限制，各州不完全一样。但是通常大家或者夫妻之间晚上出去喝酒前，都会先说好谁保持清醒，将酒量保持在合法范围内，以便在活动结束后或者回家时驾车。

澳大利亚的葡萄酒

现在有了不少“淡”啤酒，帮助酒量不大的人保持在合法的饮酒量内。但如果你是女性，需要注意由于女性的生理原因，即使你喝的酒比男性的少，你的酒精浓度也有可能与他的相同。

葡萄园

澳大利亚盛产葡萄酒，其价格不高，而且质量上乘，这是人们要在澳大利亚定居的许多重要原因之一。外国的葡萄酒爱好者也深知澳大利亚葡萄酒的质量。澳大利亚发明了纸板桶（软包装）葡萄酒，但是仅据此判断澳大利亚葡萄酒质量的时代早已一去不复返了。澳大利亚葡萄酒出口旺盛，2008 年达到 7 亿升，国内销售也十分强劲（2010—2011 年 4.64 亿升）。现在澳大利亚出现了消费高档进口葡萄酒的趋势，澳葡萄园主十分关注，并且感到不安。

澳大利亚葡萄酒质量已经大为提高的明显标志之一是，一部分澳葡萄酒产业掌握在法国投资者手里（如博林格、弗夫·克利考特）。日本人也发挥着重要作用。

虽然澳大利亚葡萄酒市场主要由“大腕”占据，如温德姆酒庄（Wyndham Estate）、“鹰”标（Wolf Blass）、诗宝特（Seppelt）、哈迪公司（Hardy Bros）、彭福（Penfolds）、奥兰多（Orlando）、利达民（Lindemans）等，但也有很多“地区之星”，如西澳大利亚州玛格丽特河谷的陆文酒庄（Leeuwin Estate），或者是威斯·费

酒的真理

从21世纪初起，澳大利亚葡萄酒爱好者高兴地发现他们可以充分享受澳大利亚的葡萄酒了。只要花上10~12澳元就能买一瓶上等葡萄酒。现在“光瓶”现象，即瓶身只写产地和所用的葡萄品种，十分流行。精明的顾客可以只花7澳元就可买一瓶好酒。因为生产者为了保证他们最好的葡萄酒的价格，变相降价处理存货太多的葡萄酒。他们损失意味着我们获利。但“光瓶”葡萄酒也可能是个骗局，要当心！

澳大利亚葡萄酒是根据所用葡萄命名的

澳大利亚有60个葡萄酒产地，主要生产葡萄酒的州有西澳大利亚州、新南威尔士州、维多利亚州和南澳大利亚州。但北方领土地区只有一家葡萄酒厂。

在西澳大利亚州，最好选择玛格丽特河谷（西南部）及斯旺（又译天鹅）河谷（靠近珀斯）南部的一些新秀，如巴克山也不错。西澳大利亚州生产上等的赤霞珠（Cabernet Sauvignon）及美乐（Merlot）红酒，长相思（Sauvignon Blanc）和赛美蓉（Semillon）白葡萄酒。

如果你特别喜欢莎当尼（Chardonnay，一种无甜味的白葡萄酒），就选东部各州的葡萄酒。西澳大利亚州最古老的内地葡萄酒厂库林加（Coorinja）有一个有趣的怪癖。该厂位于乡村小镇图戴（Toodyay）附近（开车数小时可达珀斯，是去往新诺舍拜占庭僧侣镇路上的理想休憩地。该镇以出产橄榄、家庭制作的面包和蛋糕，以及西班牙式建筑和宗教艺术收藏而闻名）。在这个葡萄酒厂里，你可以在该厂的地下室廉价购买不错的雪利酒、波特葡萄酒及其他高浓度葡萄酒（可以买利口酒席拉）（Shiraz）。

维多利亚州出产不常见的一些高浓度葡萄酒，如鲁特格伦（Rutherglen）地区的密斯佳（Muscat，其他译法还有穆斯卡、麝香、玫瑰香），还有亚拉（Yarra）河谷的莎当尼白葡萄酒和黑比诺（Pinot Noir）红葡萄酒。

南澳大利亚州的巴罗莎（Barossa）河谷出产著名的德国风味的白葡萄酒。其他著名的葡萄酒产地还有库纳瓦拉（Coonawarra）、克莱尔（Clare）河谷和麦克拉伦（Mclaren）山谷。新南威尔士州的“明珠”包括猎人（Hunter）河谷，这里出产特别好的莎当尼和席拉（红葡萄酒）。

利克斯酒庄，还有许多小的独立的葡萄园，可能偶尔生产出“宝石”，吸引美酒鉴赏家的眼球。我自己也很喜欢来自不太有名的埃文斯和泰特及卡伦葡萄园的葡萄酒。

请注意，主要出于法律原因，澳大利亚的葡萄酒是根据造酒使用的葡萄而命名的，而不像欧洲的葡萄酒那样根据产地命名，如波尔多、博若莱。

红红的葡萄酒

喝什么酒呢？首先要记住澳大利亚葡萄酒厂好像唯一不太擅长的是生产香槟（法国人不允许澳大利亚使用“香槟”，因此你需要找“带气的葡萄酒”）。澳大利亚仍然从法国进口大量的香槟。但澳大利亚的“香槟”也越来越好（为体验“真正”的香

澳洲葡萄酒的口感并不输于法国葡萄酒

琐碎事

在澳大利亚，一些温文尔雅、穿着考究的左翼人士经常光顾大城市闹市区的酒吧，他们边喝葡萄酒边进行政治辩论。这些人被其右翼对手蔑视地称为“莎当尼社会主义者”。

葡萄酒也可用来投资、收藏

槟口味，找用黑比诺和莎当尼两种葡萄混合做的酒）。

澳大利亚葡萄酒的一个显著特点是尝试用多种葡萄酿造。它们通常果味足，但不冲。如果你刚开始品尝葡萄酒，与法国葡萄酒相比，你可能更喜欢澳洲葡萄酒。以下是我非常不成熟的指导意见：你可能会喜欢库纳瓦拉河谷（南澳大利亚州）和猎人河谷（新南威尔士州）的红葡萄酒、巴罗莎河谷（南澳大利亚州）的白葡萄酒、玛格丽特河谷（西澳大利亚州）的赤霞珠及美乐，以及东部各州几乎任何地方的莎当尼白葡萄酒。赤霞珠—美乐混合红酒当前也特别流行。长相思—赛美蓉是一种不错的起泡的白葡萄酒。

黑比诺是勃艮第（法国东南部）的一种红葡萄。维多利亚州比较凉快的地方盛产这种葡萄。席拉是另外一种诱人的红葡萄。它们在美式橡木桶里成熟时尤其如此。

澳大利亚最具贵族气派的葡萄酒非著名彭福农庄的罗纳葡萄酒莫属（每瓶200~400澳元或更高，取决于生产的年代）。这也是南澳大利亚州的一种希拉子红葡萄酒，产自20世纪50年代。是一种可收藏、可投资的葡萄酒。

关于甜葡萄酒（如“晚收酒”等）跟你说句悄悄话，特别是喜欢喝甜葡萄酒的亚洲人：像澳大利亚这样喝葡萄酒很认真的国家，是将甜葡萄酒与冰激凌、甜食一起上的，而不是配主菜。

在澳大利亚品味红葡萄酒，真令人高兴

如果你来自热带地区，可能有许多年不喝红葡萄酒了（喝了红酒，在热带地区火热的下午，你会想睡觉，或者你会头疼。或者其他原因，如太贵了，旅行不好带，味道一般等）。现在，可以在澳大利亚的冬天再次品味红葡萄酒，这真是一件令人高兴的事情。干杯！

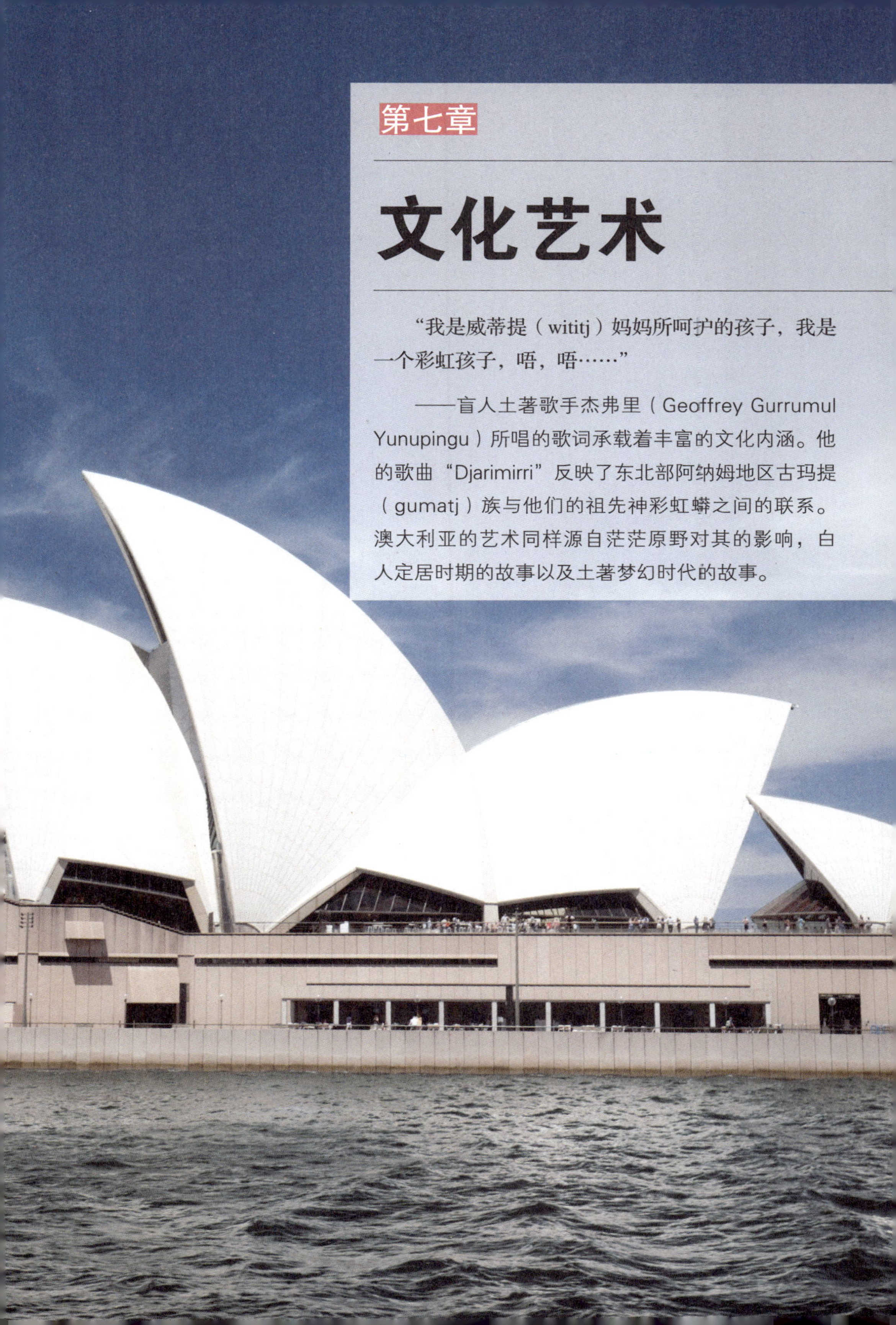

第七章

文化艺术

“我是威蒂提（witítj）妈妈所呵护的孩子，我是一个彩虹孩子，唔，唔……”

——盲人土著歌手杰弗里（Geoffrey Gurrumul Yunupingu）所唱的歌词承载着丰富的文化内涵。他的歌曲“Djarimirri”反映了东北部阿纳姆地区古玛提（gumatj）族与他们的祖先神彩虹蟒之间的联系。澳大利亚的艺术同样源自茫茫原野对其的影响，白人定居时期的故事以及土著梦幻时代的故事。

“澳大利亚？那是一个文化沙漠！”当我告诉我的一个熟人我在澳大利亚安了家的时候，她如是说。

只有很无知的人——也许是瞎子或聋子才有可能赞同这种对澳大利亚的诬蔑，特别是在20世纪60年代以后的任何时候还说这样的话。即使在此之前，也有理由说，澳大利亚的艺术在不断地发展，只不过是外界不知道罢了。但是20世纪70年代工党总理惠特拉姆个人对艺术的关注确实推动了澳大利亚艺术活动的发展。

澳大利亚艺术传统有一个特别耐人寻味的特点，即像它的生态一样，澳洲的艺术不得不在孤立中发展，因此产生了自己独特的艺术形式。有时候，这是一个问题，但澳大利亚远离世界主要的艺术中心通常是好处多于弊端，这样澳大利亚可以形成自己独树一帜的艺术特色。

澳大利亚人自己是否欣赏并理解他们同胞的艺术成就是另外一个问题。这可能是因为澳大利亚的艺术作品很少反映现今社会普通澳大利亚人的生活——简而言之，城市中产阶级的生活。相反，大多数艺术作品都浪漫地痴迷于描述澳大利亚的土地、环境和过去澳大利亚的开拓者是如何与自然进行斗争才创造了现在的一切。你仍然能够从澳大利亚导演苏·布鲁克斯（Sue Brooks）2003年的电影《沙漠情怀》（*The Japanese Story*）中看到这一点。这部电影由澳大利亚演员托妮·科莱特（Toni Collette）和日本演员纲岛乡太郎（Gotaro Tsunashima）主演，是一个跨国文化的爱情故事，其背景是澳大利亚的旷野。

澳大利亚同性恋节大游行

外国影响

在保持澳大利亚独特的艺术形式上，存在的一个问题是澳大利亚艺术有美国化的倾向。无论是权威人士还是批评者，都对此感到痛心疾首，但都想不出抵制的办法。另外一个问题是澳大利亚艺术的拔尖人才似乎都不可避免地流向海外，去享受更为广阔的艺术空间。他们或者是为美国文化的活力所动，或者是为其他一些古老的文化如英国及欧洲大陆文化的魅力所动。而且侨居海外的澳大利亚名人，往往都公开看不起其祖国。文学和女权主义批评家查曼·格雷尔、喜剧演员克莱夫·詹姆士（Clive James）及记者约翰·皮尔格，就是经常这样做的人——他们都住在伦敦。

你还可从2008年底发行的巴兹·鲁尔曼（Baz Luhrmann）的史诗大片《澳大利亚》（别译名《澳洲乱世情》）中看到这一点。

澳大利亚街头歌手

近几年来，对环境、女权主义和土著权利的关心，以及对政治的强大讽刺是全澳大利亚艺术具有影响力的主题。但自从20世纪90年代以来，由于国家经济衰退及政府不再像以前那样慷慨资助艺术，澳大利亚艺术发展有些受阻。尽管如此，澳大利亚国内的艺术人才到处都有。澳大利亚那一代通常移居国外特别是英国，公开看不起自己祖国的艺术家和作家，如查曼·格雷尔（Germaine Greer）、克莱夫·詹姆士（Clive James）、巴瑞·汉弗莱斯（Barry Humphries）及约翰·皮尔格（John Pilger）正在逐渐消失。他们已经被自信、不畏惧文化的新一代所取代。新的一代在美国寻求财富（或通常挖掘到了财富），或者与美国的制片公司建立了合作伙伴关系（澳大利亚电影导演乔治·米勒（Geoge Miller）2011年的企鹅故事动画片《快乐的大脚2》就是一个例子）。这是面对全球艺术竞争的一个明智之举。而且，渐渐地，澳大利亚的演员和艺术家在世界的舞台上也可以高高地昂起他们的头来，他们在专业水准和个人独特的创新方面享有一定的声誉。

但是，澳大利亚最富有活力、最丰富的艺术活动经常出现在“边缘地带”或者在

很多澳大利亚孩子都有着艺术细胞

社区里。也许这些活动不如那些正式的艺术活动广为人知，你必须自己去发掘；它们就在那里，隐藏在角落里。像西澳大利亚州的公开秘密，美国出生的“幸运海洋（Lucky Oceans）”，澳大利亚广播公司（ABC）电台星球节目的天才主持人，也是一个在国际上享有声誉的踏板钢弦吉他手，他的柴迪科舞曲风格乐队 The Zydecat 非常有名。可留意一下他的演奏会，经常在珀斯外的弗里曼特尔港口城市举行。

在澳大利亚的艺术领域里，小的经常意味着漂亮的、美好的。比如，一天晚上，我在向来安静的珀斯郊区巧遇一场演出，是剧作家吉尔伯特和沙利文的轻歌剧。这是一场维多利亚时代的具有地道英国味的精致的小歌剧，表演水平不低。再如，一些青年艺术家在弗里曼特尔由仓库改造成的场所里所举办的悠闲的展览，与之轻松气氛相反的是珀斯酒馆里摩洛哥和马来西亚鼓手的表演，或者是加勒比海瑞格舞，或者某个晚上在弗里曼特尔酒吧里表演的塞舌尔民间音乐，或布鲁斯音乐……

在澳大利亚，有很多的文化活动可以参加，去看，去听，去经历——这些活动在珀斯都有，而通常珀斯被人们认为是与艺术不沾边的穷乡僻壤。

绘画

在第三章“人民”里已经介绍了古代神圣的土著艺术传统。而土著艺术对白人艺术家的工作产生影响则花了很长的时间，第二次世界大战以前两者之间没有什么交流。1989 年，澳大利亚国家美术馆在建馆 7 年后，举办了土著艺术综合展览，这是一个转折点。今天，人们对于土著艺术的理解不再限于给白人社会留下深刻印象的“圆点绘画”、“X”光式的艺术绘画、树皮画和岩石画等艺术形式，还包括更为复杂和现代化的形式和材料，其中还包括应用一些新的技术，如雕刻、编织和类似印尼仿蜡印染术的布艺。2005 年，一个偏远的土著社区的妇女用芦苇草编制了一辆与实际大小相同的四轮驱动吉普车。这种新颖创新在社会上引起了不小的轰动。

19 世纪 50 年代，淘金热时期的画家最终放弃了早期殖民时代的画家处处以欧洲为中心，歪曲澳洲风光的绘画风格，开始记录真实的澳洲景象——这些画家包括描绘澳洲金矿的 S.T. 吉尔（S.T Gill）及描述澳洲风光和生活方式的汤姆·罗伯茨（Tom Roberts）。

整个 20 世纪 20 年代和 30 年代，澳艺术界继续保持其固执的保守特点，只是略微注意到了印象主义、立体主义和超现实主义等方面的革命。社会现实派对于移民和劳动阶层痛苦生活的刻画受到以诺伊尔·库尼汉（Noel Counihan）和乔西·伯格纳（Josi Bergner）为首的 20 世纪 50 年代的一些艺术家的欢迎。上述艺术活动从某种程度上更加“澳大利亚”化。

在海外特别出名的一位侨居国外的艺术家是西德尼·诺兰爵士（Sir Sidney Nolan）（1917—1992）。他创造了多种形式的艺术——“二战”前主要是抽象形式，而战后更加注重题材形式。他有许多涉及澳大利亚重大历史事件的著名作品，如第一次世界大战期间，澳新军团在加里波里战役中遭受重创，以及伯克和威尔斯遭遇厄运的探险。

在我脑海中浮现的第二次世界大战刚刚结束后的艺术家的名字有：艾尔伯特·纳玛特吉拉（Albert Namatjira，1902—1959）、唐纳德·弗兰德（Donald Friend）和拉塞尔·德赖斯代尔爵士（Sir Russell Drysdale，1912—1981）。纳玛特吉拉是来自澳大利亚中部的土著水彩画家，他很轻易地转向了欧洲风格和技术。弗兰德于 1967—1980 年曾在巴厘岛工作和生活，他创作出了复杂、能给人们带来极大感官享受的作品，1989 年他在澳大利亚逝世。德赖斯代尔的风光画展现了艰苦的澳洲环境、内地的生活方式及土著人民的生活。

20 世纪 60 年代末 70 年代初，美国的先锋派思想开始影响澳大利亚艺术家。但是也有几位别具一格（men-unto-themselves）的艺术家，如新表现主义者彼得·布思（Peter

澳洲风光曾经是澳大利亚画家创作的主要内容

Booth），专门画一些令人恐惧的、关于世界末日及其光怪陆离的东西。近年来，女艺术家也开始在文化生活中发挥更大的作用。

另外值得一提的很有趣的一点是，到 1982 年，澳大利亚社会中潜在的清教徒禁欲主义仍体现在艺术领域里。那年，南威尔士州警察对一悉尼美术馆进行突然袭击，带走了胡安·达维拉的作品《像一个画家一样愚蠢》，理由是这幅画存在色情问题。但后来，警察又把那幅画还了回来。近些年来，有些艺术作品被认为冒犯了基督教徒，因而引起争议。美国摄影师安德列斯·塞拉诺在维多利亚国立美术馆的展览就出现过这个问题。在他的一张相片《撒尿的基督》中，十字架被淹在尿里。展览很快被关闭。

2008 年，澳大利亚人极为惧怕和憎恨的恋童癖引起了另一个审查事件。摄影师比尔·汉森因为展示 12 岁孩子以及青少年的裸体照片受到警察批评和调查。当时甚至总理陆克文也被牵动，说他们“令人作呕”。这样的事件发生在这样一个能够上演像《阴茎的把戏》之类的离奇、刺激的娱乐节目的自由国家就使人有更多的困惑。此节目由喜剧演员西蒙·莫里和戴维·弗伦德 1977 年开创，在迈克·莫里 2000 年的文献纪录片《解决快乐》（Tackle Happy）中出现。莫里和弗伦德以个人的方式设法“解决”快乐的扭曲方法最好留给你自己去想象了。

在澳大利亚，拍摄并展示孩子裸体照片可能被认为有恋童癖

今天的澳大利亚艺术富有活力，丰富多彩，有自己的独特之处，对澳大利亚的自然环境有了更现实的理解。从设计师肯·多恩时髦的图形到布雷特·怀特利（1992 年去世）痛苦的探索，澳大利亚艺术确立了它在国际艺术领域的地位。我们也不能忘记侨居海外的澳艺术家中最能代表澳大利亚的多才多艺的罗尔夫·哈里斯（Rolf Harris）。他现在侨居英国。2005 年，英国女王（也是澳大利亚女王）伊丽莎白二世同意他为女王陛下八十诞辰庆典画像。哈里斯于是戴上了他的贝雷帽，为英王服务。

最大的“抽彩得鸡”活动

阿奇博尔德肖像画奖是澳大利亚历史最悠久的、最为著名的，也是产生争议最多的视觉艺术奖。该奖揭晓前，艺术界总是充满期待，揭晓后又争论不断。这一令艺术家垂涎的奖项金额达 75 000 澳元现金，而且获奖的艺术家将在全国闻名。最后的决定由新南威尔士美术馆的董事会做出。该奖始于 1921 年，由当时的澳时事周刊《公报》的编辑朱尔斯·法兰西斯·阿奇博尔德（Jules Francois Achibald）出资设立，用于奖励居住在澳大利亚的艺术家在上一年所创作的著名的澳大利亚人肖像画。为了更民主，1988 年设立了“人民奖”这个奖项——专家评审和公众投票结果之间的差距往往很说明问题。

2008 年，悉尼艺术家德尔·凯瑟琳·巴顿以她自己和她小儿子的自画像获得肖像画奖，文森特·凡陶佐凭借其给 28 岁澳大利亚电影明星西斯·莱杰所画的引人注目的肖像获得人民奖。此画像画于西斯·莱杰拍摄蝙蝠侠系列电影《黑暗骑士》饰演引人注目的角色“小丑”期间，是在西斯·莱杰在纽约逝世的几周前完成的，西斯显然是因为压力用药过量造成死亡的。1991 年还设立了一个“开包奖”，即由那些负责打开包装并且将入围作品挂起来的台后工作人员评选他们最喜欢的作品。这个奖项在主奖颁发前数日内揭晓。

威廉·多贝尔爵士（Sir William Dobell）1943 年获得阿奇博尔德奖，但它引发的争议从反面扩大了该奖的影响。多贝尔肖像画主人公的画家同事乔舒亚·史密斯认为多贝尔画的不是肖像，而是讽刺画，因而感到受到冒犯，并向法院提起诉讼。最终，史密斯输了官司，但什么作品可以获得阿奇博尔德奖的范围扩大了。

出于记录在案的目的，2012 年老艺术家提姆·斯托里尔以他怪异的自画像（没有面孔）《戏剧旅人》获阿奇博尔德奖，此画像因受到了 16 世纪画家希罗尼穆斯·波希（Hieronymus Bosch）的启发而画成的。斯托里尔挖苦地说他的获奖使他与其他的艺术家成为这个国家最不受欢迎的画家。2005 年的阿奇博尔德奖被约翰·奥尔森（John Olsen）获得，他曾将阿奇博尔德奖描述成“抽彩得鸡”。他这么说，表明他看不起该奖，因为过去一些居民小区在进行筹款时，要卖彩票，中奖者可得到鸡，可能是活鸡或者是做熟的鸡。

澳大利亚的讽刺画

新南威尔士美术馆

双城记

墨尔本和悉尼在艺术领域的竞争比在任何其他领域的竞争都激烈，是老对手了。19 世纪 50 年代淘金带来的财富使维多利亚变得富有，墨尔本则由于许多商人赞助艺术而成为主要的文化中心。

墨尔本设立了澳大利亚第一个公共美术馆，即 1861 年的维多利亚国家美术馆。自 20 世纪 90 年代中期以来，该美术馆的展品收藏在位于两个不同地点的建筑里。一个是在联邦广场的因·波特中心，收藏重要的澳大利亚作品。另一个是位于吉尔达街的国际馆，收藏了澳大利亚所收购的一系列的欧洲和国际艺术作品，这些展品同样不错。

新南威尔士美术馆成立于 1875 年。现驻地在 1895 年本来是作为美术馆的“临时”建筑的。馆藏中的澳大利亚殖民时期的艺术品很丰富。

堪培拉在推动艺术发展方面也发挥了作用。1982 年澳大利亚国家美术馆在堪培拉落成，推动了澳绘画艺术的发展。该馆的落成虽然不算早，但它是澳大利亚第一个全国性美术馆。各州早在 19 世纪晚期就有自己的美术馆了。最近，澳大利亚国家美术馆进行了扩展，很漂亮。

电影

“二战”前，澳大利亚就制作过一些电影，有些还蛮不错，但本书感兴趣的主要是“二战”后的电影。

“二战”后，澳大利亚的电影业几乎处于停顿状态。1970 年，惠特拉姆为首的工党政府设立了澳大利亚电影发展公司，后改名为澳电影委员会（AFC）。电影委员会设立了政府自己的电影制作机构——澳大利亚电影局，并且出资拍摄其他电影。上述措施自然引发了新一轮电影制作热。今天被大家熟知的报纸专栏作家和广告巨头菲利普·亚当斯（Philip Adams）是当时制片热的最积极的参与者之一。从此以后，澳大利亚制片人及导演以其独特的风格在世界电影业上赢得了自己无可争辩的地位。

澳大利亚电影的巨头包括如下：

■ 布鲁斯·贝雷斯福德（Bruce Beresford）——《智慧的获得》（*The Getting of Wisdom*）（1977）、《破坏军纪的莫伦特》（*Breaker Morant*）（1980）、《为戴茜小姐开车》（*Driving Miss Daissy*）（1990）、《天堂之路》（又译《火线浮生录》）（*Paradise Road*）（1997）和《最后的舞者》（*Mao's last Dancer*）（2009）。

■ 弗雷德·谢皮比（Fred Schepisi）——《铁匠吉米的赞歌》（*The Chant of Jimmie Blacksmith*）（1978）、《邪恶天使》（*Evil Angels*）（1998）、《六度分离》（*Six Degrees of Separation*）（1993）和《暴风之眼》（*The Eye of the Storm*）（2011）（绝佳地再现了小说家帕特里克·怀特（Patric White）对一个残障家庭的描绘）。

■ 乔治·米勒（Geoge Miller）——《疯狂麦克斯三部曲》（*Mad Max Trilogy*）（1979—1985）、《东镇女巫》（*The Witches of Eastwick*）（1987）、《再生之旅》（《罗伦佐的油》）（*Lorenzo's Oil*）（1992）、《宝贝小猪猡》（*Babe*）（1995）、《快乐大脚》（*Happy Feet*）（2006）。

■ 吉兰·阿姆斯特朗(Gillan Armstrong）——《我的璀璨生涯》[①]（*My Brilliant Career*）（1978）、《阖家不欢》（*The Last Days of Chez Nous*）（1992）、《奥

澳大利亚女演员——米娅·华希科沃斯卡

①突出妇女在社会中的作用。演绎的是一个名叫詹妮的妇女于20世纪初在艰苦环境下自尊自强的故事。她以自己的行动证明女性不是弱者，更重要的是，她身体力行，倡导白人摒弃对土著居民的种族偏见。——沈永兴等编著《列国志——澳大利亚》。

斯卡与露辛达》（*Oscar and Lucinda*）（1997）、《乱世有情天》（*Charlotte Gray*）（2001）和《爱，肉欲和谎言》（*Love, Lust and Lies*）（2009），一个生活纪录片记录了三个女人不断变化的生活。

■ 彼得·韦尔（Peter Weir）——《悬崖上的野餐》（*Picnic at Hanging Rock*）①（1975）、《加里波里》（1981）②、《危险年代》（*The Year of living Dangerously*）（1982年——有趣地揭示了动荡时期澳大利亚人和印度尼西亚人的交流）、《劫后生死恋》（*Fearless*）（1993）、《死亡诗社》（*Dead Poets Society*）（1989）、《楚门的世界》（*The Truman Show*）（1998）、《怒海争锋》（*Master and Commander*）（2003）。

■ 菲利普·诺伊斯（Philip Noyce）——《爱国者游戏》（*Patriot Games*）（1992）、《防兔篱笆》（2002）、《沉默的美国人》（*The Silent American*）（2002）和《揭竿而起》（Catch a Fire）(2006)。

■ 罗尔夫·德黑尔（Rolf de Heer）——《坏小子巴比》（*Bad Boy Bubby*）（1993）、《紧急追踪》（*The Tracker*）（2004）、《十只独木舟 》（*Ten Canoes*）（2006）。

韦尔、谢皮比、贝雷斯福德及诺伊斯早就移居美国。在美国，旅美澳洲制片人、影星的圈子里被称为“桉树叶帮”。

在非澳大利亚人看来，以上最有趣的是有关澳大利亚的风土人情、历史及现实题材的电影。我认为《悬崖下的野餐》（*Picnic at Hanging Rock*）、《加里波里》、《铁匠吉米的赞歌》、《防兔篱笆》、《罪恶天使》（*Evil Angels*）、《紧急追踪》（后三部是控诉白人对待土著人态度的电影）、《沙漠情怀》（*The Janpanese Story*）、《天线》（*The Dish*）、《城堡》（*The Castle*）和《肯尼》（*Kenny*）等，非常有助于大家了解澳大利亚人的心态。 洛夫·德·希尔的《十只独木舟 》不能错过，由土著人用自己的语言述说、表演，此外还有沃威克·桑顿（Warwick Thornton）的首映片《赛门和黛利拉》，令人心酸掉泪。

早期的澳大利亚电影节奏缓慢，而且有点忧郁，这种传统一直保留到20世纪90年代。主要电影包括吉兰·阿姆斯特朗的《我们最后的时光》（*The Last Days of Chez*

---

①讲述一所女子寄宿学校的学生到深山旅行，其中3个女孩和1位女教师神秘失踪的故事，扣人心弦。这是一部摄影技术巧妙、意义双关的影片，曾在戛纳国际电影节上占尽风头，是澳大利亚第一部获国际大奖的影片。——沈永兴等编著《列国志——澳大利亚》。

②主题是表现哥们儿情谊和对帝国忠诚，前面已有介绍。

Nous）以及杰夫·伯顿（Geoff Burton）和凯文·道林（Kevin Dowling）的《我们的观点》（*The Sum of Us*）。前者对一个失败婚姻进行了深刻和痛苦的剖析，后者则感人地分析了一位父亲对他儿子的性（取向）问题的认识及最终接受①。

但是，20世纪90年代更具代表性的作品包括如下：《无法无天》（Romper Stomper），像其字面意思一样含有双关意义，这部电影展示的是越南黑帮与白人“光头党”在墨尔本郊区的街头冲突；像巴兹·吕尔曼（Baz Luhrmann）的悲喜剧《舞出爱火花》②（*Strictly Ballroom*），由保罗·默丘里奥（Paul Mercurio）（她是澳大利亚著名的舞蹈演员，舞步轻盈，演出扣人心弦）主演；罗曼蒂克（异性）的《缪里尔的婚礼》（*Muriel's Wedding*）主演是当时的新手托尼·柯莱特，而现在她已经是大演员了。当时的她丰满而天真，与现在在美国电视《倒错人生》（*United States of Tara*）中的角色大不相同，令人难以置信；充满刺激的同性恋的《普丽西拉——沙漠皇后》（*Prescilla, Queen of the Desert*）；闹剧《城堡》，描述的是一个普通家庭如何奋斗保住自己的家不被强行征用。步1986年霍根主演的《鳄鱼邓迪》的后尘，90年代，乔治·米勒（George Miller）和克里斯·努南（Chris Noonan）的电影《宝贝小猪猡》（*Babe*）及斯各特·希克斯（Scott Hicks）的电影《闪亮的风采》（*Shine*）在国际上获得好评，票房收入很好。《闪亮的风采》一片是关于西澳大利亚州钢琴家大卫·黑尔夫戈特的故事。黑尔夫戈特患精神病，影片中他由杰弗里·拉什饰演。拉什

《澳洲乱世情》男主角扮演者——休·杰克曼

①该电影是反映性错位的电影，引起较大争议。——沈永兴等编著《列国志——澳大利亚》。

②影片中一个名叫斯科特的青年，想要赢得泛太平洋地区国际标准舞锦标赛的冠军，他不顾父母以及在舞蹈界颇有影响的保守派的反对，最终决定和他的梦中女孩弗兰——一位西班牙移民——携手共舞。此资料来源于澳大利亚广播公司澳大利亚电台中文节目。

后又在《伊丽莎白》（*Elizabeth*）（1998）、《莎翁情史》（*Shakespeare in Love*）（1998）、《巴拿马的裁缝》（*The Tailor of Panama*）、《加勒比海海盗》（*Pirates of the Carrabean: The Curse of the Black Peral*）（2003）、《彼得·塞勒斯的生与死》（*The Life and Death of Peter Sellers*）（2004）和《暴风之眼》（*The Eye of the Storm*）（2011）中有出色的表演。

新西兰出生的澳大利亚女导演简·坎皮恩（Jane Campion）执导的黑色调（抑郁）的影片《钢琴课》[3] 在1993年的戛纳国际电影节上获得金棕榈奖（最佳影片）。具有同样品质的电影还有1997年澳大利亚演员尼科尔·基德曼（Nicole Kidman）领衔主演的《一个女人的肖像》（*The Portrait of a Lady*）及《明亮的星》（*Bright Star*）（2009）。

上面没有提到的著名的澳大利亚导演还有：朱迪·戴卫斯（Judy Davis）、雷切尔·格里菲斯（Rachel Griffiths）、塞姆·尼尔（Sam Neill）、杰克·汤姆普逊（Jack Thompson）、雨果·威文（Hugo Weaving）、休·杰克曼（Hugh Jackman）及最近去世的希思·莱杰（Heath Ledger）。有人还记得20世纪30年代的明星、恃强凌弱的埃罗尔·福林（Errol Flynn）实际上是塔斯马尼亚·澳大利亚人吗？另一个澳明星是凯特·布朗谢（Cate Blanchett），她在电影《奥斯卡与露辛达》及《伊丽莎白》中显示了才华。她还在马丁·斯科尔塞塞（Martin Scorsese）2004年导演的电影《飞行者》（*The Aviator*）中出演凯斯琳·赫本。简直令人难以置信的是，她在电影《我不在场》（*I'm Not There*)（2007）里扮演了美国歌手鲍勃·迪伦（Bob Dylan），随后又在《返老还童》（*The Curious Case of Benjamin Button*）（2008）中和布拉德·皮特一起有出色表演。

澳大利亚籍好莱坞影星—妮可·基德曼

①讲述的是一个女人性苦闷、性压抑的故事，获奥斯卡最佳影片奖。

目前，澳大利亚人在好莱坞很有影响力。

奥斯卡奖得主有：朱迪·戴卫斯（Judy Davis）（《印度之旅》（*A passage to India*），《暴风之眼》）、妮可·基德曼（Nicole Kidman）（《大开眼界》（*Eyes Wide Shut*）、《红磨坊》（*Moulin Rouge*）、《澳洲乱世情》（*Australia*）和《时时刻刻》（*The Hours*）、罗素·克洛（Russell Crowe）、杰弗里·拉什（Geoffrey Rush）和梅尔·吉布森（Mel Gibson）从早期直到2004年的《疯狂麦克斯》、《耶稣受难记》（*The Passion of the Christ*）、托妮·柯莱特（Toni Collette）、杰基·威佛（Jacki Weaver）和已故的希思·莱杰（Health Ledger ）。据说克洛本人是喜怒无常的，但他是一个十分多才多艺的演员，在电影中扮演了各种出色的角色，如《洛城机密》（*L.A. Confidential*）（1997）、《惊爆内幕》（*The Insider*）（1999）、《角斗士》（*Gladiator*）（2000）、《美丽心灵》（*A Beautifal Mind*）（2001）、《怒海争锋》（*Master and Commander*）（2003）、《美国黑帮》（*American Gangster*）（2007）、和《谎言之躯》（*Body of Lies*）（2008）。

好莱坞的澳大利亚人

以下选自澳大利亚银幕（Screen Australia）前十大澳大利亚电影，根据人们在 2011 年通过各种媒体（例如 DVD）观看了多少次而定。

《澳洲乱世情》(*Australia*)(2008)——巴兹·吕尔曼（Baz Luhrmann）导演的史诗般的浪漫剧，结合了第二次世界大战和土著历史，由妮可·基德曼（Nicole Kidman）和休·杰克曼（Hugh Jackman）主演。

《最后的舞者》(*Mao' s last Dancer*)(2009)——布鲁斯·贝雷斯福德（Bruce Beresford）改编的中国芭蕾舞演员李存信的自传（他现在是澳大利亚的一个股票经纪人）。由英国伯明翰皇家剧院的首席舞者曹驰领衔主演。

《查理和布茨》(*Charlie&Boots*)(2009)——迪恩·墨菲（Dean Murphy）导演的关于父亲、儿子的电影，背景是澳大利亚北部艰苦地区，由谢恩·雅各布森（Shane Jacobson）扮演儿子，日渐老去的父亲由保罗·霍根（Paul Hogan）扮演。

《美丽新世界》(*Bran Nue Dae*)(2010)——土著导演瑞秋·柏金斯（Rachel Perkins）生动的公路电影，根据吉米池（Jimmy Chi）的土著音乐剧改编而成，此音乐剧描述了 20 世纪 60 年代西澳大利亚州土著人的生活。电影里明星云集，其阵容包括：杰弗里·拉什(Geoffrey Rush）、厄尼·丁戈（Ernie Dingo）、玛格达·苏班斯基（Magda Szubanski）、丁格力·劳福德（Ningali Lawford）和杰西卡·茆比（Jessica Mauby）。

《黑气球》(*The Black Balloon*)(2009)——艾丽莎·道恩（Elissa Down）广受赞誉的作品，描述

了一个男孩面对患自闭症哥哥的历程。由托妮·科莱特（Toni Collette）、瑞斯·维克菲尔德（Rhys Wakefield）和卢克·伏特（Luke Ford）主演。

《卡蕾夫人的音乐会》（*Mrs Carey's Concert*）（2011）——可能是澳大利亚有史以来最成功的电影纪录片，真实地记录了一个坚定意志、全身心投入教学的音乐教师，她使她的 1 200 个女学生能够在悉尼歌剧院音乐会上进行表演。由鲍勃·康纳利（Bob Connolly）和苏菲·雷蒙（Sophie Raymond）执导。

在21世纪，澳大利亚电影从业人员继续保持着那种离奇、荒诞的风格。给观众奉献的美味大餐包括《天线》（*The Dish*）（2001），讲述了澳大利亚通过设在一个叫做帕克斯的偏僻地区小镇的卫星天线为美国1969年登月计划做出贡献的故事，以及由巴兹·吕尔曼导演的一部歌舞大片《红磨坊》。还有聪明的凶杀篇《斩出个未来》（*Chopper*）（2000），讲述的是一个臭名昭著的澳大利亚罪犯的内心世界，由澳大利亚演员埃里克·巴纳（Eric Bana）饰演。巴纳现在是国际著名影星，在电影《特洛伊》（*Troy*）（2004）、《慕尼黑》（*Munich*）（2005）和《我的父亲，罗穆卢斯》（*Romulus, My Father*）（2007）中出演重要角色。

另一个澳大利亚大片是《马缨丹》（又译《爱情无情无味》）（*Lantana*）（2001），由杰弗里·拉什、安东尼·拉帕格里亚（Anthony Lapaglia）主演。最近，科里夫·斯丹德斯(Kriv Stenders)导演的电影《红犬》（*Red Dog*）（2011）是关于澳大利亚一只神奇的狗的真实故事，也是一部犀利的关于罪犯的电影。这只狗后来成为西澳大利亚州艰苦的西北部采矿区的英雄。大卫·米奇欧德（David Michod）导演的电影《动物王国》（*Animal Kingdom*）（2010）使澳大利亚优秀电影明星杰基·威佛（Jacki Weaver）赢得了她期待已久的奖项和声誉，同时也展示了澳大利亚电影明星盖·皮尔斯（Guy Pearce）和乔尔·埃哲顿 (Joel Edgerton) 的出色演技。2011年底，朱莉娅·李（Julia Leigh）导演的色情电影《睡美人》，

澳大利亚著名电影演员科林·弗思和杰弗里·拉什（左）

澳大利亚著名电影演员拉达·米切尔

在国际上，包括在戛纳国际电影节上，受到批评声不绝于耳。

作为世界潮流的一部分，澳大利亚也为移民类电影的流行做出自己的贡献。这类电影讲述了移民在他们移居的国家里的人生起伏经历。请看演员埃里克·巴纳（Eric Bana）在电影《我的父亲，罗穆卢斯》（*Romulus, My Father*）（2007）中的柔情表演，此片讲述了20世纪60年代欧洲移民在维多利亚州种田的故事；澳门出生的托尼·艾雷斯（Tony Ayres）的半自传电影《家乡的故事》（*Home Song Stories*）（2007），由明星陈冲扮演的女主角20世纪70年代曾是上海夜总会的歌手，后移居澳洲历经艰难困苦，抚养她的孩子长大成人的故事；不那么风雅但是很有趣的电影《时来运转》（The Wog Boy）（2000）（Wog 外国佬，对有色人种的蔑称——译者注），由尼克·吉安诺普洛斯（Nick Giannopoulos）编写，描述的是关于他的同伴，澳大利亚出生的地中海人（大多数是希腊人）的生活和爱情；《橄榄球传奇》（*Footy Legends*）（2006），一个快乐的电影，与英国电影《我爱贝克汉姆》相似，讲述的是从悉尼来的澳大利亚越南裔男孩吕克·吴（Luc Vu）痴迷于澳大利亚橄榄球，并不惜一切代价来赢得比赛的故事；《寻找阿拉布兰蒂》（*Looking for Alibrandi*）（2000），叙述了澳大利亚意大利少女与她的顽固家庭和外国风俗抗争的故事；2011年新发行的此类电影是陈宝玲（Pauline Chan）的《幸福卡片》（*33 Postcards*），是澳大利亚与中国联合制作的影片，讲述的是一个中国孤儿，由朱琳扮演，与她的资助人（盖·皮尔斯）之间的跨文化交流，而她的资助人却是在押囚犯。

值得寻找DVD观看的纪录片是《归属》（*A Sense of Place*）（2007），一个短片记录了四个不同的越南人30年来经过奋斗使澳大利亚成为自己的家园的故事。同

尼基惠兰

样的还有《海滩比赛》（*Race for the Beach*）（2007）讲述的是出色的麦加拉拉（Mecca Laa Laa），澳大利亚第一个穆斯林女子救生员在新南威尔士州科罗鲁拉（Cronulla）海滩救援的故事。SBS电视台已经特别制作了许多这样的纪录片，记录了数不清的第一代、第二代移民的故事。

观看《不十分好莱坞》（*Not Quite Hollywood*）（2008）非常有趣但有时不是很有品位。这是一部坦率的纪录片（在澳洲英语中，纪录片是“doco”），整理了20世纪70年代最糟糕的固定模式的电影。审视一些很不好的电影有点尴尬，但它讲述了澳大利亚电影最幼稚时代的一些有趣的事情。另一个让你忍俊不禁的是《甘蔗蟾蜍》（*CaneToads doco*）（1988），一个又悲又喜的探索，讲的是从夏威夷引进的甘蔗蟾蜍入侵澳大利亚西部的故事，现在这种蟾蜍已经威胁着本地生物的多样性。

悲哀的是澳大利亚的观众还是需要被争取来观看澳大利亚本土电影的。在2008年成立的政府机构——澳大利亚银幕的带领下，增强资金和税收优惠最终刺激了当地电影业的发展。但在2011年澳大利亚10亿澳元的票房收入中，本土电影的收入只有4 290万澳元。2008年，如果没有巴兹·吕尔曼（Baz Luhrmann）被大肆宣传的电影《澳洲乱世情》（*Australia*），澳大利亚电影甚至连百分之一的票房都没有。

戏剧

像其他艺术领域一样，过去由于政府的支持，特别是1975年，成立了政府出资的法定机构澳大利亚艺术理事会（惠特拉姆政府的又一个创新）刺激了戏剧业的发展。

土著戏剧、舞蹈近来得到很大发展，尽管大多数土著艺术表演仍集中在电影及优质电视剧上。班加拉（Bangara）舞蹈团是著名的土著舞蹈剧团，1989年成立于悉尼，

澳大利亚土著人表演艺术

如果该团到你的城市去巡演，其演出票将一票难求，想买到票还真得想些法子。在这个领域，杰克·戴维斯（Jack Davis）卓尔不群。他1985年的作品《糖》（*Sugar*）及1990年的《小镇风光》（*In Our Town*）仍是无数剧团的保留节目。戴维斯属西澳大利亚州西南部的努加尔（Noongar）族土著人，2000年逝世，享年83岁。西澳大利亚州继续传承和发展土著戏剧的传统，1993年建立的伊拉亚金努加尔（Yirra Yakin Noogar）剧场发挥了重要作用。

澳大利亚最多产、最著名的剧作家是大卫·威廉森（David Williamson），他的剧本包括《搬运工》（*The Removalists*）（1971）、《唐的聚会》（*Don's Party*）（1973）、《北上旅行》（*Traveling North*）（1980）和《影响》（*Influence*）（2005）。《影响》攻击了通常右翼的、善于煽动、制造耸人听闻的澳大利亚的新闻记者和电台主持人。威廉森至少创作了35个剧本，是研究中产阶级生活的几位艺术家之一。其他常见剧院保留节目还包括路易·诺拉（Louis Nowra）的《柯西》（*Cosi*）（1992）[①]、尼克·恩赖特（Nick Enright）和贾斯廷·蒙久（Justin Monjo）改编自蒂姆·温顿（Tim Winton）同名经典小说的《云街》（*Cloudstreet*）以及音乐家吉米·迟（Jimmy Chi）的音乐剧《美丽新世界》（*Bran Nu Dae*）。

四人组合"又唱又跳"乐队（The Wiggles）演出的儿童剧内容丰富，久盛不衰，取得了巨大成功。该乐队已经进入第21个年头。他们在舞台上精心刻画的、天真无邪的白痴形象，还有像多萝西·戴纳苏（DorothyDinosaur）等可爱的人物形象，在全球走红，无论是少儿还是他们的家长都十分喜欢。巨大付出也使他们赚得盆满钵满，四人年收入共达4 500万澳元。1991年以来，已经售出2 300张DVD和700万张CD。但该乐队正在进行代际更替。2013年将只有一个人留下。新人，包括一位女性，爱玛·沃特金（Emma Watkin）将接过乐队的旗帜。

---

① http://www.answers.com/topic/louis-nowra,http://www.answers.com/topic/cos-14 有作者及剧情介绍（英文）。http://www.answers.com 可以查到许多澳大利亚电影、剧本知识。译者查阅于2013年12月14日。

电视

由于电视节目必须遵守政府关于电视剧中必须含有一定比例的本地内容的规定，电视也促进了澳大利亚戏剧业的发展［虽然20世纪90年代电视界最大的事是所谓“民族”频道——特别广播局(又称民族台)（SBS）的节目质量不断提高。现在SBS同澳大利亚广播公司（ABC）受到同等重视］。澳大利亚广播公司最近精心打造的电视连续剧，如根据克里斯托斯·特奥尔卡斯（Christos Tsiolkas）的畅销小说改编、反映中产阶级家庭伦理的《一记耳光》（*Slap*）[①] 以及根据克里·格林伍（Kerry Greenwood）犯罪推理小说改编的《费雪小姐探案集》（*Miss Fisher's Murder Mysteries*）[②] 标志着澳大利亚观众和社会的巨大变化。这些节目的舞美和表演更加复杂，题材新颖纷杂，多元文化背景，更不消说乔纳森·拉帕格里亚（Jonathan LaPaglia）、艾历克斯·迪米特里亚德斯（Alex Dimitriades）、艾西·戴维斯(Essie Davis)（饰演费雪）等一流演员的出色演技。

澳大利亚悉尼电视塔

但是同其他国家一样，电视剧对真正的影院或剧院是有影响的。同时电视剧还要艰难地与许多“与生活有关的”节目竞争，从澳大利亚广播公司的《澳大利亚园艺》（*Gardening Australia*）（现在由“大胡子”柯斯塔主持），到从英国引进的一系列优质节目，以及第七网络的《家美、花园美》（*Better Homes and Gardens*）和舞蹈秀节目《你认为你能跳舞吗？》（*So You Think You can Dance, Australia*）。还要糟糕的是，无数外国“真人秀”节目获得授权在澳各地电视台播出，演员在那里根本没有空间。

国产肥皂剧，如《邻居》，久演不

①关于剧情，请参阅 http://movie.mtime.com/161764/plots.html。译者查阅于 2013 年 12 月 15 日。

②关于剧情，请参阅 http://baike.so.com/doc/3739730.html。译者查阅于 2013 年 12 月 15 日。

衰（是的，仍在第十一频道播出，自1985年首播，已播出近7 000集）。凯莉·米洛因在20世纪80年代扮演“查伦”而走红，成为世界巨星。不仅澳大利亚观众在收看这个节目，有1 500多万英国观众也在收看这个节目。澳大利亚的情景剧和喜剧通常都不错，但由于某种原因，经常很快就落幕了。这些戏剧多数属《弗尔蒂旅馆》（*Fawlty Towers*）（英国广播公司BBC1975年、1979年播出的情景喜剧，共12集——译者注）的模式，而不是《宋飞正传》（*Seinfeld*）（美国全国广播公司NBC1989—1998年播出的情景喜剧，长达180集——译者注）的模式。收看机会稍纵即逝，所以要抓住机会观看。一个经典的澳大利亚电视剧是《凯思和金》（*Kath and Kim*）。该剧始于2002年，描述了发生在虚拟的喷泉湖山庄的澳大利亚人平凡的郊区生活。现在电视上已经不播了，你可找些该剧的DVD看看，因为该剧深刻地探究了澳大利亚的许多风俗习惯。这更加自然，比巴里·汉弗莱斯（Barry Humphries）《月亮湾》（*Moonee Ponds*）中的犀利、睿智的批评（见下一部分）更加深邃，但更容易让人接受。

> 2001—2002 年，澳大利亚文化产品及服务所创造的价值约为 480 亿澳元。澳大利亚统计局的数字显示，艺术和休闲业为澳大利亚创造了 350 万个就业岗位，其中 70 万人为全职人员。
>
> ——以上数字来自澳大利亚统计局。

歌舞表演和喜剧

澳大利亚演员好像特别擅长即兴歌舞喜剧和讽刺剧表演。这两种艺术形式都适于电视屏幕。但近年来，艺术领域的喜剧素材较过去少了许多。现在人们更关注“严肃”

晚霞中的澳大利亚悉尼歌剧院

剧本。难道这可能是澳大利亚已经在国际大舞台上成熟起来，抑或是她已经成年，而失去了幽默感？

该领域之王，也可以说是女王，是巴里·汉弗莱斯（Barry Humphries）。他是在20世纪50年代和60年代塑造了“戴姆·埃德娜·艾弗里奇”（Dame Edna Everage）这个角色［Everage就是Average（普通）的意思，知道其用意了吧］，现在他的同龄人已经进入暮年，因而“戴姆·埃德娜·艾弗里奇”宣布退休。汉弗莱斯将他的角色演得如此逼真，澳大利亚公众已经开始把“戴姆·埃德娜·艾弗里奇”当作一个现实人物。记者采访的时候也直接称他为艾弗里奇，根本不提巴里·汉弗莱斯。你应该知道这一点，不然你会真的完全把他当成“家庭主妇巨星”戴姆·埃德娜·艾弗里奇，而全然忘记他是在男扮女装，演讽刺喜剧。这位戴姆（夫人的尊称）戴着带角的大眼镜，让人想起传统英国哑剧中夫人的形象，惯于称呼其粉丝为“负鼠”，他已出版自传《我的美妙生活》。汉弗莱斯还刻画了多个反面角色。连环漫画人物巴里·麦肯齐——一个无教养的澳大利亚人形象，使澳大利亚英语在英国火了一把。莱斯利·佩特森爵士（Sir Leslie Paterson）是一个上牙外露、举止不得体的澳大利亚外交官形象。桑迪·斯通（Sandy Stone）则是墨尔本一个悲剧式、枯燥无味的人物。斯通经常穿着睡衣及拖鞋大放厥词，发表他那些无知的、种族主义观点。

澳大利亚喜剧人物雕像

保罗·霍根（Paul Hogan）等电视名人也已经“过期”。第十网络的《一周好新闻》（Good News Week）（一种怪异的问答比赛节目）主持人、讽刺演员保罗·麦克德莫特（Paul McDermott）曾经在东部各州和电视上十分有名气。与霍根相比，他属于年青一代，但也属“旧闻”了。

最新发迹的名人和澳大利亚喜剧传统的继承人也许应该是西澳大利亚的音乐讽刺演员蒂姆·明钦（Tim Minchin）。他在舞台上面相似妖怪、头发蓬乱、眼睛画得像熊猫，经常光着脚，观众会深深地被他吸引。这位富有创新精神的艺人生于1975年，由于其对性、毒品、摇滚乐、宗教（他可是个十足的无神论）等惊世骇俗的言论，使他最近在墨尔本，远至爱丁堡艺术节一路走红。他现在住在伦敦，如果他到澳大利亚巡演，一定不要错过机会。

澳大利亚的土著表演

更加独一无二的还有两个特殊的喜剧演员，即脑瘫患者、喜剧演员"稳重爱迪(Steady Eddy)"，以及前越南"船民"难民洪乐(Hung Le)所谈论的棘手议题。

另外一个是"玛丽·G（Mary G）"现象，土著版戴姆·埃德娜，由马克·宾·巴克卡尔（Mark bin Bakar）扮演。他来自布鲁姆，已经获得很多奖项，包括2007年西澳大利亚州风云人物奖，2008年澳大利亚风云人物提名人选，他也名列前茅。从名字看，他像马来裔，其实他像许多布鲁姆土著人一样有着多民族血统。西澳大利亚作家贝拉·泰勒（Belle Taylor）这样评价他扮演的玛丽·G，即"金伯利女王"，"直率、逗乐的土著统治者"。20世纪80年代，他创立了"土著音乐学校（Abmusic）"，旨在培养土著人音乐家。初创时，学校就设在他家里，但现在位于柯廷大学附近的具有悠久历史的克隆塔夫原住民学校校园内。1992年，他还发起设立了"Stompen Ground"，一个重要的土著音乐节。出现在"民族台"（SBS）上的玛丽·G的形象，受到人们的欢迎，一是因为她与生俱来的幽默，二是因为她向土著青年人传递的信息，即远离毒品和酒精，看好自己的钱包。很显然，期望土著青年人走上正确生活道路的土著老人很喜欢她这种寓教于乐的方式。

越南人洪乐所展现的少数民族的幽默非常常见，在当今西方社会处理移民和少数民族问题时都出现过。2008年"民族台"播出了反映澳大利亚穆斯林视角的访谈节目《萨拉姆咖啡厅》(Salam Cafe)，开创此类节目之先河。它反映了澳大利亚穆斯林有趣、痛苦、滑稽的一面。该剧已经停播，但优酷网站上经常会提到它。可参阅网站：http://www.youtube.com/watch?V=GCWBrMPZtH0 "Working with Muslims（同穆斯林共事）"。

但必须指出的是，大量的澳大利亚幽默是基于十分粗鲁的四个字母脏话及淫秽词汇。当然，如果做得好的话，澳大利亚人是以一种创造性的方式挑战脏话界限的。你甚至还可以通过观看电视广告来研究澳大利亚人的幽默感。有些广告会令人捧腹，根本不像你在其他地方看到的广告。一则2005年的广告是关于卡尔顿啤酒的。该广告摄制一个史诗般的场面，数百人在空旷的大地上奔跑，组成了从天上看是一个人喝啤酒的图案，广告词是像唱歌剧一样唱出来的，歌词大致如下："这是一个大广告……一个很大的广告……而且也是一个很贵的广告……它真的是一个很大的广告……最好能够卖些啤酒。"令人不太舒服的是，澳大利亚人经常会沿着这样的思路，即"什么也不能取代啤酒，——即性、我的妻子、女朋友，等等"，来强调男性（blokey）主题。这也确实说明一些问题。另外一些广告试图幽默一把，但令人尴尬，比如，做中国成品炒面广告时，则利用传统的充满偏见的中国人的形象（斜眼、龅牙）。做印度 Rogan Josh 牌咖喱广告时，则利用同样充满偏见的印度人的形象，如怪异的语言腔调和（锡克教男教徒及一些印度教伊斯兰教男人缠在头上的）包头巾等。

芭蕾舞

芭蕾经常被无知的人错误地看作是"女人味"的艺术。在这种背景下，崇尚男子汉气概的澳大利亚在芭蕾方面成就突出就有些奇怪了。澳大利亚全国现约有 2 500 家芭蕾舞学校。

活跃在20世纪20年代和30年代的伟大的舞蹈家罗伯特·赫尔普曼爵士（Sir Robert Helpmann）是澳大利亚人。其他著名的澳大利亚舞蹈家包括澳大利亚舞蹈剧院的玛丽莲·琼斯（Marilyn Jones）（20世纪50年代最为活跃）和梅里尔·坦卡德（Meryl Tankard），悉尼舞蹈公司的保罗·默丘里奥（因其在《舞出爱火花》中的表演而闻名），澳大利亚芭蕾舞团的莉萨·博尔特（Lisa Bolte）。澳大利亚芭蕾舞团成立于1962年，首任团长是遐迩闻名的戴姆·佩吉·范普拉格（Dame Peggy Van Praagh），1983—1996年由马伊纳·吉尔古德（Maina Gielgud）领导。大卫·麦卡利斯特，自2001年来任艺术指导。澳大利亚芭蕾舞团的出色表演世界闻名，每年在澳大利亚和世界各地演出200多场。

芭蕾舞《舞出爱火花》

音乐

严肃音乐

歌剧乐团指挥

澳大利亚歌剧院（Opera Australia）是澳大利亚最大的表演艺术团体，但严重依靠政府补贴，大约一年是2 000万澳元。前身为澳大利亚伊丽莎白剧院联合公司（Australian Elizabethan Theatre Trust），设立于悉尼，但1996年重建。1973年悉尼歌剧院的竣工使用，使这个公司从此有了一个正式的驻地，并繁荣了此项艺术。自1996年以来这个公司的一个有趣的发展是澳大利亚歌剧（Oz Opera）子公司致力于“送剧下乡”，为澳大利亚人民演歌剧，不管这个地方是多么的遥远。

林顿·特拉西尼（Lyndon Terracini）

澳大利亚歌剧院艺术总监、男中音歌唱家林顿·特拉西尼（Lyndon Terracini）对新时代澳大利亚艺术发展方向及当前所作所为有着深刻的见解。他在悉尼发表的2011年Peggy Glanville-Hicks演讲中指出：

我们新近推出的《波米西亚人》（*La Boheme*）获得巨大成功。我注意到，一位非洲裔美国女高音和一位韩国男高音扮演了主角，而相关族群的观众比通常多。我们面临的真实危险是我们创造的是精英观众圈子，而这些观众不代表当前的澳大利亚群众。我们的美食文化早已大大适应了澳大利亚人口构成的变化，因此在悉尼和墨尔本，我们能够吃到世界上最具创新的美食，这是一种集合了各种特色饮食的体验。但为什么我们在音乐和戏剧领域的创新艺术家们不能向美食烹饪领域的同行学习，开创艺术的辉煌呢？我们为什么要过分保护自己的“肉和三种蔬菜”，排斥亚洲的味道呢？

我们总是期望在我们的舞台上看到英式或者美式表演风格，但我们却不从多元民族艺术的角度看问题，我们抱怨民族艺术家演出太过了或者太差，这是因为我们期待一个韩国歌唱家像一个欧洲艺术家或美国艺术家那样表演。实际上，特别有趣的是，在新近推出的《波米西亚人》中，我所指的那位艺术家的强烈感情，特别是对于咪咪的死反应是十分感人的，正如任何一个韩国人可能做出的反应一样。我们英欧圈可能不喜欢他的表演风格和他强烈的情感，但你观看亚洲电影的时候，你会看到全然不同的表演风格——亚洲风格。亚洲观众反响热烈，因为在那种条件下，他们就可能作出那样的反应。我们需要考虑我们的表演风格，以及我们与不断变化的观众进行交流的方式。

澳大利亚培养的世界级歌剧演员，远远超过其应该承担的相应份额。其中最为著名的歌唱家包括女高音戴姆·内利·梅尔巴（Dame Nellie Melba）（1861—1931）和戴姆·琼·萨瑟兰（Dame Jone Sutherland）（1926—2010）。新名字，如土著歌手底波拉·奇塔姆（Deborah Cheetham）正迅速崛起。歌剧作曲家中，玛格丽特·萨瑟兰（Margaret Sutherland）最突出。她于1984年去世，一生创作了许多与澳大利亚主题有关的经典曲目。珀西·格兰杰（Percy Grainger）创作了《乡村花园》（*Country Garden*）（1907），在第二次世界大战后声名远扬（可参阅电影Passion了解他的离奇的个人生活）。其他众人仰慕的名字还有世界顶级古典吉他手约翰·威廉斯（John Williams）。澳大利亚每个州都有自己当地的交响乐团，水平很高。而喜爱古典音乐的人可以把收音机调到ABC广播电台古典音乐调频（Classic FM Station）全天听各种音乐。

其他乐队

你一定听说过比吉斯乐队（Bee Gees）和轻松节拍乐队（Easy Beats），也许你也听说过新浪潮摇滚乐队（INXS）、工作的人们乐队（Men at Work）、午夜的油乐队（Midnight Oil）、小河乐队（Little River Band）、ACDC 乐队、空气补给乐队（Air Supply）、忧郁的哀伤乐队（The Black Sorrows）。你肯定也听说过奥利维亚·牛顿－约翰（Olivia Newton-John）和凯莉·米洛（Kylie Minogue）（由于她的名声，全澳大利亚现在有很多叫凯莉的）。没有比“再一个比约恩”（Bjorn Again）更能代表澳大利亚人的幽默感。“再一个比约恩”于 1988 年在墨尔本成立，乐队很像阿巴合唱团，声音也像。这些都是澳大利亚流行乐队或者歌星。特别值得一提的是工作的人们乐队，它向世界贡献了一首包含着以下永远都不会被遗忘的歌《对跖地》（Down Under）①：

乐手在练习

“我问，‘你与我讲同一种语言吗？’

他只是笑了笑，给我一个蔬菜酱三明治。”

无论是在澳大利亚还是在国外，受

①指澳新地区，从欧美人的角度看，澳大利亚和新西兰是对跖地。

到高度评价的乐队包括：午夜的油乐队（自从富有魅力的主唱歌手彼得·加勒特加入工党参政，成为负责儿童和青年教育的学校教育部长之后，此乐队现已不复存在）、逆流乐队（Regurgitator）、野人花园乐队（Savage Garden）（在2001年已经分裂）、银椅乐队（规模还是很大）、精神是一切乐队（Mental as Anything），以及呼啸的喷气式飞机乐队（The Screaming Jets）。就摇滚和流行音乐独唱歌手而言，吉米·巴恩斯（Jimmy Barnes）和约翰·法纳姆（John Farnham）经久不衰，似乎是永不磨灭的丰碑。

澳大利亚的驯服黑斑羚演唱会

白人和土著人的混合乐队“贡瓦纳兰（Gondwanaland）”也不错，但与颇具活力的约图印迪（Yothu Yindi）乐队相比则逊色不少。后者是来自土著人的腹地阿纳姆地区扬古族（Yolngu）的乐队，代表了传统音乐与西方技术的完美结合。可以听听他们《部落声音》歌集中的“条约”，以及《Bercuta》歌集中的“高级公路”（Super Highway），还可以找他们的第六个，也是最新的歌集《加尔马》（Garma）听一听。该乐队的天才表演主要来自教师及领衔歌手曼达乌·云努平古（Mandawuy Yunupingu）。他被选为1992年澳大利亚风云人物，是第一个获得大学学位的阿纳姆地区土著人。

凯莉·米洛无需介绍你也知道，她已从《邻居》[①]中扮演邻居女孩的甜美形象变成一个性感明星（被同性恋王国认为是福神）。但她在接受个人采访时，还是保留着淳朴、很“澳大利亚”化的形象。

澳大利亚歌手，如凯特·贝兰奥（Kate Ceberano）、黛儿塔·古德木（Delta Goodrem）、娜塔莉·安博莉亚（Natalie Imbruglia）在国际媒体上也是引人注目的。马来西亚出生的盖伊·瑟巴斯全（Guy Sebastian）在2003年澳大利亚最佳人气评选中获得冠军，一直以来为自己赢得了良好的声誉。歌词作者及歌手保罗·凯利（Paul Kelly）是全国的偶像人物。

---

①在《邻居》中，多诺万与米洛搭档演出，两人曾经演绎一段恋情。

毋庸置疑，澳大利亚最新的歌手是有着甜美声音的土著盲人歌手杰弗里（Geoffrey Gurrumul Yunupingu），这个自学成才的音乐家在开始个唱前曾是Yothu Yindi乐队的成员。他与白人作曲家，小鱼儿音乐的创新导演迈克尔·霍嫩（Michael Hohnen）之间的动人友谊显然是他天才的源泉。杰弗里的吉他弹奏（用左手弹）和他的天籁之音，通常与西方古典乐器的伴奏相结合，被颂扬为白人和澳大利亚土著人独特的文化桥梁。原音乐家，现在的教育、幼儿和青年事务部部长彼得·加勒特（Peter Garrett）2008年在《周末澳大利亚人报》上说：杰弗里的歌“Djarimiiri”是“不用任何技术修饰的充满了灵魂的旋律。”毫不夸张，杰弗里的歌受到了边远地区阿纳姆地区土著文化背景的熏陶，用他自己的语言演唱，但他的音乐形式可以与各种听众进行沟通。他2008年2月出版的第一张个人专辑Gurrumul一炮走红，赢得各种奖项，到2010年末，澳大利亚的销售量超过200 000张，世界的关注也不断增加，吸引了全球市场。随着2007年澳大利亚政府为过去的所作所为首次向土著澳大利亚人正式道歉，Gurrumul的作品是土著艺术家率先做出贡献的一个路标，作为见证人的歌手杰西卡·茆比（Jessica Mauby）也崭露头角。

有点过时——但仍然很受欢迎——而且毫无疑问仍很“澳大利亚”化的歌手是罗尔夫·哈里斯（Rolf Harris）。20世纪60年代，他以一首《将袋鼠拴好》（*Tie Me Kangaroo Down, Sport*）一举成名（其中一句歌词是这样唱的：吹起你的迪吉里杜管……）。另一位蜚声国际的澳大利亚歌手是海伦·雷迪（Helen Reddy）。她有点查曼·格雷尔的风格，因一首《我是一个女人》而出名。如果想初探未来的歌星，看一看电视台第九频道真实秀节目“选择（The Choice）”才艺大赛的获胜者吧。

在酒吧、酒馆及餐馆里，你经常会遇到一些刚崭露头角，好得令人惊奇的乐队。但需要熟悉情况，知道哪天在哪儿能找到他们，因为澳大利亚的乐队很少在同一个地点演出很长时间，即长期签约。他们频繁地换地方。

澳大利亚女歌手凯莉·米洛

请记住招摇过市不是澳大利亚的表演风格（当然除了同性恋狂欢节）。你经常会看到一个非常普通的乐队，穿

澳洲没有啤酒

离开亲人很是孤单，
夜晚围着篝火，
听着野狗在叫，
但是什么也比不上。
站在一个没有啤酒的酒馆里，
更加孤单、恐惧和抑郁。

——这是由斯利姆·达斯蒂录制，戈登·帕森斯演唱的澳洲流行歌曲《没有啤酒的酒馆》的歌词的第一段。

着平常的衣服，乱哄哄地上台，讲了几句台下根本听不清的话，然后就开始演出，演得却相当精彩，然后耸耸肩，喝一大口啤酒，就溜之大吉了。后来你偶然得知，这是澳大利亚一支顶尖的乐队。不事声张是地道的澳大利亚风格：还记得高罂粟综合征吗？

民间音乐

人们对澳大利亚民间音乐非常感兴趣，因为它的渊源可追溯到塞尔特传统，特别是爱尔兰及英国的传统，包括旧式的维多利亚海边小棚屋。早期的丛林歌谣就像关于早期开拓生活记忆的图书馆，无论是在金矿还是在养牛场，在矿里还是在偏远的沙漠地区，有许多人们喜爱的老歌，比如《剪羊毛》。

澳大利亚太阳演唱会

澳大利亚主题音乐还被改编成美国乡村和西方音乐风格，这些音乐在农村地区及土著人地区特别受欢迎。这类歌曲中最受欢迎的包括由戈登·帕森斯（Gordon Parsons）演唱（歌词基于昆士兰人丹·希恩的一首诗）的《没有啤酒的酒馆》；另外一首歌颂啤酒和哥们儿情谊的歌是《当肯》。两首歌由澳大利亚的斯利姆·达斯蒂（Slim Dusty）分别录制于1958年和1980年

［斯利姆·达斯蒂，原名大卫·戈登·基尔帕特里克（David Gordon Kilpartick），虽然不幸于2003年去世，但仍是澳大利亚偶像。他终年76岁，去世当年还在为录制其第106个专辑而工作］。

如果你看到“丛林舞”演出的广告，一定要体验一下其乡土快乐；此外，你还可能看看丛林乐队的一些特殊的乐器，如由啤酒瓶盖做的“大电话”。比较出名的丛林乐队有传统主义的Bushwackers乐队及更加政治性的Redgum乐队，还有西澳大利亚州的Mucky Duck丛林乐队。著名歌星包括约翰·威廉森和埃里克·博格尔。博格尔的抗议歌曲是乐队演奏《扛着背包上路》（又译为《跳华尔兹的玛蒂尔达》）（反战歌曲）。

丛林民谣

与乡村和民间音乐密切相关的是过去民间诗人的文学成就。其中最著名的是亨利·劳森（Henry Lawson）（1867—1922），C.J丹尼斯（C J Dennis）（1876—1938）（被称为“游手好闲的桂冠诗人”）及民谣歌手“五弦琴”佩特森（‘Banjo’ Paterson）（1864—1941）。丛林诗歌运动十分民主，从某种程度上讲，每个澳大利亚人都是潜在的丛林诗人。创作朴素的丛林诗歌的传统仍然盛行，你可能会听到澳大利亚人在篝火边吟上几句诗，或者你可能参加一次有组织的丛林诗歌比赛，准诗人们会像唱卡拉OK那样即席吟诗。更多信息请参阅澳大利亚丛林诗人协会的网站：http://www.abpa.org.au/。

澳大利亚的丛林乐队尼克洞演唱会

文学

正如"澳大利亚银幕"促进了澳大利亚电影业的发展一样，1973 年成立的艺术理事会文学委员会也推动了澳大利亚的文学创作。澳大利亚的文学成就是相当大的，在某些方面受到国际关注。

早期最伟大的一篇小说是基于罪犯生活的，不过这是发生在向澳大利亚运送首批罪犯很久以后的事，即马科斯·克拉克（Marcus Clarke）1874 年写的《无期徒刑》（*His Natural Life*）。19 世纪晚期的丛林诗人则与英国传统决裂，寻求更加"澳大利亚"化的归属感。创立于 1880 年的澳大利亚新闻—观点周刊《公报》鼎力支持这种倾向。遗憾的是《公报》已经于 2008 年停刊。

从 20 世纪 20 年代起，小说的影响越来越大。主要的作品有苏姗那·普里查德（Susannah Prichard）的《库纳尔杜》（*Coonardoo*）（1929）及泽维尔·赫伯特（Xavier Herbert）的《卡布里康尼亚》（*Capricornia*）（1938）等。《库纳尔杜》讲述的是澳西北部养牛场里的生活故事，文中敢于涉及白人和黑人之间的性关系，这在澳大利亚是首次。《卡布里康尼亚》的主题与之相似。此外，赫伯特的长篇小说《可怜的家伙，我的故乡》（*Poor Fellow My Country*）（1975）也受到好评。

帕特里克·怀特（Patrick White）（1912—1990）是文坛巨匠。他于 1973 年以《风暴之眼》（*The Eye of the Storm*）获得诺贝尔文学奖，是第一个获此殊荣的澳大利亚人。

悉尼的教堂

但书评家格雷格·谢里登（Greg Sheridan）最近写道，阅读怀特的作品《战车上的乘客》（*Riders in the Chariot*）是“每个澳大利亚人感到恐惧和可怕的责任”[①]。我是属于谢里登派的人。

今天澳大利亚的文学巨人可能当属西澳州的蒂姆·温顿（Tim Winton）、彼得·凯里（Peter Carey）和布赖斯·考特尼（Bryce Countenay）。《云街》（*Cloudstreet*）（1991）可能是温顿最具盛名的代表作，他的作品还有《乘客》（*The Riders*）（1995）及《尘土音乐》（*Dirt Music*）（2001）。温顿三次获麦尔斯·富兰克林（Miles Franklin）最佳小说奖，两次入围布克小说奖。

彼得·凯里曾是广告文字编写者。他1988年的作品《奥斯卡和露辛达》获布克奖。他的《凯利帮的真实故事》（2000）详细介绍了关于罗宾汉式的人物——爱尔兰裔澳大利亚人内德·凯利（Ned Kelly）的民间传说。整本书是用凯里自己的声音——纯正的爱尔兰劳动人民的语言写成的，不加任何标点。

布赖斯·考特尼，像凯里一样曾是广告人。他在55岁时才创作了其第一部小说《一个人的权势》（*The Power of One*）。此后，他又写了11本书，最著名的包括《愚人节》（April Fool's Day）、《托摩和霍克》（*Tommo & Hawk*）和《杰西卡》（*Jessica*）等。

澳大利亚纪念碑

托马斯·肯尼利（Thomas Keneally）是另外一位著名的澳大利亚作家，他曾是一名牧师。《云雀和英雄》（*Bring Larks and Heroes*）（1967）及《铁匠吉米的赞歌》（*The Chant of Jimmie Blacksmith*）（1972）（也拍成了电影）是他的代表作。他的另外一部小说《辛德勒的方舟》（Schindler' s Ark）（1993年拍成电影）在1982年获得布克·麦康奈尔小说奖（布克奖）。

墨累·贝尔（Murray Bail）的获奖

①有些人认为怀特的文学深奥，不容易理解，所以才有谢里登的上述说法。

作品《桉树》具有很强的澳大利亚背景，是必读书。

大卫·马洛夫（David Malouf）的短篇小说为澳大利亚的文学做出贡献，如他的作品《一种想象的生活》（*An Imaginary Life*）（1978）。他的另一篇著作《怀念巴比伦》（*Rembering Babylon*）（1993）也是经典作品。讲述的是19世纪澳大利亚的一个由土著人养大的白人儿童试图回归本民族文化的故事。

1997年，科林·麦卡洛（Colleen McCulloch）史诗般鸿篇巨制——长篇小说《荆棘鸟》（*The Thorn Birds*）出版，获得巨大成功。这是一部关于爱尔兰裔澳大利亚人的故事。我们还不能忘记内维尔·舒特（Nevil Shute），他是一位英国人，于1950年移居澳大利亚。他的名著《像艾丽斯那样的小镇》（*A Town Like Alice*）（1950），描述了一个澳大利亚男孩和一个英国女孩的浪漫故事。其他经典澳大利亚作家包括麦尔斯·富兰克林（Miles Franklin）、伊丽莎白·乔利（Elizabeth Jolley）和朱迪斯·赖特（Judith Wright）。他们代表的都是澳大利亚的声音。

在诗歌方面，最为突出的是肯尼思·斯莱瑟（Keneth Slessor）“二战”后的诗歌及土著诗人凯思·沃克（Kath Walker）的激情诗歌。前者于1971年去世，后者的土著名字是“Oodgeroo Noonuccal”，1993年辞世。澳大利亚的中学还经常教导学生要吸收诗人布鲁斯·道（Bruce Dawe）关于“回归根本”的道德观，他还健在。

在非小说类文学作品中，有已故的曼宁·克拉克（Manning Clarke）撰写的六卷本《澳大利亚历史》（1962—1987）。这本书如果与杰夫里·布莱尼（Geoffrey Blainey）写的《严酷的距离》、罗伯特·休斯（Robert Hughes）叙述早期向澳运送罪犯时期生活的书《致命的海岸》一起读，简直就是绝佳的历史课。

我前面已经提到唐纳德·霍恩关于澳大利亚社会的重要研究成果《幸运之邦》（1964），这本书无论提到多少次都不为过。在非小说类文学作品中，像电影及其他

澳大利亚内陆的风景

到哪里去买书

要浏览图书，你当然可以去你熟悉的当地图书馆，或者借助其方便的借阅预约系统。此外，许多专营、精品书店，甚至廉价超市，如 Big W、凯马特（Kmart）、塔吉特（Target），都卖书（很便宜）。但一些大型实体书店经营困难。恬墨书舍（Dymocks，读音 Dimmicks ）勉强生存，而安格乌斯及罗伯逊（Angus&Robertson）160 家门店，同博读思（Borders）一样 2011 进入破产清算程序。在时下网购时代，你当然可以很容易地从纽约或伦敦买到你想要的书。目前澳元汇率只是略低于美元，有时高过平价，英国的一些门店，如 Book Depository 免运费。澳大利亚的书店陷入困境，从某种程度上讲也是咎由自取。澳大利亚图书零售业存在一定的保护主义，甚至价格欺诈，使进口图书在澳大利亚的价格比其他国家高出 35%，一本平装本的图书的价格通常达 25 澳元。这都与平行进口（parallel-import）限制及版权法有关。我在这里不再赘述。关于平行进口限制问题，你可以参阅澳大利亚政府生产率委员会网站 http://www.pc.gov.au/projects/study/books/report。关于委员会相关报告，参阅 http://www.pc.gov.au/__data/assets/pdf_file/0004/90265/books.pdf。关于版权法改革，参阅 http://www.pc.gov.au/projects/study/books/report。澳大利亚政府未接受生产率委员会关于放松平等进口限制的报告。

澳大利亚绿色公园

艺术形式一样，人们也能够感受到移民对澳大利亚文学的影响，例子举不胜举，但可以试试生于墨尔本的柬埔寨后裔作家艾丽丝·方（Alice Pung）编辑的《在澳大利亚长大》。这本书收集了多位亚裔澳大利亚人撰写的文章。她自己的著作《她父亲的女儿》以及越南出生、澳大利亚长大的作家Nam Le（他现在是《哈佛评论》的小说版编辑）的短篇小说集《船》（2008）、欧亚裔新加坡作家西蒙·拉扎鲁（Simone Lazaroo）的小说《未知的世界》（*The World Waiting to be Made*）（2000）、《澳大利亚未婚夫》（*The Austrilian Fiance*）（2001）、《旅游作家》（*The Travel Writer*）（2006）都值得一读。

建筑

最后说说建筑。长期以来，澳大利亚建筑师擅长小规模、细致的工程，尤其擅长遗产保护。只是到了 19 世纪中期，淘金和羊毛工业带来的收入才使澳大利亚的公共建筑平添了几许华丽。

一些重要的建筑如下：悉尼的维多利亚女王大厦（1893 年奠基，1898 年落成），堪培拉的国家美术馆（有瑞士建筑师列·科尔布西的风格），墨尔本的维多利亚艺术中心，当然还有悉尼歌剧院。悉尼歌剧院由丹麦建筑师乌特松设计，但最终由澳大利亚建筑师彼得·霍尔在争议中完成，1973 年启用。其造价 1 亿澳元。据《悉尼晨报》，1966 年乌特松将项目交给霍尔时说，“你是个勇夫，但我认为你不能胜任。”

由于堪培拉从一开始就是一个人为规划的城市，它是建筑师的“操练场”。这个事实使堪培拉市不无人工的痕迹和感觉。

维多利亚女王钟塔

由考克斯·豪利特（Cox

堪培拉维多利亚路 100 号建筑

Howlett）及贝利·伍德兰德（Bailey Woodland）设计的西澳大利亚的弗里曼特尔海洋博物馆，是海洋博物馆的精品。该馆建在仍在使用的港口内，从博物馆窗户就能看到轮船靠港的景象，一个永久性的水下展览设在博物馆外的水域中。考虑到西澳州从矿业繁荣中发了大财，该州不久可能还会建成其他特色建筑。

如在本书其他地方所指出的，澳大利亚城市通常是成片的低矮小楼，每幢占地约 1 000 平方米。一些建筑保留建材的本色，或者使用带有锈色的材料，如将砖、木头或者捣筑的泥土等裸露在外，颇有怀旧感。宗教复兴主义的特征，如彩色玻璃或者墙面，锻铁花边，带有装饰的柱廊、前厅及精美的天花板浇铸，都受到欢迎。澳大利亚的气候也允许全盘地引进许多加利福尼亚、地中海和亚洲热带地区的建筑风格。

近来，澳大利亚建筑师还十分注意节能、回收利用等问题。遗产保护是一个特别活跃的领域，其范围广泛，包括土著人的“神圣之地”及岩石艺术珍品。

全国性遗产保护机构自 1945 年就存在了，但真正的催化剂是 1975 年澳大利亚遗产委员会的成立。澳大利亚的遗产保护在国际上久负盛名，其中的三个例子是对于悉尼的岩石区、阿德莱德市的部分地区及珀斯的港口城市的保护。但是另一方面，20 世纪 70 年代和 80 年代对于珀斯老城区的破坏也是巨大的。

都市街头文化

文化，当然不只存在于书本、戏剧或者著名建筑中。文化也可以从人们的生活中找到。澳大利亚人是世界上最会享受的民族之一，他们每年都能享受得天独厚的充足的阳光。从某种程度上讲，享受生活对他们来说就是一种文化遗产。你会从澳大利亚的许多节日、狂欢节中找到澳大利亚文化。澳大利亚人对于节日情有独钟。他们特别喜欢创造节日，不论是在学校，还是在各州或者国家的层面上。你总会看到或者买到当地的工艺品或者业余艺术家的作品，总会有由志愿者组成的喜气洋洋的当地乐队，总会有人在市场上卖各种各样的东西，也有人在做菜、做饭——街头的公民社会非常健康和活跃，典型的自己动手，而且完全是自发的。了解和参与这些基层文化的重要时机当然是各种各样的公共机遇了，所以建议你一定要走出去，到处转转。这当然是假设你没有采取澳大利亚的另外一种生活方式，即与好友在后院烧烤。当然需要注意，澳大利亚的公共假日、节日，各州之间不完全相同，有时确实很混乱。如在澳大利亚，除西澳州外，女王的生日假日总是在6月的第二个星期一，而在西澳州，却是10月6日（不要问我为什么）。澳大利亚人总是精心地安排他们的节日，经常将假日安排在周一，这样大家就可以有人人喜欢的长周末了。另外，还要注意时区的问题，以及由于每年实行夏令时节日的日期可能有所调整。

与澳大利亚人进行文化“交融”的另外一种方式是开车上路，也可加入所谓的“灰色旅游者”——许多退休者决心“在死前看看澳大利亚”。北部和中部内地荒野地区宛如丝带的路上不时能看到属于这类人的四轮驱动车或者带有宿营设施的拖车。澳大利亚众多的宿营地、停车用地及许多路边客栈里有许多这样希望相互了解的澳大利亚人。这种为了相互了解及为了了解他们的土地而“出去转转”，或者更准确地说，“开

澳大利亚狂欢节表演

浮雕

车出去转转"的传统做法，是澳大利亚文化的一个重要部分。这样很难不让人们怀疑本性喜欢游荡的土著人首先给了澳大利亚人这种想法。

休闲艺术

澳大利亚仍富有开展家庭艺术和工艺的传统。许多澳大利亚人陶醉于园艺中。倘若你想选择其他业余爱好，可以找点艺术性的。每个社区中心及成人教育学院都开设有各种各样的课程，从木雕、陶艺，到彩色玻璃加工、木刻版印刷，应有尽有。价格经常比较公道，甚至是免费的。你可以向当地的技术和进修教育学院或者大学咨询。

适合澳大利亚的业余爱好还包括许多户外活动，比如丛林游、观鸟、骑马、划筏或划船。或者你可参加探戈、萨尔萨舞、交谊舞，甚至肚皮舞（教肚皮舞的课多得很）学习班。不管你学什么，学会了，回来就可以教别人，自己当一回老师。

澳大利亚部分公共节假日和特殊日期

*所有假日，凡遇周末，周一继续休息。参阅澳大利亚旅游局网站（http://www.oztourism.com.au/public_holidays.htm），了解澳大利亚各州公共假日和假期安排。

1 月

1 日 新年

26 日 澳大利亚国庆

悉尼节

1—2 月 珀斯节

3 月

第一个星期一 劳工节（西澳州）

第二个星期一 劳工节及蒙巴节游行（维多利亚）

第二个星期一 劳工节（澳大利亚首都地区）

堪培拉日

阿德莱德艺术节（偶数年份）

4 月

复活节期间 复活节假日包括耶稣受难日（周五）直到下一个星期一，或者在某些州到星期二

克莱尔河谷葡萄酒节（南澳州）

巴罗莎河谷葡萄酒节（奇数年份）

25 日 澳新军团日

5 月

第一个星期一 劳工节（昆士兰州）

五一节假期（北部领土地区）

6 月

第一个星期一 西澳大利亚日

第二个星期一 女王生日（西澳州除外）

布里斯班创新艺术节

达尔文啤酒罐赛艇会（北部领土地区）

8 月

1 日 簇笆节（不是所有的州）

第一个星期一 新南威尔士州银行假日

布鲁姆珍珠节（西澳州）

第一个星期一 托德河赛艇会，艾利斯斯普林

9 月

29 日 女王生日，西澳大利亚州（2014）

30 日 女王生日，西澳大利亚州（2013）

澳大利亚的啤酒和葡萄酒

（两者均为星期一，澳大利亚总督有权调整女王生日假日的日期）

10月

第一个星期一　劳工节（新南威尔士州、澳大利亚首都地区、南澳大利亚州）

第二个周末　“河谷之春”葡萄酒节（珀斯）

11月

第一个星期二 墨尔本杯赛马节（维多利亚州）（全国休假）

11日 纪念第一次世界大战结束及阵亡士兵纪念日

12月

25日　圣诞节

26日　节礼日（圣诞节翌日）

（在南澳州，被称为南澳大利亚宪法日（Proclamation Day）

28日　悉尼—霍巴特及墨尔本—霍巴特赛舟会/塔斯马尼亚节霍巴特—萨拉曼卡艺术节（塔斯马尼亚）

澳大利亚的圣诞老人和圣诞树

第八章

语 言

“如果能用最少的词汇来表达，而你却不这样做，这不仅是卖弄，也是反民主的。我在20世纪40年代上小学时，对词汇感兴趣就等于让自己成为一个不正常的人，一个无用的人，甚至更糟。如果老师说的话有一半是对的话，那么到现在情况仍没有什么改变。”

——专栏作家菲利普·亚当斯（Philip Adams）
谈澳大利亚人对于词汇的态度，
刊于1991年7月27日《周末澳大利亚人报》

一个讲英语的国家

澳大利亚人与普通盎格鲁－撒克逊人的最大不同之处莫过于他们所讲的特殊形式的英语。

许多讲英语的新移民以为在澳大利亚沟通会是一件轻而易举的事情，因为“他们讲英语，不是吗？”如果这样认为他们就大错特错了。说澳大利亚人讲英语并不完全对。就像以前其他英国殖民地（从西印度群岛到南非、津巴布韦，从印度到新加坡和马来西亚）的人们所讲的英语，英语在澳大利亚的沙漠土壤中已经变味了。

到 19 世纪晚期，澳大利亚英语的许多主要特征已经形成。这就是说在最初的罪犯和移民者抵达澳大利亚后不久，其语言已经同母语剥离。这是一个反叛性的亚文化语言。

不幸的是，外人想掌握或者模仿这种语言是相当困难的［作为练习，用澳大利亚英语来说澳大利亚（Australia）——Orst-rai-ya，或者背诵“in moi aoun toime”（in my own time 在我自己的时间里）——这当然不是标准的音标］。如果你是新移民，你可能感到欣慰（或者绝望）的是：你的孩子可能在踏上澳大利亚土地数月后就会流利地讲澳大利亚英语［澳大利亚英语中的“澳大利亚（Australia）”一词是“Strine”。这是澳大利亚人说“澳大利亚”时的音］。澳大利亚英语肯定有“传染性”。

所以没有必要再告诉你如何正确发音了——强迫自己像当地人那样讲话会让你听起来很别扭，澳大利亚人也不会轻易地接受。如果没把握，最好顺其自然，你就是

澳大利亚人的澳大利亚英语口音重

澳大利亚的报纸

你。你会自然地“染”上澳大利亚口音。总会有一天，你的妈妈、爸爸或者家里的好朋友会突然问，“呵，怎么啦？你的口音完全变了！”你自己甚至还没有注意到呢，你自己都感到惊讶。

一些老一代的澳大利亚人，特别是受教育比较多的人，在他们的成长过程中，屡被要求讲“英式英语”，但是这些人越来越少。受到良好教育、经常旅游的澳大利亚人，还有一些内阁部长，特别在东部各州及悉尼、墨尔本和阿德莱德等大城市的人，他们的口音较轻。

出于越来越强烈的民族自豪感，澳大利亚电视广播里多是朴实的澳大利亚英语口音，但是在澳大利亚广播公司的电台节目“阿姨”中仍会有几个澳大利亚口音较轻的播音员。《孤独星球》口袋书《澳大利亚语言与文化》（1994 年 10 月 / 2007 年 3 月）有关于澳大利亚英语之怪异的精彩介绍。

不要李子，我们是澳大利亚人

但总的来看，如果你的英语口音过于“矫揉造作”（plummy，plummy 指的是如果你嘴里含着一个李子，讲话时过于小心），你可能让人不信任，或者有点“Up yourself”[猥亵、淫秽之语，类似“京骂”；另一个经常使用的词是“wanker”（手淫），与“Up yourself”一样是侮辱性的言语]。

不仅大多数澳大利亚人偏爱“澳式英语”（Ozspeak），还有一部分年轻人讲一种被年纪大一点的记者不无讽刺地喻为“Wayne-speak”（儿化音）的方言。这个词用于指今天名字带“in”的澳大利亚儿童，即Wayne（或者Jason，女孩则是Kylie），而不是过去的Bruce（或者Jan）（20世纪60年代还间歇出现了一段短暂的嬉皮士时期，期间的名字主要是Amber、Jasmine、Jade及Sky）。

所谓的“Wayne-speak”主要是指非常老式的蹩脚发音，而不只是指英语的方言。

例如，像记者德博拉·博格尔（Deborah Bogle）在《澳大利亚杂志》的一篇文章中所指出的，他们把 height 读成 heighth，把 escalator 读成 esculator。同样还有一个趋势是把“t”读成“d”，因此 quarter 被读成 qwordah，water 被读成 wor-dah。此外，美国英语对澳大利亚英语的影响也越来越大。说到澳大利亚年轻人，英国本土出生的以英语为母语的人可能很难明白与自己同龄（20 岁）的澳大利亚人所说的大部分话，比如“It’s really bizarre?”在澳大利亚十几岁孩子的语言中，美式英语的影响俯拾皆是。他们说话（不，是咕哝）很快，吐字不清，所有的辅音和音节都含糊不清。没关系，这个小孩子可能会说，“It’s all good”，而不再说老一代人常用的“No worries”（都是没有问题、很好的意思）。也许我现在展示的正是国际代沟。

不过，我注意到近年来这已经不像以前那样常见了。

是“今天（Today）”还是“死（Todie）”

纯正的澳大利亚英语与“英语母语”在口音和词汇方面都不同。下面一则传统的笑话就是关于澳大利亚英语口音的：

一位伤员对一个澳大利亚医院的护士说，“Have I come here to die?”（“我是来这死的吗？”）[这句话根据发音可直译为:“我是不是今天来的？”但是在澳大利亚英语中，Today（今天）被读成“To die”（死）了。——译者注]

护士说，“Now，love，yer came’ere yesterdie!”（“不，亲爱的，你是昨天到这来死的。”[与上句话一样，她用澳大利亚英语把 yesterday（昨天）的后半部分 day 读成 die（死）。她还用了其他澳大利亚英语中常用的词，比如用“yer”代替一般英语中的“you”，表示“你”的意思。根据发音可直译为“不，亲爱的，你是昨天来的”。——译者注]

澳大利亚邮票上的黛安娜王妃

要是不了解澳大利亚英语的口音，就不可能理解 1993 年 4 月 30 日《西澳大利亚人报》的一个标题。在这个标题中英国戴安娜王妃被写成“Princess of Wiles”（实际上应该是“Princess of Wales”——威尔士王妃，这是戴安娜的封号。澳大利亚人通常将 Wales 读成 Wiles）。

当然还有澳大利亚打招呼的用语——

"G' day，mate！"（你好，哥们！）（应该注意：通常不用于男女之间或者女性之间），它的发音相当于"Ger-die，mite!"我的两个移民朋友找 Hay Street 可惨透了，要是他们像每个澳大利亚人那样说 High Street 就很容易了。

第一次听到别人讲话，不要轻易给他/她贴上澳大利亚人的标签。初来乍到，很难将澳大利亚人和新西兰人分开，而新西兰人特别不愿意被当作澳大利亚人，澳大利亚人同样也不愿意被错当成新西兰人。一般规律是，澳大利亚人讲话时口张得大些，而新西兰人则像是咬着牙或者半闭着嘴唇讲话。通常新西兰会把 yes 读成 yis，fish and chips 读成 fush n' chups，口音有点像苏格兰人。

公司女行政人员讲话口张得很大

澳大利亚人读双元音时的"变异"让你难以置信。他们经常会把双元音拖长，一个简单的"No"他们可能读成"nah-oh-oo-u"。这种鼻音如果出现在女声中，会让你感觉特别不舒服，个中原因我也不明白，可能是性别歧视。澳大利亚女性的声音比多数西欧女性嗓门高（尽管比不上多数亚洲女性的嗓门高）。

20 世纪 40 年代一位评论员说，澳大利亚的鼻音可能与澳大利亚空气中花粉过多，澳大利亚人多患鼻炎有关。外人看来，澳大利亚人讲话时通常比较慢，而且很平，没有很大的抑扬顿挫，多数情况下是一个调子。澳大利亚人可以很平静地讲很有趣而且生动的事，你可能根本没有感觉到有什么特别的东西。这种讲话特别适合那种面无表情的幽默。为了举办当天晚上的聚会，你可能买了很多东西。当你推着装得满满的购物车晃晃悠悠地来到收银台时，收银人员典型的玩笑可能是，"把超市买回家了，是吧，亲爱的？"

升调和降调

单单是因为这个原因，更不用说口音问题，你必须聚精会神地听澳大利亚人在说什么（试着不要睡觉），不然你会漏掉或错过有些话。而且澳大利亚人特别喜欢简洁、轻描淡写地说话，误解、听错的危险极大。

与澳大利亚人谈话要遵循以下原则。讲话时声音太大，过于自信，不会受到欢迎。放低声音，像澳大利亚人那样平缓地讲话，去掉任何激动情绪，你应该能够让人听懂，而且不会引起对方的反感和不悦。对于这个原则，有一个有趣的例外，即澳大利亚人几乎人人喜欢在一句话的最后提高声音，好像是在问问题，或者征求你的意见或者理解。

“And it was raining，really hard”（而且外面在下雨，很大）[说到 hard 时音调突然提高了，好像有个问号及“you know what I mean”（你知道我是什么意思）]，“but we had no umbrellas...”（但是我们没有雨伞）[说到 umbrellas 时音调提高…… “you know what I mean”（你知道我是什么意思）]。

这种口语特点可能令初来乍到者感到恼火，但是过一段时间，你的声音中也会不知不觉地带有这种调子，这是肯定的，就像阳光会照耀大地一样。如果你想一想，这应当是一种友好的习惯，是在不断地请别人参与对话。

当澳大利亚人进行“激烈”争论的时候（另外一种澳大利亚特色），“不要激动”的澳大利亚人讲话风格会受到破坏。澳大利亚人争吵的时候嗓门很高，而且经常公开争吵——经常在大街上。争吵中充斥各种难听的咒骂。后面将有更多的介绍。

遗风

其实，一些澳大利亚英语比今天的“母国”英国讲的英语还地道、“纯正”。很

孩子和袋鼠

同韵短信

旧式的伦敦东区同韵俚语，即使在手机短信中也经常出现。有一次，我在珀斯，在墨尔本的两位老一代的澳大利亚人，给他们在珀斯的孙子发来短信。这位年轻人正准备参加他妹妹21岁生日聚会。短信如下：

“What time’ s the gay and hearty?

Don’ t get elephant trunk!”

明白了吗？他们的意思是，

“What time is the party?Don’ t get drunk!”（聚会是什么时候，不要喝醉！）

多澳大利亚的词汇在英国早就不用了。澳大利亚人在创造新词汇的同时，也保留了一些老的语言形式和成语，表现了一种内在的保守主义。这使澳大利亚英语成为一种丰富的和“晦涩难懂”的语言。

打电话

为理解这一特点，你需要回顾一下澳大利亚白人19世纪的根——伦敦东区及爱尔兰。除了口音，还有什么能解释伦敦东区的同韵俚语（rhyming slang）能够在澳大利亚日常会话中奇迹般地延续呢？这些同韵俚语甚至很自然地印在了报纸上——我以前看到的一幅照片的题注是这样的，“Mr So-and-So on the dog and bone”。这幅照片显示某某人在打电话。

我曾在与一位年轻的澳大利亚朋友喝咖啡时，告诉她我先生外出旅行了。她对我说，“So you’ re all on your Al Capone，then?”这位朋友的意思当然是，“So you’ re all on your own，then?”（所以，你现在一个人啦，是吗？）要不是这次经历，我可能根本就不会注意到澳洲英语中大量使用同韵俚语。

我这里一定要提一提的是，至少一本比较有名的词典将Al Capone列为表示“电话”意思的同韵俚语（不是前面所提到的“the dog and bone”），而把“Pat Malone”作为“Alone”（自己、一个人）的同韵俚语。如果按这本词典，上面那位朋友的话就令人费解了。不过，这个例子是我亲身经历的。

看重小的

澳大利亚人另外一个特点是乐此不疲地将任何词缩至昵称、爱称（这样的词对于专业人员来说属“hypocorisms”，即爱称，委婉语的意思，我们这里就叫它们“hypos”）。这对于新来者也是一种“极易染上的病”。因此，“postie”指 postman（邮递员）；“U-ie”指开车时的 U-turn（调头）；“Barbie”指 barbecue（烧烤）；“vegi”或“veggie”指 vegetable（蔬菜）；“prezzie”指 present（礼物）；“Chrissie”指 Christmas（圣诞节）。

还有一些词也被缩短了，但是用“-o”结尾：用 reffo 代替 refugee（难民）;Freo 代替 Fremantle（西澳州的港口城市弗里曼特尔）；reggo（“g”发音很轻）代替 car registration（车辆登记）；journo 代替 journalist（记者）；muso 代替 musician（音乐家、音乐工作者）等。后缀“o”通常用于人的时候比用于物的多，如一个“veggo”指的是 vegetarian（吃素的人），而“veggie meal”指的是素菜宴。

谈话时的润滑剂

然后，当然是澳大利亚著名的常用语了:“No worries”（别担心）和“She’ll be right”（没有问题），它们体现了充满传奇色彩的澳大利亚的乐观主义的勇气及悠然自得的风格。这些远不是陈词滥调，仍然十分常见。不过，“Not a problem”（没有问题）好像用得越来越多。“She’ll be apples”（来自同韵俚语 apples and spice——用来表示 nice 的意思）（也是没有问题的意思）属同类词汇，不过用得越来越少。

但是，必须说明的是，近年的经济困难即使对那些最充满希望的澳大利亚人也带来了负面的影响，此类词汇的本意已经变得有些假，掩盖了背后的绝望。

另外一个属于谈话润滑剂一类词汇的词语是“There you go”。它是比较新的。这个词到处有人用，如果你能用得恰当，可以帮助你比较好地融入澳大利亚的环境。当商店售货员举起你的账单，告诉你“20 澳元”，你递上 20 元现金的时候应该愉快地说“There you go!”（给你！好的！）

有些词可能是人们谈话时的润滑剂

美式打招呼的话：

堪培拉城市风光

"去一下曼彻斯特（布店）"

澳大利亚人固守老式语言，又代表了其内在的保守主义及很强的传统主义动机。我们能够看到19世纪伦敦东部的一些表达至今仍在现代澳大利亚英语中幸存。以下是另外一个仍存在于澳大利亚日常生活中的"语言化石"的例子。初到澳大利亚者看到澳大利亚许多百货商店和商店的橱窗里标示"曼彻斯特"一词，一定会感到十分困惑。这里指的是19世纪晚期英格兰西北部工业城市曼彻斯特，当时它是世界纺织和棉线生产的中心，向英帝国的每个角落，包括澳大利亚出口纺织品。虽然曼彻斯特在棉花贸易方面的显著地位在第二次世界大战之前就大不如从前了，但至少从20世纪初，"曼彻斯特"一词在澳大利亚已经用来指家用床单、被褥、毛巾及棉线等。你可以很自信地问任何一个大百货店，如迈尔斯（Myers）店内的工作人员，"请问去纺织品/床上用品（曼彻斯特）部怎么走？"你应该会立刻得到答复。

《澳大利亚国家词典》引述了1983年的某期《公报》周刊里的一个令人捧腹的故事。这个故事讲的是，一位澳大利亚人在伦敦购物。她在服装部买了衣服后，对售货员说，先帮助照管一下她买的衣服，她只是"goes over to Manchester"（意为去一下纺织品部），并且对售货员保证，"我一会儿就回来。"那位售货员迷惑不解，向她指出，曼彻斯特离伦敦挺远的。《公报》开玩笑说，"只有澳大利亚人从'曼彻斯特'（纺织品部）买床单和枕套。"

"Have a nice（good）day!"（祝您愉快！）在澳大利亚十分常见。同样澳大利亚的类似表述："Have a good one!"根本不用指明"one"指的是什么。周末快到了，好像非得友善地问问他人，"周末有什么计划吗？"不是没有礼貌或者好奇，而是希望他们度过一个愉快的周末。你可能遇到许多超市结账的柜员在周五或周六问这个表面上看比较隐私的问题。不要紧张，给他/她们一个概述的回答就行，比如，"有，计划去看

打招呼——你好

看亲戚，收拾收拾花园。”你不必完全如实相告：如果你说，我将参加一个朋友的葬礼，这就是如实相告。

另外一个属于谈话润滑剂一类词汇的词语是“There you go”。它是比较新的。这个词到处有人用，如果你能用得恰当，可以帮助你比较好地融入澳大利亚的环境。当店员将零钱递给你时，她可能说一句，“There you go”，让人感觉很舒服。一个服务员送来你点的食物 / 东西的时候，也会这样说。

骂人的艺术

一说起骂人，澳大利亚人立刻兴奋起来，全然抛弃了那种为人处世什么都不太在意、大大咧咧的风格。总的来说，澳大利亚人说辱骂的话、淫秽的话比较多，常骂人，所以你也不要过于在意，其实意思已经大打折扣。

如果你碰巧成为这门澳大利亚艺术的牺牲品（取笑的对象），可欣然接受，一笑了之，不必太往心里去。因为其中玩笑的成分多于实质内容。在澳大利亚，你很可能总成为嘲弄的对象。更为理想的是，如果你也懂得了这门艺术，要尽可能地对别人的嘲弄予以回击——人们希望你这么做，而且会接受你的反击。

澳大利亚英语中，恶言谩骂词汇相当丰富（特别是淫秽词），与其对手相比，如广东人，不相上下。普通人使用四个字母骂人的话，就像用标点一样。甚至政治家们在议会里也常使用。在澳大利亚，“Bloody”（该死的）一词几乎不会令人感到不安。其实更有甚者。

如果你来自（受到教育、有礼貌的）上流社会，最好做好准备，而且训练自己不去听那些话，想避免是不可能的（最痛苦的莫过于你的孩子开始说脏话）。把它们当作糊墙纸（微不足道的东西），因为它们其实就是糊墙纸。由于过度频繁使用，在澳大利亚英语中，这些“坏”词已经失去了其强度和其本身的意思。

“Bastard”（杂种）是最能引起很大误解的一个词。你应该知道，在澳大利亚，大多数情况下，人们用这个词的时候是带有友好的感情的，极少是侮辱。只有用于英国人的时候，才是想伤害对方（还有许多其他的种族歧视性的词汇，我会在另外一章中再谈）。注意，如果你们之间的关系才刚刚开始，不要过早地使用这个词，只有关系十分密切的朋友，或者长期共事的同事之间才用，而且只用于男性之间，不能用于男女之间。如果别人能从你的外表很容易地看出你是外国人，如亚洲人，你不要急于使用这类词汇。因为一些澳大利亚人会觉得难以"领会"你的意思，会搞不清楚你是否在使用该词的本义。

不无矛盾的是，像 Fuck（他妈的）这样的词，在澳大利亚，像在其他地方一样，长期以来基本上被看作是禁忌语，近年情况才有所变化。就在 1985 年，西澳大利亚州的警察还指控喜剧演员罗纳德·鲁德（Ronald Rude）犯有猥亵罪，因他过度使用"Fuck"这个词（在 90 分钟的舞台演出时，每三分钟就说一次）。西澳州曾经是清一色的清教徒禁欲主义社会的最后的堡垒之一，但此案最终不了了之。引用 1986 年 4 月 22 日的《西澳大利亚人报》的报道，审判所依据的逻辑是，"如果'Fuck'与'off'连用，这个词是粗俗的，而且很不礼貌，但是可以理解的，而且不一定猥亵、淫秽。'Fuck'一词的本义是'发生性关系'，但多数情况下，它只是一个咒骂语，而且由于重复使用，其强度已经减弱。"

虽然 F 词在特别上流的绅士圈子里仍是禁忌语，但实际上它正变得非常常见，如在街上，在艺术圈里，特别是在电影里，在电视上也经常出现。1999 年，在新南威尔士杜博（地名）一人据说因为骂一个警官"Fuck off"而受到指控，当地法官拒绝认定这项指控，并说"F"词已经不再被认为是冒犯性的词语。还有一个案子，也涉及淫秽词汇的使用，情况与此类似。一名恼怒的律师骂办案法官"wanker"（小人、贱人、手淫者）。出乎意料的是，维多利亚最高法院认为，这并不构成藐视法庭。"这件事必须根据当代澳大利亚标准来评判，律师称法官为'wanker'，可能属不敬，但不构成藐视法庭。"但根据跟踪澳大利亚人成人文化变化的研究机构"澳大利亚扫描"2001 年的报告，69% 的人仍认为在电视上出现过多的色情词汇是不可接受的。这个数字比 1997 年的数字高了 10 个百分点。

澳大利亚英语谩骂词汇很丰富

澳大利亚工党（Australian Labor Party）（请注意 Labor 一词的拼法）政府的前外交外贸部长加雷斯·埃文斯（Gareth Evans）经常说错话，他在这方面是出了名的。他 1991 年对南非进行正式访问时，批评当地的警察“真他妈的没用”（“Fucking useless”）。在澳大利亚议会里也经常使用“F”词，他是 20 年来这样做的第一人，他的话被忠实地记录在官方的议会发言记录中。但那时，《澳大利亚杂志》记者艾伦·艾特伍德（Alan Attwood）报道说，埃文斯对一个朋友说过下面的话，“他妈的，我可不想到处讲外交，对每个人客客气气。如果人们对希特勒不是那么讲外交的话，我们可能也就不会有他妈的第二次世界大战。”

用双关语的政治家们

在澳大利亚，恶语谩骂——不仅指使用骂人语——的大师通常被认为是前工党政府总理保罗·基廷。他会公开地斥责其政治对手为“蠢货(Boxhead)”、“猪(Pig)”、“小丑(Clown)”、“丧尽天良(Sleazebag)”等。1982 年在新南威尔士州工党大会上，他对一位言辞激烈的左翼代表说，“在湿水泥里你也可以讲话”（骂对方胡说的意思）（You could talk under wet cement）。

总之，澳大利亚人一般认为真正的民主社会不应有过分的礼貌。直言不讳是一种很重要的政治自由。

政治家常用双关语

这些领导人都常将这些词汇挂在嘴边，普通人就更不用说了。我是在英国的虚伪中长大，青年时代早期饱受亚洲含蓄文化的熏陶，我发现，一旦你越过了最初的诧异阶段，你会觉得澳大利亚人的这种品性蛮招人喜欢的。

明喻更是俯拾皆是。我听到的最新说法是，“他像巴格达的瓦工一样忙（Yeah, he’s as busy as a bricklayer in

Baghdad）。”此外，还有“他像一排马戏团帐篷一样怪异（He’s as camp as a row of circus tents）”。这句话指他是同性恋者。“这个想法像一片花到了地狱——根本行不通”的说法（This idea hasn’t got a snowflake’s chance in hell）现在也很常见。另外一个表达法是，“这相当于一个屁遇上飓风——一点也不顶用（This is not worth a fart in a hurricane）。”

另外一个工党政府总理鲍勃·霍克，一次受到一位靠养老金生活的老人的诘难，十分生气。他低声说，“愚蠢的老东西！”不巧的是，全国人民通过电视和电台听到了他的话。

同样，澳大利亚人还创造了一些很特别的，而且经常是侮辱人的天才的明喻，使夸张成为澳大利亚人所使用的一个特殊的手段。1989 年 11 月 26 日，新加坡记者蔡金华（Chai Kim Wah）在新加坡的《星期日时报》报道，“三个身着花图案衣服，穿着抢眼鞋子，打扮得像伊丽莎白二世的老太太告诉我说，她们认为她们的总理鲍勃·霍克像‘打着阳伞的老鼠一样’阴暗。”

词同，意不同（Mis-SPEAK）

在用词上的不同有时会引起很大的误会，或者产生令人尴尬的双关语。我的马来西亚－欧亚朋友、一个澳大利亚新移民的经历就是一个例子。朋友邀请她去参加一个晚宴，她客气地问她需要带点什么。朋友答复说，“是的，带个 plate（盘子）来，好吗？”她首先是迷惑不解。她想，天哪，餐具可能有点不够吧。她几乎把家里所有的晚餐用具都带去，却发现一个“plate”指的是一盘做好的菜，而不是盘子。这也就是其他地方所叫的“百乐餐”（pot-luck dinner），即参加聚会的每个人各带一味菜肴以供共享。这是澳大利亚生活中“自带酒水”主题的延伸。

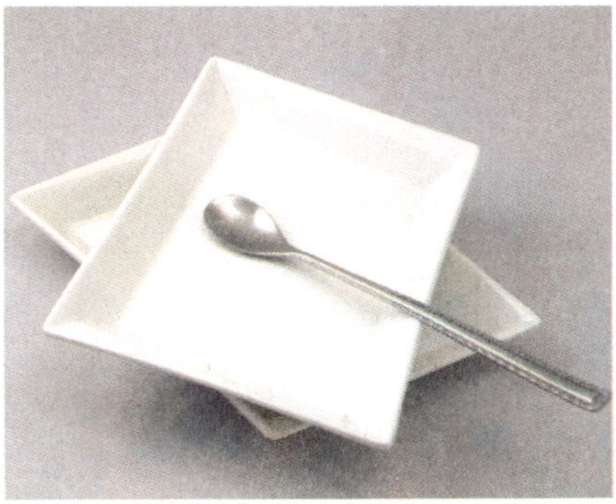

词同，意不同

还有另外一个马来西亚朋友，也是新移民，才 10 多岁，胆子不大。他与一个朋友约好在某条街见面。到了约定的时间，他正在那条街上随便转悠，忽然看到一个大的公示牌。牌上写道，“No standing at any time”（表面意思是任何时间不允许在此站立）。他立即慌了神，开始在街上大步疯狂地走来走去，以为只要不断地走动，他就不会被逮捕。但这只是一个交通标志牌。在其他国家，可能是“不准停车”（No Parking）或者“车辆不准在此等候”（No Waiting）等。

还有那位可怜的马其顿难民。她第一次去一位澳大利亚医生诊所看病。看完病后，医生热情地跟她道别，说“See you later then.”（再见 / 一会儿见。）这位马其顿女士就在候诊室坐下。她等呀等，直到最后一位病人离开了。医生从诊室里出来，带着疑惑的表情问，“天哪，你还在这干吗？怎么啦？”她说，“没有，你说一会儿见，我就在这等候看你还有什么事。”医生笑着说，“我的天！不，你看，这就是澳大利亚人说再见的方式，就像‘什么时候再见面，但我不知道什么时候能再见到你’！”

茶之陷阱

这里讲的当然是澳大利亚的“茶”。最糟糕的一种情况是，你——一个英国人或者亚洲人，请一位澳大利亚朋友到家喝茶。澳大利亚朋友会有所期待地——饥饿地——等待很长时间，直到他 / 她明白喝茶只是茶，除此之外，并无他意。

对于澳大利亚人，“茶”就是晚餐（evening meal），其他文化叫 dinner。注意茶的陷阱。许多外国人仍不明白其中之奥秘。

在多元文化中的澳大利亚，亚文化和一些社团有了它们自己的词汇和用语。冲浪则是其中一种亚文化。当他们说“西澳州的玛格丽特”的时候，他们是指位于澳大利亚西南部玛格丽特河冲浪海滩附近的一种大浪。这里的冲浪海滩很受欢迎。

对于澳大利亚人，“茶”就是晚餐

啤酒是啤酒吗

除了澳大利亚英语作为一个整体与其他“英语”存在差异之外，澳大利亚各州之间的“英语”也有所不同。

从啤酒的度量标准就能看出其不同。澳大利亚大陆的“Grog”（格洛格酒：一种酒，尤指用水稀释的朗姆酒）到了塔斯马尼亚成了“Jimmy”，而在其他地方则是“Stubby”（375 毫升的小瓶）。

在西澳州，“Middy”是7盎司（一盎司约为31克——译者注），而在新南威尔士则是10盎司等，十分可笑。谢天谢地，一个品脱总是一个品脱（在英国，一品脱相当于0.568升）。

在新南威尔士州，你下水游泳前抹cozzie（化妆品costume），而昆士兰州用“togs”；西澳大利亚州则使用“bathers”一词。这样的例子不胜枚举。

是啤酒吗？是液体黄金

相思鹦鹉是黑的

姑且不论新移民所代表的文化对澳大利亚英语词汇的影响，单是悠久的土著文化的影响就足以使其十分复杂。澳大利亚北部、西北部及中部是讲土著话的主要中心。

以前全澳大利亚共有约250种土著语言，现在幸存的不到一半。澳大利亚目前有一场恢复这些语言的运动。许多土著词汇，特别是与野生动物和自然现象有关的词汇进入了白人澳大利亚英语的词汇，如wombat（袋熊）、kangaroo（袋鼠）、budgerigar（相思鹦鹉）等。

不在乎拼写

像任何其他语言一样，澳大利亚英语当然也在不断变化。但这似乎不应该是澳大利亚英语出现大量拼写错误的借口。

一家杂货店外面，写着本店卖“Lovely Cheeries”（应是樱桃的广告，樱桃的英语应是cherries，而cheeries的单数形式cheery是愉快的意思——译者注），我看了很感兴趣。一家纺织品店卖“Laces and Brades”（似应该是Laces and Braces，都表示饰带的意思，而brades一词让人不知所云）让我感到十分好奇。从一家著名的电视和娱乐杂志上看到深受观众喜爱的电视主持人约翰·芒戈斯（John Mangos）家的花园里有一棵漂亮的“Frency Penny”树，感到很纳闷，但这肯定是一棵Frangipani（赤素馨）树。

考虑到澳大利亚是一个多元文化的国家，许多人来自非英语国家，出现上述让人似懂非懂的公示语是可以原谅的。但真正令人不安的是很少官方信件不出现严重的拼写错误。我曾经在别处讲过，澳大利亚人特别是年轻人中存在严重的功能性文盲① 或文盲现象。原因繁杂：有的指责自由的教育理念鼓励了自由表达，忽视了实际的读、写和拼写的能力，有的批评父母未尽责，有的说土著人等处于极端社会困境中的群体更可能出现功能性文盲现象，拉低全国的数据。这是不争的事实，约四成土著儿童的教育水平大大低于功能性文盲以下。

此外，澳大利亚全国在使用英式英语拼写还是美式英语拼写方面还存在很大不确定性，十分混乱。甚至 20 世纪 80 年代至 90 年代的执政党澳大利亚工党自己的党名是美式英语的 Australian Labor Party，而不是通常的英式英语的“Labour”。要是全国都统一使用美式英语拼写也没有问题，但实际上是两种英语形式随意混用。

为了民主开玩笑

语言当然是各国幽默的基础。澳大利亚的幽默是很特殊的，受到高度推崇近乎“圣牛（sacred cow②）”。

1989 年，部分州决定通过立法禁止公开煽动种族仇恨，但关于种族的玩笑竟然被刻意排除在可依法进行惩处的犯罪行为之外，演出娱乐尤其如此。可以开玩笑几乎成了每个澳大利亚人不可侵犯的信仰。可以拽尾巴、拧鼻子，讽刺挖苦所有人被认为是民主的根本。可能世界上最为著名的讽刺家是巴里·汉弗莱斯。他对澳大利亚社会的剖析比任何外人都犀利、残酷。

维多利亚女王市场

大量不具讽刺性的澳大利亚幽默在某种程度上都是非常不文雅的，不是猥亵的，就是

①所谓“功能性文盲”是联合国于 1965 年在德黑兰的一次国际性会议上提出的，指的是受过传统教育，会原始的、基本的读、写、算，而不能识别现代信息符号及图标，不能用计算机进行信息交流与管理，不会操作现代生活设施，与现代生活接不上轨的人。http://dict.youdao.com/search?le=eng&q=functional%20illiteracy&keyfrom=dict.index。译者查阅于 2013 年 12 月 7 日。

②了解 sacred cow 的文化内涵，请参照 http://www.chinadaily.com.cn/language_tips/trans/2009-12/08/content_9138839.htm。译者查阅于 2013 年 12 月 7 日。

渎圣的。没有什么不可以开玩笑的，从跛子到十字架上的耶稣。除了开玩笑的权利外，没有任何东西是神圣的。

但是，好像还是有一些隐藏的、你可能看不到的界限。澳大利亚广播公司讽刺喜剧《勇往直前》（*The Chasers*）剧组曾经创作了一段喜剧，主要情节是一个病危的儿童请求“最后愿望”基金会帮助他实现他最后的愿望。这引起观众的强烈抗议和不满，剧组为此付出重大代价，再没有恢复其信誉，澳大利亚广播公司电视台也不再播出其节目。

澳大利亚英语在不断变化，看看这个指路牌吧

当澳大利亚幽默没有下流内容的时候（经常是下流的），它首先就像澳大利亚这个国家一样朴素，总是轻描淡写。如果可能的话，这些幽默是从嘴角边咕哝出来的。仔细听，还是有些精华的。

语言模仿

最后，对那些急于使自己从语言上像澳大利亚的人说几句话：不要急着跟每个人说“G’day，mate！”（澳大利亚人通常打招呼的方式——你好，哥们！）这种表达很有澳大利亚味，你要是还没有十足的澳大利亚口音，你是不可能模仿得像的。

你好！哥们

对于外国人来说，比“G’day”更容易掌握的是“How’re yer going？”（打招呼时用语，你好）（经常后面加上“orright？”）。此外，多数新移民可以很快、不太费劲地学会使

用“No worries”（没有问题的意思）。同时可能比较自然地学会不经意地说出像“reggo”（汽车登记）、“dag”（贬义词，指某方面令人讨厌的人）这样的词，或者像“Good on yer”（表示赞成的意思）这样的词汇。

身体语言

像许多西方人一样，澳大利亚人不喜欢你太多地侵犯其个人空间——与他们谈话时，不要和他们靠得太近。

你从超市里及其他场合人们排的队上，特别是在街上使用自动取款机时人们排的队上，可以看出澳大利亚人是多么尊重私人空间。澳大利亚人通常会远离正在柜台接受服务者或者正在从自动取款机上取款的人。这其中当然有安全方面的考虑，比如不让取款人感到你要从他/她手中将钱抢走，或者探身看到他/她的密码——但另一个原因是澳大利亚人对于个人隐私的尊重。在排队时，向前挤不是良好的行为举止。

你可能遇到的另外一种不太文雅的非语言交流方式是“手势语”（挑战和嘲弄的手势：一种违抗或嘲笑的淫秽的手势，将中指朝上指或戳——译者注），特别是在澳大利亚的公路上开车时会常常见到这种手势——当乘汽车人超车时，或者与你并行开车时，他/她打手势或用下流的方式“giving you the finger”（伸出一个指头）表示对你也许做了什么或者也许什么都没有做的事表示气愤。更令人吃惊的是，打这种手势的可能是男的，也完全可能是女的。你要做的就是不要理会，把你的车门和车窗关好、锁好，心平气和地继续开车。

澳大利亚玛格丽特河畔风光

第九章

在澳大利亚工作

“我们必须扭转生产率每况愈下的情形。否则，我们难以持续提高我们的生活水平。我们不能满足于做亚洲及世界其他地区的采矿厂。它造就了我们目前习以为常的社会。”

——澳大利亚公司威斯特法默斯（Westfarmers）董事查尔斯·马塞克（Charles Macek）谈及烦琐、拖沓的办公程序及澳大利亚未能建立全澳国民经济体系时如是说。见2012年2月《澳大利亚人报》

休闲理念

悉尼的农贸市场

工作与休息

一些外国人对澳大利亚人的典型印象是他们懒惰、悠闲，其实这是错误的，澳大利亚人远非如此。他们工作挺努力的。根据“公平工作”制度，澳大利亚人每周法定最长工作时间是38小时，他们当然也加班。例如，2010年，男性全职雇员每周工作时间约为41小时，女性近36小时。过去30年来，每周工作41~50小时的劳动者人数占就业人口的比例一直在13%，但超过50小时的人数占就业人口的比例则由1999年的20%降至2010年的15%。

2012年，澳大利亚各大银行曾经试图（后来放弃）将银行正常营业时间延至周六下午、周日，这也许对未来有一定导向作用。传统上，如果雇主要求职工在周末等非正常工作时间工作，他们需要向职工支付对雇主具有一定惩罚性的额外报酬。但如果法律将过去的非正常工作时间界定为“正常”工作时间，雇主就不再需要支付上述具有惩罚性质的报酬。如果工党执政，这不大可能，而自由党执政，则有可能。

澳大利亚工会理事会（ATUC）于2011年进行了一次就业人口普查。普查结果显示，工人中普遍存在工作压力大，不安全感，对雇主缺乏信任等问题。73%的工人表示，雇主曾要求他们加班（在澳大利亚，加班是很不情愿的事）。61%的工人表示，他们超时工作，未得到应有报酬。关于“家庭与工作的平衡”、“生活与工作的平衡”的全国性辩论及微观层面上在大多数工作场所内的辩论持续不断。虽然所有政党都表示要实现这一理想，但实际上很少能够做得到。

在很大程度上，澳大利亚的工作世界被鲜明地分成两个独立的世界，即常规的全职（又译为全日制）工人（以下同雇员、职工通用）面临压力越来越大和临时、非全日工人更换工作的频率和不安全感日增。后者现在占澳大利亚劳动力大军的60%。

澳大利亚妇女的休闲生活

为什么多挣钱就能成为夫妻待在一起的时间少、和孩子待在一起的时间少的借口？成为同朋友相聚越来越难的借口？成为你在其他人上学或者工作的时候休息的借口？为什么这样的前景还受到欢迎？为什么我们的议员愿意以便利商界、促进消费，但牺牲雇员私人生活的方式重组国家经济？

——澳大利亚商务和金融记者罗斯·吉廷斯（Ross Gittins）2012年4月在《今日西澳大利亚》（网刊）上如是说。吉廷斯表达了澳大利亚人对于建设24加7（每天24小时、每周7天）经济，无论是零售业还是其他行业，所持的强烈保留态度。某人的经济灵活性意味着他人生活质量的下降。

澳大利亚失业率为5%左右，属可控范围。矿业繁荣给澳大利亚带来发展和人员就业，澳大利亚工人及其家庭应该没有什么可抱怨的，对吗？错！你实际上能听到很多抱怨和牢骚。澳大利亚"拼布经济"（Patchwork Economy）（有时还被称为双速或者三速经济）发展成果没有均衡分享，使很多人产生不安全感。制造业和零售业问题重重，肯定没有增加雇工。农业受到自然灾害和气候变化等多重影响。东部失业和未完全就业的工人不知道如何才能将其家庭西迁（也许卖掉东部的房产），到西澳大利亚州的矿业中心地带就业。而内地矿区根本无法居住，很多人将其家庭安置在珀斯市，但珀斯住房租金居高不下。因此，矿区严重缺乏技术工人。作为部分解决方案，2012年有人建议西澳大利亚州引进1 700名外国工人，但引起工会的强烈反对，其态度达到排外的程度。而雇主则抱怨在澳大利亚兴业的成本越来越大。而大家都明白，一切考量都与中国有关。如果作为澳大利亚最大客户的中国经济放缓，澳大利亚的经济气球很快就瘪。澳大利亚经济正处于艰难转型中，澳大利亚工人都知道。但当然，他们仍然希望保留可以不工作的周末。

澳大利亚资深分析员、作家唐纳德·霍恩（Donald Horne）这样介绍他的同胞，"一些人认为他们懒惰。其实，他们并非懒惰，只是不总是认真对待其工作"。

慢下来

你一旦学会放慢你的纽约、新加坡、中国香港或者东京节奏，你就会习惯澳大利亚的休闲理念。毕竟，一个人应该能够在周末与家人共享天伦之乐，或者晚上参加社交活动，培养业余爱好，或者去进修学习。而且看着你的血压慢慢降下来，因此延长你的寿命。

澳大利亚人的“休闲理念”（相对于工作理念）也是利弊兼有。虽然他人可能不会总愿意为你工作或者与你共事，但同时你自己也不必工作太辛苦。

在这个问题上，澳大利亚人很可能是对的，特别是当你看到其他发达国家在当今这个自动化、信息技术发达的时代里正在对付因过多的休闲时间所带来的问题时，你更会这样认为。实际上，澳大利亚人“懒惰”的一个原因，同时也是失业及就业不足的部分原因，是越来越多的电脑化和自动化取代了人工。许多富裕的后工业化国家都是如此。

除了周末，你想让工作取得进展但会白费工夫的，其他时间包括圣诞节-新年（12月初就开始放松了）及4月初复活节假期的“大外逃”。噢，还有“墨尔本杯”赛马日（11月的第一个星期二）。赛马比赛前几小时及比赛中、比赛后的几小时，还有随后的午餐时间人们或是为赌输了而哭泣，或是为赌赢了而庆贺。因此，就算一整天吧。商人可要注意这一点。

人不可貌相

澳大利亚工人的表象是有“欺骗性”的。他们表面上或听起来很慢、极其随意。但是多数情况下，他们一丝不苟，而且经常是自己领域的专家。

海滩上悠悠哉哉

在澳大利亚选择体力活，收入相当丰厚

你很少听到“我不知道怎么使用，我只管卖”这样不幸在许多其他国家经常听到的话。他们很愿意与你讨论他们的设备，并向你解释。他们永远会提供服务、进行修理，不像在其他地方遇到的善于溜之大吉的人。如果实现上述品质意味着速度要慢点，我个人喜欢这种工作态度，而不是那种“砰地把东西放下，谢谢你，太太”式的生意。货物虽然送到门了，送货人一走，你根本不知道如何操作。

这也可能是澳大利亚工人的劳动成本比其他地方的工人高的原因之一。但记住，这也意味着，如果你选择所谓“仆役”的工作或体力活，你的收入将是相当丰厚的——因此澳大利亚被称为“劳动者的天堂”，的确如此。

做同样的事情，花同样的钱，你在澳大利亚雇到的工人数可能会比其他的地方少，如亚洲。费用可能是原因之一，亚洲的劳动力成本低。我和丈夫在新加坡迁往澳大利亚前，在家里将行李和家具打包的时候，屋内至少六个人，干得热火朝天，颇为壮观。

当我们20英尺的集装箱运抵我们在珀斯的家时，只有两个澳大利亚人来卸货。我们当然帮忙了（在澳大利亚，他们总是暗中期待你这样做），但是即使没有我们的帮助，他们也会做得不错。

我想，在这两组人中，究竟哪组更苦干、更有效率，生产率更高呢？

友好点，哥们

“随意”，我是指澳大利亚工人期待你友好地对待他们。如果你想保证澳大利亚工人生产率高，一定要给他们喝杯茶，或者同他们聊聊天。你一定会感到惊奇，他们会花不少的时间

友好点！哥们

与你坐下来聊天（这可是他的老板的时间，可是这好像根本无关紧要）。他会很高兴地告诉你他的生活经历。有时可能会是十分有意思的，如果你是刚到这个国家的话。

如果在你来自的祖国，业主和承包商、雇主和雇员之间存在比较正式的关系的话，建议你来到澳大利亚后要尽快适应此处这种更为友善的方式。如果有太多的“我是你老板”、“我是花钱雇你干活，对吧”的态度，或者行为举止过于正式，很可能会引起敌意，或者至多只能得到最低程度的合作。完不成工作也是可能的。

你要特别注意一类工作人员，即秘书 / 个人助理 / 前台接待人员，通常是一位女性。澳大利亚社会中有一条潜在的原则：“我不是你的仆人。我是一个自豪的工作人员，诚实地获得我的报酬。我知道该怎么做。我能管好自己的事。”如果你来自一个习惯于奉承服务的文化，这类人在电话里听起来像是漫不经心，甚至无礼。有些人急于证明自己不是在服务，而是在发挥某种虚假的领导作用，要你少管她，她有许多重要事情要处理。不要为此感到烦恼，保持冷静，并且意志坚定，坚持要求得到你觉得应该得到的。

高罂粟

澳大利亚工作人员有时看起来或者听起来不够称职或者专业（实际上可能不是如此），原因之一是澳大利亚人有一种根深蒂固的思想：怕显得“傲慢”。这种担心使他 / 她不能有效地与他人竞争，或者发挥最大的潜力。

无论做什么，澳大利亚人并不想显得他 / 她做得很出色，怕万一冒犯了或者矮化了自己的同事。更糟糕的是，真的出类拔萃意味着把自己划入“高罂粟”一类人。高罂粟自然要被砍矮（相当于中国的“木秀于林，风必摧之”——译者注）。

年轻漂亮的女人不能看外表

西方社会里有这样的关于女职工与男职工关系方面的传闻：聪明能干的女性要把自己装扮成“无头脑的美女”，以防止被感到自身地位不稳的男同事“冷落”。这种情况在妇女圈内人人皆知。但难道每个澳大利亚人都想使自

澳大利亚人不会买许多漂亮衣服

己显得笨吗？

你最好相信。但你又最好不要信——因为，如我已经说过的，外表是具有欺骗性的。

记住，如果你要与澳大利亚人相处得好，你就必须这样做。如果你在努力工作，尽量不要显示出来或者与人谈论。你如果很成功或者聪明，要藏而不露，或者至少要保持低姿态。如果你有钱，最好显得越穷越好（此外，过分炫耀等于说你有富余钱，别人可以来偷）。

高罂粟综合征被一些观察家描述为“嫉妒心理”。一些著名学者已经指出了澳大利亚人的这种品性，如澳大利亚弗林德斯大学心理学家诺曼·费瑟（Norman Feather）在 1989 年提到这一点，而历史学家汉考克（Hancock）早在 1930 年就提到过这一点。

正是高罂粟综合征使澳大利亚人与美国人截然不同。与澳大利亚人形成鲜明对比的是，美国人，奉个人成功为圭臬。在美国，你希望像那些白手起家的行为榜样一样，实现自己的目标，即美国梦；在澳大利亚，你妒忌他们的成功，试图将他们拉到自己的低水平。一些人说，这种品性源自英国人。

不要只看外表

反对高罂粟的思想表现形式之一是穿着邋遢（随便），这在澳大利亚是相当普遍的现象。从正面看，这显得比较谦逊，让人喜欢，也不对别人造成压力。但在很多时候，这样做确实显得邋遢。

从男人的穿着看，什么时候都是穿短裤之类的——老一点的成年人，可能是既短又紧，很难看。从女人的穿着看，经常穿很不协调的服装。不管是男是女，都穿破旧

澳大利亚人穿着很随便

的牛仔服装和人字拖鞋等。

澳大利亚人不会购买许多漂亮的衣服，原因之一是澳大利亚人收入不高。另一个可能的原因是澳大利亚服装的价格不菲。但他们不注意个人外表的真正的原因是，他们实在不想显得与众不同，尤其是不能显得很富有。简而言之，不能威胁他人。

这使在澳大利亚穿衣成为一件容易的事，诀窍就是根据一天的时间段脱衣或少穿衣。想盛装打扮比较困难——一个显著的例外是“特别舞会”或者晚宴舞会之类的活动，一般不过是每年一次，而且经常发生在节日期间。在这种场合，每个人都要毫无疑问地穿着打扮，女性都要穿上很华丽的长长的晚礼服。

这种不注重服装穿着的文化意味着，不能根据其穿着将其分为哪类人。如果你来自一个很注重穿着的社会，特别是在进行商业谈判时，在澳大利亚，要努力抛弃这种偏见。

病假、加班及工资

澳大利亚人的工作态度正处于转变中，这是由于许多企业减员，而且大家越来越认识到全球化是动真格的了。过去，年轻人经常干活攒点钱，然后离开工作，到世界周游一两年，很自信地认为回来后马上就能找到新的工作。这种做法十分常见。现在他们仍然这样做——但不那么自信了，不自信也是对的。许多成年人现在甚至避免离开工作岗位，担心回来后发现其工作岗位已不复存在了。而其他人就在澳大利亚度假，这样能盯着点儿其工作场所的事。多数澳大利亚全日职工有权享受 20 天的带薪假期（法国 30 天，部分斯堪的纳维亚国家 25 天），但根据南澳大利亚和西澳大利亚州政府《澳大利亚工作与生活指数》报告，2010 年，30% 的职工说他们太忙，没有休年假，60% 的人由于种种原因在攒假，不休假。

对于许多人（约 50 万人）来说，他们一段时间内的职业就是经常光顾就业中心，去找工作，或者登记领取失业救济金——现在叫“重新开始津贴”。令人高兴的是，2011 至 2012 年期间，申领失业救济的人数减少了 2%。但对于仍有工作的一些人，他们旧习难改。例如，请病假（sickie）十分常见。这就是要在上班当天说自己病了，实际上真正原因是自己不想去上班，或者使长周末假期更长（位于维多利亚州的澳大利亚丰田汽车公司总裁说，每逢长周末后的工作日，30% 请假的人都声称自己病了）。所以，如果你没有“用光”你当年的病假，你有点“傻”，因为病假等于额外的假期。如果你不请病假，没有其他方式得到假日。约翰·霍华德领导的自由党政府曾经试图制定新的劳资关系法，以纠正上述情况。但澳公众大多不支持该法，自由党因此在 2007 年末举行的选举中失败下台。澳大利亚工人每年可请 10 天病假，数据显示，他们几乎用尽其病假，这已达创纪录水平。2010 年，一项专业调查——“直接健康解决方案缺勤调查”显示 15% 的雇主相信一半以上的病假是假的，给澳大利亚经济造成 300 亿澳元，即国内生产总值 3% 的损失。

在 2005 年，请病假现象的一个新的变化形式是“集体生病（blue flu）”（这个词源于美国），即工人同时称病，使工作陷入瘫痪。这是一种变相的罢工，旨在避开近年来为反对进行“野猫”罢工而制定的更为强硬的法律。这一现象在澳大利亚仍不常见，但 2005 年在西澳大利亚州的建筑业已出现此种情况。

你们不要集体生病

工作场所劳资关系仍处于变化中。2007 年大选产生的工党政府于 2009 年推动出台了公平工作法，实施新的澳大利亚公平工作制度（详见 www.fwa.gov.au），并依法成立公平工作监察专员办公室（详见 www.fairwork.gov.au)。澳政府正加紧实施上述法规制度。公平工作劳资关系体系现覆盖了除西澳大利亚州以外的澳大利亚的所有地方。西澳州政府尚未加入该体系。

公平工作法规定的 10 种全国就业标准

●每周最多工作时间——38 小时，加班需在合理范围内（作者注：加班需要支付较高加班费，或者安排倒休）。

●关于灵活安排工作的请求——这项权利允许为人父母者或者学龄前儿童或者年龄 18 岁以下残疾人的监护人提出调整工作安排，以便照顾孩子或者残疾人。

●年假——每年四周带薪假期，对于某些倒班工人，再增加一周。

●事假（personal/carer' s leave）和丧假（compassionate leave）——10 天带薪事假（personal/carer' s leave）、两天无薪照顾假（carer' s leave）（如需要的话）、两天带薪丧假（compassionate leave)（如需要的话）（临时工无薪）（作者注：事假包括了病假，但全国就业标准并未明确这一点）。

●社区服务假——参加志愿紧急服务的无薪假以及至多 10 天参加陪审团工作的带薪假。

●长期服务（工龄）假——确立全国统一的长期服务假标准前的过渡性安排，适用于尚未实施“现代薪酬”的企业（as applicable in an pre-modernised award）。

●公共假日——工人的带薪假日，除非有合适的理由，不工作（作者注：工人可以拒绝在公共假日加班）。

●解雇通知及解雇费——根据工龄长短，可以有最多提前 5 周的解雇通知，最多 16 周的解雇费。

●提供公平工作信息声明——雇主必须向所有新雇员提供包括全国就业标准、现代薪酬、就业协议的签订、自由结社权、停止雇佣关系、个人灵活工作安排、加入工会的权利、转业经营（transfer of business）、澳大利亚公平工作局及公平工作监察专员的作用等方面的信息。

（作者注：具体就业合同条款不必同上述规定完全一致。）

澳大利亚人每周最多工作 38 小时

澳大利亚提供公平工作信息

原自由党政府试图废除由公司工人群体或工会主导的集体工资谈判制度，代之以由工人个体同雇主谈判工作合同。自由党政府还试图取消被解雇雇员提出不公平解雇申诉的权利，这几乎相当于允许雇主随意解雇雇员。澳大利亚工党政府的公平工作法规从根本上否决了自由党政府的上述企图。该体系还规定了特殊职业的工资上下限，被称为“现代薪酬”。澳大利亚公平工作局还公布澳大利亚的最低工资标准。截至2012年中期，澳大利亚的最低工资标准为每周606.40澳元，或者每小时15.96澳元，对从事临时工作的弱势群体还有额外补贴（loading）。

公平工作制度的主要内容如下：

●一套10种最低全国就业标准（NES）

●适用于全国特殊行业和职业的“现代薪酬”

●全国最低工资标准（只适用于该法覆盖地区）

●集体谈判

●对不公平解雇进行保护

另外一个抬高雇主支出的方面是加班费。而澳大利亚的工资水平已经很高——澳大利亚统计局所指的全职成年工人正常工作时间（即没有加班）每周平均收入，在2012年是1345澳元，呈上涨趋势。

根据具体工作场所的就业合同的情况，雇主还要承担其他常见额外支出。对于工人而言，这些是“福利”，如带薪假期及长期服务假（一般在连续服务10年后可享受3~6个月的假期）。

有权享有长期服务假，是一个独特的澳大利亚概念。这也是殖民时代遗留下来的。当时的官员需要时间，从殖民地回英国的“家”。从那以后，长期服务假被认为是对于忠诚服务的奖励，是防止职工跳槽的有效手段，同时也为职工“充电”提供了一个机会。这对雇主也是有利的，因为他们可以从职工身上获取最大的价值。

从某种程度上讲，工人的上述“福利”不断增多也是当前澳劳动大军越来越“临时化”的一个原因。目前，64% 的人从事某种临时的、非全日的或者短期合同的工作（30% 的人从事非全日工作，妇女从事非全日工作的人数超过男性）。对于这些职工的保护不像对于常规的全日职工的保护那样具有系统性，因此对于雇主来说，使用非全日工作人员成本低。结果是澳大利亚劳动大军的一大部分人未充分就业，收入不稳定，但从总的失业率来看情况良好，2005 年约为 5%。

回到工作岗位

2012 年预算首次削减了单亲父（母）亲（single parents）的福利。这些单亲父亲或母亲的孩子 8 岁后，他们就不再享受特别福利津贴，而改为接受“重新开始”津贴（后者每两周 529.8 澳元，比前者减少 118 澳元的收入）。这仍是失业救济，但接受这项救济者必须积极寻找工作。新规定意味着单亲父亲或母亲再也不能待在家里，无限期地依靠福利生活。政府的出发点是让尽可能多的人加入劳动大军。

劳工的尊严

澳大利亚工人很早就获得了基本劳工权利，而且此后一直坚决维护其权利。但是，时代在变。8 小时工作制是 1855 年石匠通过罢工获得的；1907 年获得最低基本工资；1946 年获得每周 40 小时工作制；世界上第一个规定工人享受病假和长期服务假的法律是 1951 年在新南威尔士州通过的。

劳工要有尊严

澳大利亚人特别关注安全生产和职业健康，“照看义务”问题会让一些不太在乎这些问题的外人很惊讶。如果准备雇用人，雇主需要遵守固定的程序，因此应认真调查研究。如果违反职业健康与安全法，可能遭受惩罚。

近年来，出现了大量的关于所谓的“重复性损伤伤害”（RSI）的炒作。“重复性损伤伤害”是由于手臂机械地重复特定的动作而引起的损伤——如快速打字员和长期操作电脑键盘者［关于接触石棉的工人（许多澳大利亚的老房子都是用石棉板隔热/凉的，盖房顶的）］，及视频显示设备（VDU），如电脑屏幕监测者——及长期在视频显示设备前工作的健康危险。

澳大利亚服务业随处可见自然的微笑

服务、礼貌和卑躬屈膝

正如前面所言，对于来自某些地方的人来说，澳大利亚的服务风格可能是个问题。鉴于其罪犯的身世，胜利地摆脱锁链的澳大利亚人的另外一个“遗产”可能是，普通澳大利亚人下决心再也不向任何人低头，不伺候任何人——但好处是，他也不想让别人伺候。没有比给他安排一个用人，更能让普通澳大利亚人、一个天然的社会主义者感到更尴尬的事。他根本就不知道有了用人该怎么办。

在澳大利亚，像旅游这样的服务业确实不很景气。并不是澳大利亚的从业者无礼——远不是——如果你将他们与欧洲国家的首都或者与亚洲许多国家的首都的最好的同行相比，他们只是即席、随意和随便。换种说法，他们不卑躬屈膝，或者用最朴实的澳大利亚话说，他们不“拍马屁（brown-nose）”（在澳洲英语中如果你拍马屁拍多了，就是马屁精）。

专栏作家露思·奥斯特罗（Ruth Ostrow）曾经对不太令人满意的澳大利亚饭店和餐馆服务进行考察，她批评说，“不能服务标志着我们国家始终存在不安全综合征。”根据 2011 年进行的一项顾客满意度调查，2/3 的澳大利亚人认为，过去 5 年中，服务质量严重下降，年轻售货员的问题尤其多。前面不是已经提到过临时工的风险吗？部分年轻人薪酬很低，他们根本没有接受过培训。澳大利亚雇主应该为他们的职业发展增加投入。但是，这些人今天在这工作，明天可能就换地方，你能收回投入吗？

另一方面，同我一样，可能也还有其他人喜欢澳大利亚服务人员倡导的这种直接的、完全平等的作风，伴随这种平等的还有坦率：餐馆的侍者可能警告你，你可能不会喜欢你今天点的菜，因为“今天的菜不新鲜”，为什么不要点别的呢？服务业随处可见自然的微笑，总让人感到高兴。

澳大利亚体制的一个巨大的优点是，小费仍被澳工作人员看作是贬低人的。当然由于旅游业的发展、外来移民的涌入及经济不景气带来的压力，这一防线已开始被突破。但传统上，小费被当作是低工资的借口；一个人应该得到他应该得到的合理的报酬，不多也不应少。我们是澳大利亚人，请勿给小费。

每个人都不干了！

1974 年，罢工竟然损失了 630 万个工作日。这是“澳大利亚大罢工”代表的多事之秋的生动写照。1991 年，罢工共损失了 150 万个工作日。此后，罢工频率及损失的工作日数量一直呈下降趋势。澳大利亚人以动辄罢工而闻名，但这已成为过去。同时，澳大利亚正享有前所未有的繁荣，失业率较低。法律对什么样的罢工、何时罢工才是合法的，做出很多限制。换句话说，如果不能合法地罢工，通常就不能罢工。但应该说，自 2010 年以来，劳资争端呈增多趋势。个中原因可能是“拼图经济”之繁荣是不均衡的，不安全感不降反增。多数争端发生在交通业——从港口到机场、公共汽车、火车，社区服务和医疗，或者教育，而不是重工业和制造业，甚至不是曾经问题颇多的建筑业。

根据 2010 年生效的新公平工作劳资关系体系，如果澳大利亚公平工作局认为，罢工可能造成较大经济或者生命损失，那就有权制止罢工。2011 年 10 月发生的澳大利亚快达航空公司劳资纠纷就属这种情况，航空公司管理层“停工（lockout）”，宣布停飞所有航班（这迫使双方进行和解谈判，并由公平工作局进行调解）。公平工作局还要求工会必须就罢工计划在工人中进行自由、秘密投票，寻求其授权。虽然如

2011年，澳航工会发动罢工，管理层停工

所有新西兰人及未来的新西兰人注意

过去，新西兰人可自动获得“特殊类签证”（SCV），使他们在澳大利亚获得一种舒服的“特殊关系”待遇。“特殊类签证”使他们自动成为澳大利亚居民，全部享受澳大利亚的社会保障和福利。对于那些未获准移民澳大利亚，而获准移民新西兰的人来说，这无异于可从“后门”进入澳大利亚。如今已经不行了。

2001 年，澳大利亚政府改变了原先做法。新西兰人仍可以无限期地在澳大利亚生活和工作，但不再被看作是澳大利亚居民。他们必须申请成为澳大利亚公民或者永久居民，而且必须像其他新移民一样，等待两年后才能享受社会福利。

此，2011 年度，工会发动的罢工和雇主发起的“停工”翻番，损失了 25 万个工作日。一些人说，新的公平工作体系实际上是鼓励罢工。

要研究澳大利亚劳资争端的历史，可以从 1983 年澳大利亚工会理事会与澳大利亚工党签署所谓的“协定”（价格与收入协定）后开始研究比较有用，由于工党一直执政到 1996 年，而且这期间，传奇式的人物鲍勃·霍克——前澳大利亚工会理事会主席——长期担任总理，罢工的问题不太突出。传统上工会运动与工党关系密切，尽管近年来，工会对于工党右翼控制党的政策开始日益不满。工会通常也在纯粹的政治问题，甚至外交政策方面，施展其影响，如 20 世纪 30 年代反对日本侵略中国，1965 年反对澳大利亚卷入越南战争，反对外国海员恶劣的工作条件。近些年来，则反对澳大利亚在东帝汶针对印度尼西亚的行动等。即使工党政府也意识到了工会运动必须现代化：在 1987 年，工党开始对工会运动进行结构调整，使其更加合理，最终目标是通过合并一些小工会，将工会的数目由 1987 年的 215 个——只有 9 个工会从数量上看是真正有影响的——减至世纪之交的 20 个左右。

然而，自由党领袖霍华德 1996—2007 年任澳大利亚总理期间，澳大利亚政府合力、不断攻击有利于工会的旧式劳工理念。但较前右转的工党同样对工会运动带来损害。工党 2007 年执政后，过去实行的固定“酬劳”的

这几年，澳大利亚工会的影响下降了

制度，即政府、雇主和工会通过一个协定规定基准工资率，得以继续存在。某种形式的集体谈判也保留下来。但同时也出现了多种更加灵活的、仅限于具体企业的工资谈判形式，工会活动亦受到新的限制。20 世纪 80 年代，工会人数下降了 20%，占劳动力大军的不到 40%，20 世纪 90 年代，工会人数又有所下降，2011 年多数行业的工会组织率只有约 18%。工会组织率最高的行业是教育、护理及公共服务。部分由于上述原因，工会的影响持续下降（其政治影响仍超出其实力）。2012 年，部分工会内部丑闻曝光，可能进一步引起工会影响力下滑。

救济

澳大利亚从根本上讲是个福利社会。但现在失业救济（the dole）——近些年来已变成了“找工作”或者“重新开始”补贴——并不像过去那样那么容易拿到，特别是如果你还年轻或者身体健康、还能工作。

澳大利亚政府正努力减少公众对福利的依赖。虽然澳大利亚失业率维持在 5% 的低位上，但 2012 年 2 月领取“重新开始”福利津贴的长期失业（12 个月以上）人数近 34.9 万，比上年急剧增加。领取“重新开始”津贴的失业总人数为 57.5 万。

澳大利亚目前正在进行的经济结构重组和劳动力市场调整对人们的救济心理正在产生不小的影响。

现在连残疾人（领取补贴）都要进行严格审查。根据政府 2002 年宣布的政策（还没有正式实施），任何人只要仍适于每周工作 15 小时或更多，就会被自动地从享受残疾补贴养老金（Disability Support Pension）福利转至“重新开始”补贴（失业救济）。这意味着，只要他们仍有工作能力，享受津贴的前提是努力寻找就业岗位。以前的标准是如果找到每周 30 小时以上的工作，就停止津贴，但 2012 年以来，即使他们每周工作 30 小时以上，仍能获得部分残疾补贴养老金。是否有资格获得残疾补贴养老金，要看残疾人的财富和资产情况。截至 2012 年，80 万人享受残疾补贴养老金，估计在 2012—2013 年度，国家为此支出 150 亿澳元。领

澳大利亚提供的医疗几乎免费

澳大利亚老人看病只需要付 5.8 澳元

取残疾补贴养老金的人数比其他福利项目的人数增长都快。有人认为在澳大利亚人口日益老龄化时代，这十分自然。

但一些观察家认为，接受残疾补贴养老金人数的数字进一步掩盖了失业及不完全就业数字。

2012—2013 年预算中，各项福利和社会保障支出达 1 316 亿澳元。

欲了解澳大利亚福利方面的详细情况，请参阅 www.centrelink.gov.au。

澳大利亚收入所得税较高（对于许多人是 32%~37%），它不仅包括你的社会保障，还包括为提供近乎免费的医疗（Medicare）而征收的专项费用。医生将你的医疗账单开给政府，或者如果你已全额缴费，你会报销回一部分费用。像工会运动一样，这种过度慷慨的制度正一点儿一点儿地受到侵蚀，因为政府正在努力减少因这个制度受到公众滥用而带来的昂贵代价。现在加入私人医疗保险几乎成了强制性的政策。如果你 30 岁以后才购买私人医疗保险，还得在正常保费之外缴纳额外费用。如果你 40 岁才购买，要比 10 年前就已加入私人医疗保险的人多付 20% 的费用。提供私人医疗保险的大公司包括 HBF 和 Medibank。在国家医疗体系内，做非紧急手术要排很长的队，而加入私人医疗保险后，你可得到迅速的治疗，你甚至可以选择医院，选择外科医生。但缺点是，你要缴高额的保险费，而且经常会发现你的保险并不覆盖所有的治疗，有些治疗所产生的费用需要自己承担。毋庸置疑，不论你是否有私人保险，凡是看急诊，国家医疗体系都能给予及时的治疗。换言之，即使你有私人保险，仍有权选择公共医疗体系，特别是看急诊。但是他 / 她一定应该知道，不一定能立即有好床位和病区。但他们仍能得到公共医疗体系良好的照顾。

医疗处方费高，但所有持有公共医疗卡的居民都可能享受医药福利计划（Pharmaceutical Benefits Scheme）。该计划对列入其计划的药品进行补贴。你只需支付 35.4 澳元的药费，其余由政府承担。如果有老年人或残疾人优惠卡，你只需付 5.8 澳元。

了解你

澳大利亚人在称呼别人时，喜欢用名（不加姓），这样显得亲切。而且他们一般不愿意送名片。这意味着你虽然参加了一次社交活动，但你可能还不知道在场的任何人的姓名，更不大可能知道他们的职务、职业或者电话号码。如果你确实想得到你的商业伙伴的联系详情，你必须主动进攻。但你应该意识到，如果这样做，别人可能会认为你太“钻营”。

人们经常抱怨好心的纳税人在为救济骗子或者假“生病”者纳税。当他们这么做时，我立刻想起了我所遇到过的两个可怜的例子。我的一位女友的小女儿早产4个月。由于患有脑瘫，她无法正常行走。另外一个女友的女儿，约8岁，突然被诊断出心脏上有个洞。很大程度上是由于澳大利亚的医疗福利制度，两个故事都有一个美好的结局。作为纳税人，我负担了她们的费用，但为什么不呢？

生意伙伴

澳大利亚商人特别表里不一：他们表面上友好，实际上相当狡猾；看起来很温和、不事事受利益驱动，但实际上相当贪得无厌；表面上讲究平等、不腐败，但实际上他们却“灵活”得多；表面上很随便、顺其自然，但内心深处的弦是紧绷的。再强调一次，不要只看外表。

澳大利亚商人表面友好，实际狡猾

打破僵局的最好办法是到酒馆一起喝杯啤酒，谈谈体育，或者在烧烤聚会上见面，除了工作以外什么都可以谈。

普通澳大利亚人反对理智、知识（anti-intellectual），属“大老粗”型，这一点有时也影响生意。他们做起事来，经常是得过且过、满不在乎，一副“没问题”的架势。他们不依赖专业技术，无论是书本的，还是亲身经验。

还要做好心理准备：你根本不认识的人寄来的官方或者商务

信件可能亲切地称呼你为“亲爱的比尔”或“亲爱的苏姗”等。澳大利亚人从来就不喜欢任何的尊称，现在甚至连“先生”、“夫人”、“女士”、“小姐”这样的称谓都好像被置之脑后了。你可以当面叫你的老板“比尔”。这些都是澳大利亚平等情结的一部分。当然，人们不大相信他们会用同样的方式称呼其总理。当然，我可能会错。这就是澳大利亚。我有一次在鸡尾酒会上，就看到过有人与州政府部长这样打招呼，“哈啰，朱迪，你好！”（用的是比较随意的澳洲英语）亚洲人会感到十分惊讶。

现在回到信件这件事，你要是能收到任何信件，就已经很幸运了。澳大利亚人特别不愿意回信。用电子邮件答复可能更好。但像美国人一样，他们更愿回复电话及传真。

打扮

总的来看，澳大利亚办公场所的着装是不受拘束的，但较为保守，这可能本身就说不通。你不需要穿得太好，妇女不大需要化妆。但另一方面，男的最好穿西装打领带，女的穿长裙套装。很多人穿黑色和灰色服装，但年青一代似乎不理会这些规矩。在当前失业率低、工作好找的情况下，尤其如此。你可能惊奇地发现，或者如果是男性，会很高兴看到，办公室年轻姑娘的穿着是多么不合适。秘书们故意露出乳沟、肚脐，或者穿着紧身美臀裤，显然是炫耀。工作人员骑自行车上班，穿着骑车时的整套装束，如头盔等，很常见，但总要在工作前到工作场所的社交俱乐部更衣室或体育活动室换上更正式的衣服。其实，一切取决于你的职业，还有当地的气候条件。

澳大利亚也有着装拉风的女子

挣钱谋生

澳大利亚人是否想挣钱？这个问题一直不是很清楚。举一个日常生活中的例子。我有一次在一个超市的美食柜台购买了黑橄榄，售货员给我称了重量，并打上了价格标签后问："你想要些汁吗？我们也有。"我说为什么不呢。售货员告诉我，她总是在已经称重后问顾客要不要汁，因为如果带汁一起卖，可能会增加不少分量，顾客也就多花钱了。所以我没花钱也得到了橄榄汁，等于白送。

澳大利亚的酒吧

我对她的敬意油然而生。其他地方的店主肯定会连汁一起称重，一并算钱。毕竟，如果你想要汁，就要付钱购买，对吧？

还有在一个星期六的晚上，酒吧男招待懒洋洋地说，头天晚上他酒水单上的存货就有一半已

办公室的部分行为规则

不要做的事情：

不要拒绝出去吃晚饭、喝一杯或者观看"墨尔本杯"邀请赛，更不能说"对不起，我还有太多的工作要做"。你可能因此得到不友好、工作狂的罪名，或者野心太大，对别人是个威胁。

如果不把秘书、个人助理或者准备茶水的女工（如果有的话）当作全面参与你办公室工作的平等的、重要的、聪明的同事看，你会很不"澳大利亚"的。

不要提出太多的新点子，或者改变办公室里现有的办事程序，直到你已经在那里待一年以上——慢慢来，不要声张。

不要在下午 5 点以后、周末，或者你的同事在休假的时候，因工作上的事找他们——

紧急情况除外。

（作为一名男职工）不要触摸女职工，即使是一种柏拉图式的爱的方式，不要对她们的长相或者着装进行过度的赞美，不要在她们面前讲"黄段子"——

这样做将受到性别歧视或者性骚扰的指控。

要做的事情：

注意观察是否大家轮流往冰箱里补充饮品或者准备茶水，并依此提议加入大家的行列。

在饮水机处或者在厨房沏咖啡时停下来，与同事聊一会儿天，比如“周末过得怎么样？”或“孩子好点了吗？”或者更好的是：“哥们儿，你看了星期六的足球比赛了吗？”

加入办公室的体育队及休闲俱乐部。

工作中不要触摸女职工，也不要讲荤段子

经没货了，他“刚刚意识到他的存货怎么那么少”。我什么也没说，但是我想，应该这样做生意吗？为什么不第二天就备足酒呢？别问！

另外一件事，一个店主出售一种很受欢迎的混合型果汁。一天，他告诉顾客，他可能不再进货了。为什么？他解释说，“噢，我不怎么喜欢这种果汁。”要是换了一个非常自信的亚洲商人，他可能会进一屋子的这种果汁。

为什么要与这样一个国家做生意？当他们说，“没有问题”（“She’ll be right”），而实际上她会是错的，而且送货也会晚。为什么要相信这样一个国家？他们人人说的“不用担心(No worries)”，实际上意味着“我们又出问题啦（We’ve stuffed up again）？”

——记者约翰·汉密尔顿（John Hamilton），西澳《每日新闻》，1989年12月27日

澳大利亚人没有绞尽脑汁处心积虑地想着挣钱，而且丝毫不感到不好意思，这是这个国家的吸引人之处，但也是经济衰退的一个原因。

我想租用一台电脑，因此向一家公司询价。我得到的答复是一天 20 澳元，一个月 600 澳元。这当然意味着，无论租一天还是一个月，每天的价格都是一样的。但是一般的做法是，为了吸引顾客，对于长期租用的客户每日的租金应该更便宜一些。这样租赁公司和顾客都会受益。这家按照常规进行管理的公司显然没有想到这种再简单不过的赚钱方式。

这一综合征的另一个可爱的特征是，澳大利亚的店主会很愿意让你去竞争对手那里买东西。他会高兴地告诉你，他们那儿会有你想要的东西，或者某餐馆的服务员会小声地告诉你：“今天的鱼不那么新鲜，我要是你，就不会点这个菜。”这当然也同澳大利亚人工作流动性大有很大关系，而且很多人从事临时、非全职工作，在一个地方工作的时间都不会长，因而谈不上对雇主的忠诚。

很明显，赚钱或者至少赚取利润被有意识或无意识地认为是只有“高罂粟（tall poppies）”一类的人才能干得出来的坏事。在多数澳大利亚人看来，他们太成功了，像飞逝的彗星，继续向前就是跌落。

只要挖掘就行

过去，澳大利亚之所以能够比较容易自我满足，是因为他们的自然资源丰富，富有矾土、铁矿砂、锌、铀、石油、煤气、煤、铅和黄金等。长期以来，澳大利亚是一个“幸运之邦”。如果想要永远富裕，你要做的就是从地里挖点东西出来就可以了。澳大利亚与英国的联系使澳的羊毛、羊肉、牛肉和小麦不愁没有市场。过去澳大利亚政府一贯的保护主义又进一步使澳大利亚企业与真实的世界脱节。

现实是澳大利亚国内市场很小，而且国内运输费很高。这就是所谓的“严酷的距离”。一份报告曾指出，英国亨氏集团将其罐装的烤黄豆运到珀斯所花的费用，比澳大利亚本国公司将同样的产品从位于维多利亚州首府墨尔本的工厂运到西澳大利亚州首府

澳大利亚东北部弗林斯德河

珀斯的费用要少得多。我也一直纳闷，为什么我能在新加坡用每公斤8澳元的价钱买到来自澳大利亚东部各州的新鲜樱桃，而在西澳大利亚州我却要花15澳元甚至更多。

澳大利亚商人发现他们似乎跟不上日新月异变化中的世界步伐——例如，欧洲（包括澳大利亚的传统经济伙伴英国）越来越能够自给自足，合成纤维的生产及世界棉花产量的增加对澳大利亚羊毛出口的影响，来自各个方面的竞争，特别是来自低成本的亚洲，如中国的竞争。

澳大利亚产品的质量自然不容置疑，但今天想在零售店里找到不是产自中国的商品简直是海底捞针，难上加难。澳大利亚企业最大的弱点在于行销。

20 世纪五六十年代繁荣时期几乎未加约束的消费物质主义（经常是基于信贷）和满足于生产初级产品及对工业的保护为澳大利亚 20 世纪 80 年代及以后的经济困难埋下了隐患。

一个谨慎的故事

可以以羊毛为例来说明形势可能变糟。澳大利亚一度被喻为是骑在羊背上的国家，经济严重依赖羊毛。但在 2001 年到 2007 年的 6 年间，全国羊的存栏数量减少了约 2 300 万只，从 1.11 亿只减少到 8 800 万只，下降了 21%（现在只有 7 200 万只）。同期，羊毛生产的产值减少了约 5 亿澳元。21 世纪的第一个十年，澳大利亚经历了长期的干旱，保留大规模的羊群成本昂贵，这是羊存栏数减少的原因之一。未来的气候变化情况使羊毛业的前景不被看好。

澳大利亚羊群

澳大利亚7万家羊毛生产者曾经供应全世界约70%的羊毛。1990—1991年，他们得到了一个痛苦的教训：他们的市场崩溃，欠债高达26亿澳元，450万担羊毛积压，1.66亿只存栏羊中的2 000万只（因为羊卖不出饲料的钱）被迫宰杀。

1991年，新南威尔士大学管理研究生院的杰克琳·休伊对《澳大利亚人报》说，“如果你不注意顾客需要什么，自己将处于不利地位。我们没有关注我们的羊毛顾客，所以我们的主要主顾——苏联和中国在两年的时间里几乎不再买我们的羊毛的时候，我们感到非常意外。但是，没有人告诉我们的农场主，他们仍继续生产。你能想象得到在两年之间你就失去了你的主要客户吗？你在扩大生产，而丝毫没有预测到你会失去客户？即使我们不知道市场调查，为什么不做商业间谍呢？”这可能跟澳大利亚人容易相信人、天真的本性有关。澳大利亚人不期望被欺骗或别人让他失望。在商业上，澳大利亚人是无助的受害者。

澳大利亚还犯了一个典型的错误：未能使其产品成为增值产品，而只是出口初级商品和产品。这是出现“羊毛灾难”的原因之一。在过去，将羊毛卖往英国，加工成成衣后又运回澳大利亚（现在同样的羊毛被运往中国）。澳大利亚的铁矿石运往日本，日本生产的汽车则运回澳大利亚。这对于保持国际收支平衡是个问题。从根本上说，澳大利亚仍是一个“挖掘”的国家，种植或者养殖，从煤炭到天然气，从菜籽油到奶制品，但很少“制造”。澳大利亚前总理陆克文曾表示，希望澳大利亚发展本国的汽车制造业，重点生产环保友好型的混合动力车及其他新概念汽车。这可能是澳大利亚的努力方向。他还没有来得及施展自己的抱负，澳大利亚就受到一场世界性衰退的冲击。

澳大利亚失业率5%

经济状况

2010—2011年，澳大利亚的货物贸易平衡发生逆转，由数十亿澳元的赤字改为近170亿澳元的盈余。中国成为澳大利亚最大贸易伙伴，双边贸易额达1 000亿澳元。澳大利亚经常性项目赤字为330亿美元。外债总额为13 650亿澳元，占国内生产总值的94.7%，约80%为私有部门借款。澳大利亚在世界重债国排名榜上名列第十三名，美国第一。

失业率约为 5%，比 20 世纪 70 年代至 2010 年之间平均 7%，略有下降。但同其他成熟后工业化经济体一样，澳大利亚劳动大军日益“临时工化”，约 25% 的人从事非全职、临时、短时或派遣性工作。受到影响最大的是妇女（72% 的人从事非全职工作）和年轻工人。这种现象可能掩盖了真正的失业形势，并不利于提高经济和管理效率。这种现象还在劳动大军中产生普遍的不安全感，工人们难以形成对雇主的忠诚，也使家庭无法提前规划其生活，雇主也不愿加大投入提高其雇员的技能。这种微妙的形势催生了一个形成新无产阶级（proletariat）的新词，即“Precariat”。这个词是英国经济学家葛伊·斯坦丁（Guy Standing）在其一本新书《新的危险阶级》中造出来的。该书英文为 The Precariat：The New Dangerous Class。有些人干脆称这种体制为“灵活”体制，是现代经济所需要的。《悉尼先驱晨报》2012 年的评论称，目前从事非全职、临时性工作的劳动力占总就业人口的 25%，另外还有 4% 是固定期限合同工（承包者），10% 为经常只为一个顾客服务的独立合同工（承包者），三项合计，澳大利亚流动性就业人员占就业总人口的比例高达 40%。

澳大利亚公平工作局负责实施澳大利亚工党政府 2009 年通过的公平工作法。该法规定澳大利亚最低工资为每小时 15.51 澳元，或者每周 589.30 澳元。2011 年的法定年度工资审议报告，提出将增资幅度确定为 3.4%。近年来，由于经济状况改善，工人每周工作时间有所减少，现在平均为 35 个小时。来自更加自由的经济体的雇主还应该了解，澳大利亚法律禁止“不公正解雇”工人，对于小企业解雇工人另有特别规定。

商界巨子

澳大利亚商界比 20 世纪 80 年代更“务实”了。在经历了 20 世纪 80 年代的“剧烈兴奋”之后，一大批“精明人”得到应有的惩罚。艾伦·邦德（Alan Bond）(英国出生的前广告牌、公示牌画家）、克里斯托弗·斯卡斯（Christopher Skase）(QUINTEX 集团公司）、约翰·艾略特 (John Elliot)(Elders-IXL) 都曾是澳大利亚的权势人物和民族英雄。今天，这些巨富中的大多数都已破产，或者声名狼藉，或者两者兼而有之，欠下数十亿澳元的债务。他们就像以前的皇帝一样一贫如洗，只剩下建立其帝国时借的债（虽然压下去的邦德可能正处于复兴的途中）。他们的主要策略是利用借款利息减税的政策，靠借债兼并公司，资产增值后出售来赚钱。如《澳大利亚人报》所说，这等于很明显地提醒大家说钱是需要挣的。西澳大利亚州和维多利亚州的问题是，政府把自己当成商人，与商人合作干起了本应该仅属于企业行为的项目。而昆士兰州的问题是腐败和卑鄙手段太多。

包括前总理约赫·比耶克－彼特森（J oh Bjelke-Petersen）在内的一些昆士兰州名人都曾出庭受审。1999年，在经过80多天的审讯后，前州警察总长特伦斯·刘易斯（Terence Lewis）被判有罪。他曾于1978—1987年涉嫌与一个保护赌博和卖淫团伙的组织有牵连，卷入15桩受贿案。

当在澳大利亚做生意时，你应该意识到过去的坏消息在澳大利亚商人中留下的伤痕。澳大利亚商界现在是冷静、保守、谨慎，怕冒险和不敢借债。将澳大利亚的银行同欧洲和美国的相比较，你就会看出澳大利亚银行的稳健。澳大利亚工党政府甚至不惜冒着减缓澳经济增长的代价坚持要在2011—2012年实现预算平衡，恢复盈余。

逃过这些劫难的都是一些大人物，如传媒大王克里·帕克（Kerry Packer）、凯里·斯多克斯（Kerry Stokes）及鲁珀特·默多克（Rupert Murdock）（其美国护照掩盖了他出生在澳大利亚的事实）。眼下，位居澳大利亚富豪榜前列的几乎清一色是向中国大量出口资源和矿产的资源和矿业巨头。澳大利亚商业评论周刊（BRW）发布的2010—2011年度“财富200富豪榜”上，澳矿业巨头吉娜·莱茵哈特（Gina Rinehart）（女）以103.1亿澳元的身价位居首位，为澳大利亚首富。她从已故父亲朗·汉考克（Lang Hancock）那里继承了位于西澳大利亚州的澳洲著名铁矿勘探公司。位居第二的是生于南非的以色列裔大宗商品交易商伊万·格拉森伯格（Ivan Glasenburg）。他是嘉能可国际首席执行官，身价88亿澳元，但为人低调。矿业巨头FMG公司董事长安德鲁·弗雷斯特（Andrew Forrest）名列第三，个人财富61.8亿澳元。昆士兰州矿业大亨和资源投资商克莱夫·帕尔默（Clive Palmer）位居第五，资产价值为50.5亿澳元。名列第六的是威斯特菲尔德购物中心业主、零售业大亨弗兰克·罗伊（Frank Lowy），个人财富为49.8亿澳元。赌场和媒体大亨詹姆斯·帕克（James Packer）位居第八，资产价值41.6亿澳元。

出生于澳大利亚的传媒大亨默多克

澳大利亚住房昂贵

繁荣—衰退

到20世纪90年代，澳大利亚经济，包括房地产市场等，经历了典型的周期性的繁荣—衰退的格局。这一格局是否像一些经济学家认为的那样已经结束，现在还不太清楚。房产市场仍波动不断，房地产业仍以惊人的速度发展，悉尼、墨尔本、布里斯班、阿德莱德、珀斯等澳大利亚主要城市的住房极其昂贵（severely unaffordable）。美国咨询公司Demographia是在收集全球信息后作出上述判断的。该公司称："除中国香港外的任何国家和地区房地产市场中，澳大利亚的住房是最贵的。"2011年，在澳大利亚没有"买得起"，只有"极其昂贵"的住房。在全国范围内，房产价格的中位数是50万澳元，而且呈上扬趋势（特别是在悉尼）。澳大利亚民族心理的一个方面是造成这周期的原因之一。那就是澳大利亚人本性好赌博，与其他民族的好赌程度相比，毫不逊色。澳大利亚人好赌源自殖民初期爱尔兰人的传统，也与过去偏远乡村的单调生活有关系。为了消遣，凡是能动的，澳大利亚人都赌，今天仍是如此。

澳大利亚政府从这一民族弱点中获得相当大的税收。2006年澳大利亚的各州和地方政府博彩税收近50亿澳元。

根据法律，澳大利亚人可以就马、狗及数字游戏进行赌博。通常数字游戏有乐透(Lotto)对号码牌戏（六合彩）(如果你自己不想进行复杂的计算，你可走进任何一个报刊店，要12局的随机择号的"周六乐透")、足球普尔(一种赌博方法，进行赌博者将赌注压在足球比赛结果上。输赢按比例分摊。——译者注)、吃角子老虎机或者一些州的纸牌赌戏。个人也可以通过国家的赌马厅用自己的马、狗或者其他体育赌具进行赌博。全澳赌博营业额达155亿澳元，其中60%以上来自约纸牌赌戏及其他机器赌具。

赌场筹码

赌博文化

清教徒主义的残余延迟了合法赌场的设立，直到1973年澳大利亚第一家赌场出现在塔斯马尼亚首府霍巴特。现在各州都有赌场，全澳大利亚共有13家。在澳大利亚，你可能第一次遇到的一种赌博是掷币游戏（Two-up）。这种赌博很早就在内地盛行。将两枚硬币抛向空中，然后猜硬币落下后是否两个硬币都是正面朝上或者反面朝上。在一些淘金热时期的城镇边缘，如卡尔古利（Kalgoorile）仍有进行这种赌博的小棚子。可以想象在过去开拓时期的娱乐消遣是多么的原始。赌场里通常人满为患，多是“普通的澳大利亚人”。虽然有的赌场也设有供特殊的顾客使用的包间，但总的来说，它们很少能够比得上法国赌场的档次。

破旧立新

现在澳大利亚正在经历一场经济革命，它带来的动荡同一场战争相比毫不逊色。以前不可更改的东西——福利国家、工会的权力、保护主义及国有企业等被彻底摧毁，或者至少逐渐地被削弱。

具有讽刺意味的是，许多这样的行动始于1983年越来越中间偏右的澳大利亚工党政府。只有工党才有可能说服普通澳大利亚工人接受这些改革。20世纪80年代末90年代初，澳大利亚曾经历短暂的经济过热，然后进入了前总理基廷所说的为防止澳大利亚成为“香蕉共和国”（原指只靠出口诸如香蕉等单一经济作物而且为外资所控制的拉美小国。——译者注）而“不得不经历的衰退”。这也是为什么基廷得到了“死神（The Grim Reaper）”的绰号。霍华德领导的保守的自由党政府1996年执政后，渐进地采取了你能想象的到的各项保守措施，包括更加严格控制国家福利和进行税收改革，用更为宽松（对雇主而言）的个人“工作场所协定”（也称“工作选择”），而取代对工人有利的强制性工作条件标准。基本上取消了旨在保护解雇工人的“不公正解雇”的上诉权。自由党政府还大力倡导私有化，如出售澳大利亚主要电信企业、原国家垄断的电信公司澳大利亚电信（Telstra）。该计划备受争议。澳大利亚工党政府2007年末上台后，取消了“工作场所协定”。目前的劳资关系体系被称为“公平工作”。

年轻的电信员工

正如你可能想到的，这对雇员有利。例如，恢复了“不公正解雇”的概念。

目前看，发生于2007—2009年的国际金融危机并没有对澳大利亚经济总体向上的趋势造成大的影响，部分原因可能是澳大利亚前工党政府总理实施了大规模的经济刺激计划。总的来说，澳大利亚不仅仍是一个富裕的国家，而且由于经济持续繁荣，特别是中国经济保持增长，对澳大利亚大宗商品的巨大需求保持不变，可能更加富裕。经济发展如此之快，导致经济发展所需的工匠和技师不足，迫使政府增加对学徒工项目的投入，以及加快吸引更多技术工人移民。

澳大利亚人密切关注的一个指标是房屋按揭贷款利率。目前，按揭贷款利率为6%，而银行贷款利率仅为3.45%。零售银行显然没有执行澳大利亚储备银行关于下调利率的建议。

我引用2004年年末美国国务院对澳大利亚经济的描述来概述澳大利亚的经济史：“澳大利亚从20世纪80年代起进行经济转型，现在已经从一个内向、进口替代型的国家转变为具有国际竞争力的、出口导向型经济的国家。”澳大利亚面临的问题是，澳大利亚经济不再是单一的经济，而是双层经济，资源和矿业扶摇直上——澳大利亚人说going gang-busters，冲劲十足、巨大成功的意思，而其他行业，特别是零售业、旅游业和制造业，由于澳元升值、物价冲高、消费者信心不足等原因，停滞不前甚至

豪华的海滨公寓

出现萎缩。矿业的收益并没有在经济各部门中平均分配，普通澳大利亚人认为澳大利亚的高物价及生活水平下降皆缘于此。许多企业需要艰难应对日益高涨的借贷成本，消费者看到欧洲的动荡特别是欧洲银行业的动荡，忐忑不安地减少消费。资源业对中国经济健康的严重依赖也使人不无担心。中国及其他外国投资者购买大片澳大利亚农地，并通常改变用途去采矿，这还引起澳大利亚人对澳食品安全的担忧。

但从许多方面看，澳大利亚经济避免了衰退，世界上许多国家羡慕不已。2011年，澳大利亚经济是发达经济体中增速最高的。2012 年 4 月，国际货币基金组织断言，澳大利亚经济在未来几年内将是表现最好的。2012 年预期经济增长率为 3.25%，从一些早期指标看，甚至可能达到 4% 或更高。根据 2012—2013 年预算，澳大利亚财政可能实现 15 亿澳元的盈余，考虑到上一财政年度财政赤字高达 444 亿澳元，如果能够实现上述盈余，那将是巨大成就。

贫困

澳大利亚前自由党政府总理弗里泽 1971 年说，“生活本来就是不容易的。”时至今日，多数澳大利亚人还记得这句话并且不无悲伤地引用这句话。可笑的是，虽然总的来说澳大利亚经济在发展，但是贫富差距在迅速扩大。那种老式的没有阶级的平均主义的澳大利亚社会模式面临巨大的压力，很多人属半就业、打零工、合同工人，收入很低，生活艰难。他 / 她们中间许多是妇女，也有一些单身父 / 母亲。

我到澳大利亚之前从来没有听说过“Lay-bys”。“Lay-bys”是一种租售安排，无利息，代表顾客和店主之间的一种合同关系。它反映了穷人的困境。所以如果你想给你的小女儿买一个电动玩偶作圣诞节礼物，你 9 月份可去商店，向店主请求“Lay-bys”。店主就将这件玩偶为你保留着，你每个月都去店里付一部分钱(通常是固定的)。

小镇的别墅

你付够了钱，就可以把东西拿回家。

此外，还有那些热闹的、非正规的旧货市场和二手市场，这些通常在周末才有。老人和急需钱的人将他们的传家宝很便宜地就卖了，还有不少的年轻人去做买卖，赚点小钱。还有一些卖二手货、为慈善机构筹款的商店（Op shops），几乎每个人都喜欢，你也肯定会喜欢。无论在郊区还是在农村，还有一些人经常交换服务或者是货物，不用钱，这时现金经济不复存在了。人们就会说，"你周五帮我看孩子，我星期天帮你修草坪。"或者"我是秘书，我帮你打信；你是电工，你帮我修好电灯开关。"

澳大利亚相对来说仍很富裕，但也在逐渐变穷。当你与澳大利亚人打交道的时候，要记住这一点。记住他们可能将自己真正的痛苦掩盖起来，不要认为他们一定有钱。

科技成就

澳大利亚发誓将他们的国家口号从"幸运之邦"变为"聪明的国度"。澳大利亚已经在走这条路了。澳大利亚的科技成就有目共睹，最著名的是电脑软件、电信、医药和生物技术。

很多移民把家搬到澳大利亚时，带来大量的小电器。他们以为在澳大利亚买不到既好又便宜的电器。他们首先应该就澳大利亚的电器情况做个调查。通常，澳大利亚的技术和设计高超，而价钱与外国的接近或者只是稍高一点。

羊毛加工厂

但是，像以前的其他国家一样，澳大利亚也在犯同样的错误：没有将学术研究成果与私营部门很好地联系起来，以便应用这些成果。推动澳的研究和开发的两个组织是澳大利亚联邦科学工业研究组织（CSIRO）和澳大利亚研究理事会。澳大利亚联邦科学工业研究组织始建于1926年，如果没有它使羊毛具有新的品质，如防缩水和永久压烫，早在20世纪50年代合成纤维流行时，澳大利亚的羊毛工业就垮掉了。但近些年来，由于联邦政府决定减少对该组织的资金支持，澳科工研组织被迫加强与私有部门的联系，以寻求其资助。

人们普遍认为，如果澳大利亚要减少对初级产品的依赖，其政治家和商界必须进一步支持生物技术和信息技术的发展。毫无疑问，澳大利亚在生物技术和信息技术方面拥有天赋。

税务员来了

如果我真的知道澳大利亚税务的详细情况，我就不会写这本书了。那我就会悠然自得地享受我的巨大财富了。因为澳大利亚的每个人都想搞懂这里的税收制度，但是很少有人能做到。

搞清楚澳大利亚拜占庭似的税收规则是一个全国性的产业。情况确实很乱。你从澳大利亚税务局（ATO）、不同的会计和税收咨询师那里得到的建议极有可能是相互矛盾的。但另一方面，澳大利亚的税收体制并不像外界所说的那样残酷：看看一些澳大利亚政府慷慨的税收抵扣项目就知道了。这些包括低收入税收抵扣、老年（mature age）工人抵扣、医疗费用抵扣，因此如果你是低收入者、老年人或者医疗开支较高，

澳大利亚布里斯班的郊外

你的个人收入所得税都可能得到相应减免。

你到达澳大利亚后需要做的一件重要事情，就是申请税务号，特别是你有工作或者想找工作。如果你有一份正式工作，你很可能执行的是“挣钱就交税（PAYG）”制度，即你在收到月薪的时候，你的个人所得税已经由雇主自动代扣了。如果你多交税了，年底将税单寄给税务机关，他们将会返还你多交的部分。根据税法，你需要保留你的纳税记录五年，以备税务机关审查之需。千万别试图逃税。自1942年以来，在澳大利亚联邦一级实行的是单一的税务政策。

参阅澳大利亚税务局网站（www.ato.gov.au），可以了解更多信息。

消费税革命

自由党在 1993 年选举中失败，输在消费税上（相当于英国的增值税），但靠这个黑马在 1996 年选举中获胜。究竟是什么改变了选民的态度？对许多观察家仍是一个谜。谁知道？也许他们憎恨当时的总理基廷的高傲风格，胜过对消费税的憎恨。

除新鲜食品、医院服务、教育、慈善基金和有人耕种的农场外，所有的商品和服

精明的商人在查看税单

务都征收 10% 的消费税。这不一定代表涨价，但总的趋势是它带来了温和的通货膨胀。这对消费者来说有些麻烦，但它对小企业的影响更大，招致不满。因为该税制要求每个人（除雇员外）进行澳大利亚商业号码（ABN）登记，作为它的消费税登记号。如果发票上没有澳大利亚商业号码，你可能被征 47% 的税。

这部分原因是为了将“在法律边缘地域”经营的小企业纳入税收体制。它们用现金进行交易，逃漏税款。但澳大利亚仍有私下进行的“黑色经济”。出租车司机，不管他们的营业额多少，也都必须有澳商业号码。从技术角度来讲，营业额低于 5 万澳元的，不需加入强制性的消费税网。但是主动进行登记属聪明之举。许多大企业不愿与未进行消费税登记的承包商打交道。因为如果你不收取他们的消费税，他们就不能申报其消费税总支出，也就无法抵消他们代收的消费税，而这些消费税就要交给政府。

企业必须定期向税务机关提交其经营活动报告，提供它所代收的消费税情况，代收的消费税是必须交给政府的。同时要索取自己已经付给其他企业的消费税，这部分税额要从需向政府转交的代收他人的消费税额中扣除。

下面就税收问题做了一个简要的说明。你需找一个顾问，并且保留你每次交易的收据，包括你使用自己汽车的记录。

税务档案号

如果你是应纳税居民（确定你确切什么时候成为纳税居民，是一件很有意思的事情。正如咨询专家阿瑟·安德森指出的，“你什么时候成为或者不再是纳税居民，没有明确的答案”），根据法律你必须申请税务档案号，依法申请档案号是你的事。

纳税居民

如上面所提到的，情况并不是很清楚。但一个人在澳大利亚的一个税务年里居留超过 183 天，可以被认为是纳税居民。通常情况下，一个人住在澳大利亚，特别是在澳大利亚拥有自己的住所，可以被认为是纳税居民，而不管他在澳大利亚待的时间长短。永久居民地位显然是决定是不是纳税居民的另外一个因素。

税务年

澳大利亚的税务年从每年的 7 月 1 日到次年的 6 月 30 日，与日历年不同。

居民

如果你是一个纳税居民，你全球的收入都应该纳税，而不管它是在澳大利亚获得的，或者汇到了澳大利亚，除非在国外的收入已经在获得收入的国家纳了税。澳大利亚与许多国家都签订了避免双重征税的协定，允许抵消已在国外纳的税。

非居民

如果你不是澳大利亚居民，只有你从澳大利亚取得了可评估的收入时才必须纳税。

每个居民都要纳税

海外就业

纳税居民如果在国外连续工作 91 天以上，只要他已经在该国纳税，就可以免向澳大利亚缴税，但这只适用于就业收入。

国外收入

澳大利亚公司在低税国家，除了名单上所列的 61 个可比税的国家，所得收入被计入其母公司的收入，并以应收应付制为基础征税。但是，如果可比税的国家以低的优惠率征税，还是要收可比税。

资本收益

你出售在澳大利亚的第一个房子或者主要的“家”（主要居所）所获得的利润，没有资本收益税，即使你在海外待了一段时间（只要你不在时没有将房屋出租挣钱）。

如果你将房屋出租了，免收资本收益税的待遇只适用于你离开澳大利亚 6 年以内。即使你出售了作为投资而购买的第二处居所，如果你细心选择出售时间，比如在你购买该处房产至少 12 个月后再卖，仍可比较可观地降低你的资本收益税，也可抵消许多费用。总的来说，资本和财富本身并不征税。

税务突检

税务当局习惯于经常对纳税人的账户，特别是某个行业（如今年所有建筑商，明年所有表演艺术家）进行极其严厉的审计。这时候，你就真的需要 5 年内所有的证明文件。

免税门槛

近年政府放松和简化税收，免税额由2012年的6 000澳元提高至目前的18 200澳元，是极其慷慨的，意味着收入低于18 200澳元者在2012—2013税务年度不需交税。2015—2016税务年，免税额还将提高至19 400澳元。再加上445澳元的低收入税收抵扣，目前的税收制度是相当照顾低收入者的。超过18 200澳元的37 000澳元部分，需交19%的税；如果收入在37 001~80 000澳元之间，则需要交纳3 572澳元的固定税额及超出3 700澳元部分32.5%的税；如果收入在80 001~180 000澳元之间，则需交纳17 547澳元的固定税额及超出80 000澳元部分37%的税；如果收入超过180 000澳元，则需交纳54 547澳元的固定税额及超过部分45%的税。

买房要上税

税率

这些是地方政府税，可能因你的房产及得到的服务而不同。当你买房的时候，最好查一下，你将来的地方政府将征多少税，因为有些税率是相当高的。

第十章

生存篇（“自己动手”的澳大利亚，A到Z）

出售或出租；地处大陆、安静、幽僻，与世隔绝，四周皆海景，美轮美奂的花园，但部分需要浇灌（适合动手能力强的人）；没有住处，但潜力巨大人士优先；此处有许多本土动物，可作宠物或食物；传统业主乐于助人；适合希望摆脱原有一切的开拓者夫妇；先睹者先居住。

每个社会都有一些关于特定人物、事件或者特定事务的隐藏话题——而这个社会的所有成员都应该熟悉这些话题。这种知识可以作为证明你是局内人，或者几乎是局内人的通行口令或护照，使你能够进入那个社会。

澳大利亚也不例外。为了帮助你进入澳大利亚社会，下面是一些基本的信息。如果你能内化于心，你应该能够在晚宴上、鸡尾酒会上、闲谈时，甚至进行工作面试的时候应对自如，不需要问像“他/她是谁？”或者“什么？”这样毁灭性的问题。

前面各章已经详细介绍过的名字和事件，在这里我故意删去了。所以本章里没有提到的名字和事件并不意味着不重要。

澳大利亚概况

官方名称

澳大利亚联邦。

首都

堪培拉（不是你想象的像悉尼一样的城市），是单独的行政区，澳大利亚首都直辖区（ACT）。

澳大利亚国旗

国旗

底色是蓝色，左上角是英国国旗，左侧一颗星，右侧是南十字星座。

国歌

《前进，美丽的澳大利亚》。

《上帝保佑吾王》——当英国王室成员或者其代表、澳大利亚总督或者各州督在场时演奏。《跳华尔兹舞的玛蒂尔达》，澳大利亚非正式国歌。

国家颜色

绿色和金色。

官方语言

英语。

时区

澳大利亚女孩

澳大利亚分为西部、中部和东部三个时区。

以西澳大利亚州首府珀斯为基准，珀斯比格林尼治标准时间早 8 个小时，比澳大利亚东部各州晚两个小时。珀斯与香港、印度尼西亚巴厘岛、新加坡和马来西亚属同一个时区。每年夏天（10 月至次年 3 月），澳洲东部——新南威尔士州、维多利亚州、昆士兰州及塔斯马尼亚州及澳大利亚首都地区实行夏令时。西澳大利亚州、昆士兰州、北方领土地区不实行夏令时，这三个州在夏季，时间比东部各州又晚 1 个小时，因此在夏季，珀斯比东部城市晚 3 个小时。保守的西澳大利亚州人通过全民公决决定不实行夏令时。

北方领土地区和南澳大利亚州位于中央时区，比珀斯早一个半小时。

电话区号

澳大利亚的国际区号是 61。澳大利亚还有四个地区的区号。注意当你从国外打电话时，不用拨地区区号前面的 0。只有你在澳大利亚打电话时，才需要拨这个 0。因此当你从国外拨悉尼电话时，悉尼的区号“02”就变成“2”。如果你从海外拨打悉尼的号码 4444–5555 时，就拨打 61–2–4444–5555（澳大利亚固定号码都是 8 位）。

当你在国外拨打澳大利亚的移动电话号码时，也不用拨号码最前面的 0（大多数澳大利亚移动电话号前面都有 0）。另外，你不需要在号码前加区号，即当你打一个澳大利亚的手机电话时，你应该用一个像 61–444–555–666 的号码。如果在澳大利亚境内时，这个号码是 0444–555–666。

电话区号

02　新南威尔士州（例如悉尼）和澳大利亚首都地区（例如堪培拉）

03　维多利亚州（例如墨尔本）和塔斯马尼亚州（例如霍巴特）

07　昆士兰州（例如布里斯班）

08　南澳大利亚州（例如阿德莱德）、西澳大利亚州（例如珀斯）和北方领土地区（例如达尔文）包括布罗肯西尔地区

澳大利亚地图

国土

澳大利亚地处南半球，由澳洲大陆和位于其南部的塔斯马尼亚岛(州)两片土地组成。西临印度洋，东邻南太平洋。

面积

总面积：768.685 万平方公里。

土地：761.793万平方公里。

水域：6.8920万平方公里。

最高点

新南威尔士州的科修斯科峰（海拔 2 229 米）。

最低点

艾尔湖（海平面以下 16 米），在澳大利亚的中心，跨南澳大利亚州、北方领土地区和昆士兰州。

主要河流

墨累河、达令河和马兰比吉河。

气候

澳大利亚的气候差异很大，从中部的干旱、半干旱气候到北部的热带、季风气

候，东部和南部的地中海式及温带气候。记录在案的最高气温是在昆士兰州的克朗克里（Cloncurry），53.1℃，1889年。而澳洲的北部和中部，在夏季，45℃是很平常的。

自然资源

澳大利亚的矿产、贵重金属和宝石资源十分丰富，如矾土、煤炭、铜、钻石、黄金、“澳宝”（猫眼石）、铁矿石、铅、矿砂、天然气、镍、石油、银、锡、钨、铀、锌等。

人口

截至2013年5月，澳大利亚常住人口达2 300万。预计到2056年，澳人口将达3 090万至4 250万；到2101年，达3 370万至6 220万之间。2006年6月30日，澳大利亚土著人口约51.7万，占澳大利亚人口的2.5%。

人口密度

澳大利亚国土面积辽阔，人口密度很低，约每平方公里2.6人。截至2010年6月约27%的人口为海外出生的（1947年仅为10%）

人口中心

根据人口数量，澳大利亚最大的城市依次为：悉尼（400万以上），墨尔本（380万以上），布里斯班（180多万），珀斯（150多万），阿德莱德（100多万）。约64%的人口集中在重要的州首府城市，使澳大利亚成为城市化很高的国家。

悉尼大桥

宗教

澳大利亚主要宗教为罗马天主教、英圣公会基督教，还有其他基督教派别。根据2006年人口普查，19%的人口称不信教。5.6%的人信奉基督教以外的宗教，其中最主要的是佛教（2.1%）、伊斯兰教（1.7%）和印度教（0.7）。自1996年以来，印度教教徒人数增长速度最快，教徒人数翻了一番多，达15万。其次是佛教，教徒人数翻番达42万人。

行政区划分

六个州：新南威尔士州、昆士兰州、南澳大利亚州、塔斯马尼亚州、维多利亚州和西澳大利亚州。

两个地区：澳首都直辖区及北方领土地区。

另外还有一些海外领地：诺福克岛、科科斯岛、圣诞岛、麦夸里岛及澳属南极洲（南纬45° 与东经160° 之间）。

首都首府城市

堪培拉是联邦首都，位于首都直辖区。

各州首府是：

悉尼	新南威尔士州
墨尔本	维多利亚州
布里斯班	昆士兰州

珀斯	西澳大利亚州
阿德莱德	南澳大利亚州
霍巴特	塔斯马尼亚州
达尔文	北方领土地区

政府体制

澳大利亚实行联邦制，设有联邦议会和六个州议会、两个代表理事会（representative council）（首都直辖区和北方领土地区不是州）。

澳大利亚女王及其代表澳总督为澳最高领导人，总督根据行政委员会的意见行事。内阁决定经女王和总督批准后才具法律效力。重要政治决定和大多数的国家权力掌握在联邦政府总理及其内阁手中。联邦政府的权利受到澳宪法的限制。修改宪法必须举行全民公决。

在目前的政治中，澳大利亚基本上实行的是英国的“威斯敏斯特模式”，议会里分为政府和反对党。澳大利亚大致上是两党制，澳大利亚工党在2010年大选后成为执政党（2013年9月败选下台——译者注），自由党及其传统盟友国家党（两党联盟日益削弱）成为反对党（2013年9月胜选重新上台执政）。最有实力的小党是绿党，自2010年大选产生无多数议会后该党同三名独立议员一起与工党合作，使后者得以执政。因此，澳大利亚工党政府在2013年大选前只是少数派政府。澳大利亚实行义务投票制，凡年满18周岁以上的澳大利亚公民必须参加投票，土著人可自由选择是否进行选民登记。

墨尔本议会大厦

联邦众议院有150个议席，相当于英国的平民院（下院），每三年举行一次选举。参议院为“上院”，代表各州的利益，并有权审议立法，任期6年（首都直辖区和北方领土地区的参议员任期3年）。

各州体制与联邦体制

伊丽莎白女王邮票

相似，每个州都有王室任命的州督（Governov）、州长（Premier，旧译州总理——译者注）和内阁、本州宪法、上院（立法理事会，任期是下院的两倍）、下院（被称为立法会议，除昆士兰州外，任期为 4 年）。

北方领土地区（自 1978 年以来自治）和澳大利亚首都直辖区（联邦政府辖区，基本上是被迫进行自治的——违反其居民的意愿）设有一院制议会——立法会议——任期 4 年，多数党领袖被称为首席部长，女王的代表被称为长官（the Administrator）。

国家元首

伊丽莎白二世女王陛下，其代表为澳首位女总督昆廷·布赖斯，由工党政府于 2008 年 4 月提名。许多人认为，如果澳大利亚改行共和制，布赖斯将是一位出色的国家元首。但在伊丽莎白二世去世前，澳大利亚不大可能成为共和国，因为从她 2011 年 10 月访问澳大利亚的情况看，她个人仍很受澳大利亚人欢迎。

政府首脑

总理（自 2010 年 8 月起为英国 / 威尔士出生的工党领袖朱莉·吉拉德，系澳大利亚第 27 任总理，也是首位女总理。她是在发动工党“党内政变”后取代 2007 年大选后上台执政的澳大利亚总理陆克文的。在陆克文之前，自由党领导人约翰·霍华德曾长期担任总理。2013 年 9 月起，自由党领袖托尼·阿博特任总理。

选举

每三年进行一次大选——2007 年、2010 年，依此类推。主要选举制度为替代性选举（Preferential Voting）。

货币

澳元——自从 1966 年以来实行十位制——1 澳元等于 100 澳分。最小的硬币为铜

币1分钱。有1澳元和2澳元的硬币，5澳元、10澳元、50澳元、100澳元的钞票。自1992年以来，钞票使用聚合体（塑料）。自1983年以来，澳元实行自由浮动汇率政策。

国内生产总值

全国国内生产总值：15 980.7亿美元（2013年，国际货币基金组织预测）。

人均国内生产总值：69 500美元（2013年，国际货币基金组织预测）。

主要产品和产业

大麦、牛羊、化工制品、食品加工、水果、工业和交通设备、矿业、家禽、甘蔗、钢材、小麦等。

出口

铝、煤炭、金属矿石（黄金、铁矿石等）、原油、天然气、农业产品（肉类、小麦、羊毛）、运输设备。出口额2 529.6亿美元（2013年）。

进口

汽车及其他客运车辆、电脑和办公设备、原油和石油产品、药物（包括兽医药）、电信设备及机器设备及零件等。进口额2 327.2亿美元（2013年）。

经常性项目余额

202.2亿美元的赤字（2013年）。

预算赤字

210 亿美元（2012—2013 财政年度预测数字）。

失业率

5.8%（2013 年 12 月）。

澳大利亚的外国直接投资总额

6 300 亿美元（2013 年 7 月）。

人物小传

菲利普·亚当斯（Philip Adams）

彬彬有礼的自由派专栏作家，艺术界名人，澳大利亚电影业的开拓者。他主持澳大利亚广播公司国家电台夜间直播节目，经常为《澳大利亚人报》撰文。他毫不掩饰对右翼的打击。

朱利安·阿桑奇（Julian Assange）

无疑是澳大利亚名人，许多人甚至说他是个伟人，但澳大利亚政府似乎对此犹豫不决。阿桑奇，实际上是一位电脑黑客、编程员、互联网政治活动人士。他创建的维基解密由于勇敢地公布许多政治泄密和秘密文件而引起许多国家政府特别是美国政府的愤怒。我写此书时，他的命运难定，可能被从英国引渡至瑞典，面临强奸指控（当然这只是技术性的）。而这据说可能导致他被引渡至美国接受涉及美国军事和情报秘密的更为严重的指控。

墨尔本街心的一个花园

“巴厘九人组（The Bali Nine）”

指因 2005 年 4 月试图向印度尼西亚旅游胜地巴厘岛走私 8.1 千克海洛因被印尼法院判处徒刑的 9 个澳大利亚人。他们大多被判处 20 年到终身监禁的徒刑，两人还被判死刑。该案仍未结束，此类案件是印度尼西亚和澳大利亚之间的棘手问题。

巴厘爆炸犯（The Bali Bombers）

指 2002 年 10 月在印度尼西亚旅游胜地巴厘岛制造爆炸案，造成包括 88 名澳大利亚人在内的 202 人丧命的三名罪犯。他们均被枪毙。

艾伦·邦德（Alan Bond）

英国移民，白手起家成为商界巨头。1983 年邦德旗下船队获“美洲杯”帆船赛冠军，邦德成为家喻户晓的英雄人物。1992 年宣布破产，后因商业欺诈被判处 4 年徒刑，2000 年获释。他很快创业成功暴富，2008 年再次进入《商业评论周刊》杂志澳大利亚年度 200 名富豪榜。

唐·布莱德曼（Sir Don Bradman）

澳大利亚生人，板球队员，出色的击球手。1930 年创造了 452 分（跑）的记录，一直保持到 1994 年。1979 年被封为骑士，2001 年 2 月逝世。人们通常尊称他为“大唐（The Don）”。

马丁·布赖恩特（Martin Bryant）

1996 年 4 月 28 日，布赖恩特在塔斯马尼亚州的阿瑟港向无辜游客开枪，致 35 人死亡。澳大利亚政府随后对枪支管制法律进行大幅度改革。布赖恩特被判处 35 年监禁。

昆廷·布赖斯（Quentin Bryce）

作为女性，这个名字有点怪。布赖斯是澳大利亚首位女总督，2008 年由陆克文工党政府提名。此前，她担任昆士兰州州督 5 年。布赖斯 1942 年生于昆士兰州布里斯班，是著名律师，因积极倡导人权保护而闻名。

政治家的合作

布赖恩·伯克（Brian Burke）

前西澳大利亚州州长（1983—1987）。因“西澳公司”（伯克执政期间，西澳大利亚州政府与大企业关系密切，后为政府造成巨大损失——译者注）丑闻入狱。即使是今天，你还能经常听到人们谈论关于他任职的20世纪80年代贪欲之风盛行的事情。后来，他作为政治院外活动人士，仍对西澳州政府（艾伦·卡本特领导的工党政府拥有超出一般的影响，致使工党在2008年州选举中失利下台。

朱利安·伯恩赛德（Julian Burnside）

著名律师，有女王大律师（QC）称号，参与多项著名的人权案件。其中2001年的“坦帕案”涉及外国船民在澳大利亚寻求避难的权利。

哈里·巴特勒（Harry Butler）

国宝级人物，1979年获澳大利亚年度风云人物，2012年荣获澳大利亚勋章(AO)。巴特勒是20世纪70年代和80年代的“电视博物学家（TV naturalist)”名人。现在，作为一位身负重望的资源项目（如石油天然气巨头雪佛龙在西澳大利亚州巴罗岛天然气项目）环境管理顾问，他把他保护自然的专业特长用于实际。他认为，如果管理得好，工业和环境保护可以并行不悖。

海下世界

彼特·科斯特洛（Peter Costello）

他以几乎成为但未成为澳大利亚总理而著名。霍华德领导的澳大利亚自由党政府（1996—2007）任职时间最长的国库部长。科斯特洛野心勃勃地欲问鼎总理宝座，但屡次被霍华德挫败。他的怨恨渐生，请参阅他 2008 年撰写的传记。现在供职于世界银行，仍是媒体追捧人物。

蒂姆·科斯特洛（Tim Costello）

彼特·科斯特洛的哥哥，曾是浸礼会牧师。积极促进社会公正事业，现为澳大利亚著名慈善组织宣明会（World Vision Australia）的负责人，该组织致力于消除全球贫困。

詹妮特·霍姆斯·考特（Janet Holmes a Court）

百万富翁企业家罗伯特·霍姆斯·考特的遗孀。丈夫 1990 年去世后，她继承夫业，管理黑茨伯里（Heytesbury）控股有限公司，成为比其夫毫不逊色的企业家。她热心支持澳艺术发展。

卡德尔·埃文斯（Cadel Evans）

职业自行车赛手，多次冲击环法比赛冠军未果，但不气馁，终于在 2011 年夺得环法比赛冠军，时年仅 34 岁，令人钦佩。

“大解职”（“The Dismissal”）

指 1975 年惠特拉姆政府被戏剧般地解职的事件。

蒂姆·弗兰纳里（Tim Flannery）

坦率直言的环境主义者、丛林居民、电视名人、畅销书作者、著名科学家（动物学家、古生物学家），荣膺2007年澳大利亚风云人物，系当代名人。他是澳大利亚麦夸里

澳大利亚很适合骑行

大学教授，兼任澳大利亚气候变化委员会（已被2013年9月上台的澳大利亚自由党政府撤销——译者注）首席专员。请阅读他的著作《吃掉未来：澳大利亚土地和人民的生态史》（*The Future Eaters*）（1994）、《天气制造者：气候变化的历史及其影响》（*The Weather Makers*）（2005）、《在地球上》（*Here on Earth*），观看他的DVD《同舟共济》（*Two Men in a Tinnie*）（2006）、《探讨澳最北端》（*Two in the Top End*）（2008），都是寓教于乐的好书、好片子。

安德鲁·弗雷斯特（Andrew Forrest）

又被称为“多树枝（Twiggy）”（Forrest 中文意思为森林，树枝同森林意同）。弗里斯特是澳大利亚第三个最富有的人。根据《商业评论周刊》2011 年澳大利亚 200 名富豪榜，他因经营福特斯丘矿石公司（FMG）拥有 61.8 亿澳元的财富。

杰曼尼·格雷尔（Germaine Greer）教授

因创作女权主义作品《女宦官》（1970）及英国文学研究而世界闻名。自 20 世纪 90 年代以来在英格兰定居，由于她经常严厉批评其祖国，部分澳大利亚人不喜欢她。但对媒体来说，她是炙手可热的人物，媒体喜欢了解她倾向性很强的观点。

穆罕默德·哈尼夫医生（Dr Mohammed Haneef）

2007 年的“哈尼夫案”系严重的移民和安全错案。澳大利亚自由党政府依据不很可靠的情报怀疑出生于印度、在昆士兰州工作的哈尼夫医生与恐怖组织有联系，将其关押 3 周。2010 年，哈尼夫从澳政府获得 100 万澳元的补偿，显然是封口费。

环澳自行车赛迷

罗尔夫·哈里斯（Rolf Harris）

生于珀斯，娱乐名人和画家，年过八旬但仍十分活跃。他是很受爱戴的澳大利亚标志性人物，现居住在英国，在英国更受欢迎。1952 年，他创作歌曲《*Tie Me Kangaroo*，*Down*，*Sport*》，一举成名。他拥有众多奖章，2012 年又荣获澳大利亚勋章（AO）。

鲍勃·霍克（Bob Hawke）

今日银发“无赖”（澳大利亚俚语 Bodgie 而来——译者注），曾是澳大利亚工会运动魅力四射的风云人物，1983—1991 年任澳大利亚工党政府总理。由于他丰富多彩的个性和个人生活，人们仍然爱戴他。可以阅读他的传记《霍克回忆录》，参见本书最后部分“阅读书目”。

雷顿·休伊特（Lleyton Hewitt）

生于澳大利亚。2001 年，世界男子网球 1 号专业选手，生于 1981 年 2 月，现年 33 岁。现在活跃在网球场，但 2011 年世界排名仅列在 187 位。此前，他曾饱受疾病之苦。

大卫·希克斯（David Hicks）

1975 年生于南澳大利亚州首府阿德莱德，后皈依伊斯兰教。曾接受与基地组织有联系的阿富汗塔利班政府的军事训练。2001 年在阿富汗被捕，后被押往臭名昭著的美国关塔那摩监狱，直到 2007 年初。他经过讨价还价，接受了“向恐怖组织提供物质支持”的指控，被判处 7 年徒刑，缓期执行。最后 9 个月是在澳服的刑。希克斯案在澳大利亚仍充满争议。[阅读他的自传《关塔那摩：我的旅程》（2010）]

格雷厄姆·法默（Graham Farmer）

可能是澳大利亚最著名的澳式足球运动员。这位西澳土著明星 20 世纪 50 年代如日中天。珀斯格雷厄姆·法默高速公路根据他的名字命名。

澳大利亚的足球男孩

哈罗特·霍尔特（Harold Holt）

1966 年任澳大利亚联邦总理，1967 年失踪。据认为是在维多利亚海边游泳时溺水遇难。由于一直没有找到其尸体，他的死因仍是个谜，有各种令人难以置信的说法。

弗里德·霍洛斯（Fred Hollows）

生于新西兰，1990 年被评为“澳大利亚风云人物”。作为眼科专家，他通过手术使许多发展中国家的病人，包括土著澳大利亚人恢复了视力。他 1993 年死于癌症，但弗里德·霍洛斯基金会及其遗孀加比继承了他的事业。

斯蒂夫·胡克（Steve Hooker）

著名撑竿跳高运动员，多次获得世界金牌，包括北京奥运会金牌。曾经跳出 6.6 米的好成绩。

斯蒂芬·郝珀（Stephen Hopper）

著名植物学家、教授，是澳大利亚最负盛名的自然和植物保护主义者。曾任珀斯国王公园和植物园园长，由于表现出色，2006 年荣任世界植物园之首的英国伦敦基尤皇家植物园园长，成为第一个非英国人担任园长，达到植物研究事业顶峰。2012 年获得澳大利亚最高荣誉澳大利亚勋章（AC）。现在西澳大利亚州南部沿海的阿尔伯尼分校任职。

珀斯国家公园

斯蒂夫·欧文（Steve Erwin）

是一条“丛林硬汉”，野生动物专家、冒险家、电视名人，是位于昆士兰州的澳大利亚动物园园长。2005 年在大堡礁进行水下拍摄时，因被魔鬼鱼毒刺刺伤去世。作为“鳄鱼邓迪”即保罗·霍根的天衣无缝的替代者，欧文被喻为澳大利亚的“鳄鱼猎手”。他美国出生的遗孀特里和明星女儿宾迪在他的动物园继续他的事业。

澳洲凯恩斯大堡礁

艾伦·乔伊斯（Alan Joyce）

澳大利亚载旗航空公司澳洲航空（快达航空）（又称飞翔的袋鼠，是世界第二个历史最悠久的航空公司，1920 年创建于昆士兰州）总裁，爱尔兰裔，年薪 500 万澳元。2011 年，人们对他可不怀好感。是年，他宣布澳航裁员 1 000 人，并将部分业务转移至海外，特别是亚洲。澳航宣传主题歌有一句词是“澳大利亚是我们的家”，人们怀疑澳航是否仍视澳大利亚为它的家。乔伊斯的决定引发航空公司和机场工人连续大罢工。2011 年 10 月，乔伊斯采取前所未有的行动：停飞澳航全球各地航班。澳航及机场工人被迫接受由政府公正工作局进行的劳资纠纷仲裁。

卡马赫尔（Kamahl）

印度裔歌手，原籍马来西亚。他极为成功，受到从蹒跚学步的童孩到六七十岁的祖母的澳大利亚中产阶级的欢迎。卡马赫尔早已成为地道的澳大利亚人，但他的盛时已过。

保罗·约翰·基廷（Paul John Keating）

澳大利亚工党政府总理（1991—1996）。他以密切澳大利亚与亚洲的关系特别是与印度尼西亚的关系，维护土著人的土地权和促进和解，推动澳经济进行转型而著名。他 10 多岁就辍学，是自学成才的经济学家。他是一个天才的议会“斗争”能手，能够天才地使用侮辱性语言。他富有“大局”思想（big picture vision），讲究时髦（如喜欢高档西装，收集法国名表等），喜欢国际活动。他同样是毁在上述特点上，因为普通澳大利亚人认为他忘了自己的家，将他踢下台。

内德·凯利（Ned Kelly）

19世纪70年代维多利亚时代的传奇人物——“绿林好汉”（强盗）。他以穿戴自制的重40千克铠甲而著名。1880年以谋杀罪被绞死。在澳大利亚民间传说中，他被捧为罗宾汉式的人物，代表爱尔兰人对英格兰（英国人）的憎恨及澳大利亚人通常与警察或者其他当局者的不睦关系。一定要阅读彼特·凯里（Peter Carey）的《凯利帮的真实故事》（*The Story of the Kelly Gang*）（2001）。

澳大利亚和丹麦，像两只蝴蝶

丹麦王妃玛丽

生于塔斯马尼亚，原名玛丽·唐纳逊，本是一个普通的女孩。当这个可爱、时髦的女孩于2000年悉尼奥运会期间与一个潇洒的丹麦赛艇手坠入爱河时，她交了好运。她当时根本没有意识到，她邂逅的是丹麦王储弗雷德里克。他们于2004年5月举行了婚礼，并开始了幸福的生活。现有四个子女，一个儿子生于2005年，一个女儿生于2007年，2010年又生了一对双胞胎（一男一女）。澳大利亚人为玛丽而“疯狂”，她在澳大利亚人心中就像英国的“戴安娜王妃”，抢了英国王室的风头。

罗伯特·戈登·孟席斯（Robert Gordon Menzies）

澳大利亚执政时间最长的总理（1939—1941及1949—1966），澳自由党的创始人。他操着英式口音，是旧的英式澳大利亚的代表人物，1978年逝世。1963年，他借用伊丽莎白一世时代的诗歌奉承英国/澳大利亚女王伊丽莎白二世：“我只看见她经过；就会爱她到永远。”人们还经常引用他的话，他也因此“恶名远扬”。

鲁珀特·默多克（Rupert Murdoch）

他已经臭名远扬，几乎不需任何介绍，但只提醒你：这位年过八旬的媒体大亨生于澳大利亚墨尔本，后加入美国国籍，并统治世界。他的新闻集团拥有许多澳大利亚媒体，包括第一家也是唯一的全国性日报《澳大利亚人报》。

因·麦克纳马拉（Ian MacNamara）

被澳大利亚人亲昵地称“马卡”。他主持澳广播公司广播电台的《遍布澳大利亚节目》（深受澳大利亚农村地区的欢迎），因致力于维护澳大利亚的“核心价值观”而闻名。

詹姆士·帕克（James Packer）

澳大利亚媒体大亨、澳大利亚联合报业公司老板克里·帕克的儿子和新掌门人。克里倡议了一日制板球比赛。詹姆士将公司的投资重点又放回到博彩业。詹姆士在澳大利亚《商业评论周刊》十大澳大利亚富豪榜中名列第八，身价为 41.6 亿澳元。

萨莉·皮尔逊（Sally Pearson）

澳大利亚体育新星，生于 1986 年。在 2011 年世界田径锦标赛女子 100 米栏比赛中表现出色。以 12.28 秒的成绩创该项目历史上第四个最快的速度，打破澳大利亚全国纪录。

约翰·皮尔格（John Pilger）

侨居伦敦的澳大利亚作家、记者、评论家，他是右翼的灾星、全球政治家的灾星、不诚实或懒惰记者同行的灾星。他虽侨居海外，对澳大利亚局势仍有敏锐犀利的

墨尔本的民居

观察，一如他的书《一个神秘的国度》(1992)。

法尔·拉普 (Phar Lap)

每个澳大利亚人都熟知的一匹赛马。经常赢得比赛，特别是在 1930 年的“墨尔本杯”上表现上乘。该马于 1932 年 4 月死亡。至今仍有许多关于其死因的猜测。

吉娜·莱因哈特 (Gina Rinehart)。

已故澳大利亚矿业（主要是铁矿石）大王、朗·汉考克（Lang Hancock）的女儿，她继承了其父创建的西澳大利亚汉考克勘探公司的所有权。2011 年，其财富达 103.1 亿澳元，被澳大利亚《商业评论周刊》杂志列为 2011 年澳大利亚首富。她的子女同她就家庭信托的控制权打起官司，引出许多恩恩怨怨，“肥皂剧”仍在上演。

杰弗里·罗伯茨森 (Geoffrey Robertson)

律师，生于澳大利亚，在（英国）牛津接受教育，致力于在国内外维护人权，也是澳大利亚重要的共和派人士。

彼特·辛格 (Peter Singer)

备受争议的澳大利亚哲学家、著名的素食主义者。他因关于安乐死的激进观点及作为“动物解放之父”而闻名世界（参阅他 1975 年的著作《动物解放》）。他是美国普林斯顿大学生物伦理学教授，兼墨尔本大学荣誉教授。虽然他的观点经常引起争议，他 2012 年还是被授予最高荣誉澳大利亚勋章（AC）

考拉，澳大利亚的宝贝

迪克·斯密斯 (Dick Smith)

成功的企业家和系列冒险家，同名电器连锁店的创始人。他将赚到的不少钱用于发展其个人爱好，从出版到航空、探险，或者直接用于慈善。

菲奥娜·斯坦利（Fiona Stanley）教授

一个令人愉悦的澳大利亚英雄人物，2003 年澳大利亚风云人物。2014 年，一座耗资 20 亿澳元、拥有一流设施的医院将在西澳大利亚州落成。为了表彰她对儿童疾病治疗及近年来为土著人的健康而作出的不懈努力，这座医院将根据她的名字命名。

克里·斯托克斯（Kerry Stokes）

媒体大亨，七西媒体集团董事长。该集团旗下包括西澳大利亚州的主要报纸及七媒体的多个电视频道。

澳大利亚网球手

萨曼瑟（Samantha）、“萨曼”（Sam）、斯托瑟（Stosur）

澳大利亚著名职业网球运动员，世界排名第七，2011 年美国网球公开赛单打冠军。生于 1984 年。

琼·萨瑟兰（Dame Joan Sutherland）

1926 年生于悉尼，世界著名的澳大利亚歌剧女高音歌唱家，曾被意大利音乐行家称为“最美女高音”。2010 年 10 月不幸逝世。

马尔科姆·特恩布尔（Malcolm Turnbull）

许多人认为，这位温文尔雅的自由党前领袖（2008 年 9 月至 2009 年 12 月，领导权被现领袖托尼·阿博特夺走）仍可能在 2013 年大选前东山再起（阿博特已领导自由党赢得大选胜利，特恩布尔在以阿博特为总理的自由党政府中任通信部长——译者注）。他对气候变化和碳价问题的看法与阿博特不同，后者持怀疑态度。特恩布尔曾是记者、知名律师、银行家和商人，积累了不少个人财富。

沙恩·沃恩（Shane Warne）

已经退休但曾被喻为最出色的旋转球投球手（leg spin bowler）。他的风流“性”

事及 2011 年与英国性感女星丽兹·赫尔利订婚使他更加闻名世界。

菲奥娜·伍德（Fiona Wood）医生

2005 年澳大利亚风云人物。伍德医生，生于英国，现为西澳大利亚州著名整形外科医生，擅长治疗严重烧伤病人。2002 年 10 月巴厘岛恐怖爆炸事件后，她在珀斯皇家医院成功拯救了 20 多名严重烧伤（92% 以上）伤员的生命。另见下面关于澳大利亚发明家和创新者词条。

发明家和创新者

长期以来，澳大利亚人以长于发明创造，但不太善于开发和推广其发明创造而闻名。即使是这样，澳大利亚人的发明创造也足以给人留下深刻印象。下面只是其中一部分：

- 平方公里阵列射电望远镜 (SKA) 项目，澳大利亚、新西兰及南非合作项目。
  世界上最大规模、最为灵敏的、功率最大的深空望远镜项目，耗资 20 亿澳元，部分设施将安装在位于西澳大利亚州北部杰拉顿市东北部的默奇生射电天文台。项目将于 2016 年启动，2024 年全面运行。
- 子宫颈癌疫苗，因·弗雷泽（Ian Frazer）教授。
  生于苏格兰、基地在墨尔本的澳大利亚临床免疫学家，2006 年首次研制出人类乳头状瘤病毒（HPV）疫苗，而 HPV 是多种宫颈癌的元凶。他的中国合作伙伴周健教授不幸于 1999 年去世。弗雷泽 2012 年被授予澳大利亚最高荣誉澳大利亚勋章（AC）。
- 胃溃疡细菌，巴里·马歇尔（Barry Marshall）和罗宾·沃伦（Robin Warren）医生。
  两人均生于澳大利亚，基地在西澳大利亚州。因 20 世纪 80 年代发现胃溃疡病的主要病因——幽门螺旋杆菌（Hp）而获得 2005 年度诺贝尔生理学与医学奖。

澳大利亚的医生与女病人

● 喷雾治疗烧伤皮肤（“Spray-on Skin”），菲奥娜·伍德（Fiona Wood）医生。

伍德医生生于英国，是皇家珀斯医院的医生。1992 年，她同另外一名科学家玛丽·斯通娜针对严重烧伤病人的皮肤治疗发明喷雾治疗技术。同传统的皮肤细胞培养和分化术相比，极大缩短了培养时间，同时实现了“瘢痕无创愈合”。

● 塑料钞票，澳大利亚科学与研究组织（CSIRO）及澳大利亚储备银行（RBA）。

澳大利亚科学与研究组织及澳大利亚储备银行创造了世界上最早的塑料钞票。1988 年，澳大利亚成立 200 周年时发行了 10 澳元的钞票。这种钞票极其耐用，防水。澳大利亚储备银行下属的澳印钞局已为世界许多国家印制这种钞票。

● 节水冲水马桶，布鲁斯·汤普森（Bruce thompson）。

1980 年，为南澳大利亚州科马洁具公司效力的汤普森设计出节水马桶。目前，节水马桶已是司空见惯。

● 人工耳蜗，格雷姆·克拉克（Graeme Clark）教授。

克拉克教授生于澳大利亚，他率领的墨尔本大学团队 1978 年研制出可以放入病人耳朵中、帮助恢复听力的“耳蜗植入物”。

部分缩写解释

ABC（Austalian Broadcasting Corporation）澳大利亚广播公司。

ABN（Australian Business Number）澳大利亚商业号码。

ACA（Australian Consumers' Association）澳大利亚消费者协会。

ACT（Australian Capital Territory），澳大利亚首都地区，首府堪培拉。

ACTU（The Australian Council of Trade Unions）澳大利亚工会理事会，据信是澳大利亚工党的重要支持基础。

AFL（Australian Football League）澳大利亚规则足球，即澳式足球。

布里斯班附近的葡萄园

墨尔本中心车站

ALP（Australian Labor Party）澳大利亚工党。

AMA（Australian Medical Association）澳大利亚医学会。

ANU（Australian Naitonal University）澳大利亚国立大学。

ANZAC（Australian & New Zealnad Army Corps）澳大利亚及新西兰军团（第一次世界大战时期出现的词汇）。

ASIC（Australian Securities and Investment Commission），澳大利亚证券和投资委员会，澳大利亚政府对公司、投资者、股票的主要官方监管机构。

ASIO（Australian Security Intelligence Organisation）澳大利亚国家安全情报机构。

ASX（Australian Stock Exchange）澳大利亚股票市场。

ATO（Australia Taxation Office）澳大利亚税务局。

AusAID（Australian Agency for International Development）澳大利亚国际发展署，澳大利亚政府对外援助机构。

BAS（Business Activity Statement）商业活动声明。

BSB（Bank-State-Branch）开户行号码。进行银行交易，如电子划款等，需要使用这个号码。这个号码代表账户所在的银行及其营业所。你的账户号码的左侧［6个数字（两组3个数字）］及你的支票号码的右侧（支票号码在支票底部的中间）能找到上述号码。

CCC（Corruption & Crime Commission，“3C”）防止腐败和犯罪局。

COB（Close of Business）停止营业、办公时间（澳大利亚是下午5点）。

EST（Eastern Standard Time）东部标准时间。东部各州使用的时间，比格林尼治标准时间早10个小时，比西澳大利亚时区早两个小时（夏季实行夏令时，还要早一小时）。

GST（Goods and Service Tax）货物和服务税，即消费税。2000 年实行的一种新税种，目前税率为 10%。

MCG（Melbourne Cricket Ground）墨尔本板球场。

NSW (New South Wales) 新南威尔士州，首府悉尼。

NT (Northern Territory) 北方领土地区，首府达尔文。

OBE (Outcomes-based Education）成果为本土教育。一种自由的现代教学方式，在澳大利亚，特别是某些州，如西澳大利亚州仍然充满争议。

PAYG（Pay As You Go）所得税的一种。

QSLD（Queensland）昆士兰州，首府是布里斯班。

RSL（Returned Services League）退役人员协会，传统上是死硬保守派和沙文主义的代名词。近年来，出现与时俱进的迹象。

SA（South Australia）南澳大利亚州，首府阿德莱德。

SBS（Special Broadcasting Service）特别广播局。旨在为少数民族服务的广播服务。其实 SBS 电视台，又称“民族台”所做的不止这些。它的国际新闻、纪录片和电影都很棒。

TAB（Totalisator Agency Board）赛马博彩管理局——到附近的商店或者网上注册账户，就可在互联网上就墨尔本杯赛马比赛下赌。

TAFE（Technical and Further Education）技术和继续教育学院。技术和继续教育学院是高等教育的替代性选择，有时也是进入高等教育的渠道。

TAS（Tasmania）塔斯马尼亚州，首府是霍巴特。

TGIF（Thank God it' s Friday!）谢天谢地，星期五啦！

VIC（Victoira）维多利亚州，首府为墨尔本。

WA（Western Australia）西澳大利亚州，首府为珀斯。

布里斯班大桥

附录 FULU

文化知识小测试

你能成为一个真正的“澳大利亚人”，融入其文化吗？下面是几个情景，供你测试。

情景一

在你工作的澳大利亚办公室里，需要翻译一份法文文件。你是法文语言和文学硕士。你：

A. 你大声、明白无误地说自己是法文语言和文学硕士，并去翻译那份文件？

B. 保持沉默直到别人说，“嗨，比尔懂点法文，是不是？”而且让你来翻译？

C. 提出翻译那份文件，说“我不知道翻得了翻不了，让我先看一看”，然后你开始翻译，而且故意多花点时间，并且留下老板能看得出来的部分错误，以便让他自豪？

美丽的金发女子

办公室里

评论

三项选择中，C肯定是最澳大利亚化的。意思是不要太突出，或者显得太优秀——不要冒成为高罂粟而被打压的危险。B也是一个不错的选择，但A肯定不行。噢，如果你因此而得到提升，记住千万不要举办庆祝聚会——那样就太炫耀了。

情景二

你最终与这个澳大利亚金发美女约会了，你是否：

A. 把她带到当地最好的餐馆，又吃又跳，为她开车门和拉餐馆的门，还要为她拉椅子，自己付了账单的全部，把她护送至门前？

B. 把她带到一个中等或较便宜的餐馆，一切事情基本让她自己来处理。吃完饭，两个人分摊账单，然后把她送至出租车或者自己的车？

C. 在居民区的小外卖店匆忙地吃点炸鱼和薯条，然后带她去看当地的澳式足球比赛？

年轻人在笔记本电脑写信

评论

对于首次约会，B 可能是正确的选择。像 A 那样过于殷勤去讨好很可能会引起她的警觉，使她觉得你想“把她搞上床”。而 C 不像是澳大利亚男人的真正的约会，虽然这并不是没有听说过的事，或者澳大利亚男人没有做过的事情。一旦她习惯了你的外国方式，你可以在以后的约会中表现得更积极些。

情景三

一个作为你重要商业伙伴的公司的董事长，与你从未见过面，写信给你，要求了解一些情况。他说希望尽快得到回音。你：

A. 写封信，在开头写，“亲爱的先生，根据你 18 日来信，关于要求……”接着发传真给对方，将原件用快递寄出？

B. 把来信放在待处理文件箱里几天，然后用普通邮件答复，写“亲爱的乔，找到你要的信息遇到一点困难，但不要担心，这应该是关于……”

C. 丢之脑后？

评论

选择 A 不会给你带来什么好处，甚至会带来坏处。而 B 是正确的，不会因为你效率过高而威胁别人。要想带点澳大利亚味，写信的时候，一定用对方的名（而不是姓或者其他敬称）。如有可能，还要有点拼写错误。C 有时确实发生，但对澳大利亚人来说，那样做太不友好了。

情景四

为了证明你能讲澳大利亚英语，将下面这段话译成正规的英语［引自 1994 年 5 月 28—29 日《澳大利亚杂志》弗兰克 · 迪瓦恩（Frank Devine）“这就是语言”专栏。《澳大利亚杂志》随《澳大利亚人周末报》同时全国发行，对所有研究澳大利亚的人来说，它提供了丰富的信息。］

At Chrissie, me and my sister went to Brizzie to see our rellies. I got an eleckie blankie for a prezzy and she got some lippy. We both got sunnies and pushies. For brekky, we had muchies and chocky bikkies.

三明治

答案

At Christmas, me and my sister went to Brisbane to see our relatives.I got an electric blanket for a present and she got some lipstick.We both got sunglasses and pushbikes.For breakfast, we had mushrooms and chocolate biscuits.

（译文：圣诞节的时候，我和妹妹/姐姐去了布里斯班看望亲戚。我得到的礼物是一条电热毯，她的礼物是唇膏。我们两人都得到了太阳镜和自行车。早餐的时候，我们吃蘑菇和巧克力饼干。）

行为准则

要做什么

- 如果不相识的路人跟你友好地交谈，你应该以同样友好的方式与之交流——澳大利亚人与不认识的人谈话是常见的事。冷落他们是不礼貌的。
- 如果不认识你的人或者新结识你的人称呼你的名字，你要欣然接受，同时你也可以同样称呼他们——这细微之处表明平等。
- 认真对待并遵守海滩边的警告语。如果当地的专家或者救生员说上岸，你必须上岸。
- 在开车的时候，要“各行各道”，遵守打指示灯的礼节——不能不打灯示意，就在车道上来回变线——要礼让，尽量少鸣喇叭。
- 认真对待当地关于酒后驾车的限制性规定，晚上出去聚会，让他人开车。
- 在餐馆和酒吧，付自己该付的账。
- 应邀参加晚餐时，带上一瓶酒或者一些食物。
- 对住在一起，但好像并没有结婚的任何人（异性的或者同性恋的）称作“partner”（译为“伴侣”似比较合适——译者注）。
- 如果你对同性恋者、妇女及女权主义者或者失业者有偏见，要收敛一下——在澳大利亚有礼貌的人的圈子里从不对上述任何群体公开表示敌意（虽然在其他圈子里你可能听到很多）。
- 学会几个澳式英语词汇，以便应付日常生活，知道发生了什么事情（你也需要知道后面的关于“不要做”

龙虾

野餐食品

的事）。

- 许多事情要学会自己做。澳大利亚是一个“自己动手”的社会，而且劳力很贵。
- 立刻准备好户外活动需要的东西，如野餐毯、保温箱、折叠椅、折叠阳伞、野餐篮子及塑料餐饮用品和刀具——如果你夏天不去野餐，你就不是澳大利亚人。后院的烧烤炉也是一样——最好现在就买一个。
- 至少要买一个现流行的独立式的电烧烤架。
- 要把你里边还有剩余时间，已经付过钱的停车券送给要停车的司机，这是澳大利亚的共享精神，也显示了真正澳大利亚人的做事方式：不让政府轻易得逞：把老百姓辛苦挣的钱拿走。

不要做什么

- 不要要小聪明或显得很滑稽，或欺骗海关和移民官员，特别是不要走私食品或植物。
- 不要对恶语、侮辱或者粗鲁的手势做出过度反应，或针锋相对。大度点儿，忘记就是了。
- 不要对分歧过于往心里去。在进行了一次健康的澳式争论后，不要抱怨或记仇。这都是澳大利亚艰苦生活的一部分。
- 不要在比较轻松的社交场合提过于严肃的问题，如种族或宗教问题。
- 不要不问对象就讨论文化、种族分歧问题或拿这些问题开玩笑——澳大利亚是个多元文化、多种族的国家，你不可能总是了解对方的背景，你也可能无意中触犯了对方。例如要记住许多土著人可能看起来像白人。
- 不要在社交场合讨论钱，特别是你自己的钱。
- 不要乱花钱，见到人就请吃饭或喝酒。澳大利亚人讨厌欠别人的情。
- 不要想当然地认为在发廊或餐馆你应该付小费——在旅游业之外的任何行业，给小费被认为是侮辱性的。
- 在轻松的场合不要穿得太讲究——有时要学会穿得破烂些，但要有创意。
- 不要以为到处使用澳式英语词汇，如“G’day, mate!”（你好！哥们儿！）就可能立刻赢得人们的爱戴；一些澳大利亚人讨厌外人这样仿效他们的语言——你需要慢慢地赢得使用

老爷车展示

澳式语言的权利。

- 不要期待你的高级车、大房子或成功的事业会给他们留下深刻印象。不是的，他们想知道的是，你是不是在聚会上是一个好人，或者好心的女人。
- 不要公开地将澳大利亚不好的事情与你的“祖国”比较。
- 不要抱怨天气、他人或澳大利亚这个国家——因为“抱怨（whingeing）”在澳大利亚这样一个“随遇而安”的社会里可能是一种罪恶。
- 不要问一些个人的问题，如“你挣多少工资？”“你为什么不结婚？”
- 不要因为你年长，或是孩子的老师或家长，就期望在澳大利亚成长起来的孩子在你面前保持安静或者特别顺从。
- 不要在大多数零售店里讨价还价。
- 不要不研究当地情况，不带地图和基本用品（特别是水和使用汽油），不告诉当地警察或者负责你日程安排的人，就开车或者走路深入乡村/内地。郊区以外的地区可能条件很差。
- 不要过度奉承他人或者服务过于热情——澳大利亚人讨厌谄媚。
- 不要不经许可就随便吸烟。多数澳大利亚人认为，在别人的屋内吸烟是不礼貌的，不用问能否在屋内吸烟，自觉到屋外后院去吸烟。
- 不要对那些曾在战争中（如第一次和第二次世界大战）服过役的人进行中伤或者进行过于客观的分析。当然肯定不能中伤那些像参加1915年加里波里战役这样的“圣牛”。
- 在较为礼貌的场合，不要使用政治不宜词汇，如用“cripple”、“handicapped”代指残疾人，或者“abo”代指土著人等。尽快弄明白哪些词不能用。
- 不要试图加塞儿或者大肆利用任何关系/自己的地位，以任何方式施加影响，使结果对己有利——讲究平等的澳大利亚社会将会更加厉害地打压你［这里用的修饰词是大肆（blatantly），但很多情况下，这样的事情都是悄悄进行的，你抓不到］。
- 在明确是去用茶（tea）还是吃饭（dinner）前，不要邀请别人或者接受别人的邀请。许多澳大利亚人说“tea”的时候指主餐——晚餐，而说“dinner”指的是午餐。

- 不要过多地谈论自己，除非别人要求你这么做。
- 在服从政府或者遵守法规、规定方面不要太过于“言听计从”，或者至少不要让他人知道你是那样。在车票上做点手脚什么的无妨。澳大利亚人敬佩反叛者。
- 不要小看澳大利亚的太阳而冒患皮肤癌的危险去多晒太阳。晒太阳最多不能超过30分钟。帽子、保护眼睛的太阳镜、遮盖的衣物、高倍防晒霜都是必需品，即使是对付冬天的太阳。
- 不要不研究当前的火警警告和风向情况及确认是否允许，就随处生火，包括在家里。在夏天，避免生火。

词汇表

Akubra……阿库布拉，澳大利亚男人戴的典型的宽边帽子。曾是农村人戴的，现在十分时髦。

Arvo……下午。“See you this arvo.”（下午见。）

Barbie……户外烧烤用具，也指烧烤野餐会。在澳夏季，后院烧烤的地方成为社交活动的中心。

Bathers……浴袍、泳衣。

Battler……典型的澳大利亚概念，涉及生活哲学的问题。Battler指的是微不足道的小人物、底层人士，为了生存而挣扎，常与大人物冲突。但他/她永远是英雄。

Beanut……太棒了，很好，“Great!”另外一个常用同义词是“Beauty!”发音为“Bewdy”。

Bell……“Give us a bell tomorrow.”——明天给我们打电话。

Bickies……钱。“I reckon I could earn big bickies on this deal, mate.”——这笔买卖我能赚大钱，哥们儿。

Bludger……通常用法是“dole bludger”，依赖他人生活却不给予回报的

澳大利亚妇女参加游泳

人。指依靠国家失业救济生活的人。但也指去酒馆喝酒，总让别人买酒喝，但自己却不给别人买酒的人。

Blue …………争吵、口角、错误。

Bodgie ………澳洲英语中指“Teddy Boy”（20世纪50年代用语，意思是男阿飞、男流氓，游手好闲的无赖青年）。前总理霍克曾被称为“The Silver Bodgie”（银阿飞），因为他在搞政治之前有点像“阿飞”：穿色彩鲜艳的上衣，留着连鬓胡子，只不过是银色的。

Bonzer ………与下面的“Cobber”一词一样，外人认为这也是典型的澳大利亚英语用词，现在已经不用了。它的意思是“excellent”——太好了，棒极了。

Bucketing ……过去没有冲水厕所的时候，人类的大小便是装在桶里，由人收走或者运走的。如果你“get bucketed”，意思是一桶屎尿泼在了你身上。现在，“to get or ‘cop’ a bucketing”指你遭到严厉训斥或者批评。

澳大利亚悉尼节

Buckley’s Chance ……没有机会。这个词的起源不是很清楚，但可能源自19世纪初，Buckley是一个特别不走运的人物。“You’ve got Buckley’s of winning this bet, mate!”——这次赌博你根本不可能赢，哥们儿。

Budgie Smugglers ……说出来有点难为情，但典型的澳大利亚人谈论的“Budgie Smugglers”指的是那种老式的穿着暴露的男士游泳裤，紧紧包着生殖器。男士前面鼓起的部位被澳大利亚人诙谐地称之为“a Budgie”（鸟）钻进了短裤里。这个让人脸红的词目前又重新流行起来是因为普京式的、喜爱户外运动的自由党领袖托尼·阿伯特。他在最近的铁人三项竞赛上，敢于身穿上述装束直面电视台的镜头，成了全国的笑谈（必须说获得了一些女性的羡慕）。

Bunyip ………童年故事里一个根深蒂固的不总是那么友好的传说中的动物，经常在水塘周围出没。

澳大利亚悉尼的孩子们

Cark it……死去。非常不正式的用语。如果说你最好的朋友的父亲刚刚“Cark it”，是非常粗鲁无礼的。

Catchya……是“Catch you later”(再见)的意思，一个常用的分别时所说的话。

Chook……小鸡。

Chuck a wobbly……大发脾气。见后边“Spit the dummy”。

Chunder……呕吐。本词源自过去坐船时的一种提醒，人们提醒那些不幸站在晕船人下方的人，“Watch under!”(小心脚下！)

Clayton's……源自一种不含酒精的饮料的名称，表面上看是酒，其实不是。这个词用以指“假的、不是真实的事”。

Cobber……典型的澳洲英语俚语，指朋友的意思。现已基本不用。

Cocky……原指小农场主。小农场主种的粮食，最后被cockatoo(美冠鹦鹉)吃掉了。所以现在的用法是“for cockatoo as well”(也是为鹦鹉准备的)。

Crook……生病、不舒服。

Crust……指你的生计，“面包和黄油”。“What does he do for a crust?”——他靠什么为生/他是做什么工作的？

Dag……〈贬〉指某方面令人讨厌的人，或不修边幅，或自命不凡，或者索然无味的人。此词源自羊屁股处经常很肮脏的羊毛。

Daks/strides……男人的裤子，源自一个品牌。也称为“duds”、“Track daks”，指“tracksuit”(作便服或运动服穿的宽松而保暖的裤子)。

Dingbat……古怪、怪癖的人。

Dinkum……常用语是“Fair dinkum”，意思是“诚实点，这是真理！”因此指“真事”。“dinky-di”的程度更重。

Dob In……告密、告发，特别是背叛朋友、工友或者邻居。在澳价值观里，朋友即使犯罪了，你向警察告发他，也被认为是一种不高尚的行为。

Drongo……指无望的失败者、蠢人或笨人。源自20世纪20年代一匹赛马，它老输，一次也没赢过。

Drum……消息、信息、内部消息等。“What's the drum on that

takeover proposal, Pete?"——"彼特，收购的事有什么消息吗？"

Dunny …… 卫生间，通常指户外卫生间，也称"loo"。现在城市里已很少见，但农村里仍有。

Esky …… 便携式冷藏箱（盒），用于外出野餐时携带食品和酒水饮料，特别是啤酒。源自商品的牌子"Eskimo"。

Flat Chat/ Flat Tack …… 竭尽全力，非常忙。

The Fremantle Doctor …… 一个西澳大利亚州用语，指一个炎热的下午，从弗里曼特尔吹到珀斯的让人欢喜的清凉之风。有时简称为"The Doctor"。

Full Bottle …… 消息灵通，什么都知道的。"Henry's not full bottle on this issue, so let's call Reggie instead."——"亨利不怎么知道这件事，我们还是给里吉打电话吧。"

玩家抓住球了

Furphy …… 谣言、假消息。源自士兵们打扫厕所坐在盛水的手推车边上的闲聊。手推车的生产商是"Furphy"。

Get on your bike …… 最好快点！

Globe …… 指灯泡，相当于其他讲英语人使用的"bulb"、"light bulb"。

Gong …… 奖章或者其他代表权威的徽章、证章。"He looked important alright, all covered in gongs, he was."——"他看起来很重要，满身挂着徽章。他是很重要。"

Grog …… 酒，任何含酒精的酒，但主要指啤酒。

Guernsey …… 表示"接受"。源自一种毛线衫及澳式足球队的运动衫。你已选运动衫了，就表示你同意参加这支足球队。

Jackaroo/ Jackeroo …… 通常指到偏远内地养羊场、养牛场体验生活的城市青年。"A Jackeroo's life"指艰苦生活。

Jammies …… 睡衣、睡裤。

Joey …… 一个袋鼠幼崽。

Lakkies …… 橡胶带（来自Elastics一词）。

Larrikin …… 小流氓，游手好闲、调皮捣蛋的年轻人，麻烦制造者，饭桶，但通常心肠不坏。

Lolly/Lollies ……是"Lollipop"的缩略词。指任何糖，特别是那种颜色鲜艳的糖。

Nong ……笨蛋，傻子。

Ocker ……粗野的没有教养的澳大利亚人。他通常穿短裤、拖鞋，手里抱着一听啤酒，有啤酒肚。遇到其他种族、文化时，总是表现出沙文主义、自负。谢天谢地，这样的人越来越少了。

Poofter ……〈贬〉男同性恋者，这个仍很常用，可能是澳大利亚男人为了确认其男子汉气概的重要特征之一。

Pooh ……（动物）粪便。"Oh, the cat's just done a pooh on the carpet."——"猫刚在地毯上拉了屎。" "Oh dear, looks like I'm in the pooh with my boss again."——"好像我又与老板闹僵了。"

Prang ……指开车时小的剐蹭、碰撞、事故等。

Rack Off ……离开，消失。

Rage ……新意指"狂欢、疯玩"。因此，星期六晚上的彻夜摇滚（rock-video）电视节目被称为"Rage"。你可能被邀请"go raging"，不必惊慌，这很可能是请你去跳迪斯科。这个词可能源自农场上发狂、发疯的牛。

在 BAL 前的袋鼠

Ratbag ……一个很古怪或者愚蠢的人。现在已逐渐成为贬义词。

Ringer ……表演出色者。源自剪羊毛能手。但在澳大利亚北部，这个词通常指赶牛群的人。

Ripper ……与"beaut"相近，表现"太好了，棒极了"。"What a ripper night we had."——"我这一晚上过得棒极了。"

Roo-bar ……澳大利亚汽车前面安装的金属杠，用于在凌晨或者晚上防止袋鼠撞向行驶着的汽车车灯。倘若没有这一装置，汽车与袋鼠相撞时，人及车所受到的损失会比袋鼠本身受到的伤害大得多。

Root ……这个词对美国人尤其危险。美国人用这个词表示为你喜欢的运动队加油、喝彩，如"I was rooting for the Mets"（我为市代表队加油），但在

澳大利亚妇女

澳大利亚英语中却指性交，同“screw”（粗俗用语，指性交）同义。

Rort …………〈动词和名词〉欺骗、骗局，相当于美国和英国人用的“scam”。

Sandgropers ··西澳大利亚州本地人，因为该州大部分领土为沙漠。

Sangers ·······三明治。

Sea Change ··中年危机或退休敦促人们把家从城里/城郊住宅区搬到海滨或有海景的地方，貌似是为了过一种更加舒适的生活。

Secret Women's Business ……土著妇女中的礼节和秘密，男人不知道也不能过问。白人男士现在已经反击了，澳大利亚人经常开玩笑的最新词语是“Secret Men's Business（男人的秘密）”。

Shonky ……可疑、欺骗、吹牛的人。

Sledgeing……对个人蓄意的谩骂和侮辱，通常发生在运动场上敌对的双方运动员之间，最近经常发生在板球运动员之间。

Shout…………〈动词、名词〉指一轮酒（饮料），或者买一轮酒（饮料）。“When my shout came round, I did the honours. But the whole evening, he never shouted one drink!”——“轮到我买酒水，我买了。可是他整晚都没有买。”

Smoko ……… “smoke”的简写。现用于各种形式的工间休息，不仅指吸烟，也包括茶歇、吃三明治等。

Snags …………香肠。

Specky ………澳大利亚表示“酷”的说法，源自“Spectacular”一词。在真正的澳大利亚时尚里，这个词被轻描淡写了，甚至比原来的词语意思更进一步，加修饰词“pretty”（非常）：“耶，今天对我来说太酷了，我彩票中了一百万！”

Spit the dummy ……见“Chuck a wobbly”，生动地记录了婴儿发脾气，把奶嘴

吐出来，具有幽默和嘲弄的口吻；“我让我的老板滚开，她大发脾气！”

Spruik/Spruiker……前者为动词，后者为名词。起源不详，但1902年就开始使用了，有点像南非—荷兰语。动词的意思是大声、卖力地宣传/扬，像是在街上叫卖东西，吸引顾客。“She used the child's school report to spruik the child's genius all over town.”——“她拿孩子的学校成绩单到处宣扬孩子聪明。”

Sticky Beak…形象地指爱管闲事的人。也可用作动词。

Stubby……指小瓶啤酒，另一个意思是指男人穿的紧身短裤。这样穿形象不雅。

Super……“Superannuation”指养老金和退休收入储蓄积蓄，通常是工作的时候，拿出一定比例的工资（强制性的），存入某特定的退休基金（雇主存入同等数额）。有人自愿提高缴纳比例，例如：通过“工资牺牲”体制可能会降低你的个人所得税标准，因为自愿缴纳使税率降低。

Swag……以前指盗贼、流浪汉携带的偷来的财物，现在指旅行者携带的合法行李。“Here, you can rest your swag here while you come inside.”（你进去的时候，可以把行李放在这儿。）

Tart……在澳大利亚以外的英语国家里，它一般指“妓女”，而在澳则指任何年轻，通常是漂亮的女性。它实际上是“sweetheart”（亲爱的人）的简写。

Too right……我完全同意。

Tree-change……中年危机或退休促使人们从城市或城郊住宅区搬家到乡下茂密的丛林区域，貌似是为了过一种更为舒适、更加环境友好的生活。见“Sea Change”。

三明治

大堡礁近景

Two-up……澳大利亚传统赌博游戏。将两枚硬币抛向空中，然后猜硬币落下后是否两个硬币都是正面朝上或者反面朝上。喜欢玩这种赌博的人通常被称为“Two-up school”，但即使是澳洲最像样的赌场也均有这种游戏。它源于开拓时期的内地。

Wag……逃避，逃学。“My daughter's been wagging school for weeks, the head teacher just told me.”——“我女儿逃学了好几周，校长刚刚告诉我。”

Whinger……过分抱怨者、埋怨者，与battler相对。澳大利亚人认为英国人将“抱怨”发展成为一门艺术。

Willy Willy……不是你想的那样！意思是一个突然刮起的小旋风把尘土卷在你周围。经常发生在澳大利亚干燥、布满灰尘的地方。

Wowser……扫兴的人，爱说教的人，清教徒式的人物（“苦行僧”）。“The wowsers would like everything to close on Sundays.”——苦行僧式的人希望星期天一切都关门。

Yakker……工作，不能与另外一个词“yacker”（讲废话的人）混淆。“Did a bit of hard yakker in the garden the other day, pulled me back, mate.”——“前几天，在花园干了点重活儿，把我累坏了，哥们儿。”

Yard……指房子后面的地方，院子，有可能是花园，也可以只是经过铺砌的院子。

Youse……你，可能源自爱尔兰。“Youse blokes is OK.”——“你们这帮人不错。”“One of youse, come over here.”——“你们中间过来一个人。”

一些固定表达

I'll give it a go；I'll give it a burl.

- 我试试，不行也不要紧，但我相信能

行……这是一种乐观主义的心态，但在处理技术性很强的问题时容易犯错误（毕竟不是专业人士）。

I don’t know her from a bar of soap.

- 我根本不知道她是谁。

I suppose it’s better than a poke in the eye with a burnt stick.

- 有总比没有强。《公报》周刊1974年如是说。这是澳大利亚人表达喜悦之情的方式。

I’ll just pencil it in for Monday, then.

- 这位澳大利亚讲话者这么说的意思是，他先初步将约会定在下周一，并记在他的日程内。但这只是初步的：记住人们可以轻易地将铅笔字擦掉！但这确意味着你拥有某种优先权，“预约”了他的时间。澳大利亚人提到铅笔，甚至用铅笔，可算是典型的“老伎俩”了——他/她是否“写下了什么东西”你可无法证实。

Don’t come the raw prawn with me.

- 不要骗我。

Good on ya.

- 不错，很好！通常缩略为“Onya”。

In like Flynn.

- 像弗林一样——积极抓住机会，特别是性交机会。源自20世纪30年代澳大利亚（塔斯马尼亚）出生的好莱坞影星埃罗尔·弗林（Errol Flynn）主演的电影。

A cut lunch and water bag.

- 老丛林人的说法，意思是很远。

I’ll be in that; I’m up for that.

- 我很想做这件事。

一些常用土著词汇

Billabong……死水，洼地。

Boomerang…飞镖，土著人狩猎武器，击中猎物后会返回到打猎者手中。这种武器充分利用了空气动力学原理。

Corroboree…节日聚会，通常伴有乐舞。

Humpy………本是土著人的木板房，现指任何简易小屋。

土著文化的一部分，指任何人离开他的居住地，到

悉尼海滨帆船

外面游荡一段时间，没有特定的目的。现指任何人为了独处或者逃避什么事神秘失踪一段时间。“Can’t find Bill anywhere， musta gone walkabout.”（哪儿也找不到比尔，他一定“流浪”去了。）

一些常用缩略语

Bevvies beverages …… 酒水

Brickie …… Bricklayer，砌砖工，泥瓦匠。

Chrissie …… Christmas，圣诞节。

Cozzie …… Swimming costume，泳衣。

Deli …… Delicatessen shop or counter，美食店/柜台。

Divvie …… Dividend，股息。

Footy,Footie …… Footie Australian Rules Football，澳大利亚规则足球（澳式足球）。

Journo …… Journalist，记者。

Muso …… Musician，音乐家、搞音乐的人。

Pokie …… Poker machine，赌场等地的牌戏赌博机。

Pressie …… Present，gift，礼物。

Sickie …… 病假。有时调侃地使用，实际上是不上班的借口。如“Your party’s on Thursday morning? No worries，I’ll just take a sickie and I’ll be

澳大利亚大堡礁

there."（你的聚会是周四上午？没问题，我请个病假，一定参加你的聚会。）

Tassie ········ Tasmania，塔斯马尼亚，发音为"Tazzie"。

Tinnie/tinny ·· A can of beer，一罐啤酒，但也是一个打开的小金属船（像环境学家提姆·富兰纳瑞的电视益智系列《啤酒罐里的两个人》（*Two Men in a Tinnie*）那样的）。

U-ie ··········· U-turn，开车时调头。

Uni ············ University，大学。有些地方使用"varsity"（古英国英语）或者"U"。

部分押韵俚语

Bag of fruit ··· Suit，套装。

Butcher's ····· For Butcher's hook=look.看看。I'll just take a Butcher's at the baby for a minute.（我看一会儿这个小孩。）

Chevy Chase ······· Face，脸。（美国人会感到迷惑不解，因为美国著名的喜剧演员也叫Chevy Chase）。

Dog and Bone ······ Telephone，电话。

Khyper Pass ·· Arse，屁股/臀部。

Plates ·········· For Plates of Meat=Feet；脚。

Pot ·············· For Pot and Pan=Old Man=Dad；老爸。

古老的汽车

Steak and Kidney ····· Sydney，悉尼。

Titfer ·········· For Tit for Tat=Hat；帽子。

Trouble and Strife Wife，妻子。

骂人的话

"Dickhead" 白痴的意思（原意很下流，但因为常用，下流意思已淡化了）。Drongo（傻子、呆子） 和Boofhead（大傻瓜）是两个最常用的骂人的话，可用在各种情形下大声叫骂冒犯者。肢体语言和当时的场景会告诉你他们是真正在挑衅骂人，还或许是亲昵地骂人。有一系列丰富的词语用来描述某人脑子有问题，例如"off their rocker"（发疯），我喜欢用的是"Oh, that one, she's a sandwich short of a picnic alright!"（噢，她嘛，简直就是缺心眼！野餐上少了的三明治。）

完全陌生的人，例如商店里友好的服务员通常会叫你"Dari"，是 "Darling（亲爱的）"的简称，或者人们熟悉的伦

敦做派 “Love”。那些比较亲近的人会叫你”Possum”或 “Hun”表示 “Honey(心爱的)”的意思。

表示激动的用词

当非常高兴的时候，一个澳大利亚人也许会表示他或她很“Stoked”（意思是“High”，很快乐），“Rapt”或者“Happy as Larry”（高兴的意思）。

信息资源指南

澳大利亚善于提供信息：每个图书馆、医务所及旅游信息中心似乎都摆放着许多有用的小册子、介绍材料。由于澳实行联邦制，许多服务均有一个中心联系点，如一个电话号码，通常是在堪培拉、悉尼，然后它向你提供你所在州的准确的信息点；否则，有一些服务是在各州重复进行。同时还有很多电话帮助热线。

使用电话号码簿

不要忘了查阅当地的电话号码簿，你会发现它提供了许多有用信息。有些电话簿附有索引，用起来十分方便。当地的旅游部门咨询电话和网站也很有用。

- 国际接入号：0011

将这个号码加拨在外国电话的国家/地区号码的前面。

- 如果你需要在打电话后知道通话时间和费用，用0012。
- 从海外打电话，拨61要澳大利亚，然后加上地区区号。不用使用区号中的“0”，只有在澳国内时才需要这个“0”。例如，从新加坡或者伦敦拨叫西澳大利亚州的珀斯，你拨61-8-珀斯电话号码。

区号

■ 澳大利亚首都地区	02
■ 新南威尔士州	02
■ 北方领土地区	08
■ 昆士兰州	07
■ 南澳大利亚州	08
■ 塔斯马尼亚州	03
■ 维多利亚州	03
■ 西澳大利亚州	08

- 1800开头的电话是免费电话，13或者1300开头的电话按当地电话收

袋鼠

费。不能从海外呼叫上述号码。

- 手机号码以 04 开头，后面两个号码，再后面是用户号码，打电话时要拨全部号码，如 0412-×××-×××。
- 190 开头的电话表示信息服务电话，有专门的收费标准，通常是每分钟 0.38~5.50 澳元。

电话的缩写

你会发现多数澳大利亚人将其电话号码列在缩写 Ph.（Phone）而不是 Tel（Telephone）。

- 查号台

查询当地号码，拨 12456 或者 1223

查询国际电话号码，拨 1225

1234 为查询服务

重要电话号码

- 紧急号码（警察 / 火警 / 急救车）

全澳——仅限危及生命或者不容耽误的紧急情况：

固定电话，拨 000

手机，拨 112

如果你听力有问题，拨 1800-555-677，转接 000。

- 紧急翻译服务

拨电话：1300 655 010

- 澳大利亚主要机场紧急求助电话

131AFP（131 237）

- 不太紧急的警务

电话：13-1444

- 制止犯罪线

电话：1800-333-000

如果你有任何线索可以帮助警察破案，打这个电话举报。

危机

对于各种危机、灾害，包括火灾、洪水、暴风雨 / 雪等，你所在地的州紧急服务或者火警及紧急服务处会为你提供高质量的帮助——可从当地电话号码簿的白页查到他们的号码。

“生命”线危机咨询

电话：13-1114，全澳大利亚通用，特别是关于自杀问题。

在珀斯，还有以下电话

- 行善人

电话：（08）9381-5555

- 危机关爱帮助热线

电话：（08）9223-1111，1800-199-008

在墨尔本

- 危机关爱帮助热线

电话：1800-177-135

网站：http：//www.mindframe-media.info/site/index.cfm?display=104614有更多名单。

搜寻与救援

电话：1800-641-792（海事）

1800-815-257（航空）

上述电话仅限于重大紧急情况——例如你的朋友在荒野徒步旅行、攀岩或者在公海上开帆船时失踪。

全国安全热线（举报可能与恐怖主义有关的可疑活动）：1800-123-400

羊驼

电话服务

为鼓励竞争，澳大利亚电话服务业取消了管制，但现在主要有两大垄断公司：

- Telstra，原国营电话服务提供商

网站（现在已经私有化了）：http：//www.telstra.com

- Optus，电话服务提供商

网站：http：//www.optus.com.au

其他营业商包括 AAPT、Vodafone、Virgin 等。多数电话服务收取费用不高。Telstra 到 2006 年已经部分实行私有化，预计将完全实行私有化，并将被拆分为几个独立的零售和批发企业等。

一般信息

- 全国时间

电话：1900-931-240

- 叫醒 / 提醒服务

电话：12454（Telstra的费用是：1/84澳元的订制费+71.5分的回叫费）

- 天气

电话（所有州）：1196或1900-926-161（费用：拨打1900每分钟0.77澳元）

费用：每分钟 1.05 澳元

搜索：

- 白页，查找住户电话号码：1800-810-211

网站：http：//www.whitepages.com.au

- 黄页，查找商户电话号码：132378

网站：http：//www.yellowpages.com.au

"where is（地点）"问询：1800-819-471

网站指南

以下网站提供关于澳大利亚的信息

- 土著澳大利亚

澳大利亚人支持土地原有权及和解委员会（ANTaR）网站：http：//www.antar.org.au

土著澳大利亚网站：http：//www.aboriginalaustralia.com

另见家庭、住房、社区服务和土著事务部网站：http：//www.facs.gov.au/

SBS电视台展示"最早的澳大利亚人"的电影纪录片系列网站：http：//www.sbs.com.au/firstaustralians/

文化艺术

- 澳大利亚（文化艺术）理事会

网站：http：//www.ozco.gov.au

- 澳大利亚政府文化、娱乐入门

网站：http：//www.cultureandrecreation.gov.au

就业和社会福利

- 福利署：www.centrelink.gov.au
- 澳大利亚公平工作委员会：http：//www.fwa.gov.au/
- 公平工作监察专员：http：//www.fairwork.gov.au/pages/

政府

- 联邦政府门户网站：http：//www.fed.gov.au
- 联邦总理网站：http：//www.pm.gov.au
- 外交事务和贸易部：www.dfat.gov.au
- 澳大利亚（贸易与投资）网站：http：//www.austrade.gov.au

媒体

- 《澳大利亚人报》

网站：http://www.theaustralian.com.au

悉尼艺术馆

街头雕像

- 《时代报》

  网站：http://www.theage.com.au
- 《悉尼先驱晨报》

  网站：http://www.smh.com.au
- 《澳大利亚金融评论报》

  网站：http://www.afr.com
- 《澳大利亚广播公司》（ABC）电台/电视台

  网站：http://www.abc.nee.au
- 《特别广播服务局》（SBS）电台/电视台

  网站：http://www20.sbs.com.au

Crikey.com 个体、另类新闻与评论：Http://www.crikey.com.au

- 移民、公民权与旅游

移民及公民事务部网站：http://www.immi.gov.au

开始在澳大利亚生活-移民部介绍所需要知道的移民事情的介绍手册，下载网站：http://www.immi.gov.au/living-in-australia/settle-in-australia/beginning-life/

SBS电视台“移民国家”文件资料系列http://www.sbs.com.au/immigrationnation/

澳大利亚海关网站：http://www.customs.gov.au

澳大利亚旅游网站：http://www.australia.com338

自然环境与科学

澳大利亚环境部网站：http://www.environment.gov.au

联邦科学与工业研究组织（CSIRO）网站：http://www.csiro.au

参考/一般信息

澳大利亚国家图书馆网站：http://www.nla.gov.au

澳大利亚国立大学（ANU），堪培拉网站：http://www.anu.edu.au

澳大利亚统计局网站：http://www.abs.gov.au/

澳大利亚2050：未来的挑战-2010年代际报告网站：http://archive.treasury.gov.au/igr2010/repart/pdf/IGR_2010.pdf

概述了澳大利亚的未来和政府的计划，包括经济、气候变化、移民和人口老龄化等方面，非常有趣。

健康紧急情况

- 24小时健康咨询

  电话：1800-022-222

- 医药热线

  电话：1300-888-763

  健康咨询热线：1300-135-030
- 查阅各州医院目录及其他有用信息

  网站：http://www.drsref.com.au

医疗服务

在线医学辞典提供关于医学方面的广泛知识及澳大利亚医学的专门知识：

网站：http://www.mydr.com.au/tools/dictionary.asp

欲得到及时的医疗服务，特别是在夜里、假期或周末，你需要值班临时代理医生。部分联系电话如下：

- 澳大利亚首都地区 / 堪培拉

  电话：（02）6288-1711或1300-422-567
- 新南威尔士州 / 悉尼

  24 小时旅馆医生服务

  电话：（02）9962-6000
- 北方领土地区 / 达尔文

  24 小时医疗危机咨询

  电话：（08）8922-7156
- 昆士兰州 / 布里斯班

  电话：1800-80-2622
- 南澳大利亚州 / 阿德莱德

  州紧急服务

  电话：13-25008
- 西澳大利亚州 / 珀斯

  电话：（08）9328-7111 或 9328-0553

在线急救

- 下述网站里有许多急救常识介绍，如有时间，请参阅：

  网站：http://www.parasolemt.com.au
- 圣约翰救护车

  电话：1300-360-455

医院

- 布里斯班

  皇家布里斯班医院（昆士兰大学）

  电话：（07）3636-8111
- 堪培拉

  堪培拉医院

  电话：（02）6244-2222

  Calvary Hospital（医院）

  电话：（02）6201-6111
- 墨尔本

  皇家墨尔本医院

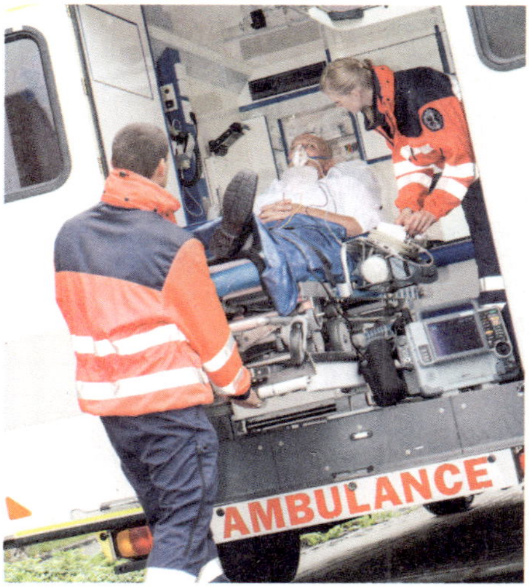

医护人员把患者抬上救护车

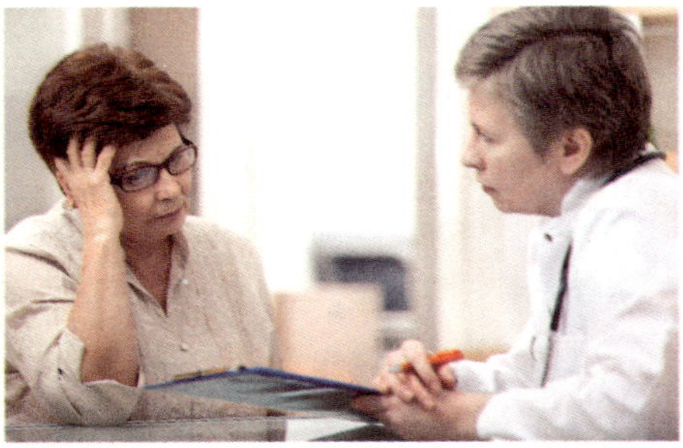

体检

电话:(03)9342-7000

- 珀斯

珀斯皇家医院

电话:(08)9224-2244

玛格丽特公主儿童医院

电话:(08)9340-8222

- 悉尼

皇家北岸医院

电话:(02)9926-7111

悉尼儿童医院

电话:(02)9382-1111

St Vincent's(public)Hospital(医院)

电话:(02)9382-1111

牙科紧急情况

- 墨尔本

电话:(03)9341-0222,(07)9341-1040

- 珀斯

电话:(08)9220-5777,(08)9325-3452

- 悉尼

电话:(02)9906-1660,(08)9369-7050

中毒信息中心

电话:13-1126,全澳洲。

你可以在被严重咬伤(如被蛇)或蜇伤(如被水母)时使用这个号码。

其他医疗服务线

- 哮喘

电话:1800-645-130

- 糖尿病

电话:1300-136-588

医疗保险及治疗

来自芬兰、挪威、意大利、马耳他、荷兰、新西兰、瑞典、英国及爱尔兰的来访者,根据互惠安排有权享受澳大利亚国家医疗服务,可以在任何国家医疗服务的机构登记。

电话:13-2011(咨询电话)

药店

澳大利亚有大量的每天 24 小时或每周 7 天营业的药店。

珀斯

- Beaufort St Pharmacy,Mt Lawley

电话:(08)9328-7775

- Bell's Drive-In

电话:(08)9328-5762

- Fremantle Drive-in Pharmacy

电话:(08)9335-9633

- Forrest Chase

电话:（08）9221-1691

悉尼

试试 King's Cross 及 Oxford Street 夜生活区，如:

- Darlinghurst Prescriptioin Pharmacy
  电话:（02）9361-5882
- Wu's Pharmacy
  电话:（02）9211-1805
- Pharmacy Guild's Emergency Prescription Services
  电话:（02）9235-0333（下午 5:00—9:00）

墨尔本

Tambassis Pharmacy, Brunswick

电话：(030) 9387-8830

Leonard Long Pharmacy, Prahran

电话：(030) 9386-1000

墨尔本一教堂

翻译服务（TZS）

电话：13-1450，全澳洲。

如果你的英语讲得不好，可以寻求帮助（用你选定的语言）。

法律援助信息

电话:

西澳大利亚州：1300-650-579

维多利亚州：（030）9269-0120/1800-677-402

新南威尔士州：1300-888-529

更多信息，全国法律援助：www.nla.aus.net.au/

失物招领服务

在机场:

- 墨尔本
  旅客信息服务
  电话:（+61 3）9297-1062/9338-4401
  失物招领处
  电话:（+61 3）9297-1805
  电子邮箱：lost@easygo.com.au

澳航飞机

- 悉尼

T1 国际航站楼电话：（+61 2）9667-9583

电子邮箱：sit.reception@syd.com.au

T2 国内航站楼电话：（+61 2）9352-7450

T3 澳洲航空公司国内航站楼电话：（+61 2）9952-9312

- 珀斯

1 号航站楼（国际）和 3 号航站楼（国内）

电话：（+61 8）9478-8503

2 号航站楼［澳洲航空公司和捷星航空公司（国内）］

电话：（+61 8）9270-9504

对残疾人的帮助信息

澳大利亚特别关注残疾人的需要，几乎所有的网站或信息服务都提供针对残疾人的信息。甚至国家公园和自然保护区的网站也为探险旅行的残疾人提供路线指南，所以不要不敢问。

两个最好的信息网站：

政府网站：http://australia.gov.au/people/people-with-disabilities

福利署 电话：13-2717

网站：http://www.centrelink.gov.au

- 解决交通及其他问题，打电话给 Commonwealth Carelink Centres

电话：1800-052-222

- 关于向残疾人、病人提供帮助、护理人员的问讯

电话：13-2717

想象一下，澳大利亚对老年人和（大小便）失禁的人等是多么的体恤，政府已建了一个网站绘制地图用于描述所有澳大利亚的公共厕所——多么便利！网站：http://www.toiletmap.gov.au/

- 澳大利亚脊髓损伤协会（原澳大利亚四肢瘫痪者协会）

电话：1800-819-775（如果不在悉尼）

（02）9661-8855（悉尼）

电子邮箱：office@scia.org.au

网站：http://www.scia.org.au

- 《在澳大利亚便利出行》（*Easy Access Australia*）

是依靠轮椅生活的布鲁斯·卡梅伦（Bruce Cameron）为残疾人撰写的导游书。提供了各州的详细情况（512 页，价格 27.45 澳元）。书店有售，或者通过电子邮箱 bruceeaa@vicnet.net.au 购买，

或者通过 PO Box 218 Kew，Vic 3101，Australia 邮购。可参考网站：http://www.easyaccessaustralia.com.au/contact/

使馆

主要的外交机构设在澳大利亚首都地区堪培拉的外国驻澳大利亚各使馆内。其他的地点包括州首府，但多数只设有领事馆。

澳大利亚首都地区（堪培拉）

- 加拿大（高专署）

  电话：（02）6270-4000

  网站：www.australia.gc.ca
- 中国

  电话：（02）6273-4780

  网站：http://http://au.au.china-embassy.org/eng/
- 法国

  电话：（02）6216-0100

  网站：www.ambafrance-au.org/
- 德国

  电话：（02）6270-1911

  网站：www.canberra.diplo.de/
- 印度（高专署）

  电话：（02）6273-3999，（02）6273-3774

  网站：www.hcindia.au.org/
- 印度尼西亚

  电话：（02）6250-8600

  网站：www.kbri-canberra.org.au/
- 日本

  电话：（02）6273-3244

  网站：www.au.emb-japan.go.jp/
- 马来西亚（高专署）

  电话：（02）6273-1543

  网站：www.malaysia.org.au/main.html
- 新西兰（高专署）

  电话：（02）6270-4211

  1300 559 535（护照、出生证等）

网站：www.nzembassy.com/australia

- 新加坡（高专署）

电话:（02）6273-3944

网站：www.mfa.gov.sg/canberra/

- 英国（高专署）

电话:（02）6270-6666

网站：http://ukinaustralia.fco.gov.uk/en/

- 美国

电话:（02）6214-5600

网站：http://canberre.usembassy.gov/

航空公司

- 美国航空公司

电话:（07）3329-6060

- 英国航空公司

电话：1300-767-177

- 澳洲航空公司（快达）

电话：13-1313

- 新加坡航空公司

电话：13-1011

- 泰国国际航空公司

电话：1300-651-960

- 马来西亚航空公司

电话：13-2627

- 阿联酋航空公司

电话：130-030-3777

- 维尔京蓝航空公司

电话：13-6789346

- 捷星航空公司

电话：131-538

- 老虎航空澳大利亚公司

电话:（03）999-2888

更多阅读信息

必读类

如果想很快了解澳大利亚使自己充满自信，以下是必读的主要文献目录：

The Lucky Country, Donald Horne, Australia: Penguin Books Australia, 1988 (revised).

澳洲航空非常方便

●《幸运之邦》是一本权威性著作，是你应该了解关于澳大利亚的“圣经”；即使是在今天，它对我来说，一点都不过时。

Down Under（‘In A Sunburned Country’ in the US）.Bill Bryson，London，UK: Black Swan，2001；New York，USA：Broadway，2001.

●轻松、诙谐，是关于澳大利亚及其行为方式的可读性很强的书。

Reinventing Australia: the Mind and Mood of Australia in the 90s. Hugh Mackay. Sydney，Australia: Angus & Robertson，1993（revised edition）.

●Hugh Mackay 还写了另外几本书，如关于（20 世纪 50 年代）“生育高峰”出生的一代人的书 Generations。

Advance Australia...Where? Hugh Mackay. Australia:Hachette

资深澳大利亚分析家麦觊（Mackay）彻底消除了人们长期以来对澳大利亚人的误解（例如，澳大利亚人工作不努力），但提出了许多令人忧虑的问题，如信用卡欠款，日益泛滥的物质主义，公平程度下降和包容越来越少等。

A Short History of Australia. Manning Clark，Australia: Penguin Books Australia，1996（4th edition）.

●展现的是 20 世纪 80 年代前的澳大利亚历史画卷（完全版的《澳大利亚历史》共六卷）。

布里斯班范思哲酒店

The Fatal Shore. Robert Hughes，London，UK：Vintage，2003；New York，USA：Vintage，1998.

●涉及将罪犯运送至澳大利亚的那个痛苦年代的一些令人难忘的细节。

The Australians：In Search of an Identity. Ross Terrill. London，UK：Bantam，1987；New York，USA：Simon & Schuster，1987.

A Secret Country. John Pilger. London，UK: Vintage，2004；New York，USA: Knopf Publishing，1991.

●对当代澳大利亚黑暗面的评介，发人深省。涉及政治、商务、社会学和环境等。

The Future Eaters: An Ecological History of the Australian Lands and People. Tim Flannery. New York, USA: Grove Press, 2002.

- 在这本书里，一个悉尼科学家考察了人类与澳大利亚土地之间的关系及其对生态的影响。

The Weather Makers. Tim Flannery. Text Publishing, 2005.

- 关于人类活动导致气候变化及其对澳大利亚环境影响的经典著作。

Renovation Nation, Our Obsession with Home. Fiona Allon, Universityof New Wales Press, 2008.

- 这本书认为，居者有其屋的澳大利亚梦可能过头了，追求资本收益和偿还债务打乱了澳大利亚人正常的生活，反映了国家层面的深度不安全感。

Watching Brief, reflections on Human Rights, Law and Justice. Julian Burnside. Scribe Publications , 2007 (ISBN 9781921215490) .

- 澳大利亚著名人权律师朱利安·伯恩赛德对现代澳大利亚的公正和民主状况提出深刻见解。

Underbelly: The Gangland War. John Silvester & Andrew Rule. Australia:Floradale Press, 2004/2008.

- 近年根据此书改编的电视连续剧在

珀斯的建筑

澳大利亚引起轰动（由于担心影响案件审理，维多利亚州禁止其播出），因为这部电视连续剧不是基于小说，而是基于墨尔本黑社会有组织犯罪的深刻现实。

The Little Aussie Fact Book. Margaret Nicholson. Australia: Penguin Books Australia，2002.（21st century edition）

- 袖珍本，你想要了解的关于澳大利亚的事无所不包。

A Dictionary of Australian Colloquialisms. G. A. Wilkes. Sydney，Australia: Sydney University Press，1978/1985.

- 澳洲英语迷宫中的指路信号灯。

The Australian National Dictionary: A Dictionary of Australianisms and on Historical Principles. Ed.W S Ramson. Melbourne，Australia: Oxford University Press，1998.

The Macquarie Dictionary of Australian Quotations. Eds. Stephen Torre & Peter Kirkpatrick. Sydney，Australia：The Macquarie Library，1990.

The Penguin Australian Encyclopaedia. Ed.Sarah Dawson. Melbourne，Australia: Viking/Penguin Books，1990.

澳大利亚土著人画像

- 关于澳大利亚的速成课程。

The Book of Australia，an almanac. Hodder & Stoughton，Sydney 1990/ reprinted.

The Macquarie Book of Events. Ed. Bryce Fraser. Sydney，Australia：The Macquarie Library，1990.

关于土著澳大利亚

Aboriginal Australia & the Torres Strait Islands. Australia: Lonely Planet Publication，2001.

- 关于土著澳大利亚和托雷斯海峡群岛

Another Country. Nicolas Rothwell. Melbourne: Black Inc，2007.

- 这是一本文集。作者罗斯威尔在这本书里展现了他对其他澳大利亚“内地”的深刻了解。这里可能是真正的澳大利亚－沙漠地区及中部和极北部美丽的地貌、土著文化，等等。

First Australians. Rachel Perkins, Marcia Langton. Melbourne University Publishing，2008（ISBN 0522853153）.

- 与民族台（SBS）同名纪录片一样，从土著人的视角讲述澳大利亚土著历史。

Whitefella Jump Up. Germaine Greer. Profile Books，2004.

- 澳大利亚最著名、最具争议的海外作家之一，抨击了澳大利亚白人政策。

热爱学习的孩子

My Place. Sally Morgan. Western Australia: Fremantle Arts Centre Press，2000.

- 讲述了自己寻找失去的土著“根”的故事。

The Other Side of the Frontier: Aboriginal Resistance to the European Invasion of Australia. Henry Reynolds. Victoria，Australia: Penguin Books Australia，1990.

- 从土著人的视角考察白人移居澳大利亚。

That deadman Dance. Kim Scott. Australia: Picador，2010.

- 闻名遐迩的富兰克林图书奖的得主。这个富有诗意的小说讲述了19世纪早期西澳大利亚州白人定居者和土著人的接触。这本书惊人的乐观，从黑人和白人两方面的观点来叙述。

The Chant of Jimmie Blacksmith. Thomas Keneally. Sydney，Australia: Angus & Robertson，2002；New York，USA: Penguin Books，1989.

- 深刻揭露土著人命运的小说。

The Songlines. Bruce Chatwin. London，UK: Vintage，1998；New York，USA: Penguin，1998.

- 这本神奇的书讲述了土著人唱着他们祖先的歌所行走的古老路途。

My People. Kath Walker. Australia: Jacaranda Wiley, 1981.

- 这位澳著名诗人、土著人维权人士所写的诗集。

Charles Perkins: A Biography. Peter Read. Australia: Penguin Books Australia 2001; New York, USA: Viking, Australia 1990.

Being Whitefella. Ed. Duncan Graham. Western Australia: Fremantle Arts Centre Press, 2001.

- 白人思考关于他们与土著人关系的论文集。

多元文化的澳大利亚

Unpolished Gem. Alice Pung. Melbourne: Black Inc, 2006.

- 出生于澳大利亚富兹克雷区一个柬埔寨难民家庭，身处两个世界，作者的优点是能够从她自己的文化背景中抽身出来，用嘲弄但富有感情和知识的细心的澳大利亚化人的眼光来观察世界。

Growing Up Asian in Australia. Alice Pung (ed.). Melbourne: Black Inc. 2008.

- 由移居澳大利亚的第一代和第二代的不同亚洲移民所写的有趣、幽默和见解深刻的杂文选集。

Diaspora: The Australasian Experience. Ed. Cynthia Vanden Driesen. New Delhi: Prestige Books, 2006.

书籍

- 还可以通过下列网站找到更多关于多元文化澳大利亚生活方面的内容：http://www.multiculturalaustralia.edu.au

参考书目

A bibliography of Australian multicultrual writers. Sneja Gunew (ed). Victoria: Deakin University, 1992.

Australian writing: ethic writers 1945-1991. Annette Robyn Korkhill. Melbourne: Academia Press, 1994.

Diversity and Diversion: An Annotated Bibliography of Australian Ethnic Minority Literature. Peter Lumb&Anne Hazelle (eds). Melbourne: Hodja, 1983.

Ethnic Writings in English from Australia: A Bibliography. Lolo Houbein.

Working Papers, Australian Literary Studies, University of Adelaide, 1984.

其他关于澳大利亚历史及时事的书

The Tyranny of Distance. Geoffrey Blainey. New South Wales，Australia：Pan Macmillian Australia，2001.

- 本书探讨的是澳大利亚的地理及其广袤无垠的土地是如何影响其历史的。欲更多地从历史角度观察澳大利亚，还可阅读布伦尼的其他作品：Triumph of the Nomads（古代澳大利亚史），The Rush That Never Ended 及 A Land of Half Won。

A Fortunate Life. A B Facey. Victoria，Australia: Penguin Books Australia，1985.

- 一个生于1894年的很普通的澳大利亚白人感人的自传。他是环境恶劣的澳大利亚西部的开拓者，在加里波里战役中幸免于难，他看到、经历了生活中的一切。

澳洲女探险家

For the Term of His Natural Life. Marcus Clarke. Gloucerstershire，UK: Nonsuch Publishing，2005；New York，USA: HarperCollins Publishers，2002.

- 关于殖民时代的开篇之作，描述了澳大利亚作为一个罪犯流放地的悲惨景象。

The Horne Triology: *The Education of Young Donald*；*Confessions of a New Boy*；*Portrait of an Optimist*. Donald Horne. Victoria，Australia: Penguin Books Australia，1988.

- 一部理性的自传，也是一部间接的历史书，理智地描述了澳大利亚30年的历史。

Robert J Hawke: *A Biography*. Blanche d'Alpuget. New York，USA: Penguin Books，1985.

- 这部传记据实记录了在澳大利亚历史上执政时间之久占第二位的总理自1983年获得首次选举胜利的生活，也是澳大利亚政治生活的生动写照。

澳大利亚妇女

Dammed Whores and God's Police. Ann Summers. Victoria, Australia: Penguin Books Australia, 1975.

- 关于澳大利亚妇女历史的书。

Tracks. Robyn Davidson. London, UK: Picador, 1998; New York, USA: Vintage, 1995.

- 关于一个女人具有惊人勇气的独自沙漠之旅，书中的主角是一群骆驼和这位坚忍不拔的女探险家。

Pioneer Women of the Bush and Outback. Jennifer Isaacs. Australia: Lansdowne, 1990.

- 通过对档案记录的调查所写出来的关于欧洲、中国和土著妇女的先驱人物的故事。

No Place for a Nervous Lady. Ed. Lucy Frost. Australia: University of Queensland Press, 1999.

- 关于13位澳大利亚白人妇女在19世纪的澳大利亚艰苦奋斗的信件和日记。

小说 / 文学

The Hunter. Julia Leigh. Australia: Penguin Books, 1999.

- 由威廉·达佛（Willem Dafoe）主演的新电影就是基于这部生态惊悚片，是关于一个唯利是图的猎人搜寻塔斯马尼亚原野的故事，而现在是在输油管道（2011年）。这个偏执的猎人受雇于一个生物技术公司寻找唯一剩存的“塔斯马尼亚老虎”（或袋狼，大约自20世纪30年代起就灭绝了）——传说中的袋狼，这样它的DNA就可以进行商业性销售。

书塔与苹果

The Eye of the Storm. Patric White. Australia: Jonathan Cape, 1973.

- 怀特是澳大利亚经典文学巨匠。这部关于死亡的小说描述了一个神经质的富裕的家庭里诡计多端的女主人的毁灭。是他最好的小说之一。这个宏大的同名电影于2011年发行，由受人尊敬的澳大利亚电影制作人弗里德·施批希（Fred Schepisi）导演，由杰弗里·拉什（Geoffrey Rush）、茱迪·戴维丝（Judy Davis）和夏洛特·汉普林（Charlotte Rampling）等人精彩表演，真实地反映了这部小说。如果你喜欢，还可以看怀特的其他作品:《沃斯）（Voss）和《人树》（The Tree of Man）

Don's Party. David Williamson, New South Wales, Australia: Currency Press, 1978.

- 一部原汁原味地反映战后及惠特拉姆政府之前的澳大利亚的小说。

Oscar & Lucinda. Peter Carey. London, UK: Faber & Faber, 2004; New York, USA: Vintage, 1997.

- 像怀特的作品一样，凯里的这部小说同样晦涩难懂。但如果你很投入，也能发现其魅力。这部小说使凯里获得布克小说奖。凯里复杂的、富有史诗般的叙述具有超现实主义的、令人恐惧的特点。他刻画的人物都很特别。还可读一读。他的《凯利帮的真实故事》（*Random House*, 2000）是关于19世纪爱尔兰裔土匪内德·凯利的，用凯利自己的语言风格进行表述的（凯利受教育程度不高），这是一部代表作。

书的光明

A Town Like Alice. Nevil Shute. London, UK: House of Stratus, 2000; New York, USA: Ballantine, 1987.

- 内维尔·舒特的名著《像艾丽斯那样的小镇》描述了一个澳大利亚士兵和一个英国姑娘战时的浪漫故事，涉及澳大利亚的方方面面。

The Thorn Birds. Colleen McCulloch. New York, USA: Avon Trade, 2005.

- 科林·麦卡洛的长篇小说《荆棘鸟》讲述的是一个爱尔兰裔澳大利亚人家庭"王朝"的史诗般的浪漫故事。该书销量达约2 000万册。

The Fortunes of Richard Mahony. Henry Handel Richardson. Australia: Penguin books Australia, 2008.

- 澳大利亚经典作品三部曲。创作始于1917年，背景是19世纪澳大利亚的淘金热。一个丰富的人类戏剧，为澳大利亚经典文学做出了重要贡献。

Cloudstreet. Tim Winton. New York, USA: Scribner, 2002.

- 像许多澳大利亚人一样，这位西澳大利亚州小说家酷爱海滩、划船、冲浪和大海。麦尔斯·富兰克林奖获得者。还可读一读他的小说 Dirt Music（Picador and Scribner，2003）和 Breath（Hamish Hamilton, 2008）

The Slap. Christos Tsiolkas. Australia: Allen 7Unwin，2008.

- 2009 年英联邦作家奖得主。作者是希腊血统的澳大利亚人，在此书中有部分体现。这部书中的人物通常让人排斥，但本书确实反映了澳大利亚郊区生活的某些方面，以及现代澳大利亚人养育儿童的方式（如果体罚任性的孩子，你将会被送上法庭）。一本真正的澳大利亚小说，故事发生在家庭烧烤的后院，属肥皂剧一类。2011 年 ABC 电视台根据这本书的电视连续剧引人入胜，表演出色。

Remembering Babylon. David Malouf. Australia: Vintage, 1994（first published 1993）.

- 作者马洛夫（Malouf）是具有黎巴嫩和英国犹太血统的澳大利亚人，是另一位文学巨匠，他的所有小说都值得关注。本书背景是澳大利亚的早期定居者，是又一个反映白人与土著澳大利亚人交往的题材的书。这部书多次获奖，包括英联邦作家奖、洛杉矶时报图书奖。还可读一读他的书《一种想象的生活》（*An*

珀斯海湾

Imaginary Life）（1978）。

The Secret River. Kate Grenville. Australia: Text Publishing，2005 .

- 三部曲的第一部，另外两部是：The Lieutenant（2008）；Sarah Thornhill (2011）。是又一部描述殖民者和土著澳大利亚人故事的引人入胜的书，背景为 19 世纪先锋时代的澳大利亚。

澳大利亚：民谣及讽刺文学

The Best of Henry Lawson. Henry Lawson. Australia: Angus & Robertson，1981.

- 广受欢迎的丛林民谣和诗歌。

The Prose Works of Henry Lawson. Australia: Angus & Robertson，1948/1980s.

母亲与女儿读书

Collected Verse. A B ‘Banjo’ Paterson. Australia: Angus & Robertson，1993.

The Songs of a Sentimental Bloke. C J Dennis. UK: Kessinger Publishing Co，2004.

Australian Bush Ballads. Eds. Douglas Stewart & Nancy Kessing. Australia: Angus & Robertson，1981.

Great Australian Legends. Frank Hardy（in association with Truthful Jones）. Australia: Hutchinson，1988.

My Gorgeous Life，*An Adventure*. Dame Edna Everage（Alias Barry Humphries）. London，UK: Mandarin，1995.

- 引用《周末澳大利亚人报》的书评："上学时，小埃德加因为她的紫红色头发而受到藐视，但她最终成为国际巨星。"这当然是讽刺。

The Life and Death of Sandy Stone. Barry Humphries. London，UK: Penguin Book Ltd，1991.

- 真实地描述了死气沉沉的澳大利亚郊区，真实得令人悲伤。

Keating: ‘Shut up and Listen and You Might Learn Something!’ Complied Edna

Carew, New Endeavour Press, Sydney 1990.

- 这位前财政部长的言论集。很难将该书划至幽默类、时事类，还是其他类别。

文化震撼幽默

How to Survive Australia. Robert Treborlang. Sydney, Australia: Major Mitchell Press, 2005 (9th edition) .

How to be Normal in Australia. Sydney, Australia: Major Mitchell Press, 1999 (8th edition) .

They are a Weird Mob. Nono Culotta (John O'Grady) , Sydney 1957.

- 当时非常畅销。以轻快的笔调记述了早期的移民生活。

Australian Language & Culture. Australia: Lonely Planet Publications Pty Ltd, 1994/2007.

孩子读的书

澳大利亚达尔文风光

居家及户外

Traditional Australian Cooking. Shirely Constantine, McPhee Gribble/Penguin Books Australia, 1991.

- 这本书是烹饪书，但又不仅仅是烹饪书，其中还包含了大量的社会历史。

Australian Bushcraft: A Guide to Survival and Camping. Richard Graves. Australia: New Holland Publishers, 1989 (3rd edition) .

Stay Alive, A Handbook on Survival. Maurice Dunlevy, Canberra: Australian Government Publishing Service, 1997.

Bushwalking in Australia. John Chapman and Monica Chapman. Melbourne, Australia: Lonely Planet Publications, 1997.

What Bird Is That: *Classic Guide to the Birds of Australia*. Neville W. Cayley. Ed. Alec H Chisholm. Australia: HarperCollins, 1991.

- 观鸟者必备实地指南。

The Slater Field Guide to Australian Birds. Peter Slater, Pat Slater and Raoul Slater. Australia: New Holland Publishers, 2003.

- 使用方便、有鲜艳彩色插图的袖珍手册。